Bettina Meier, Christoph Bürgi, Peter Schneider

Gesellschaft

Lehrmittel für den Lernbereich «Gesellschaft» im ABU | Ausgabe B

hep

hep
kompetent bilden

MIX
Papier | Fördert gute Waldnutzung
FSC® C020353

FAIR KOPIEREN UND NUTZEN.
>> fair-kopieren.ch

Bettina Meier, Peter Schneider, Christoph Bürgi,
Martin Berger, Roger Portmann
Gesellschaft
Lehrmittel für den Lernbereich «Gesellschaft» im ABU | Ausgabe B
ISBN Print inkl. digitaler Ausgabe: 978-3-0355-2572-4
ISBN Digitale Ausgabe: 978-3-0355-2573-1

Bibliografische Information der Deutschen Nationalbibliothek:
Die Deutsche Nationalbibliothek verzeichnet diese Publikation in der Deutschen Nationalbibliografie; detaillierte bibliografische Daten sind im Internet über http://dnb.dnb.de abrufbar.

8. Auflage 2024

hep-verlag.ch

+

Weiterführende Produkte
Arbeitsheft (inkl. digitaler Ausgabe)
Arbeitsheft (digitale Ausgabe)
Handbuch für Lehrpersonen
hepPLUS-App Ausgabe B

Weitere Materialien
hep-verlag.ch/gesellschaft-b

hep PLUS
Laden Sie die App zum Lehrmittel im App Store herunter

Vorwort

Allgemeinbildung ist ein zentrales Element der beruflichen Grundbildung und vermittelt die grundlegenden Kompetenzen zur Orientierung im persönlichen Lebensumfeld und in der Gesellschaft sowie zur Bewältigung von privaten und beruflichen Herausforderungen.
Im Rahmen der Entwicklung des solothurnischen Lehrplans für Allgemeinbildung 2009 entstand die Idee, zwei aufeinander abgestimmte Lehrmittel für die beiden Lernbereiche Gesellschaft sowie Sprache und Kommunikation zu erarbeiten. Das vorliegende Werk «Gesellschaft – Ausgabe B» bildet deshalb mit dem Lehrmittel «Deutsch im ABU – Ausgabe B» eine inhaltliche und methodisch-didaktische Einheit für den handlungsorientierten und lebensnahen Unterricht. Das soll Lehrpersonen bei der Planung und Unterrichtsvorbereitung unterstützen und den Berufslernenden das Lernen und Üben erleichtern.
Ein Dank gilt den Autoren der Grundlagenwerke Karl Uhr et al. («Gesellschaft») sowie Monika Wyss und Marta Rüegg («Deutsch im ABU»). Ohne ihre Vorarbeit und ihre Unterstützung wäre unser Vorhaben nicht umzusetzen gewesen.
Ein grosses Lob verdienen Bettina Meier und Peter Schneider, die das Wagnis auf sich genommen haben, das Grundlagenwerk von Karl Uhr zu adaptieren und, wo nötig, inhaltlich zu ergänzen. Dessen klares Konzept haben sie weitgehend übernommen:

- Jedem Themenbereich ist ein Kapitel gewidmet.
- Eine Einleitung hilft, die Bedeutsamkeit der einzelnen Themenkreise zu erkennen, während neu dazu passende Cartoons zu ersten Diskussionen zum Thema einladen.
- Verständnisfragen und weiterführende Aufgaben, in denen das neu erworbene Wissen angewendet werden muss, unterstützen den Lernprozess.
- Am Ende jedes Kapitels wird im Sinne einer Lernkontrolle rekapituliert, was die Lernenden gelernt haben müssen.
- Das Handbuch für Lehrpersonen beinhaltet einerseits Lösungsvorschläge zu den «Das weiss ich jetzt!»- und «Wissen anwenden»-Fragen, andererseits die Lösungen zu den zahlreichen und vielfältigen Aufgaben im Arbeitsheft.

Nun wünsche ich mir, dass dieses Lehrmittel im Unterricht von zahlreichen Berufsfachschulen rege benützt wird und dass es den Lernenden hilft, ihre Lernziele leichter und wirksamer zu erreichen.

Mai 2024
Georg Berger, Direktor Berufsbildungszentrum Olten

Auf der Homepage des hep Verlags (*hep-verlag.ch/gesellschaft-b*) werden zusätzliche Online-Angebote bereitgestellt. Das Lehrmittel und die App sind mit Augmented-Reality-Funktion erweitert. Aktivieren Sie das App und halten Sie Ihr Smartphone oder Tablet über die gekennzeichneten Stellen. Auf Ihrem Bildschirm erscheinen weiterführende Videos, Links zu nützlichen Webseiten, Grafiken und Erklärungen zum jeweiligen Thema.

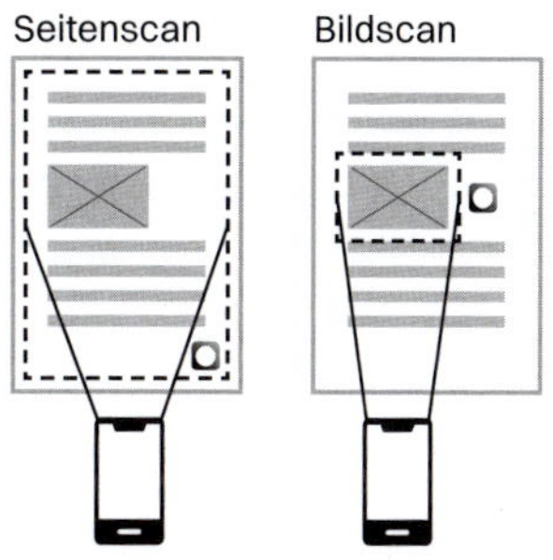

Inhaltsverzeichnis

Kapitel 1
Einstieg ins Berufsleben

Nachdem Sie die Volksschule hinter sich gelassen und einen Lehrvertrag mitunterzeichnet haben, beginnt für Sie nun ein neuer Lebensabschnitt mit neuen Herausforderungen.
Am Arbeitsplatz, in den überbetrieblichen Kursen und in der Berufsfachschule kommen neue Erwartungen auf Sie zu. Sie übernehmen Verantwortung und können Ihr Selbstbewusstsein entwickeln. Man erwartet von Ihnen Flexibilität und korrektes Verhalten, nicht nur am Arbeitsplatz, sondern auch im Privatleben.
Wenn Sie Ihre Ausbildung mit einer positiven und motivierten Haltung absolvieren, werden Sie diese erfolgreich abschliessen können.

In diesem Kapitel setzen Sie sich mit folgenden Fragen auseinander

- Wie ist die Berufsbildung organisiert und was sind die gesetzlichen Grundlagen?
- Welche Bedeutung hat der Lehrvertrag?
- Was sind nützliche Lerntipps?
- Was beinhaltet der Gleichstellungsartikel BV 8?
- Was muss man über Verträge im Allgemeinen wissen?
- Was versteht man unter dem Personen- und Strafrecht?
- Auf welchen Rechtsgrundlagen baut unser Zusammenleben auf?

CHEF, SIE HABEN SELBST GESAGT: IN DIESEM BERUF KANN MAN KREATIV SEIN!
PFUSCHI-CARTOON

1.1 Organisation der Berufsbildung

Unser Berufsbildungssystem wird von der Schule, den Lehrbetrieben und den Berufsverbänden gemeinsam getragen. Es findet ein Wechselspiel zwischen dem Lernen von theoretischem Wissen und seiner anwendungsorientierten Umsetzung und Vertiefung statt.

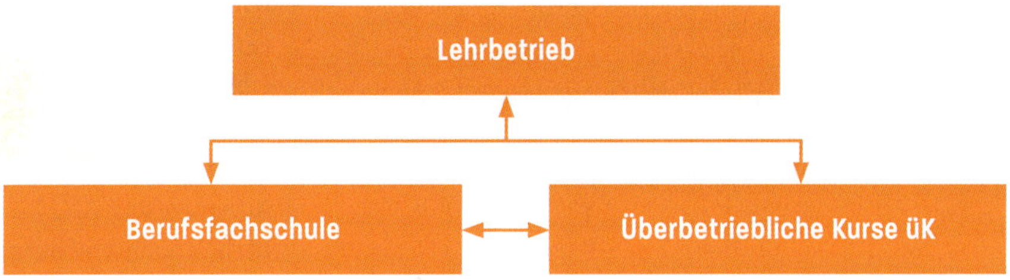

Lehrbetrieb

Der Lehrbetrieb ist der Ausbildungsort für die praktische Bildung. Grundlage für die praktische Ausbildung im Betrieb und in den überbetrieblichen Kursen bilden die berufsspezifischen Bildungsverordnungen (BiVo).

Überbetriebliche Kurse

Die überbetrieblichen Kurse dienen der Vermittlung und dem Erwerb grundlegender Fertigkeiten. Sie ergänzen die berufliche Praxis und die schulische Bildung.

Berufsfachschule

Die Berufsfachschule vermittelt die schulische Bildung. Diese besteht aus beruflichem, allgemeinbildendem Unterricht und Sport.

Die schulische Bildung an der Berufsfachschule besteht aus beruflichem und allgemeinbildendem Unterricht.

1.2 Die gesetzlichen Grundlagen und Vollzugsorgane

Bund	Der Bund ist für die grundsätzliche Regelung der Berufsbildung zuständig. Er steuert mit Gesetzen und Verordnungen die berufliche Grundbildung und sorgt für deren Weiterentwicklung.	– Bundesverfassung BV 63 – Bundesgesetz über die Berufsbildung BBG – Bildungsverordnung (BiVo) – Berufsbildungsverordnung (BBV) – Obligationenrecht OR (Arbeitsvertrag/Lehrvertrag) – Arbeitsgesetz ArG (Arbeitnehmerschutz) – Rahmenlehrplan ABU
Kantone	Mit dem Erlass von Ausführungsbestimmungen sorgen die Kantone für die Umsetzung der eidgenössischen Vorgaben und sind für die Aufsicht verantwortlich.	– Kantonales BBG – Vollzugsverordnung – Reglement (z. B. Absenzen- und Disziplinarreglement)
Berufsverbände	Die Berufsverbände erstellen die Bildungspläne und regeln die überbetrieblichen Kurse (üK).	– Bildungsplan – Reglement zu üK
Lehrbetrieb	Der Lehrbetrieb schliesst mit der oder dem Lernenden innerhalb der gesetzlichen Schranken den Lehrvertrag ab. Mit der Betriebsordnung sorgt der Lehrbetrieb unter anderem für den nötigen Schutz der Lernenden.	– Lehrvertrag – Betriebsordnung
Berufsfachschule	Mit Schullehrplänen sichert die Berufsfachschule zielgerichtetes Unterrichten und sorgt mit speziellen Massnahmen für deren Qualität. Stundenplan, Hausordnung und weitere Weisungen sollen erfolgreiches Lernen fördern.	– Schullehrplan – Stundenplan – Schul- und Hausordnung mit verschiedenen Weisungen

▶ **Aufgaben:** A1–A3 S. 13 AH

Das weiss ich jetzt!

1.1 Nennen Sie drei eidgenössische Gesetzeswerke, welche Bestimmungen über die Berufsbildung enthalten.

1.2 Wer organisiert die üK?

1.3 Wer ist für die Grundlagen der Berufsbildung zuständig?

1.4 Wer erstellt die Bildungspläne?

1.3 Der Lehrvertrag

Der Lehrvertrag bildet die gesetzliche Grundlage für das Lehrverhältnis. Wenn Unklarheiten oder Streitigkeiten bestehen, stützt man sich auf den Lehrvertrag. Die Besonderheit dieses Vertrages ist, dass die fachgerechte Ausbildung der Lernenden im Vordergrund steht und nicht die Arbeitsleistung. Deshalb ist der Lohn entsprechend tiefer als bei einer ausgelernten Arbeitskraft.

Abschluss des Lehrvertrages OR 344a/BBG 14/BBV 8

Der Lehrvertrag wird zwischen einer Berufsbildnerin und einem Lernenden abgeschlossen. Sind Lernende noch nicht 18-jährig, müssen auch die gesetzlichen Vertreter (meistens die Eltern) beim Vertragsabschluss anwesend sein und den Lehrvertrag unterschreiben.

Der Lehrvertrag muss schriftlich abgefasst sein. Die Kantone stellen den Vertragsparteien Lehrvertragsformulare zur Verfügung, welche bestimmte Mindestangaben enthalten.

Kontrolle und Genehmigung

Vor Lehrbeginn muss der Lehrvertrag vom Kantonalen Amt für Berufsbildung kontrolliert und genehmigt werden. Anschliessend erhalten alle beteiligten Parteien ein Vertragsexemplar.

Inhalt

OR 344a

Folgendes wird in einem Lehrvertrag mindestens geregelt:

Obligatorische Bestandteile des Lehrvertrags

- Art und Dauer der beruflichen Ausbildung (genaue Berufsbezeichnung)
- Dauer der Probezeit
- Arbeitszeit
- Lohn
- Ferien

Zusätzlich ist die Regelung folgender Punkte empfehlenswert:

Freiwillige Bestandteile des Lehrvertrags

- Berufskleider und -werkzeuge
- Lehrmittel
- Unterkunft und/oder Verpflegung
- Versicherungsprämien (NBU/Krankentaggeldversicherung)

Das weiss ich jetzt!

1.5 Welche Formvorschrift gilt für den Abschluss eines Lehrvertrages?

1.6 Wer unterschreibt den Lehrvertrag?

1.7 Welche Aufgaben hat das Kantonale Amt für Berufsbildung?

1.8 Zählen Sie vier Punkte auf, die im Lehrvertrag geregelt sein müssen.

Probezeit

OR 344a Die Probezeit dient den beiden Vertragsparteien zur Überprüfung der getroffenen Wahl. Der Berufsbildner erhält Einblick in die Arbeitsweise des Lernenden. Dieser kann feststellen, ob die gewählte Berufslehre seinen Neigungen und Fähigkeiten entspricht.

Dauer Die Probezeit darf nicht weniger als einen Monat und nicht mehr als drei Monate betragen. Die Probezeit kann vor Ablauf unter Zustimmung der kantonalen Behörde bis auf höchstens sechs Monate verlängert werden.

OR 346 Während der Probezeit kann das Lehrverhältnis mit einer Kündigungsfrist von sieben Tagen aufgelöst werden.

Beendigung des Lehrverhältnisses

Auflösung des Lehrvertrages OR 334, 346 Der Lehrvertrag wird für eine bestimmte Zeit (2-, 3-, 4-jährige Grundbildung) abgeschlossen. Dieses befristete Ausbildungsverhältnis endet automatisch, d.h., eine Kündigung am Ende der Lehrzeit erübrigt sich.

Fristlose Auflösung OR 337, 346 Aus wichtigen Gründen kann der Arbeitgeber wie die Arbeitnehmerin jederzeit - auch während der Probezeit - das Arbeitsverhältnis fristlos auflösen. Das heisst, dass das Arbeitsverhältnis per sofort als aufgelöst gilt!
Ein wichtiger Grund liegt vor, wenn dem Arbeitnehmer oder der Arbeitgeberin eine Fortsetzung des Arbeitsverhältnisses nicht mehr zugemutet werden kann. Diebstahl oder sexuelle Belästigung am Arbeitsplatz, wären zwei Beispiele von wichtigen Gründen.
Auf Verlangen ist die fristlose Kündigung schriftlich zu begründen.

Auflösung aus wirtschaftlichen Gründen Wird der Lehrbetrieb aus wirtschaftlichen Gründen oder anderen Überlegungen geschlossen, sorgt das Kantonale Amt für Berufsbildung nach Möglichkeit für eine neue Lehrstelle, damit die Lernenden ihre Ausbildung ordnungsgemäss beenden können.

Verlängerung der Lehrzeit Versäumen die Lernenden einen Teil ihrer Lehre wegen Krankheit, Unfall oder Militärdienst, dürfen sie nicht zur Verlängerung der Lehrzeit gezwungen werden. Falls jedoch deutlich wird, dass das Ausbildungsziel (Bestehen des Qualifikationsverfahrens, QV) nicht erreicht wird, kann die Lehrzeit verlängert werden. Für eine Verlängerung braucht es zwingend die Bewilligung des Kantonalen Amtes für Berufsbildung (ABMH).

Das weiss ich jetzt!

1.9 Wozu dient die Probezeit?

1.10 Wie lange dauert die Probezeit?

1.11 Ist am Ende der Lehrzeit eine Kündigung nötig?

1.12 Nennen Sie vier Gründe, welche nach Ablauf der Probezeit eine Auflösung des Lehrvertrages rechtfertigen.

Pflichten der Lernenden

Die Lernenden haben alles zu tun, um das Lehrziel zu erreichen. Insbesondere haben sie die Anordnungen der Berufsbildnerin resp. des Berufsbildners zu befolgen und die ihnen übertragenen Arbeiten gewissenhaft auszuführen.

Hauptpflicht
OR 345

Die Lernenden sind verpflichtet, die Berufsfachschule und die überbetrieblichen Kurse (üK) zu besuchen. Dabei haben sie die Anordnungen der Schule bzw. der Kursleitung zu befolgen.

Berufsfachschule / üK
BBG 21, 23

Zu den ihnen anvertrauten Arbeitsgeräten, Materialien und technischen Einrichtungen haben die Lernenden (auch in der Schule) Sorge zu tragen.

Sorgfaltspflicht
OR 321a

Die Lernenden haben Schwarzarbeit zu unterlassen und Geschäftsgeheimnisse zu wahren.

Treuepflicht
OR 321a

Fügen Lernende dem Lehrbetrieb fahrlässig («man hätte es wissen müssen») oder absichtlich Schaden zu, kann ihnen die Schadensumme, oder ein Teil davon, vom Lohn abgezogen werden. Dabei sind die Fähigkeiten und Erfahrungen der Lernenden zu berücksichtigen.

Haftung
OR 321e

Die Berufsbildnerin oder der Berufsbildner können die Lernenden zur Leistung von Überstunden verpflichten. Die Überstunden müssen betrieblich notwendig und für die Lernenden zumutbar sein.

Überstunden
OR 321c

Die meisten Bildungsverordnungen schreiben das Führen einer Lerndokumentation vor. Dafür muss der lernenden Person genügend Arbeitszeit zur Verfügung gestellt werden, und die Lerndokumentation muss von der Berufsbildnerin oder dem Berufsbildner regelmässig kontrolliert und unterschrieben werden.

Lerndokumentation

Das weiss ich jetzt!

1.13 Was ist die gesetzliche Hauptpflicht der Lernenden?

1.14 Was versteht das Gesetz unter Sorgfalts- und Treuepflicht?

1.15 Für welche Schäden haften Lernende?

1.16 Wann können sich Lernende weigern, Überstunden zu leisten?

Rechte der Lernenden

Lohn

Der Lohn wird für die ganze Ausbildungsdauer im Lehrvertrag festgelegt. Die Höhe des Lohnes für Lernende ist gesetzlich nicht verankert und richtet sich meistens nach den Empfehlungen der verschiedenen Berufsverbände. Die Lehrbetriebe sind nicht verpflichtet, den Lernenden zum Jahresende einen 13. Monatslohn oder eine Gratifikation zu gewähren, es sei denn, dies ist im Lehrvertrag so geregelt.

Lohnfortzahlungspflicht
OR 324a

Fehlt ein Lernender wegen Krankheit, Unfall oder Militärdienst am Arbeitsplatz, muss der Lehrbetrieb für eine beschränkte Zeit den Lohn weiterzahlen. Im ersten Lehrjahr beispielsweise besteht eine Lohnfortzahlungspflicht von drei Wochen pro Jahr.

Lohnabzüge

Im Allgemeinen sind die bei einem Einzelarbeitsvertrag üblichen und zulässigen Lohnabzüge auch bei Lernenden erlaubt (z. B. NBU).

Arbeitszeit
ArG 31

Die Arbeitszeit für Lernende dauert grundsätzlich gleich lang wie diejenige der anderen im Betrieb beschäftigten Arbeitnehmenden. Die tägliche Höchstarbeitszeit darf für Jugendliche bis 18 Jahre mit Einschluss von Überstunden 9 Stunden pro Tag (maximal 45 Stunden pro Woche) nicht überschreiten. Zudem ist die minimale zusammenhängende Ruhezeit von 12 Stunden einzuhalten. Der obligatorische Unterricht an der Berufsfachschule gilt als Arbeitszeit.

Überstunden
OR 321c

Überstunden müssen durch Freizeit von gleicher Dauer oder durch einen Lohnzuschlag von 25 Prozent abgegolten werden. Der Überstundenzuschlag wird in der Regel anhand des Lohnes der angelernten Mitarbeitenden berechnet.

Überstunden und Überzeit

- Überstunden sind diejenigen Arbeitsstunden, die über die wöchentliche Höchstarbeitszeit gemäss Lehrvertrag hinausgehen. Lernende können dazu verpflichtet werden, Überstunden zu leisten, soweit dies notwendig ist und ihnen nach Treu und Glauben zugemutet werden kann. Vor Vollendung des 18. Lebensjahres dürfen Jugendliche aber nicht mehr als 9 Stunden am Tag arbeiten. Zudem ist die minimale zusammenhängende Ruhezeit von 12 Stunden einzuhalten.
- Als Überzeit gelten diejenigen Arbeitsstunden, welche die gesetzliche Höchstarbeitszeit überschreiten (45 Stunden pro Woche). Jugendliche vor der Vollendung des 18. Lebensjahres dürfen während der beruflichen Grundbildung nicht zu Überzeit herangezogen werden, ausser wenn dies zur Behebung einer Betriebsstörung infolge höherer Gewalt unentbehrlich ist (max. 2 Stunden pro Tag). Jugendliche, die jünger sind als 16 Jahre, dürfen weder zu Überstunden noch zu Überzeit verpflichtet werden.

Vertraglich festgelegte Arbeitszeit im Lehrvertrag, z. B. 42 h / Woche	Überstunden	Überzeit
Höchstarbeitszeit pro Woche, je nach Branche, z. B. 45 oder 50 h / Woche		Überzeit

Lernende haben bis zum vollendeten 20. Altersjahr fünf Wochen Ferien zugute.

Berufsfremde Arbeiten
OR 345a

Grundsätzlich müssen Lernende nur Arbeiten verrichten, die etwas mit dem Beruf zu tun haben.

Ferien
OR 345a

Lernende haben bis zum vollendeten 20. Altersjahr Anspruch auf mindestens fünf Wochen bezahlte Ferien pro Jahr. Ferien sollen während der schulfreien Zeit bezogen werden und dürfen nicht durch Geldleistungen abgegolten werden. Der Berufsbildner bestimmt den Zeitpunkt der Ferien und nimmt auf die Wünsche des Lernenden so weit Rücksicht, als diese mit den Interessen des Betriebes vereinbar sind.

Freikurse / Stützkurse / Berufsmatura
BBG 22, 25 / BBV 20

Den Berufsmatura- oder Stützkursunterricht sowie Freikurse dürfen die Lernenden ohne Lohnabzug besuchen. Abmachungen, die den Besuch ausschliessen oder einschränken, sind ungültig.

Qualifikationsverfahren QV
BBV 30 ff.

Die Berufsbildenden müssen die Lernenden zum Qualifikationsverfahren (QV, früher Lehrabschlussprüfung) anmelden. Für die Prüfungszeit müssen sie den Lernenden ohne Lohnabzug freigeben. Das QV kann höchstens zweimal wiederholt werden. In der Regel finden die Wiederholungen im Rahmen des nächsten QV statt. Es werden nur die Fächer mit ungenügenden Noten geprüft.

Abmachungen über die Lehrzeit hinaus
OR 344a

Abmachungen während der Lehre, die die lernende Person im freien Entschluss über die berufliche Tätigkeit nach beendeter Lehre beeinträchtigen, sind nichtig.

Rechte der Lernenden

Hilfe bei Rechtsfragen erhält man unter:
www.rechte-der-lernenden.ch

Das weiss ich jetzt!

1.17 Welche Regelung gilt für den 13. Monatslohn?
1.18 Was versteht man unter Gratifikation?
1.19 Welche Lohnabzüge sind gestattet?
1.20 Wie lange dauert die tägliche Arbeitszeit?
1.21 Wie werden Überstunden verrechnet?
1.22 Welche Arbeiten dürfen einem Lernenden nicht übertragen werden?
1.23 Wie viele Wochen Ferien hat eine Lernende jährlich zugute?
1.24 Wer bestimmt den Zeitpunkt der Ferien?
1.25 Wer muss den Lernenden zum Qualifikationsverfahren (QV) anmelden?
1.26 Was kostet den Lernenden das QV?
1.27 Wann und wie oft kann das QV wiederholt werden?

Pflichten der Berufsbildenden

Ausbildungspflicht
OR 345a
Die Berufsbildenden haben die Lernenden fachgemäss, systematisch und verständnisvoll auszubilden. Als Berufsbildnerin oder Berufsbildner gilt die Betriebsinhaberin resp. der Betriebsinhaber oder eine von diesen bestimmte Person. Der Stellvertreter muss die gleichen Anforderungen erfüllen wie die Berufsbildenden und wird im Lehrvertrag genannt.

Lohnzahlungspflicht
Die Berufsbildenden müssen den im Lehrvertrag vereinbarten Lohn zahlen.

Versicherungspflicht
Die Lernenden müssen gegen Unfall versichert werden. Die Prämie für die Berufsunfallversicherung bezahlt der Lehrbetrieb. Die Bezahlung der Prämie für die Nichtberufsunfallversicherung wird im Lehrvertrag geregelt. Ab dem 1. Januar des Jahres, in dem die oder der Lernende 18 Jahre alt wird, muss der Lehrbetrieb die Beiträge für AHV, IV, EO und ALV in Rechnung stellen.

Ferien
OR 329c, 345a
Die Berufsbildenden müssen den Lernenden die gesetzlichen Ferien gewähren. Zwei Ferienwochen müssen zusammenhängend bezogen werden, damit genügend Erholung gewährleistet ist.

Urlaub für ausserschulische Jugendarbeit
OR 329e
Die Lernenden haben für ausserschulische Jugendarbeit zusätzlich eine Woche Ferien zugute, allerdings unbezahlt. Dazu gehören z.B. J+S-Leitertätigkeiten, Lagerbetreuung oder soziale Tätigkeiten.

Berufsschulunterricht und üK
OR 345a
Die Berufsbildenden haben den Lernenden zum Besuch des Pflicht-, Berufsmatura- und Stützkursunterrichtes sowie zur Teilnahme an Freikursen und am Qualifikationsverfahren ohne Lohnabzug freizugeben. Für den Besuch der überbetrieblichen Kurse dürfen dem Lernenden keine zusätzlichen Kosten anfallen.

Lehrzeugnis
OR 346a
Am Ende der Lehrzeit müssen die Berufsbildenden den Lernenden eine Arbeitsbestätigung ausstellen, die über den erlernten Beruf und die Dauer der Lehre Auskunft gibt. Auf Verlangen der lernenden Person kann der Bericht (= Zeugnis) auch über die Fähigkeiten, die Leistungen und das Verhalten der lernenden Person Auskunft geben (siehe Seite 319, Pflichten der Arbeitgebenden).

Weiterbeschäftigung
Arbeitet eine Lernende oder ein Lernender nach erfolgreich abgeschlossener Lehre weiterhin im Lehrbetrieb, wird die Lehrzeit an das neue Arbeitsverhältnis angerechnet (Auswirkungen auf die Kündigungs- und Lohnfortzahlungspflicht).

- **Aufgaben:** A12–A21 S. 17–21 AH
- **Wissen anwenden:** W1–W15 S. 22–24 AH, S. 35–36 LM
- **Korrespondenz:** K1–K4 S. 39 LM
- **Kreuzworträtsel:** X1 S. 29 AH

Das weiss ich jetzt!

1.28 Welche Angaben stehen in einem Lehrzeugnis?

1.29 Wer trägt die Verantwortung für die Ausbildung der Lernenden?

1.30 Was ist die gesetzliche Hauptpflicht der Ausbildenden?

1.31 Welche Versicherung muss die Berufsbildnerin für die Lernenden abschliessen?

Konflikte im Lehrbetrieb

Wenn die Bedürfnisse eines Menschen nicht befriedigt werden, entsteht häufig Unzufriedenheit. Diese kann zu Widerstand und damit zu Konflikten führen.

Häufige Konfliktursachen

- Anhaltende Einengung von individuellen Freiheitsrechten durch Zwang oder autoritären Führungsstil.
- Gestörtes Selbstvertrauen, welches oft zur Annahme verleitet, angegriffen zu werden, auch wenn dies gar nicht der Fall ist.
- Unkontrollierte Stimmungsschwankungen beeinflussen das gegenseitige Einvernehmen von Berufsbildenden und Lernenden.
  Launenhaftigkeit verunsichert sensible Menschen.
- Neid, Eifersucht, Klatsch und Überheblichkeit trüben zwischenmenschliche Beziehungen.
- Unklare oder unrationelle Arbeitsabläufe bergen Konfliktpotenzial.

Beratungsstellen

Bevor die Lernenden im Konfliktfall das Gespräch suchen, sollten sie Selbstkritik üben. Anschliessend ist es empfehlenswert, eine Vertrauensperson beizuziehen, um mit ihr das Problem zu erörtern. Einen praktischen Überblick über die Rechte Lernender findet man auf www.rechte-der-lernenden.ch. Nach sorgfältiger Gesprächsvorbereitung und vereinbartem Termin ist es wichtig, sachlich zu argumentieren. Falls sich die Vertragsparteien nicht einigen können, wird die Lehraufsichtskommission kontaktiert, die im Lehrvertrag genannt ist. Diese ist verpflichtet, zu vermitteln und nach einer für beide Parteien akzeptablen Lösung zu suchen.

Schwierigkeiten zwischen Berufsbildenden und Lernenden müssen kein Grund für einen Lehrabbruch sein. Lassen sich die Schwierigkeiten allerdings nicht lösen, kann der Lehrvertrag in gegenseitigem Einverständnis aufgelöst werden. Bei nicht volljährigen Lernenden müssen die Eltern der Vertragsauflösung zustimmen. Das Kantonale Berufsbildungsamt muss vorher informiert werden.

Konflikte sind Bestandteil aller zwischenmenschlichen Beziehungen. Wesentlich ist, dass sie geklärt werden – dann stellen sie sogar eine Chance dar.

Umgang mit Konflikten

- *Gesprächsbereitschaft*
  Wenn man miteinander redet, können Missverständnisse aus dem Weg geräumt werden.
  Miteinander reden ist der erste Schritt, einen Konflikt nicht eskalieren zu lassen.
- *Empathie (Einfühlungsvermögen)*
  Wenn man sich in die Gefühlslage seines Gegenübers hineinversetzen kann, wenn man den Zorn, den Frust oder die Trauer einer anderen Person nachvollziehen kann, dann wird man andere, gewaltlose Problemlösungsstrategien finden.
- *Kompromissbereitschaft*
  Probleme werden nicht gelöst, indem man auf seinem Standpunkt beharrt und Maximalforderungen aufrechterhalten will.
  Es ist wichtig, nachgeben zu können und Kompromisse einzugehen.
- *Sich auf die Metaebene begeben können*
  Es ist hilfreich, in einer Konfliktsituation die Betrachtungsebene zu wechseln und den Konflikt aus einer distanzierteren Sicht, aus der Sicht eines unbeteiligten Betrachters anzuschauen.
  Dieses Vorgehen hilft, problembehaftete Situationen nüchterner, sachlicher und objektiver einschätzen zu können.

▶ **Lernaufgabe:** Sicht der Ausbildner S. 31 AH, S. 40 LM

Das weiss ich jetzt!

1.32 Wie kann ein Konflikt zwischen einer Berufsbildnerin und einem Lernenden gelöst werden?

1.4 Nützliche Lerntipps

Im Bereich Lerntechniken/Lernstrategien ist in den letzten Jahrzehnten viel geforscht worden. Folgende Lerntipps haben sich als nützlich herausgestellt und unterstützen eine erfolgreiche Informationsaufnahme:

Lerntipps	
Aktive Teilnahme am Unterricht	Zuhören – mitdenken – mitreden – Fragen stellen – sich selbst motivieren – Lernen im Vorgriff (sich im Vorfeld mit neuen Unterrichtsthemen befassen).
Motivation	Erreichbare, nahe Ziele setzen – Belohnungen bei Erreichen des Zieles. Desinteresse abbauen – neugierige Haltung aufbauen – Antipathien zu Einzelpersonen abbauen.
Arbeitsplatz	Aufgeräumt – Lernzeiten ohne Störungen.
Lernstoff portionieren und verteilt lernen	«Verdaubare» Portionen bilden – Lernplan mit fixen Lernzeiten erstellen – verteilt lernen. *Mehrmaliges Lernen erhöht die Behaltensquote massiv – Neuronenmuster werden «eingebrannt».*
Verschiedene Eingangskanäle (Sinne) gebrauchen	Lesen, anstreichen, herausschreiben – Lernstoff mit eigenen Worten wiederholen – Lernstoff jemandem mit eigenen Worten erklären. *Je mehr Eingangskanäle benutzt werden, umso vielfältiger wird der Lernstoff im Hirn gespeichert und kann auf verschiedenen Wegen wieder abgerufen werden.*
Lernstoff strukturieren	Sich einen Überblick verschaffen – übersichtliche Zusammenfassungen sind sehr gut geeignet, Zusammenhänge aufzuzeigen (z. B. Mindmap, Schema). *Der Prüfungsstoff wird in unserem Hirn strukturiert abgelegt und kann so einfacher wieder abgerufen werden.*
Neuen Lernstoff mit Bekanntem verknüpfen	Zusammenhänge zum Vorwissen herstellen – was kenne ich schon? *Wenn Neues im Gehirn an schon Bekanntes, gut Gespeichertes angehängt wird, kann über das Bekannte auch das Neue gefunden werden.*
Nur Verstandenes lernen	Mit Einsicht lernen (Zusammenhänge, Abläufe). *Unverstandenes, auswendig gelernt, ist schwierig wiederzufinden.*

▸ **Wissen anwenden:** W16 S. 25 AH, S. 36 LM

1.33 Beschreiben Sie drei nützliche Lerntipps. **Das weiss ich jetzt!**

1.5 Frauen und Männer in der Berufsbildung

Wahl unterschiedlicher Berufe

Unterschiedliche Berufswahl

In der Schweiz absolvieren fast alle Schulabgängerinnen und -abgänger nach der obligatorischen Schulzeit eine Ausbildung (EBA/EFZ). 2022 traten rund 74000 Jugendliche in eine berufliche Grundbildung ein. Im Unterschied zu früher lernen heute auch die meisten Frauen einen Beruf.

Neu abgeschlossene Lehrverträge nach Geschlecht 2022

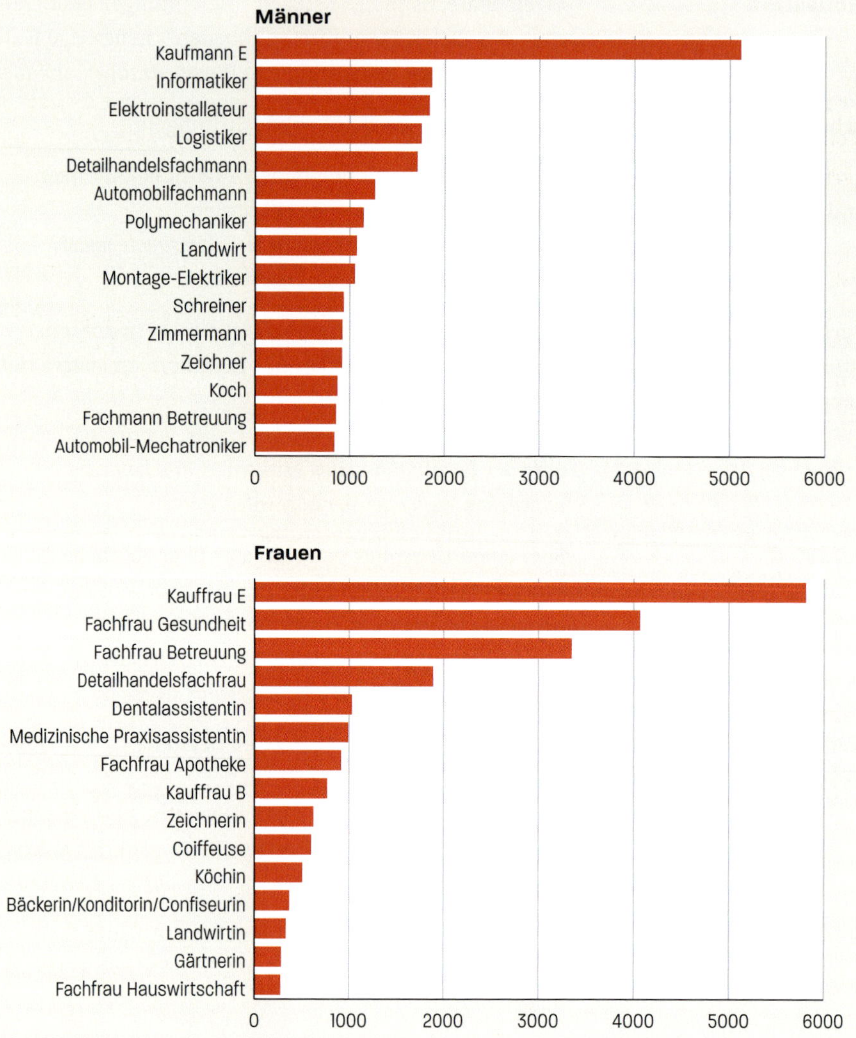

Quelle: Bundesamt für Statistik (BFS)

Jugendlichen steht eine breite Palette von beruflichen Grundbildungen zur Auswahl. Wie aus der Grafik ersichtlich wird, entscheiden sich Frauen und Männer häufig für unterschiedliche Berufe.

Zwei Drittel der Jugendlichen in der Schweiz entscheiden sich für eine berufliche Grundbildung. Rund 230 Berufe stehen zur Wahl.
Der Anteil junger Erwachsener im Alter zwischen 18 und 24 Jahren, welche sich nach ihrem obligatorischen Schulabschluss ausserhalb des Bildungssystems befanden, lag 2022 bei 6,8 %. Geschlechterübergreifend ist das jeder 14. junge Erwachsene, der weder in einer gymnasialen, noch beruflichen Grundausbildung steht oder eine solche abgeschlossen hat.

Bedeutendste Erstausbildung

Geschlechterrollen

Bis 1988 galt der Mann nach ZGB noch als Oberhaupt der Familie und brachte das Geld nach Hause. Die Frau war in erster Linie Hausfrau und Mutter, erwerbstätige Frauen waren selten. Das Verständnis zweier sich ergänzender Geschlechter war nicht nur typisch für die Schweiz, sondern für ganz Europa.

Traditionelle Geschlechterrollen

Im 20. Jahrhundert wurde dieses traditionelle Rollenverständnis zunehmend infrage gestellt. Vor allem die Frauenbewegung forderte gleiche Rechte für Mann und Frau. 1981 wurde die Bundesverfassung mit einem neuen Artikel ergänzt:

Gleiche Rechte für Mann und Frau

Gleichstellungsartikel (BV 8)

«Mann und Frau sind gleichberechtigt. Das Gesetz sorgt für ihre rechtliche und tatsächliche Gleichstellung, vor allem in Familie, Ausbildung und Arbeit. Mann und Frau haben Anspruch auf gleichen Lohn für gleichwertige Arbeit.»

Gleichberechtigung bedeutet, dass beide Geschlechter dieselben Chancen erhalten sollen. So verbietet das auf dem Gleichstellungsartikel in der Verfassung basierende Gleichstellungsgesetz von 1995/96 jegliche Art der Diskriminierung (z. B. unterschiedlicher Lohn bei gleichwertiger Arbeit, sexuelle Belästigung am Arbeitsplatz).
Verglichen mit Männern werden Frauen aber noch heute für gleiche Arbeit nicht gleich entlohnt. 2020 ist der Lohnunterschied im Vergleich zu 2018 um 1 % auf 18 % gesunken. Gemäss dem Bundesamt für Statistik (BFS) sind 47,8 % dieser Lohnunterschiede unerklärt.
Der Bundesrat möchte gegen die Lohndiskriminierung vorgehen und setzt auf die Selbstverantwortung der Arbeitgeberinnen und Arbeitgeber.

Chancengleichheit

▶ **Wissen anwenden:** W17–W18 S. 25 AH, S. 37 LM

1.34 Was besagt der Gleichstellungsartikel?

Das weiss ich jetzt!

1.6 Vertragsrecht

Entstehung
OR 1

Zum Abschluss eines Vertrages ist die übereinstimmende gegenseitige Willensäusserung von zwei oder mehreren Parteien erforderlich.
Jeder Vertragspartner muss dem Vertragsabschluss ausdrücklich mündlich, schriftlich oder stillschweigend (durch ein bestimmtes Verhalten) zustimmen. Ein Kaufvertrag kommt z. B. nur dann zustande, wenn sich die Vertragsparteien in den wesentlichen Punkten einig sind (Qualität, Menge und Preis).

Vertragsfähigkeit
ZGB 12 ff., 323

Die Voraussetzung für den Abschluss eines Vertrages ist die Handlungsfähigkeit. Das heisst, man muss volljährig und urteilsfähig sein (siehe Kapitel 1.7).
Eine häufige Ausnahme zu diesem Grundsatz betrifft Jugendliche unter 18 Jahren: Verträge, die sie mit ihrem Lohn, den damit gebildeten Ersparnissen oder mit ihrem Taschengeld erfüllen können, sind ohne die Einwilligung der gesetzlichen Vertreter gültig, obwohl diese Jugendlichen noch nicht volljährig sind.

Vertragsformen

OR 11

Verträge brauchen für ihre Gültigkeit nur dann eine besondere Form, wenn das Gesetz dies ausdrücklich vorschreibt. Zum Beispiel der Lehrvertrag oder ein Gesamtarbeitsvertrag.

Viele Verträge sind formlos gültig und können daher mündlich abgeschlossen werden – so zum Beispiel der Kaufvertrag.

Wo keine Formvorschrift besteht, kann ein Vertrag formlos abgeschlossen werden, d.h. mündlich oder stillschweigend (durch zustimmendes Verhalten).

Formlose Verträge

Bei wichtigen Verträgen sollten die Parteien aus Beweisgründen ihre Abmachungen immer schriftlich festhalten. Dabei unterscheidet das Gesetz folgende Möglichkeiten:

Schriftliche Verträge

Varianten schriftlicher Verträge	
Einfache Schriftlichkeit	Der Vertrag muss schriftlich (von Hand oder mit PC) abgefasst werden und die eigenhändige Unterschrift der Vertragsparteien aufweisen (z.B. bei einem Kaufvertrag jene der Käuferin und des Verkäufers).
Qualifizierte Schriftlichkeit	Der Vertrag erfordert neben der Unterschrift noch bestimmte zusätzliche Vertragsbestandteile, oder es handelt sich um ein amtlich genehmigtes Formular (z.B. die Kündigung des Mietvertrags seitens des Vermieters).
Öffentliche Beurkundung	Der Vertrag wird unter Mitwirkung einer Urkundsperson (Notarin oder Notar) abgeschlossen. Die Urkundsperson fasst den Vertrag ab, lässt ihn von den Parteien unterschreiben und bestätigt mit der eigenen Unterschrift, dass der Inhalt dem Willen der Vertragsparteien entspricht (z.B. Ehevertrag, Erbvertrag, Grundstück-/Liegenschaftskauf).

Vertragsinhalt

Grundsätzlich kann jede beliebige Leistung in einem Vertrag vereinbart werden. Dieser Vertragsfreiheit sind aber gesetzliche Grenzen gesetzt.
Man unterscheidet dabei zwischen nichtigen und anfechtbaren Verträgen.

Nichtige Verträge sind rechtlich unwirksam und können nicht durchgesetzt werden.

Nichtige Verträge

Beispiele nichtiger Verträge (OR 20)	
Unmöglicher Vertragsinhalt	Ein Vertrag ist unmöglich, wenn bereits bei Vertragsabschluss niemand in der Lage ist, die vertragliche Pflicht zu erfüllen (z.B. Ferienreise auf den Mars).
Widerrechtlicher/rechtswidriger Vertragsinhalt	Ein Vertrag ist rechtswidrig, wenn er gegen das Gesetz verstösst (z.B. Ware schmuggeln, mit Drogen dealen).
Unsittlicher Vertragsinhalt	Ein Vertrag ist unsittlich, wenn er gegen das allgemeine Rechtsempfinden, d.h. gegen die guten Sitten, verstösst (z.B. Frauenhandel, Vereinbarungen von Schmier- und Schweigegeldern).

Das weiss ich jetzt!

1.35 Wie entsteht ein Vertrag?

1.36 Wer darf einen Vertrag abschliessen?

1.37 Warum ist es empfehlenswert, wichtige Verträge schriftlich abzuschliessen?

1.38 Zählen Sie drei schriftliche Vertragsformen auf.

1.39 Beschreiben Sie die «öffentliche Beurkundung».

1.40 Welche Vertragsinhalte sind nichtig?

Anfechtbare Verträge

Ein anfechtbarer Vertrag ist grundsätzlich zustande gekommen. Wenn es bei der Willensbildung oder -äusserung zu schweren Mängeln gekommen ist, kann die benachteiligte Partei den Vertrag jedoch innerhalb eines Jahres anfechten. Sie erklärt der Gegenpartei, dass sie den Vertrag nicht einhalten will, sondern die Aufhebung oder eine Änderung verlangt.

Beispiele anfechtbarer Verträge	
Wesentlicher Irrtum (OR 23, 24)	Ein wesentlicher Irrtum liegt dann vor, wenn der Irrtum so schwerwiegend ist, dass der Vertrag nicht abgeschlossen worden wäre, wenn der Irrende den wahren Sachverhalt gekannt hätte (z. B. vermeintlich echtes Bild erweist sich als Fälschung).
Absichtliche Täuschung (**OR 28**)	Eine absichtliche Täuschung liegt bei der Vorspiegelung falscher Tatsachen oder beim bewussten Unterdrücken von Tatsachen vor (z. B. Unfallauto wird als unfallfrei verkauft).
Drohung (**OR 29**)	Eine Drohung liegt vor, wenn eine Person einer anderen droht, ihr oder einer ihr nahe stehenden Person im Falle des Nichtabschlusses eines Vertrages Schaden zuzufügen (z. B. Person stimmt einem Liegenschaftsverkauf nur zu, weil ihr Leben bedroht wird).
Übervorteilung (**OR 21**)	Eine Übervorteilung liegt vor, wenn zwischen der vereinbarten Leistung und der Gegenleistung ein krasses Missverhältnis besteht und wenn sich der Übervorteilte zur Zeit des Vertragsabschlusses in einer wirtschaftlichen oder persönlichen Notlage befunden hat (z. B. wenn eine Person dringend Geld braucht und jemand ihr ein Darlehen zu 20 Prozent Zins gewährt).

Verjährung

In der Regel erlöschen vertragliche Vereinbarungen, indem sie erfüllt werden. Werden die vertraglichen Vereinbarungen nicht erfüllt, und die Gläubigerin kümmert sich nicht um ihre Forderung, verjährt diese nach einer bestimmten Zeit. Die Gläubigerin kann den Schuldner nachher nicht mehr zur Zahlung zwingen.

OR 127–128

Beispiele Verjährungsfristen

- Allgemeine Verjährungsfrist: 10 Jahre
- Verlustscheine: 20 Jahre
- Mietzinse, Arzt- und Handwerkerrechnungen, Lohnforderungen: 5 Jahre
- Forderung an eine Versicherung: 2 Jahre
- Krankenkassenrückforderungen von medizinischen Leistungen: 2 Jahre

Es gibt auch Forderungen, die nie verjähren. So sind zum Beispiel Ansprüche auf die Teilung eines Erbes unverjährbar (siehe Seite 293, Erbrecht).

▶ **Aufgaben:** A10–A11 S. 16f. AH
▶ **Wissen anwenden:** W19, W22–W23 S. 25f. AH, S. 37f. LM

Das weiss ich jetzt!

1.41 Was ist eine Übervorteilung?

1.42 Worin besteht der Unterschied zwischen einem nichtigen und einem anfechtbaren Vertrag?

1.43 Welche Folgen hat eine Verjährung für den Schuldner bzw. die Schuldnerin?

1.7 Personenrecht

Das Personenrecht befasst sich mit den natürlichen und juristischen Personen.

Natürliche Personen

Natürliche Personen sind Menschen mit Geschlecht und Alter. Sie können grundsätzlich ihre Handlungen beurteilen, frei entscheiden und selbst handeln. Die Ausübung ihrer Rechte ist vom Alter abhängig.

Juristische Personen

Juristische Personen sind keine Menschen (keine Rechtsanwälte oder Notarinnen), sondern Verbindungen von mehreren Personen (z.B. Vereine, Aktiengesellschaften). Rechtlich gesehen, sind dies neue, eigenständige Personen. Sie handeln durch ihre Organe (z.B. beim Verein der Vorstand, bei einer Aktiengesellschaft der Verwaltungsrat).

Personenrechtliche Bestimmungen

Rechtsfähigkeit ZGB 11

Die Rechtsfähigkeit ist die Fähigkeit, Rechte und Pflichten zu haben (z.B. Recht auf einen Namen, Erbrecht, Schulpflicht, Steuerpflicht). Rechtsfähig sind alle Menschen, unabhängig von Alter, Geschlecht, Herkunft oder Geisteszustand (Tiere sind nicht rechtsfähig).

Urteilsfähigkeit ZGB 16

Die Urteilsfähigkeit ist die Fähigkeit, vernunftgemäss zu handeln. Das Gesetz legt kein genaues Alter für die Urteilsfähigkeit fest. Diese ist gegeben, wenn eine Person die Folgen ihrer Handlungen richtig abschätzen kann und reif genug ist, sich auch entsprechend ihrer Erkenntnis zu verhalten (z.B. einer Versuchung widerstehen). Eine urteilsfähige Person muss für ihre Handlungen geradestehen und ist deliktsfähig (d.h., die Person haftet für den Schaden aus einer widerrechtlichen Handlung).

Religiöse Erziehung ZGB 303

Wer das 16. Altersjahr vollendet hat, entscheidet selbstständig über sein religiöses Bekenntnis.

Volljährigkeit ZGB 14, 94

Volljährig ist, wer das 18. Altersjahr vollendet hat.

Handlungsfähigkeit ZGB 12, 13

Handlungsfähig ist, wer urteilsfähig und volljährig ist. Für alle Rechtshandlungen muss die Verantwortung übernommen werden. Eine urteilsfähige, volljährige Person ist somit selbstständig, von den Eltern unabhängig und kann in eigener Verantwortung z.B. Verträge abschliessen (Vertragsfähigkeit).

Urteilsfähig, aber nicht volljährig ZGB 19, 323

Urteilsfähige, aber noch nicht volljährige Jugendliche können geringfügige Angelegenheiten des täglichen Lebens selber besorgen. Sie dürfen z.B. mit ihrem Einkommen Kaufverträge abschliessen. Andere Verpflichtungen brauchen die Zustimmung der gesetzlichen Vertreter.

Handlungsfähigkeit

Rechte, Pflichten, Freiheiten und Sanktionen in Abhängigkeit des Alters

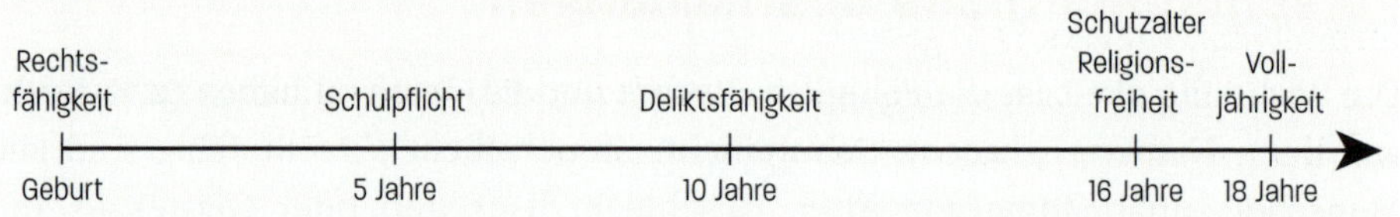

Deliktsfähigkeit wird oft auch Strafmündigkeit genannt. Dabei ist zu beachten: Das Jugendstrafgesetz gilt zwischen dem vollendeten 10. und dem vollendeten 18. Altersjahr, wenn eine Person eine mit Strafe bedrohte Tat begangen hat.

Schutzalter 16

Sexuelle Handlungen mit Jugendlichen unter 16 Jahren sind strafbar. Ausnahme: Wenn der Altersunterschied zwischen den Beteiligten nicht mehr als 3 Jahre beträgt (StGB, Art. 187)(siehe auch Seite 28, Schweizer Jugendstrafrecht im Überblick).

Fehlen der Urteilsfähigkeit ZGB 16, 18

Urteilsunfähig resp. nicht urteilsfähig sind alle Personen, die wegen ihres Kindesalters, infolge geistiger Behinderung, psychischer Störung, Rausch oder ähnlicher Zustände (z. B. Schlafwandel) unfähig sind, vernunftgemäss zu handeln. Schliessen urteilsunfähige Person Geschäfte ab, sind diese unwirksam (nichtig).

- **Aufgaben:** A9 — S. 16 AH
- **Wissen anwenden:** W20–W21, W24–W28 — S. 26 f. AH, S. 37 f. LM

Das weiss ich jetzt!

1.44 Wer ist in der Schweiz rechtsfähig?

1.45 Unter welchen Voraussetzungen ist eine Person handlungsfähig?

1.46 Erläutern Sie die besondere Situation der Jugendlichen in Bezug auf die Handlungsfähigkeit.

1.47 Wann ist eine Person urteilsunfähig?

1.48 Wann erreicht man die religiöse Urteilsfähigkeit?

1.49 Können 17-Jährige heiraten? Erklären Sie.

1.50 Wann genau wird Sandra volljährig, wenn sie am 13. Juni 2007 geboren wurde?

1.51 Erklären Sie den Begriff «deliktsfähig».

1.8 Strafrecht

Zweck des Strafrechts ist es, die wichtigsten Rechtsgüter der Menschen zu schützen. Dazu gehören unter anderem Leib und Leben, Freiheit, sexuelle Selbstbestimmung sowie Eigentum bzw. Vermögen.
Verletzt jemand ein strafrechtlich geschütztes Rechtsgut, muss man mit Bestrafung rechnen. Es spielt dabei keine Rolle, ob einem der entsprechende Artikel des Strafgesetzes bekannt ist oder nicht. Die Kenntnis dieser Artikel wird vorausgesetzt, da es sich hier um die grundlegendsten Rechte der Menschen überhaupt handelt.

Rechtsgüter

Jugendstrafrecht

Für Jugendliche zwischen 10 und 18 Jahren gilt ein besonderes Jugendstrafrecht, formuliert im Jugendstrafgesetz.
Um straffällig gewordene Jugendliche wieder in die Gesellschaft zu integrieren, werden vor allem sogenannte Massnahmen ergriffen.

Jugendstrafgesetz JStG

Man geht davon aus, dass mit gezielten, erzieherisch ausgerichteten Sanktionen viel erreicht werden kann – der Erziehungsgedanke steht im Zentrum des Jugendstrafrechts.

Erzieherische Massnahmen

Aber nicht nur bei der Strafe selbst, sondern bereits im Verfahren wird versucht, erzieherisch auf den straffälligen Jugendlichen einzuwirken. Zwar ist auch hier das Delikt der Ausgangspunkt. Aber stärker als bei Erwachsenen rückt im Verlauf des Verfahrens die Persönlichkeit des Jugendlichen in den Vordergrund.
Die Frage eines Jugendrichters ist also nicht: «Wie schwer sind Tat und Verschulden?» (woraus sich dann die Höhe der Strafe ergibt), sondern sie lautet: «Muss man aus Tat und Person des Täters den Schluss ziehen, dass er zukünftig erhebliche Straftaten begehen wird? Gibt es geeignete pädagogische Massnahmen, um dieser Gefahr zu begegnen?» Zudem wird darauf geachtet, dass das Verfahren schnell abgeschlossen werden kann, sodass zwischen der begangenen Straftat und dem Antritt der Strafe, also der erzieherischen Massnahme, möglichst wenig Zeit vergeht.

Jugendliche, welche zur Zeit der Tat das 16. Altersjahr vollendet haben, können bei besonders schweren Delikten trotzdem mit Freiheitsentzug bis zu vier Jahren bestraft werden.

Freiheitsentzug JStG 25

Schweizer Jugendstrafrecht im Überblick

Alter	Strafen	Massnahmen	Besonderheiten
Unter 10 Jahren	Keine	Keine Massnahmen gemäss Jugendstrafrecht	Massnahmen der KESB (z. B. Erziehungsbeistand) sind möglich
10–14 Jahre	Nur Verweis oder eine persönliche Leistung bis max. 10 Tage möglich.	- Aufsicht - Persönliche Betreuung - Ambulante Behandlung - Unterbringung	Strafbefreiung liegt im gerichtlichen Ermessen. Sofern der Täter nicht zu einer unbedingten Freiheitsstrafe verurteilt wurde, kann ein Verfahren auch zugunsten einer Mediation* eingestellt werden.
15 Jahre	Verweis, persönliche Leistung oder Bussen bis max. Fr. 2000.– und Freiheitsstrafen von max. 1 Jahr.		
16–17 Jahre	Verweis, persönlicher Leistung oder Bussen bis max. Fr. 2000.– und in schweren Fällen Freiheitsstrafen bis zu 4 Jahren.		

* Mediation: strukturiertes, freiwilliges Verfahren zur konstruktiven Beilegung eines Konflikts, bei dem «allparteiliche» Dritte die Konfliktparteien in ihrem Lösungsprozess begleiten.

Grundsätze des Strafrechts

Im Strafrecht gibt es einige wichtige Grundsätze:

Keine Sanktion ohne Gesetz StGB 1

Der wichtigste Grundsatz heisst «Keine Sanktion ohne Gesetz». Er legt fest, dass nur Personen bestraft werden können, die eine Tat begangen haben, welche das Gesetz ausdrücklich mit einer Strafe oder Massnahme belegt. Dieser Grundsatz ist ausserordentlich wichtig. Denn: Wenn kein Gesetz regelt, was verboten ist, kann man auch nicht wissen, ob man etwas Ungesetzliches tut oder nicht.

Keine Strafe ohne Schuld StGB 12

Das heute geltende Strafrecht ist ein Schuldstrafrecht. Das bedeutet, dass Personen nur dann von einem Strafrichter verurteilt werden dürfen, wenn ihnen die Schuld für ihr Delikt nachgewiesen werden kann.
Das Strafrecht kennt die beiden Schuldformen «Vorsatz» und «Fahrlässigkeit». Hat jemand ein Delikt nicht vorsätzlich begangen und kann ihm auch nicht Fahrlässigkeit nachgewiesen werden, trägt er keine Schuld. Ebenfalls nicht schuldfähig ist z. B. eine Person, die zum Zeitpunkt der Tat unzurechnungsfähig (nicht urteilsfähig) war.

Verschuldungsgrad	Bezeichnung des Verschuldens	Wissen Die Person ...	Wollen Die Person ...
Verschulden gering	Fahrlässigkeit	hält Folgen nur vage für möglich.	erkennt nicht, dass sie eine Straftat begeht.
	Grobe Fahrlässigkeit	hält Folgen für möglich.	will nicht, dass Folgen eintreten, lässt aber elementare Vorschriften ausser Acht.
	Eventualvorsatz	hält Folgen für möglich.	rechnet mit Folgen und/oder nimmt diese in Kauf.
Verschulden hoch	Vorsatz	weiss, dass Folgen mit Sicherheit eintreten werden.	will bewusst, dass Folgen eintreten.

Strafmass
StGB 47

Es ist Aufgabe des Gerichts, das Strafmass festzulegen. Das Gesetz schreibt der Richterin oder dem Richter nur den Strafrahmen vor, an den sie oder er sich zu halten hat.
Für einen Mord beträgt der Strafrahmen gemäss StGB lebenslängliche Freiheitsstrafe oder Freiheitsstrafe nicht unter 10 Jahren, maximal 20 Jahre. Es liegt nun an der Strafrichterin oder am Strafrichter zu entscheiden, welches Strafmass im Einzelfall angemessen ist. Bei der Festlegung der Strafe hat das Gericht das Verschulden des Täters, dessen Beweggründe, sein Vorleben sowie die persönlichen Verhältnisse zu berücksichtigen.

Deliktarten

Offizialdelikt

Bei Offizialdelikten geht der Staat von sich aus gegen mögliche Straftäter vor und wartet nicht zuerst auf die Anzeige der Geschädigten. Beispiele für Offizialdelikte sind Raub, Tötung, häusliche Gewalt, Vergewaltigung oder die meisten Vermögensdelikte (Diebstahl, Veruntreuung, Sachbeschädigung, Hacking, Betrug).

Antragsdelikt
StGB 30

Bei Antragsdelikten erfolgt die Strafverfolgung gegen die Täterin nicht von Amtes wegen, sondern nur auf Anzeige des Geschädigten.
Antragsdelikte bilden im schweizerischen Strafrecht die Ausnahme. Beispiele hierfür sind Diebstahl zum Nachteil eines Angehörigen, Ehrverletzung, Drohung und Hausfriedensbruch. Der Staat soll sich nicht ohne ausdrücklichen Willen des Geschädigten in Sachverhalte einmischen, die eher dem Privatbereich dieser Person zuzuordnen sind.

Strafen

Im schweizerischen Strafrecht gibt es drei Arten von Strafen: Freiheitsstrafe, Geldstrafe (bedingt oder unbedingt) oder Busse.

Freiheitsstrafe
StGB 40

Die Dauer der Freiheitsstrafe beträgt zwischen drei Tagen und höchstens 20 Jahren. Wo es das Gesetz ausdrücklich bestimmt, dauert die Freiheitsstrafe lebenslänglich. Kürzere Freiheitsstrafen (max. 12 Monate) können in den Formen Halbgefangenschaft, elektronische Überwachung oder gemeinnützige Arbeit vollzogen werden. Bei der Halbgefangenschaft verbringt die verurteilte Person lediglich die Ruhe- und Freizeit in der Anstalt, sie kann also weiterhin einer Arbeit oder Ausbildung nachgehen. Bei der elektronischen Überwachung trägt die verurteilte Person eine elektronische Fussfessel und sitzt die Strafe ausserhalb der Arbeitszeit im Hausarrest ab. Statt einer kurzen Freiheitsstrafe kann die verurteilte Person auch unentgeltlich gemeinnützige Arbeit leisten. Vier Stunden gemeinnützige Arbeit entsprechen einem Tag Freiheitsstrafe.

Geldstrafe
StGB 34–36

Geldstrafen werden vom Gericht als Alternative zu einer Freiheitsstrafe von höchstens 6 Monaten ausgesprochen. Sie wurden vom Gesetzgeber geschaffen, um kurze, oft desozialisierende Freiheitsstrafen zu ersetzen. Das Gericht bestimmt die Anzahl der Tagessätze nach dem Verschulden des Täters. Die Höhe eines Tagessatzes (max. 3000 Franken) richtet sich nach den wirtschaftlichen Verhältnissen des Täters. Multipliziert mit der Anzahl Tagessätze ergibt sich die effektive Höhe der Geldstrafe.

Busse
StGB 106

Die Busse ist von der Geldstrafe zu unterscheiden. Bussen sind nur für Übertretungen, also geringfügige Gesetzesverstösse – zum Beispiel im Strassenverkehr –, vorgesehen. Eine nicht bezahlte Busse kann in eine Haftstrafe umgewandelt werden.

Massnahmen

Bei den Massnahmen wird hauptsächlich zwischen den therapeutischen Massnahmen, der Verwahrung und den anderen Massnahmen unterschieden.

Verwahrung
StGB 64

Die Verwahrung ist die härteste Massnahme, bei der eine verurteilte Person unter Umständen nie mehr ihre Freiheit zurückerlangt. Sie sollte nur in Ausnahmefällen und als letztes Mittel ausgesprochen werden, z. B. dann, wenn die Sicherheit der Öffentlichkeit vor bestimmten, nicht therapierbaren Täterinnen und Tätern höher eingeschätzt wird als deren persönliche Freiheit.

Therapeutische Massnahmen
StGB 56 ff.

Bei psychisch kranken oder drogenabhängigen Personen ist eine Freiheitsstrafe oft nicht sinnvoll. In diesen Fällen werden therapeutische Massnahmen angeordnet, soweit die Erkrankung bzw. Sucht im Zusammenhang mit der Strafe stand und eine Therapie der verurteilten Person möglich ist. Eine Massnahme kann ambulant oder stationär erfolgen.

Andere Massnahmen
StGB 66 ff.

Das Gericht kann als andere Massnahme z. B. ein Berufsverbot, die Veröffentlichung des Urteils, das Beschlagnahmen von Gegenständen (z. B. Raserauto) oder von Vermögenswerten anordnen.

▶ **Aufgaben:** A8 S. 16 AH

Das weiss ich jetzt!

1.52 Warum werden im Jugendstrafrecht vor allem erzieherische Massnahmen ergriffen?

1.53 Was bedeutet «Keine Strafe ohne Schuld»?

1.54 Beschreiben Sie den Unterschied zwischen «Antragsdelikt» und «Offizialdelikt» mit Beispielen.

1.55 Unterscheiden Sie die drei Sanktionen im schweizerischen Strafrecht.

1.56 Was wird bei der Strafzumessung berücksichtigt?

1.57 Warum ist die Verwahrung die härteste Massnahme; was sollte deshalb dabei beachtet werden?

1.9 Rechtsgrundlagen

Aufgaben des Rechts

Das Recht ist ein System von Regeln, auch Rechtsnormen genannt. Diese enthalten Vorschriften für das Verhalten der Menschen. Alle geltenden Regeln eines Landes nennt man die Rechtsordnung.

Rechtsordnung/ Rechtsnormen

Rechtsnormen
- verleihen Rechte (z. B. Niederlassungsfreiheit)
- auferlegen aber auch Pflichten (z. B. Steuerpflicht)

Rechte und Pflichten

Durchsetzung der Rechtsordnung
- mit Geboten und Verboten (z. B. Strassenverkehrsgesetz)
- mit Strafen (z. B. Bussen, Freiheitsstrafen)

Gebote und Verbote, Strafen

Eine Rechtsordnung sollte für Gerechtigkeit sorgen. Der zentrale Grundsatz der Gerechtigkeit ist das Prinzip der Gleichheit beziehungsweise der Gleichbehandlung. Zudem sollte sich die Rechtsordnung den wechselnden Lebensumständen einer Gesellschaft anpassen.

Recht und Gerechtigkeit

Neben den Rechtsnormen kennt eine Gesellschaft auch die Begriffe Sitte und Moral. Obwohl diese Verhaltensregeln vom Staat nicht erzwungen und durchgesetzt werden können, haben sie eine wichtige kulturelle Bedeutung.

Sitte und Moral

Recht	Sitte	Moral
Macht Vorschriften für das äussere Verhalten der Menschen.	Verlangt Regeln für das äussere Verhalten der Menschen.	Erwartung einer Gesinnung resp. einer inneren Einstellung.
Beispiel: Schulordnung, Strassenverkehrsrecht, Zivilrecht, Vertragsrecht usw.	Beispiel: Tischsitten, Anstandsregeln, Umgangsformen usw.	Beispiel: Welche Einstellung habe ich gegenüber menschlichem oder tierischem Leben? Wie gehe ich mit fremdem Eigentum um?
Kann vom Staat (Behörde) erzwungen werden.	**Kann vom Staat (Behörde) nicht erzwungen werden.**	**Kann vom Staat (Behörde) nicht erzwungen werden.**
Das Recht ist eine Ordnung zum Schutz der Interessen einer staatlichen Gemeinschaft.	Sitte ist gleich Brauch. Gesellschaften haben ihre eigenen Bräuche und gewichten diese auch unterschiedlich.	Moral bezeichnet alle Werte und Normen, die das zwischenmenschliche Verhalten in einer Gesellschaft bestimmen.

▶ **Aufgaben:** A4 S. 14 AH

Am Beispiel der Berufsbildung ist nachfolgend die Hierarchie (Rangordnung) von der Bundesverfassung, dem (Bundes-)Gesetz und der (Berufsbildungs-) Verordnung dargestellt.

Hierarchie der Rechtsnormen

Bundesverfassung
Art. 63 Berufsbildung

Die Verfassung ist das Grundgesetz eines Staates. Sie beinhaltet die wichtigsten Leitlinien. Keine andere Rechtsnorm darf der Verfassung widersprechen.

Beispiel BV 63

[1] Der Bund erlässt Vorschriften über die Berufsbildung.

[2] Er fördert ein breites und durchlässiges Angebot im Bereich der Berufsbildung.

Gesetz
Berufsbildungsgesetz (BBG)

Die Gesetze dienen der näheren Ausführung einzelner Verfassungsartikel. Deshalb haben alle Gesetze eine Grundlage in der Verfassung.

Beispiel BBG 22

[3] Wer im Lehrbetrieb und in der Berufsfachschule die Voraussetzungen erfüllt, kann Freikurse ohne Lohnabzug besuchen. (…)

Verordnung
Berufsbildungsverordnung (BBV)

Die Verordnungen dienen der näheren Ausführung einzelner Gesetze. Es gilt: Ohne Gesetz keine Verordnung.

Beispiel BBV 20

[1] Freikurse und Stützkurse der Berufsfachschule sind so anzusetzen, dass der Besuch ohne wesentliche Beeinträchtigung der Bildung in beruflicher Praxis möglich ist. Ihr Umfang darf während der Arbeitszeit durchschnittlich einen halben Tag pro Woche nicht übersteigen.

Rechtsgrundsätze

Rechtsgrundsätze sind Rechtsnormen, die wegen ihrer allgemeinen Tragweite von grosser Bedeutung für unsere Rechtsordnung sind. Im Folgenden werden einige wichtige Rechtsgrundsätze erklärt.

Rechtsgleichheit
BV 8

Alle Menschen sind vor dem Gesetz gleich. Niemand darf diskriminiert werden, namentlich nicht wegen der Herkunft, der Rasse, des Geschlechts, des Alters, der Sprache, der sozialen Stellung, der Lebensform, der religiösen, weltanschaulichen oder politischen Überzeugung oder wegen einer körperlichen, geistigen oder psychischen Behinderung.
Mann und Frau sind gleichberechtigt.

Treu und Glauben
ZGB 2

Der Grundsatz «Treu und Glauben» beinhaltet, dass sich alle in der Ausübung ihrer Rechte und in der Erfüllung ihrer Pflichten loyal, anständig, fair, ehrlich und korrekt verhalten. Wer andere übervorteilt («übers Ohr haut»), findet keinen Rechtsschutz.

Beweislast
ZGB 8

Wer vor Gericht etwas behauptet, hat den Beweis für die behauptete Tatsache zu erbringen. Aus diesem Grund ist es wichtig, Beweisstücke zu sammeln und aufzubewahren. Viele Rechtsverletzungen können nicht geahndet werden, weil die Beweise fehlen.

Gerichtliches Ermessen
ZGB 4

Da Rechtsnormen oft sehr allgemein formuliert sind, gibt es Ermessensspielraum, weil die Umstände berücksichtigt werden müssen. In solchen Fällen sollten die richterlichen Entscheidungen möglichst objektiv, angemessen und sachlich begründet sein. Grundlagen dazu bieten Bundesgerichtsurteile.

Rechtsordnung

Unsere Rechtsordnung gliedert sich in zwei Hauptgruppen, in das öffentliche und das private Recht.

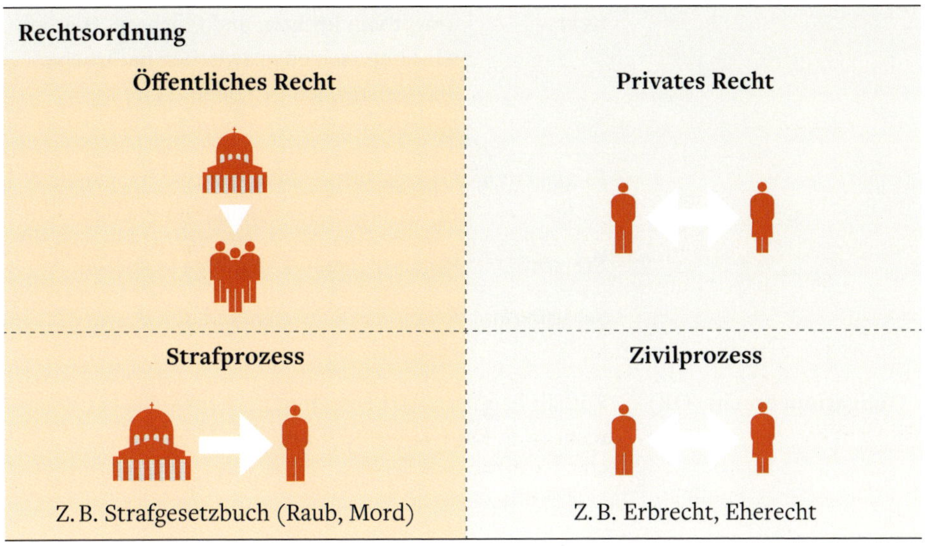

Öffentliches Recht

Das öffentliche Recht regelt die Rechtsbeziehung zwischen dem übergeordneten Staat und den untergeordneten Bürgerinnen und Bürgern. Das Allgemeininteresse steht somit über dem Eigeninteresse (Gemeinnutz vor Eigennutz).

Das öffentliche Recht ist z. B. geregelt
- in der Bundesverfassung / BV (Struktur und Funktion des Staates)
- im Schweizerischen Strafgesetzbuch / StGB (strafbare menschliche Verhaltensweisen / Strafmass bei strafbaren Handlungen)
- im Schuldbetreibungs- und Konkursgesetz / SchKG (Verfahren beim Eintreiben von Geldforderungen)

Strafprozess

Wenn ich das öffentliche Recht verletze, klagt mich der Staat via Staatsanwalt in einem Strafprozess an.
Die rechtliche Grundlage bietet das Schweizerische Strafgesetzbuch (StGB). Darin wird geregelt, was strafbare Handlungen sind und welches Strafmass ausgesprochen werden kann. Die Richterin oder der Richter entscheidet im Strafprozess, ob der Angeklagte schuldig oder unschuldig ist, und wie hoch das Strafmass ausfällt.

Das weiss ich jetzt!

1.58 Welche Aufgabe hat die Rechtsordnung?

1.59 Wie wird die Rechtsordnung durchgesetzt?

1.60 Beschreiben Sie je ein praktisches Beispiel aus dem Alltag zu Recht, Sitte und Moral.

1.61 Wo ist festgelegt, worüber es Gesetze gibt?

1.62 Erklären Sie den Begriff «Rechtsgrundsatz».

Privates Recht

Das Privatrecht (oder Zivilrecht) regelt die Rechtsbeziehung zwischen einzelnen Privatpersonen. Die beteiligten Bürger sind bezüglich ihrer Rechte und Pflichten einander gleichgestellt.
Das Privatrecht ist im Zivilgesetzbuch (ZGB) und im Obligationenrecht (OR) geregelt.

Teile des Privatrechts		
Zivilgesetzbuch (ZGB)	*Personenrecht*	Behandelt die Stellung des Menschen als Träger von Rechten und Pflichten. Hierbei wird unterschieden zwischen natürlichen und juristischen Personen (Seite 25, Personenrecht).
	Familienrecht	Ordnet die persönlichen und finanziellen Beziehungen der Familienmitglieder.
	Erbrecht	Regelt die Rechtsnachfolge beim Tod.
	Sachenrecht	Regelt das Eigentum und den Besitz von Sachen.
Obligationenrecht (OR)	Enthält hauptsächlich Bestimmungen über das Vertragsrecht (z. B. Kauf, Miete oder Arbeitsvertrag).	

Zivilprozess Wenn zwei Parteien Probleme wegen eines Vertrags haben, wird das in einem Zivilprozess geregelt.
Der Kläger klagt gegen den Beklagten. Am Ende entscheidet die Richterin oder der Richter aufgrund des ZGB und OR, wer nun Recht hat.

▶ **Aufgaben:** A5–A7 S. 14f. AH
▶ **Wissen anwenden:** W29 S. 28f. AH, S. 38 LM
▶ **Kreuzworträtsel:** X2 S. 30 AH

Das weiss ich jetzt!

1.63 In welche zwei Hauptgruppen gliedert sich die schweizerische Rechtsordnung?
1.64 Womit befasst sich das StGB?
1.65 Wie heissen die vier Teile des ZGB?
1.66 Wo finden Sie gesetzliche Vorschriften über Verträge?

Wissen anwenden

Hinweis: Die Antworten zu den Fragen, die mit einem Ja oder Nein beantwortet werden können, müssen Sie begründen.

W1 Esther sucht schon seit längerer Zeit erfolglos eine Lehrstelle als Floristin. Beim Bowlingspielen wird ihr Vater mit dem Wirt des Betriebes per Handschlag einig, dass Esther bei ihm eine berufliche Grundbildung als Restaurationsfachfrau machen wird.
Wie kann sich Esther gegen diesen Entscheid zur Wehr setzen?

W2 Andrea versteht die Welt nicht mehr. Seit zwei Jahren ist sie in der beruflichen Grundbildung als Chemielaborantin. Heute haben ihre Eltern und sie vom Lehrbetrieb die Mitteilung erhalten, dass auf Beginn des neuen Lehrjahres der Lehrvertrag aufgelöst wird: Infolge fehlender Aufträge muss der Betrieb geschlossen werden.
Was heisst das für Andrea?

W3 Reto wird beim Stehlen eines Werkzeuges ertappt. Da in letzter Zeit verschiedentlich Material verschwunden ist, wird Reto nun von allen Mitarbeitenden verdächtigt. Die Berufsbildnerin zitiert Reto ins Büro und entlässt ihn fristlos.
Wie beurteilen Sie die Rechtslage?

W4 Letzte Woche konnte Kathrin den Berufsfachschulunterricht nicht besuchen, weil sie für dringende Arbeiten im Betrieb gebraucht wurde.
Ist der Berufsbildner berechtigt, Kathrin vom Besuch des Unterrichts abzuhalten?

W5 Kurz vor Feierabend verlangt die Lehrmeisterin von Stefan, dass er wegen dringender Arbeiten noch eine Stunde länger im Lehrbetrieb bleiben muss.
Kann sich Stefan weigern?

W6 Pascal weigert sich, die Werkstatt aufzuräumen. Er begründet seine Haltung mit der Erklärung, dass er nicht zum Putzen, sondern zum Lernen da sei und der Chef gefälligst eine Putzfrau anstellen solle.
Wie beurteilen Sie diese Situation?

W7 Markus, Lernender im ersten Lehrjahr, hat grosse Freude an seinem Beruf. Seine Schulleistungen sind nicht überragend, aber genügend. Einiges läuft aber seiner Meinung nach schief im Lehrbetrieb. Er muss nämlich oft Überstunden leisten, ohne dass er dafür eine Entschädigung bekommt. Zudem muss er jeweils am Freitagabend den Lieferwagen der Firma waschen. Ein weiteres Problem ist, dass der Berufsbildner wenig Geduld hat. Er findet, Markus arbeite zu wenig selbstständig und zu langsam.
Was raten Sie Markus?

W8 Die 18-jährige Barbara bespricht mit ihrem Berufsbildner den Ferienplan für das kommende Lehrjahr. Im September, Oktober, Februar und März wird sie je eine Woche Ferien erhalten.
Nehmen Sie zu diesem Ferienplan Stellung.

W9 Wegen eines Kreuzbandrisses kann Roland zwei Monate nicht im Lehrbetrieb arbeiten. Als Roland wieder zur Arbeit erscheint, macht der Berufsbildner ihn darauf aufmerksam, dass er die versäumte Arbeitszeit nach Lehrabschluss nachholen müsse.
Was meinen Sie dazu?

W10 Nachdem Roland wieder einige Tage gearbeitet hat, gibt ihm der Berufsbildner zu verstehen, dass er ihm wegen der zweimonatigen Abwesenheit selbstverständlich auch die Ferien kürzen werde.
Muss Roland das akzeptieren?

W11 Thomas lernt Bäcker im ersten Lehrjahr. Gestern ist ihm etwas Dummes passiert. Beim Flirten mit seiner Arbeitskollegin liess er einen ganzen Ofen voll Brötchen anbrennen. Die Ware musste weggeworfen werden. Der Lehrmeister fordert nun Schadenersatz von ihm.
Wie sieht die Rechtslage aus?

W12 Adriana macht eine Kochlehre in einem renommierten Hotel. Während der ersten Monate muss sie tagelang die gleichen Arbeiten verrichten: Gemüse rüsten, Küche putzen usw. Zudem arbeitet sie oft länger als 50 Stunden pro Woche. Am Samstag wird sie jeweils bis um 3 Uhr an der Snackbar im Nachtclub eingesetzt. Als sich Adrianas Eltern beim Berufsbildner darüber beschweren, antwortet er ihnen, die lange Arbeitszeit sei während der Sommersaison normal und die Arbeit im Nachtclub eine schöne Abwechslung.
Was kann Adriana tun?

W13 Sven hat eine Anfrage erhalten, ob er Lust hätte, in einem Jugendlager Snowboardunterricht zu erteilen. Er ist von dieser Anfrage begeistert und sagt zu.
Helfen Sie Sven.

W14 Beate hat grosse Mühe in der Berufsfachschule. Ihr Zeugnis ist ungenügend. Im Betrieb kommt sie aber ganz gut mit. Trotzdem ist es fraglich, ob sie das Qualifikationsverfahren bestehen wird.
Welche Möglichkeiten hat Beate?

W15 Zurzeit herrschen im Lehrbetrieb von Kevin prekäre Verhältnisse. Wegen Unfall und Kündigungen fehlen in der Küche drei Angestellte. Die Berufsbildnerin schlägt Kevin vor, dass er gegen Bezahlung auf seine fünfte Ferienwoche verzichten soll.
Wie sieht die rechtliche Situation aus?

W16 Die Lerntheorie sagt, dass ich mehr Wissen behalten kann, wenn ich viermal eine Stunde an verschiedenen Tagen lerne, als wenn ich einmal vier Stunden am Stück lerne.
Begründen Sie, wieso diese Aussage stimmt.

W17 Frauen entscheiden sich häufig für andere Berufe als Männer.
Was könnte diesen Entscheid beeinflussen?

W18 Die Gleichstellung von Mann und Frau ist heute in der Bundesverfassung verankert.
Ist die in Artikel 8 geforderte Gleichstellung erreicht?

W19 Beat hat endlich das nötige Geld beisammen, um sich einen Occasionswagen zu kaufen. Eine Autohändlerin verkauft dem unerfahrenen Beat einen rostigen Occasionswagen für Fr. 8000.–. Nach einigen Wochen merkt Beat, dass er mit diesem Auto einen Missgriff getätigt hat.
Was kann er tun?

W20 Der 17-jährige Lernende Beat hat den Wunsch, selbstständig zu werden und sich ein eigenes Zimmer auswärts zu mieten. Er meldet sich auf ein Inserat bei einem Vermieter.
Kann hier ein Mietvertrag zustande kommen?

W21 Der 9-jährige Peter ist ohne Einwilligung der Eltern auf Shoppingtour. Er kauft einen Streaminggutschein und eine Micro-Hi-Fi-Anlage für Fr. 280.–. Die Eltern sind mit dem Kauf des teuren Gerätes nicht einverstanden und verlangen deshalb vom Verkäufer, dass er es zurücknimmt und das Geld zurückerstattet.
Muss der Verkäufer diesem Wunsch Folge leisten?

W22 Sandra will sich endlich den Traum von Freiheit und Abenteuer erfüllen. Bei einem Motorradhändler kauft sie sich einen neuen Töff zum Preis von Fr. 15 000.–.
Welche Vertragsform kommt bei diesem Kauf zur Anwendung?

W23 Wegen einer neuen Anstellung ist Frau Meier gezwungen, ihre Eigentumswohnung zu verkaufen.
Welcher Vertragsformen bedarf dieser Verkauf?

W24 Entscheiden Sie, ob die folgenden Fälle rechtlich zulässig sind, und begründen Sie Ihren Entscheid (urteilsfähig, urteilsunfähig, volljährig, minderjährig, handlungsfähig).

a) **Herr Berger ist 30-jährig und von Beruf Drogist. Vor Jahren hat er sich bei einem Unfall schwere Verletzungen zugezogen, seither ist er invalid. Nun hat er im Sinn, sich selbstständig zu machen und eine eigene Drogerie zu eröffnen.**
b) **Sandra, 19-jährig, besucht eine Mittelschule. Sie beschliesst, die Schule aufzugeben und eine berufliche Grundbildung als Floristin zu beginnen.**
c) **Die 17-jährige Fabienne kauft sich mit ihrem verdienten und ersparten Geld einen Laptop. Ihr Vater ist mit diesem Entscheid nicht einverstanden und fordert Fabienne auf, diesen Kauf rückgängig zu machen.**

W25 Eine ältere, urteilsfähige Dame schreibt in ihrem Testament: «Mein Einfamilienhaus soll meine Katze Tiger erben.»
Kann eine Katze als Erbin eingesetzt werden?

W26 Ramona, eine 17-jährige Katholikin, will einen 23-jährigen Muslim heiraten und anschliessend mit ihm nach Marokko ziehen.
Ist sie zu diesen Handlungen berechtigt?

W27 Ein Nachtwandler stösst auf seinem nächtlichen Gang eine brennende Kerze um. Dadurch entsteht ein Brand. Der Hauseigentümer verklagt den Nachtwandler und verlangt die Bezahlung des Schadens.
Muss der Nachtwandler für den Schaden aufkommen?

W28 Der 12-jährige Fabian überredet an seinem schulfreien Nachmittag den 5-jährigen Hugo, mit ihm zusammen von einer Autobahnbrücke Steine auf die vorbeifahrenden Fahrzeuge zu werfen. Dabei beschädigen die beiden ein Fahrzeug.
Können die beiden Knaben zur Verantwortung gezogen werden?

W29 Der begüterte Architekt Walter Arnold wird wegen Fahrens in angetrunkenem Zustand mit Fr. 8000.– gebüsst. Für das gleiche Vergehen erhält der Coiffeur Hans Huber eine Busse von Fr. 2000.–.
Ist das gerecht?

Korrespondenz

K1 Wegen einer Krankheit sind Sie gezwungen, Ihre berufliche Grundbildung aufzugeben. Teilen Sie den ärztlichen Befund in einem Brief Ihrer Berufsbildnerin resp. Ihrem Berufsbildner mit.
Bitten Sie um die Auflösung des Lehrverhältnisses.

K2 Sie sind krank und müssen sich schriftlich vom Berufsfachschulunterricht abmelden.
Schreiben Sie eine begründete Entschuldigung per E-Mail.

K3 Sie haben von Bekannten eine Einladung für zwei Wochen Ferien in der Karibik erhalten. Diese zwei Wochen fallen in die Schulzeit. Ihr Lehrbetrieb hat Ihnen bereits sein O.K. gegeben. Jetzt benötigen Sie noch die Einwilligung Ihrer Berufsfachschule.
Verfassen Sie das entsprechende Dispensationsgesuch.

K4 Als J+S-Leiterin haben Sie die Möglichkeit, mit zwei Bekannten zusammen eine Woche lang ein Snowboardlager für Jugendliche im Berner Oberland zu leiten.
Schreiben Sie Ihrer Berufsbildnerin resp. Ihrem Berufsbildner ein Gesuch um Gewährung des Jugendurlaubes.

Lernaufgabe

Einstieg ins Berufsleben: Sicht der Ausbildner

Ausgangslage

Die Sicht Ihrer Ausbildnerin oder Ihres Ausbilders zum Thema Lehrbeginn und Ausbildung ist interessant. Schliesslich hat sie oder er nicht bloss Erfahrungen mit der Begleitung von Lernenden und möglichen Konflikten, sondern war selbst einmal Lernende oder Lernender und kennt Ihre Situation.

Lernziele

Sie können ein Gespräch mit der Ausbildnerin oder dem Ausbildner führen.

Auftrag

Führen Sie mit Ihrer Ausbildnerin oder Ihrem Ausbilder ein Gespräch zu wichtigen Themen in Bezug auf den Einstieg in die Lehre, die Lehre im Allgemeinen und die Arbeit als Ausbildnerin oder Ausbildner.

Produkt

Ergebnisse stichwortartig festhalten, Resultat der Klasse in einer Kurzpräsentation vorstellen.

Vorgehen

1. Sie arbeiten allein.
2. Lesen Sie die Lernaufgabe genau durch und klären Sie Fragen mit der Lehrperson.
3. Halten Sie die Antworten schriftlich fest.
4. Stellen Sie der Klasse Ihre Resultate vor.

Arbeitsaufträge

1. Sie befragen Ihre Ausbildnerin oder Ihren Ausbildner zu den Themen Lernen, Arbeiten und Lehren. Überlegen Sie sich geeignete Fragen zu den jeweiligen Themen. Halten Sie Ihre Fragen schriftlich fest.
2. Arrangieren Sie ein persönliches Gespräch mit Ihrem Ausbildner und stellen Sie Ihre Fragen. Machen Sie sich dabei stichwortartige Notizen oder nehmen Sie das Gespräch mit Ihrem Smartphone auf.
3. Ordnen Sie die Notizen und stellen Sie der Klasse Ihre Ergebnisse zu den drei Themen kurz vor.

Kapitel 2
Geld und Konsum

Seit einigen Monaten erhalten Sie Ihren Lehrlingslohn. Mit dem selbst verdienten Geld sind Sie nun finanziell etwas unabhängiger als früher.
«Geld ist nicht alles, aber ohne Geld ist alles nichts», lautet ein treffendes Zitat unbekannter Herkunft. Einerseits können Sie weder Gesundheit noch Liebe, Freundschaft oder Talent mit Geld kaufen! Andererseits spielt Geld in unserer modernen Konsumgesellschaft eine wichtige Rolle. Hat man seine Finanzen nicht im Griff, entstehen schnell Probleme, die einem das Leben schwer machen können!

In diesem Kapitel setzen Sie sich mit folgenden Fragen auseinander

- Was macht den Unterschied zwischen Brutto- und Nettolohn aus?
- Wozu dient ein Budget und wie kann ein Kassabuch geführt werden?
- Was versteht man unter einer Bilanz im wirtschaftlichen Sinn?
- Worin unterscheidet sich die SNB gegenüber anderen Geldinstituten?
- Welche Möglichkeiten bietet der Zahlungsverkehr?
- Wie entstehen Kaufverträge?
- Wie wichtig sind ökologische und ethische Aspekte beim Kaufen?

PFUSCHI-CARTOON

2.1 Geld

Der Lohn

Bruttolohn / Nettolohn

In der Lohnabrechnung werden der Brutto- und der Nettolohn ausgewiesen. Als Bruttolohn bezeichnet man den mit dem Arbeitgeber vereinbarten Lohn. Der Nettolohn ist das Arbeitsentgelt, das nach den Abzügen für Sozialversicherungsbeiträge ausbezahlt wird (exklusive Spesen und Sozialzulagen).

Vereinbarter Lohn

+	mögliche Lohnzusätze:	– Lohnzuschläge (Überstunden) – 13. Monatslohn	– Gratifikation – Naturallohn
=	**Bruttolohn (AHV-pflichtiger Lohn)**		
–	AHV- IV- EO- ALV-Prämien		
–	NBU-Prämie		
=	**Nettolohn**		
+	Spesenentschädigung		
+	Sozialzulagen (Kinder- Familienzulage)		
=	**ausbezahlter Lohn**		

Musterfirma AG
Ziegeleistrasse 12
9302 Kronbühl

Mitarbeiter-Nr: 44
Abteilung: Keine Abteilung (0)

Herr
Franz Muster
Zähringerstrasse 956
9000 St. Gallen

Lohnabrechnung per 24. Januar 2024 Kronbühl, 13.01.2024

Lohnart	Anzahl	Ansatz	Subtotal	Total
Monatslohn				950.00 SFR
Bruttolohn				**950.00 SFR**
UVG-Beitrag Männer	950.00 SFR.	1.45 %		-13,80 SFR
KTG-Beitrag	950.00 SFR.	1.00 %		-9.50 SFR
Nettolohn				**926.70 SFR**
Feriensaldo in Tagen	25.00 Tge		25.00 Tge	
Ueberzeitsaldo in Stunden	12.00 Std		12.00 Std	

Auszahlung:
SFR. 926.70 auf Postkonto 50-51129-3

Lohnabrechnung eines 16-jährigen Lernenden.

Musterfirma AG
Ziegeleistrasse 12
9302 Kronbühl

Mitarbeiter-Nr: 11
Abteilung: Produktion (30)

Frau
Evelyne Isenring
Bergstrasse 33
9428 Walzenhausen

Lohnabrechnung per 24. Januar 2024 Kronbühl, 13.01.2024

Lohnart	Anzahl	Ansatz	Subtotal	Total
Monatslohn				5'100.00 SFR
Bruttolohn				**5'100.00 SFR**
AHV-/IV-/EO-Beitrag	5'100.00 SFR.	5.30 %		-270.30 SFR
ALV-Beitrag	5'100.00 SFR.	1.10 %		-56.10 SFR
UVG-Beitrag Frauen	5'100.00 SFR.	1.55 %		-79.05 SFR
PK/BVG-Beitrag fix Frauen				-487.05 SFR
Nettolohn				**4'207.50 SFR**
Repräsentationsspesen pauschal				300.00 SFR
Kinder- und Ausbildungszulagen	1.00			230.00 SFR
Feriensaldo in Tagen	9.00 Tge		9.00 Tge	
Ueberzeitsaldo in Stunden	12.00 Std		12.00 Std	

Auszahlung:
SFR. 4'207.50 auf Bankkonto 6581297.11, CREDIT SUISSE (5), St. Margrethen SG

Lohnabrechnung einer 40-jährigen Mitarbeiterin.

Lohnabzüge Die Lohnabzüge sind im Lehrvertrag geregelt. Abzüge vom Bruttolohn können für Versicherungsprämien und für bezogene Leistungen des Arbeitnehmenden (z. B. für Kost und Logis) vorgenommen werden.
Für die obligatorische Berufsunfallversicherung, für den Schulbesuch oder den Besuch von Einführungs- und überbetrieblichen Kursen sowie für die Lehrabschlussprüfung dürfen hingegen keine Abzüge erfolgen. Diese Kosten trägt der Lehrbetrieb.

Ab Januar jenes Jahres, in welchem Lernende ihren 18. Geburtstag feiern, werden Sozialversicherungsbeiträge von ihren Lehrlingslöhnen abgezogen. Die Arbeitgeberin leistet den genau gleich grossen Beitrag.

Obligatorische Sozialversicherungsbeiträge in Prozent der Lohnsumme

	Arbeitnehmerbeitrag	**Arbeitgeberbeitrag**	**Total**
AHV – Alters- und Hinterlassenenversicherung	4,350 %	4,350 %	8,70 %
IV – Invalidenversicherung	0,700 %	0,700 %	1,40 %
EO – Erwerbsersatzordnung	0,25 %	0,25 %	0,50 %
ALV – Arbeitslosenversicherung*	1,100 %	1,100 %	2,20 %
Total	6,375 %	6,375 %	12,75 %
plus **Unfallversicherung**	Nichtbetriebsunfallversicherung (NBU)	Berufsunfallversicherung (BU)	

(Stand: 2022)

* 0,5 % für Einkommen ab Fr. 148 201.–

Möglicherweise kommen noch Abzüge für die berufliche Vorsorge (BVG) oder eine Krankentaggeldversicherung dazu. Der Lehrbetrieb darf auch die Beiträge für die Nichtberufsunfallversicherung (NBU) abziehen. Was und wie viel vom Lohn abgezogen wird, muss auf der monatlichen Lohnabrechnung aufgelistet sein.

▶ **Aufgaben:** A1 – A3 S. 41 AH
▶ **Wissen anwenden:** W1 S. 76 LM

Das weiss ich jetzt!

2.1 Erklären Sie den Unterschied zwischen Brutto- und Nettolohn.

2.2 Welche Abzüge können vom Bruttolohn gemacht werden?

2.3 Was darf den Lernenden nicht vom Lohn abgezogen werden?

Budget

Um sich einen Überblick über die Einnahmen und Ausgaben zu verschaffen, erstellt man am besten ein Budget. Es hilft, die Geldmittel gezielt einzusetzen.

Budget-Erstellung

Merkpunkte der Budget-Erstellung

- Geld muss zuerst eingenommen werden, bevor es ausgegeben werden kann.
- Nur realistische Zahlen einsetzen.
- Mit eigenen Zahlen rechnen.
- Jedes Budget ist individuell nach den eigenen Bedürfnissen zu erstellen.
- Ehrlichkeit und Disziplin sind Grundvoraussetzungen.

Fixe Kosten

Beim Erstellen eines Budgets werden zuerst sämtliche Einnahmen notiert. Danach listet man die Fixkosten auf. Das sind Ausgaben, welche «gleich» bleiben, und nicht beeinflusst werden können. Zum Beispiel Mietzins, Versicherungen, Steuern oder Radio / TV-Gebühren.

Variable Kosten

Als Nächstes werden die variablen Kosten eingesetzt. Das sind Ausgaben, welche durch Verhaltensänderungen beeinflusst werden können. Zum Beispiel Auslagen für die Verpflegung, Taschengeld oder Ausgaben für das Fahrzeug.

Mögliche Budgetpositionen für Lernende	
Einnahmen	
	Nettolohn, andere Einnahmen (z. B. Babysitting, Trainer-Honorar)
	Total Einnahmen
Ausgaben	
Fixe Kosten	Krankenkasse, Versicherungen, Mobilität, auswärtige Verpflegung, Schulmaterial, Haushaltsbeitrag, Miete
Variable Kosten	Taschengeld, Kleider, Schuhe, Coiffeur, Körperpflege, Hobby, Sport, Streaming, Apps
Rückstellungen	Zahnarzt, Optiker, Ferien, Sparen, Diverses (z. B. Steuern)
	Total Ausgaben

Kontrolle

Ohne Kontrolle ist ein Budget nutzlos. Deshalb müssen die Ausgaben kontrolliert und Ende Monat mit dem Budget verglichen werden. Falls nötig, muss man seinen Lebensstil ändern, um nicht in die Schuldenspirale zu geraten.

Schulden

Mit dem Lohn nimmt man Geld ein, das man – möglichst verantwortungsbewusst – wieder ausgibt. Leider geraten Jugendliche dabei relativ schnell in eine Schuldenspirale: Jede vierte jugendliche Person in der Schweiz lebt über ihren finanziellen Verhältnissen.

Beratungsstellen

Hilfe bei Schuldenproblemen erhält man unter:
www.budgetberatung.ch oder *www.schulden.ch*

Schuldensanierung Falls die Finanzsituation jeweils so aussieht, dass zwar noch Tage im Monat übrig sind, das Geld aber schon aufgebraucht ist, sollte man handeln. Als Erstes ist es wichtig, sich einen Überblick über seine finanzielle Situation zu verschaffen. In einem zweiten Schritt versucht man auszuloten, wie viel Geld pro Monat für Rückzahlungen zur Verfügung steht. Dabei hilft einem ein Budget. Sind die laufenden Zahlungsverpflichtungen höher als der maximale Sparfreibetrag, lohnt es sich, mit den einzelnen Gläubigern Kontakt aufzunehmen, um mit ihnen alternative Rückzahlungsvarianten festzulegen.

Kassabuch

Einfache Buchhaltung Um seine Einnahmen und Ausgaben unter Kontrolle zu halten, kann man eine einfache Buchhaltung führen. Sie zeigt, ob man mit seinem Budget richtig kalkuliert hat, oder ob man den einen oder anderen Budgetposten den Gegebenheiten anpassen sollte.

Kassabuch Ein Kassa- oder Haushaltsbuch verschafft einem dabei einen lückenlosen Überblick über die Einnahmen und Ausgaben. Der Begriff Kassabuch stammt aus einer Zeit, als das Geld in Kassen aufbewahrt wurde, bevor man es zur Bank brachte.

Kassabuch von Anna Jedermann

Nr.	Datum	Buchungstext	Einnahmen	Ausgaben
	01.01	Übertrag (Saldo Dezember = Anfangsbestand Januar)	① 600.–	
1 ②	05.01 ③	Mittagessen auswärts ④		25.–
2	12.01	Kinobesuch		20.–
3	17.01	Kauf Hose		75.–
	21.01	Mittagessen auswärts		30.–
4	23.01	Ausgang (Eintritt, Getränke)		100.–
5	25.01	Handy-Rechnung		60.–
6	27.01	Lohn	750.–	
7	28.01	Krankenkasse		300.–
	31.01	Abschluss Januar ⑤	1350.–	610.–
	31.01	Saldo Ende Januar ⑥		740.–
			1350.–	1350.–

Nr.	Datum	Buchungstext	Einnahmen	Ausgaben
	01.02	Übertrag (Saldo Januar = Anfangsbestand Februar)	⑦ 740.–	

① Das Kassabuch wird immer mit dem Saldo des Vormonats eröffnet.
② Das Kassabuch wird laufend nachgeführt.
③ Die Geschäftsfälle werden chronologisch eingetragen.
④ Der Buchungstext bezeichnet die Art des Geschäftsfalls.
⑤ Beim Abschluss am Monatsende werden alle Einnahmen und Ausgaben getrennt zusammengezählt.
⑥ Der Saldo Ende Monat ergibt sich durch Differenz aus Einnahmen und Ausgaben.
⑦ Der Saldo Ende Monat entspricht dem Anfangsbestand des nächsten Monats.

Das Kassabuch entspricht dem Lohnkonto auf der Post oder der Bank, der Buchhaltung von Geschäften oder bei Vereinen dem «Konto-Kasse».

Lohnkonto
Konto Kasse

Kontoauszug einer Privatperson

Privatkonto

Datum 31.03.24

Kontoauszug 01.03.–31.03.2024

Kontonummer 10-01010101-3
IBAN CH12 1234 4321 5678 8765 9

Datum	Text	Gutschrift	Lastschrift	Valuta	**CHF** Saldo
31.02.24	KONTOSTAND				5532.50
BARGELDBEZUG 03.03.24 SOLOTHURN			350.00	03.03.24	5182.50
KAUF/DIENSTLEISTUNG 05.03.24 MINERALÖL AG			83.00	04.03.24	5099.50
KAUF/DIENSTLEISTUNG 12.03.24 MIGROS			127.30	11.03.24	4972.20
BARGELDBEZUG 19.03.24 SOLOTHURN			600.00	19.03.24	4372.20
KAUF/DIENSTLEISTUNG 23.03.24 KLEIDER AG			132.50	22.03.24	4239.70
KAUF/DIENSTLEISTUNG 25.03.24 COOP			103.25	24.03.24	4136.45
BARGELDBEZUG 26.03.24 SOLOTHURN			450.00	26.03.24	3686.45
GIRO KONTO 30-233676-6 ABSENDER: ARBEITGEBER AG MITTEILUNGEN:LOEHNE		4200.00		27.03.24	7886.45
E-FINANCE 01-72091-1 KRANKENKASSE AG PRÄMIE			330.00	28.03.24	7556.45
ÜBERTRAG SPARKONTO 01-1234.6			2000.00	29.03.24	5556.45
	TOTAL	4200.00	4176.05		5556.45

Ist ein Geschäft oder ein Betrieb im Handelsregister eingetragen, muss von Gesetzes wegen Buch geführt resp. die Vermögenslage festgehalten werden.
Bei Vereinen prüfen Rechnungsrevisoren die Arbeit des Kassiers zuhanden der Generalversammlung. Vereine müssen ihren Mitgliedern an der Generalversammlung Auskunft über die finanzielle Lage der Organisation geben können. Der Kassier führt deshalb genau Buch über alle Einnahmen und Ausgaben.

▶ **Aufgaben:** A4–A5 S. 41 f. AH
▶ **Wissen anwenden:** W2–W3 S. 51 AH, S. 76 LM

Das weiss ich jetzt!

2.4 Einer Ihrer Kollegen ist überschuldet und bittet Sie um Hilfe. Zeigen Sie ihm auf, welche Schritte in dieser Situation angezeigt sind.

2.5 Beschreiben Sie den Unterschied zwischen fixen und variablen Kosten in einem Budget.

2.6 Wer muss zwingend ein Kassabuch/eine Buchhaltung führen?

2.7 Wer prüft, ob der Vereinskassier korrekt Buch geführt hat?

2.8 In welcher Situation ist es sinnvoll, ein Kassabuch zu führen?

Bilanz

Um die finanzielle Lage eines Unternehmens oder eines Vereins beurteilen zu können, wird am Ende eines Geschäftsjahres eine Bilanz erstellt.
Darunter versteht man eine Gegenüberstellung aller Vermögensposten: «Aktiven» links und aller Schuldenposten «Passiven» rechts.
Eine Bilanz muss immer im Gleichgewicht sein. Das heisst, beide Seiten müssen wertmässig gleich gross sein («la bilancia» (ital.) heisst auf Deutsch «die Waage»).

Bilanz

Wofür wurde das Kapital verwendet?	Woher stammt das Kapital?
Aktiven Investierung = Kapitalverwendung	**Passiven** Finanzierung = Kapitalbeschaffung
Die linke Seite der Bilanz ist die Aktivseite, die Vermögensseite.	Die rechte Seite der Bilanz ist die Passivseite, die Schuldenseite.
Sie zeigt, wie das Kapital im Unternehmen angelegt (investiert) ist, wofür das Kapital im Unternehmen eingesetzt wird.	Sie zeigt, woher das Unternehmenskapital stammt, wer die Kapitalgeber sind, wem die Unternehmung ihr Kapital schuldet.
Im oberen Teil befinden sich das Geldkapital, das Bargeld in der Kasse und das Buchgeld auf der Post oder der Bank.	Im oberen Teil werden die aussenstehenden Geldgeber aufgeführt und zwar unter der Bezeichnung «Fremdkapital».
Im mittleren und unteren Teil steht das Sachkapital, also der Geldwert von z. B. Warenlager, Mobiliar, Geschäftsauto, Geschäftshaus usw.	Im unteren Teil ist das Eigenkapital aufgelistet, also die Geldsumme, welche die Eigentümer dem Unternehmen zur Verfügung gestellt haben.

Als Beispiel im Folgenden die einfache Bilanz eines Vereins.

Bilanz des Unihockey-Vereins «Shot»

31. Dezember 2024	Aktiven	Passiven
Kasse / Bargeld	1 125.–	
Postkonto	2 755.–	
Sparkonto	7 829.30	
Obligationen	2 000.–	
Mitgliederbeiträge (ausstehend)	310.–	
Material	2 300.–	
Einrichtung Vereinstreff	1 500.–	
Vereinstreff	65 000.–	
Rechnungen (unbezahlt)		195.–
Darlehen		6 000.–
Hypothek		30 000.–
Reinvermögen		42 744.30
	82 819.30	78 939.30

Bern, 31. Dez. 2024
Der Kassier
Beat Müller

Vermögensvergleich

Reinvermögen am 31. Dezember 2023	41 855.60
Reinvermögen am 31. Dezember 2024	42 744.30
Vermögenszunahme	888.70

▶ **Aufgaben:** A6 S. 42 AH

Das weiss ich jetzt!

2.9 Was versteht man unter einer Bilanz?

2.10 Beschreiben Sie, was in einer Bilanz auf der Aktiv- respektive Passivseite aufgeführt wird.

Geldinstitute

Einführung Die Banken sind in der Schweiz ein wichtiger Wirtschaftsfaktor. Sie erwirtschaften einen beträchtlichen Teil des Bruttoinlandproduktes und stellen Tausende von Arbeitsplätzen zur Verfügung. Deshalb sind sie für die schweizerische Volkswirtschaft von grosser Bedeutung.

Schweizerische Nationalbank (SNB)

Die Schweizerische Nationalbank ist als unabhängige Zentralbank für die Geld- und Währungspolitik der Schweiz verantwortlich. Sie versucht, die Preise stabil zu halten, indem sie den Geldumlauf steuert.
Seit der Finanzkrise kämpft sie mit verschiedenen Massnahmen gegen die Aufwertung des Schweizer Frankens. Im Dezember 2014 kündigte die SNB an, Negativzinsen einzuführen.
Die Nationalbank ist keine Geschäftsbank; man kann bei ihr kein Konto eröffnen.

In der Schweiz ist die Schweizerische Nationalbank (SNB) für die Geld- und Währungspolitik der Schweiz verantwortlich. Der Hauptsitz befindet sich am Bundesplatz 1 in Bern.

Geschäftsbanken

Geschäftsbanken kann man in unterschiedliche Gruppen einteilen.

Grossbanken International tätige Banken mit Tochtergesellschaften auf der ganzen Welt bezeichnet man als Grossbanken (z. B. UBS). Ihre wirtschaftliche Bedeutung ist so gross, dass der Staat bei ihrer Zahlungsunfähigkeit (Insolvenz) eingreifen müsste, um einen Systemkollaps (Zusammenbruch der Wirtschaft eines Landes) zu verhindern. Seit der globalen Finanzkrise 2007 gilt für sie deshalb die Bezeichnung «too big to fail» (zu gross zum Scheitern).
Zu den systemrelevanten Banken gehören seit 2012 neben der UBS auch die Zürcher Kantonalbank, die Raiffeisen und die PostFinance AG. Die CS gehörte auch dazu, weshalb sie 2023 mit staatlicher Unterstützung an die UBS verkauft wurde.

Kantonalbanken Das Besondere an Kantonalbanken ist, dass mehrheitlich die Kantone für allfällige Schulden haften und die Zahlungsfähigkeit garantieren. Das heisst für Sparer, dass ihr Kapital auch bei einem Konkurs der Bank weitgehend geschützt wäre (Staatsgarantie). Seit Mitte der 90er-Jahre gibt es im Kanton Solothurn keine Bank mehr mit einer Staatsgarantie.

Übrige Geschäftsbanken Auf dem Bankenplatz Schweiz gibt es weitere Banken mit unterschiedlichen Geschäftsbereichen. Zu ihnen zählen diverse Regionalbanken, Onlinebanken, Finanzgesellschaften oder Kleinkredit- und Finanzierungsinstitute.

Haupttätigkeiten der Geschäftsbanken

Aktiv- und Passivgeschäft

Die Banken treten als Kapitalvermittlerinnen auf. Wurden früher noch Spargelder mit Zinsen angelockt, ist heute der Sicherheitsaspekt deutlich höher zu gewichten als der Spareffekt. Die Spargelder werden von den Banken gegen höhere Zinsen wieder in die Wirtschaft investiert.
Das so vermittelte Kapital ist sehr bedeutend! Die wenigsten Hauseigentümerinnen und -eigentümer könnten sich den Hauskauf ohne Bankkredite leisten. Dasselbe gilt für Unternehmen, welche mit kostspieligen Investitionen ihre Konkurrenzfähigkeit aufrechterhalten müssen.

Bankgeschäfte

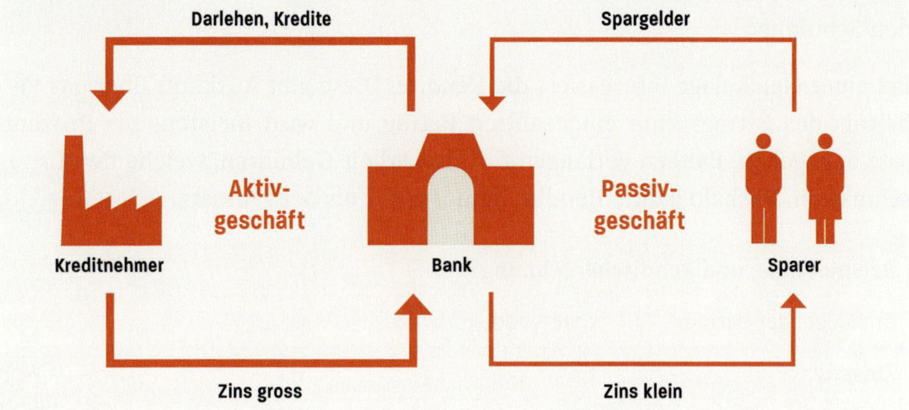

Dienstleistungsgeschäft

Eine andere Tätigkeit der Geschäftsbanken sind ihre Dienstleistungsgeschäfte, welche sie gegen Bezahlung einer Gebühr (Kommission) ausführen.

Wichtige Dienstleistungsgeschäfte der Geschäftsbanken
- Zahlungsverkehr
- Vermögensverwaltung
- Wertschriftenhandel an der Börse
- Vermietung von Safes
- Geldwechsel

Einen grossen Teil ihres Umsatzes erwirtschaften vor allem die Grossbanken heute aber nicht mehr mit diesen ursprünglichen Haupttätigkeiten. Unterdessen macht das Hypothekargeschäft nahezu 90 % ihrer Tätigkeiten aus.
Gewinnträchtig können Geschäfte sein, die die Banken selbstständig an den grossen Kapitalmärkten machen. Dass sich daraus auch Milliardenverluste ergeben können, hat die jüngere Vergangenheit gezeigt.

▶ **Aufgaben:** A7–A8 S. 43 AH

Das weiss ich jetzt!

2.11 Beschreiben Sie den Unterschied zwischen der Schweizerischen Nationalbank (SNB) und den Geschäftsbanken.

2.12 Beschreiben Sie mit Beispielen die Haupttätigkeit(en) der Banken.

Geldanlagemöglichkeiten

Banken, Versicherungen, die Post und andere Geldinstitute umwerben potenzielle Anlegerinnen und Anleger mit den unterschiedlichsten Angeboten. Das Geld sinnvoll anzulegen, ist nicht ganz einfach.

Zusammenhänge bei Geldanlagen

Zins Wer sein Geld jemandem zur Verfügung stellt, also anlegt, erwartet einen Gewinn. Diesen Gewinn nennt man Zins. Der Zins ist der Gewinn, den z. B. eine Bank für das Entgegennehmen von Geld bezahlt.
Bei Negativzinsen kehrt sich ein wichtiges Merkmal des Kreditgeschäfts um: Der Gläubiger erhält keine Zinsen vom Schuldner. Im Gegenteil: Er zahlt Zinsen an den Schuldner.

Rendite Bei einer Geldanlage interessiert die Rendite. Diese gibt Auskunft über das Verhältnis des Ertrags zum eingezahlten Betrag und wird meistens als Prozentsatz angegeben. Banken verlangen für ihre Arbeit Gebühren, welche den Ertrag schmälern. Deshalb ist die Rendite immer tiefer als der Zinssatz.

Beispiel Zins- und Renditeberechnung	
Anzulegender Betrag:	CHF 5000.–
Zinssatz:	1 %
Kontoführungsgebühr:	CHF 36.– pro Jahr
Zins pro Jahr:	CHF 5000.– × $\frac{1}{100}$ = CHF 50.–
Ertrag:	CHF 50.– – CHF 36.– = CHF 14.–
Rendite:	$\frac{\text{CHF 14.–}}{\text{CHF 5000.–}}$ × 100 = 0.28 %

Rückzugsmöglichkeit / Verfügbarkeit Die Höhe des Zinssatzes hängt davon ab, wie eingeschränkt der Zugang zum Geld ist. Wird das Geld lange nicht zurückgezogen, bezahlt die Bank einen höheren Zins. Möchte man sein Guthaben jederzeit wieder abheben können, ist der Zinssatz tiefer (Bsp. Lohnkonto).

Sicherheit / Risiko Die Rendite hängt auch mit dem Risiko zusammen, welches ein Anleger oder eine Anlegerin eingeht. Möchte man eine hohe Rendite, muss man grössere Risiken in Kauf nehmen.

«Magisches» Dreieck Zur Beurteilung einer Anlagemöglichkeit muss man sich über die drei Kriterien Sicherheit, Rendite und Verfügbarkeit genau informieren.

Magisches Dreieck der Geldanlage

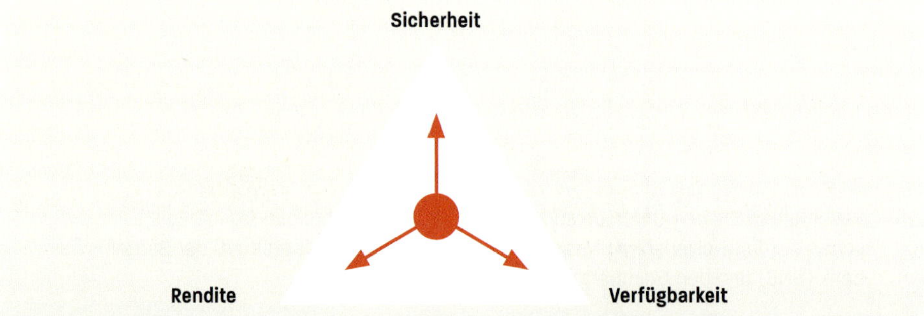

Konten

Konto bei Bank oder Post

Grundsätzlich wäre es denkbar, dass man den Lohn zu Hause aufbewahrt, davon die Rechnungen und Einkäufe bezahlt und den Rest als Sparbatzen in den eigenen Safe legt. Dass die Mehrheit der Schweizerinnen und Schweizer ihr Geld aber den Geldinstituten zur Verfügung stellt, hat seine Gründe: Banken und die Post bewahren das Geld der Kunden nicht nur auf, sondern ermöglichen die Konten während einer beschränkten Zeit zu überziehen. Sie geben ihren Kunden also Kredit. Zudem ist das Geld bei den Geldinstituten vor Diebstahl geschützt, und man kann von Dienstleistungen profitieren (z. B. E-Banking und Applikationen).

Kontenarten

Es gibt eine Vielzahl unterschiedlicher Konten. Sie unterscheiden sich vor allem in der Verfügbarkeit der jeweiligen Spargelder. Will jemand möglichst frei über sein Geld verfügen können, so wählt er mit Vorteil ein Lohnkonto. Sparkonten (z. B. Anlagesparkonto) schränken die Verfügbarkeit ein, werfen dafür höhere Renditen ab.

Kryptowährungen

Kryptowährungen

Kryptowährungen (verschlüsselte Währungen) sind dezentral aufgebaut und unabhängig vom Banken- und Geldsystem. Die Kontrolle liegt nicht bei einem Finanzinstitut oder einem Staat, sondern bei einer weltweiten Gemeinschaft von Nutzern dieser digitalen Währung. Heute bekannte Kryptowährungen sind Bitcoin, Ethereum (ETH) und Tether (USDT).

Wertschriften

Wertschriften

Die beiden wichtigsten Wertschriftentypen sind Aktien und Obligationen. Daneben gibt es noch viele andere Wertschriftenformen.

Obligation

Der Käufer einer Obligation gibt für eine vereinbarte Laufzeit dem Herausgeber der Obligation Geld. Er erhält dafür eine Art Quittung. Diese Quittung heisst Obligation. Darauf steht, wem der Geldgeber wie viel Geld für welchen Zeitraum zur Verfügung stellt und welcher Zins pro Jahr dafür gezahlt wird. Am Ende der Laufzeit erhält der Geldgeber sein Geld wieder zurück.
Banken, grosse Unternehmen und auch der Bund beschaffen sich über Obligationen Geld für die laufenden Geschäfte.

Aktie

Mit dem Kauf einer Aktie wird eine Käuferin Miteigentümerin einer Unternehmung. Sie erhält dadurch das Recht, an der Generalversammlung der Firma teilzunehmen und deren Geschicke mitbestimmen zu können. Zusätzlich erhält die Eigentümerin der Aktie einen Teil der allfälligen Gewinnausschüttung der Firma (Dividende pro Aktie). Da einerseits der Aktienkurs beträchtlich schwanken

Aktienkurse können stark schwanken. Wer in Aktien investiert, kann viel Geld verdienen – aber auch sehr viel verlieren.

kann, andererseits der Gewinn pro Aktie (Dividende) vom Geschäftsergebnis des Unternehmens abhängt, ist im Unterschied zur Obligation der Ertrag/die Rendite einer Aktie schwierig vorauszusehen. Je nachdem, wie hoch die aktuellen Kurse gerade sind, kann beim Kauf/Verkauf viel Gewinn gemacht werden oder viel Geld verloren gehen.

Vergleich Aktie – Obligation

	Obligation	**Aktie**
Eigentümer	Gläubiger	Mitinhaber
Laufzeit	fest (auf Obligation festgeschrieben, z. B. 3, 5 oder 8 Jahre)	unbeschränkt
Zins	fester Zinssatz (während der gesamten Laufzeit gleich)	allfällige Dividende
Rechte	Auszahlung des Jahreszinses, Rückzahlung am Schluss	Teilnahmerecht, Stimm- und Wahlrecht an der Generalversammlung der Firma; Recht auf allfällige Dividende.
Arten	Kassaobligation (Herausgeber sind Banken), Anleihensobligation (Handel an der Börse)	Namensaktie (Name steht auf der Aktie; Eintrag ins Aktienbuch) Inhaberaktie (Inhaber = Berechtigter)
Verschiedenes		Nennwert (auf Aktie geschrieben) Kurswert (so viel ist die Aktie an der Börse wert)
Sicherheit	*«Wer gut schlafen will, kauft sich Obligationen.»* Sichere Geldanlage bei erstklassigen Schuldnern	*«Wer gut essen will, kauft sich Aktien.»* An der Börse sind Kursgewinne, aber auch Kursverluste möglich.

Fonds Heute wird häufig in sogenannte Fonds anstatt in einzelne Obligationen oder Aktien investiert. Wer in einen Anlagefonds investiert, kauft einen Anteil eines Aktien- und Obligationenpakets. Je höher der Aktienanteil in einem Fonds ist, desto risikoreicher ist eine Investition. Der Vorteil eines Fonds ist hingegen, dass er aus einem grossen Mix aus Aktien und Obligationen besteht. Verliert nun eine Aktie dieses Pakets stark an Wert, so hat dies weniger massive Folgen für eine Investorin, weil unter Umständen andere Titel und Obligationen den Wertverlust dämpfen. Mit dem Einkauf in Aktien- und Obligationenpakete können die Risiken einzelner Aktienabstürze besser aufgefangen werden. Bei einem Börsencrash schützen aber auch Fonds nicht vor erheblichen Verlusten.

▶ **Aufgaben:** A9–A14 S. 43f. AH
▶ **Wissen anwenden:** W4–W5 S. 52 AH, S. 76 LM

Das weiss ich jetzt!

2.13 Beschreiben Sie die Zusammenhänge zwischen Rendite – Risiko – Verfügbarkeit.

2.14 a) Was sagt die Zinshöhe über die Verfügbarkeit aus?
b) Welches Konto – Lohn- oder Anlagesparkonto – hat den höheren Zins bzw. die höhere Verfügbarkeit?

2.15 Welches sind die wichtigsten Unterschiede zwischen einer Aktie und einer Obligation (Eigentümer, Rechte, Ertrag, Risiko)?

Bargeldloser Zahlungsverkehr

Wer ein Konto bei einer Bank oder der Post besitzt, hat unterschiedliche Möglichkeiten, bargeldlose Zahlungen vorzunehmen.

E-Banking

Beim E-Banking hat der Bankkunde via Internet einen gesicherten Zugang zu seinen Konten. Dadurch hat er einen Überblick über seine Finanzen, kann selbstständig Kontoüberträge vornehmen, Zahlungen erfassen, neueste Bankinformationen abfragen und vieles mehr.

Dauerauftrag

Beim Dauerauftrag wird die Bank beauftragt, einen festen Betrag regelmässig an den gleichen Empfänger zu überweisen. Die Bank führt diese Zahlungen zu den festgesetzten Zeitpunkten aus.

Lastschriftverfahren LSV

Die Bankkundin kann mit der Bank schriftlich vereinbaren, dass Rechnungen von bestimmten Unternehmen an die Bank geschickt und direkt durch diese bezahlt werden. Dies nennt man Lastschriftverfahren (LSV).

Karten

Kreditkarten

Eine Kreditkarte ist ein Ausweis über die Zugehörigkeit zu einer Kreditkartenorganisation. Wer in einem Geschäft oder Restaurant eine Kreditkarte vorweist, zahlt nicht bar.
Die Kreditkartenorganisation gewährt Kredit und fordert das Geld erst Ende Monat mit einer Rechnung ein (via LSV).
Kreditkarten können gegen eine Jahresgebühr (z. B. Fr. 150.–) bei Banken, der Post oder anderen Institutionen beantragt werden. Gegen eine Gebühr kann mit ihnen auch Geld am Bankomaten bezogen werden.
Beispiele: Mastercard, American Express, Visa, Diners Club

Vor- und Nachteile von Kreditkarten

Vorteile:
- Weniger Bargeld notwendig (kleineres Diebstahlrisiko)
- Bei Kautionen (z. B. Fahrzeugmiete) reicht Angabe der Kreditkartennummer

Nachteile:
- Verschuldungsgefahr
- Schlechtere Kontrolle über eigene Ausgaben
- Gefahr des Missbrauchs bei Verlust

In der Schweiz kann in etwa 100 000 Geschäften und Restaurants mit einer Kreditkarte bezahlt werden.

Debitkarten Die Debitkarten ermöglichen Bargeldbezüge rund um die Uhr sowie bargeldloses Bezahlen an sogenannten Zahl-Terminals in Geschäften im In- und Ausland. Die Bezüge werden laufend dem entsprechenden Konto belastet.
Beispiele: Maestro-Karte, Postcard

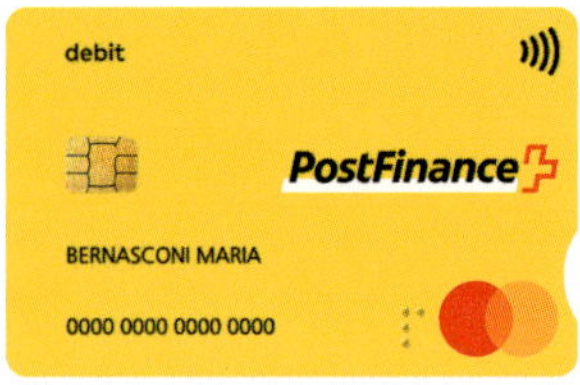

Vor- und Nachteile von Debitkarten

Vorteile:
- Weniger Bargeld notwendig
- Bargeldbezüge rund um die Uhr möglich

Nachteile:
- Schlechte Kontrolle über Ausgaben
- Gefahr des Missbrauchs bei Verlust (falls Code bekannt)

Travel-Prepaid-Karte Die Travel-Prepaid-Karte ist eine aufladbare Karte, mit welcher weltweit an Bankomaten Guthaben in der jeweiligen Landeswährung bezogen werden kann. Sie wird bei Verlust oder Diebstahl mit dem Restwert ersetzt (ein Prozent des Kartenwerts wird als Versicherungsprämie verrechnet).

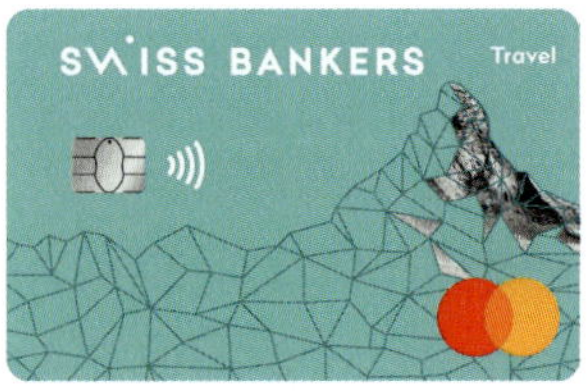

Vor- und Nachteile von Travel-Prepaid-Karten

Vorteile:
- Keine direkte Verbindung zu einem Bankkonto
- Bei Diebstahl oder Verlust wird die Karte ersetzt

Nachteile:
- Kommission (i. d. R. 1 % vom Ladebetrag) bei Erwerb und Wiederaufladung

▶ **Aufgaben:** A15–A16 S. 45 AH

Das weiss ich jetzt!

2.16 Neben den «handfesten» bargeldlosen Zahlungsmitteln wie Karten und Schecks gibt es noch andere Möglichkeiten, Zahlungen bargeldlos abzuwickeln. Nennen und beschreiben Sie zwei.

2.17 Beschreiben Sie den Unterschied zwischen der Debit- und Kreditkarte in der Funktionsweise.

2.18 Welches sind die Vor- und Nachteile von Kreditkarten?

2.19 Beschreiben Sie anhand des Beispiels Kreditkarte die Hauptproblematik der bargeldlosen Zahlungsmittel.

2.20 Welches sind die Vor- und Nachteile einer Travel-Prepaid-Karte im Vergleich mit einer Kreditkarte?

Online-Zahlsysteme

Im Internet ist immer noch die Kreditkarte das meistgenutzte Zahlungsmittel. Weil die Spesen der Banken jedoch teurer werden, haben Kreditkarten Konkurrenz von Online-Zahlungssystemen erhalten.

Paypal

Ein bekanntes Online-Zahlungssystem ist PayPal. Mit PayPal kann man Zahlungen an Händler und Privatpersonen tätigen und von diesen empfangen. Die Empfängerin einer Zahlung kann die Bankdaten des Zahlenden nicht einsehen, wodurch der Missbrauch von sensiblen Daten verhindert werden soll.

Vor- und Nachteile von PayPal

Vorteile:	– Für Käuferinnen und Käufer gratis – Abrechnung in der landeseigenen Währung – Sehr sicher, da nach Erstanmeldung keine heiklen Daten übermittelt werden
Nachteile:	– Funktioniert nur, wenn Käufer und Verkäuferin ein PayPal-Konto haben – Guthaben kommen nicht direkt auf Bankkonto

Twint

Twint ist eine Smartphone-App der PostFinance und von diversen Banken wie beispielsweise UBS und Raiffeisen. Mit Twint kann man in der Schweiz in Geschäften und Restaurants bargeldlos bezahlen und auch Privatpersonen Geld überweisen.

Vor- und Nachteile von Twint

Vorteile:	– Kostenloser Download – Bargeldlose Zahlungen und Überweisungen an Freunde oder Bekannte in Echtzeit – Nützliche Zusatzfunktionen (Parkgebühren zahlen, Bargeldbezug, Spenden)
Nachteile:	– Funktioniert nur in der Schweiz – Einmal ausgelöste Zahlungen / Überweisungen können nicht storniert werden

Das Online-Shopping wird weiter an Bedeutung gewinnen. In Zukunft werden Bezahlapps ohne die heutigen Einschränkungen auf den Markt drängen.

Das weiss ich jetzt!

2.21 Warum ist das Bezahlen beim Online-Kauf mit PayPal sicherer als mit einer Kreditkarte?

2.22 Was ist Twint und wie funktioniert Twint?

2.23 Welchen Vorteil bietet Twint gegenüber Debit- oder Kreditkarten?

2.2 Kaufen

Konsumieren im wirtschaftlichen Sinn bedeutet «kaufen».

Jeder «Kauf» kommt durch einen schriftlichen, mündlichen oder stillschweigenden Vertrag zustande.

Ablaufschema eines Kaufvertrages

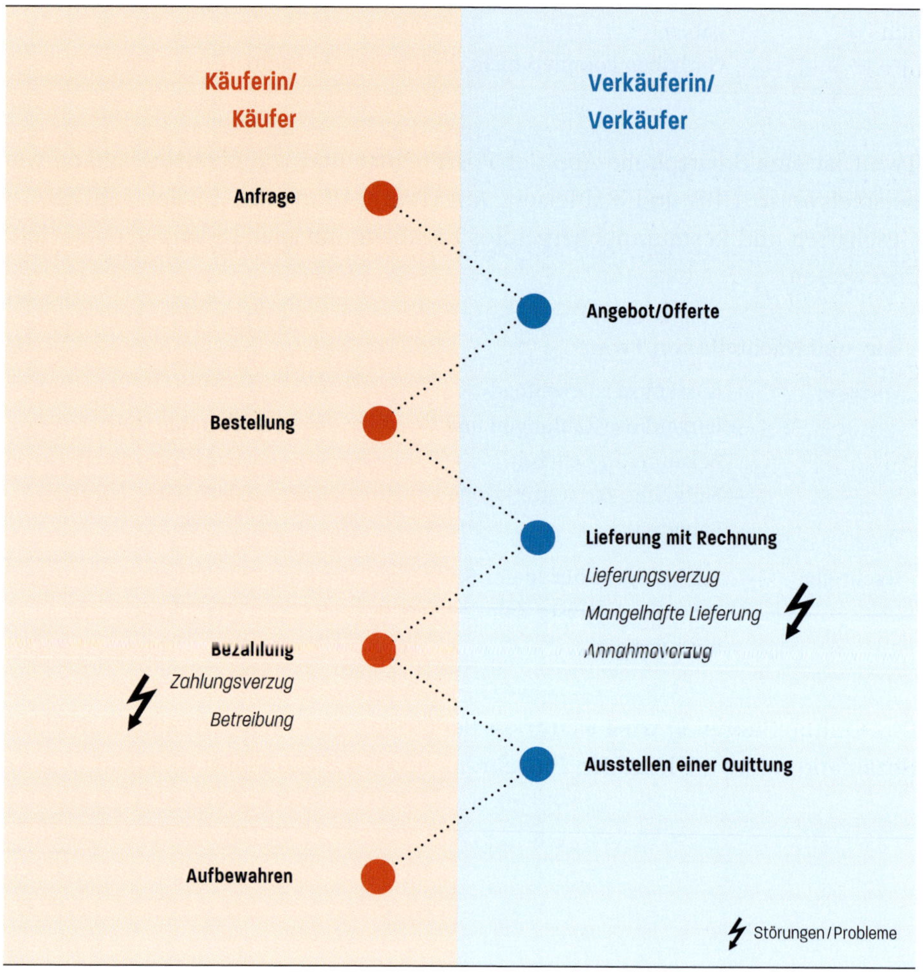

Schlüsselbegriffe und Vertragsverletzungen

Anfrage

Anfragen, welche sowohl schriftlich wie auch mündlich sein können, beziehen sich auf Informationen über den Kaufgegenstand, den Preis oder die Lieferungs- und Zahlungsbedingungen. Eine solche Anfrage ist unverbindlich.

Offerte

Verbindliche und unverbindliche Offerte
OR 7

Eine Offerte ist ein Angebot der Verkäuferin und gibt Auskunft über die Ware und den Preis. Bei verbindlichen Offerten kann man sich auf die Angaben verlassen. Schriftlich eingeholte Offerten und Preisangaben in Schaufenstern oder an der Ware im Regal sind verbindlich.
Preisangaben in Prospekten, Katalogen oder Inseraten sind unverbindliche Offerten, weil sich die Preise seit der Publikation geändert haben könnten.

Wesentlicher Irrtum
OR 23

Dieser OR-Artikel schützt den Verkäufer davor, eine Ware zu einem – irrtümlich - zu tief angeschriebenen Preis verkaufen zu müssen. Damit wird die Offerte unverbindlich.

Unbestellte Ware
OR 6a

Da keine gültige Offerte und auch keine Bestellung gemacht wurde, kann der Empfänger mit der Ware machen, was er will. Er muss sie also weder aufbewahren, noch zurückschicken.
Ist die Ware offensichtlich falsch adressiert worden, sollte die Absenderin benachrichtigt werden.

Bestellung

Kaufvertrag
OR 184 ff.

Mit der Bestellung nimmt der Käufer die Offerte an, er schliesst damit also einen Kaufvertrag mit der Verkäuferin ab.

Wichtiges bei Kaufverträgen
- Auch mündliche Zusagen sind bindend.
- Lassen Sie sich nie zu einer Unterschrift drängen.
- Lesen Sie das Kleingedruckte bevor Sie unterschreiben.

Schriftliche Bestätigungen

Es ist empfehlenswert, sich wichtige mündliche Abmachungen schriftlich bestätigen zu lassen.

▶ **Aufgaben:** A17–A18, A20 S. 46 AH
▶ **Wissen anwenden:** W6–W8, W12 S. 52 f. AH, S. 76 f. LM

Das weiss ich jetzt!

2.24 Warum sind Preisangaben in Katalogen keine gültigen Offerten?
2.25 Nennen Sie zwei gültige Offertenarten.
2.26 Welche Bedeutung hat der «wesentliche Irrtum» für den Verkäufer?
2.27 Welche Regelungen gelten bei unbestellter Ware?
2.28 Welche Bedeutung hat die Bestellung beim Kaufvertrag?

Lieferung

Lieferungsverzug

Mahnkauf
OR 107

Lässt die Verkäuferin die vereinbarte Frist verstreichen, muss ihr der Käufer mit einer eingeschriebenen Liefermahnung eine Nachfrist setzen. Verstreicht auch die Nachfrist ohne Lieferung, kann der Käufer Schadenersatzforderungen geltend machen, auf der Lieferung weiterhin bestehen oder vom Vertrag zurücktreten.

Möglichkeiten des Käufer nach Ablauf der Nachfrist

a) Auf eine spätere Lieferung bestehen und evtl. Schadenersatzforderung erheben.
b) Auf spätere Lieferung verzichten:
- mit Schadenersatzforderung wegen Vertragsverletzung
- mit Rücktritt vom Vertrag

Fixkauf
OR 108

Bei einem Fixkauf ist der Liefertermin von grosser Bedeutung (z.B. Hochzeitskleid, Würste zum Fussballmatch). Wird die Ware zum vereinbarten Zeitpunkt nicht geliefert, befindet sich die Verkäuferin sofort in Verzug. Der Käufer hat die gleichen Möglichkeiten wie beim Mahnkauf.

Mangelhafte Lieferung

Gewährleistung / Garantie
OR 197, 210

Der Verkäufer haftet während zwei Jahren für Mängel an der Kaufsache – auch für Versteckte Mängel und auch ohne eigenes Verschulden. Das nennt man Gewährleistung oder Garantie. Eine Verkürzung auf ein Jahr Garantie ist nur noch bei Occasionswaren möglich.
Allerdings können Anbieter die zweijährige Garantie ganz ausschliessen, wenn sie dies klar kommunizieren. Es lohnt sich also die AGB's (Allgemeine Geschäftsbedingungen) genau zu lesen – auch wenn sie oft nur klein gedruckt und ziemlich umfangreich sind!
Will der Käufer die Verkäuferin haftbar machen, muss er drei Punkte beachten.

Pflichten des Käufers
OR 201, 204

Pflichten des Käufers bei einer Mängelrüge

a) Ware nach Erhalt sofort prüfen.
b) Mangel unverzüglich der Verkäuferin mit einer eingeschriebenen Mängelrüge mitteilen.
c) Beanstandete Ware aufbewahren, ohne sie zu benutzen.

Mängelrüge
OR 205, 206

Beim Einreichen einer Mängelrüge stehen dem Käufer drei mögliche Forderungen zur Auswahl.

Mögliche Forderungen des Käufers bei einer Mängelrüge

a) Einwandfreier Ersatz = Ersatzlieferung
b) Angemessene Preisermässigung = Minderung
c) Kauf rückgängig machen = Wandelung

Es lohnt sich, Waren nach Erhalt auf versteckte Mängel zu prüfen.

Annahmeverzug
Weigert sich der Käufer die Ware anzunehmen, kann der Verkäufer die Ware auf Kosten des Käufers z. B. in einem Lagerhaus hinterlegen.

Zahlung

Zahlungsverzug
Wenn ein Rechnungsbetrag bis zum Ablauf der Zahlungsfrist nicht bezahlt worden ist, so muss die Verkäuferin den säumigen Zahler in Verzug setzen. Dies kann sie mit einer eingeschriebenen Zahlungsmahnung machen. In dieser Mahnung wird dem Käufer meist eine zusätzliche Frist zur Zahlung eingeräumt. Ist ein genauer Zahlungstermin verabredet worden, befindet sich der Käufer mit Ablauf dieses Datums in Verzug.

Zahlungsverzug
OR 102

Ist der Käufer mit der Zahlung der Schuld in Verzug, kann die Verkäuferin einen Verzugszins von 5 Prozent / Jahr verlangen.

Verzugszins
OR 104

▶ **Aufgaben:**	A19	S. 46 AH
▶ **Wissen anwenden:**	W11	S. 54 AH, S. 77 LM
▶ **Korrespondenz:**	K1, K2, K4	S. 79 LM

Das weiss ich jetzt!

2.29 Was ist der erste korrekte Schritt bei einem Lieferungsverzug (Mahnkauf)?

2.30 Welche Folgen hat der Lieferungsverzug beim Fixkauf für die Vertragspartner?

2.31 Welche drei Pflichten hat die Käuferin, wenn sie den Verkäufer wegen mangelhafter Lieferung haftbar machen will?

2.32 Was kann der Käufer mithilfe einer Mängelrüge verlangen?

2.33 Welches ist das korrekte Vorgehen bei einem Zahlungsverzug?

Quittung

OR 88 Auf Wunsch muss die Verkäuferin dem Käufer eine Quittung ausstellen. Sie gilt als Beweis, dass die Schuld beglichen ist.

Quittung

Die Unterzeichnende bestätigt, von Alex Mann, Quartierstr. 15, 4562 Biberist, den Betrag von

Fr. 100.– (hundert)

für ein gebrauchtes Fahrrad (Marke: MTB) erhalten zu haben.

Olten, 15. November 2024

H. Muster

Hanna Muster

Eine Quittung sollte enthalten:
- die Adresse des Zahlenden
- den Geldwert (Währung) in Zahlen und Worten
- Empfangsanzeige (bestätigt ... erhalten zu haben) des Zahlungsempfängers
- den Zweck der Zahlung
- Ort und Datum der Zahlung
- Unterschrift des Zahlungsempfängers

Im Handel sind Quittungsblöcke erhältlich, welche das Ausstellen einer Quittung erleichtern und dem Aussteller ein Doppel zurücklassen. Aber auch eine vom Zahlungsempfänger unterzeichnete Rechnung mit Ort und Datum gilt als Quittung.

Aufbewahrungspflicht
OR 127, 128

Forderungen verjähren. Das heisst, dass die Gläubigerin nach einer bestimmten Frist ihr Guthaben nicht mehr zurückverlangen kann. Weil die meisten Forderungen nach 5 bis 10 Jahren verjähren (siehe Kapitel 1.6, Vertragsrecht), sollte der Käufer Quittungen über grössere Rechnungsbeträge aufbewahren.
Auch im Zusammenhang mit Versicherungen ist es – zum Beispiel bei Diebstahl – von Vorteil, teure Anschaffungen mit Quittungen belegen zu können.

Betreibung

Hat der Käufer auch nach Ablauf der Nachfrist nicht bezahlt, kann die Verkäuferin mit Hilfe des Betreibungsamtes das Geld einfordern. Die gesetzliche Grundlage liefert das Bundesgesetz über Schuldbetreibung und Konkurs (SchKG). Das Gesetz schreibt genau die Verfahrensschritte, die zu verwendenden Formulare (z. B. Betreibungsbegehren, Zahlungsbefehl) sowie die einzuhaltenden Termine (SchKG 31) vor.

Wer betrieben werden kann:
- handlungsfähige, natürliche und juristische Personen
- bedingt handlungsfähige Personen (z. B. Lernende, im Rahmen ihres Lohnes)

Es gibt drei Betreibungsarten:

Betreibungsarten

Betreibungsarten
- **Betreibung auf Pfändung** (SchKG 89–150)
  Wird bei einzelnen, natürlichen Personen angewendet. Der Betreibungsbeamte bezeichnet Möbelstücke, Wertgegenstände usw., um den geforderten Geldwert zu erreichen.
  Das heisst, es wird nur so viel gepfändet, wie für die Schuldenbegleichung und das Betreibungsverfahren nötig sind.
- **Betreibung auf Pfandverwertung** (SchKG 151–158)
  Der Gläubiger besitzt bereits ein Pfand des Schuldners (z.B. Wertpapiere, oder ein Grundpfand auf einer Liegenschaft). Mit dem verkauften Pfand wird die Schuld beglichen.
- **Betreibung auf Konkurs** (SchKG 159–176)
  Das gesamte Vermögen der im Handelsregister eingetragenen Gesellschaft oder Firma usw. wird versteigert, die Firma aufgelöst und im Handelsregister gelöscht.

Hier wird der Ablauf einer Betreibung auf Pfändung dargestellt und kurz erläutert:

Betreibung auf Pfändung

Ablauf einer Betreibung und Pfändung

Gläubigerin	Betreibungsamt	Schuldner
① **Betreibungsbegehren**		
	② Zahlungsbefehl	
		③ **Rechtsvorschlag oder Zahlen innert 20 Tagen**
④ Gesuch um Rechtsöffnung		
	⑤ Gerichtsentscheid	
⑥ Fortsetzungsbegehren		
	⑦ Pfändungsankündigung	
		Zahlung
		⑧ Pfändung
	⑨ Pfändungsurkunde	
		Zahlung
⑩ Verwaltungsbegehren		
	⑪ Info Pfandverwertung	
		Zahlung
	⑫ Versteigerung	
⑬ Erlös		⑬ Evtl. Überschuss
⑭ Verlustschein		

① In der Schweiz kann jede Person (ohne Belege) beim Betreibungsamt am Wohnort des Schuldners eine Betreibung einleiten. Dazu füllt sie das entsprechende Formular für das Betreibungsbegehren aus.
Ein Betreibungsverfahren verursacht Kosten, welche der Betreibende vorschiessen und der Schuldner begleichen muss. Betreibungen werden im Betreibungsregister vermerkt und können für den Schuldner zu Stolpersteinen, insbesondere bei der Wohnungssuche, werden.

② Mit dem Zahlungsbefehl fordert das Betreibungsamt den Schuldner auf, die geforderte Schuld innert 20 Tagen zu bezahlen.

③ **Ist der Schuldner mit der Forderung des Betreibungsamtes nicht einverstanden, so kann er den Zahlungsbefehl innert 10 Tagen mit dem Vermerk «Ich erhebe Rechtsvorschlag» zurückschicken und die Betreibung damit unterbrechen und aufschieben.**

④ Mit dem Gesuch um Rechtsöffnung kann die Gläubigerin eine gerichtliche Prüfung der Forderung verlangen. Sie muss dabei ihre Forderung beweisen.

⑤ Das Gericht entscheidet anschliessend, ob die Forderung zu Recht besteht.

⑥ Bekommt die Gläubigerin Recht, so kann sie das Fortsetzungsbegehren stellen, muss jedoch erneut einen Kostenvorschuss leisten.

⑦ Das Betreibungsamt schickt daraufhin eine Pfändungsankündigung.

⑧ Der nächste Schritt ist die unverzügliche Pfändung beim Schuldner.

⑨ Entweder zahlt der Schuldner, oder das Betreibungsamt stellt eine Pfändungsurkunde aus.

⑩ Frühestens nach 30 Tagen kann die Gläubigerin das Verwertungsbegehren stellen.

⑪ Das Betreibungsamt informiert den Schuldner über die bevorstehende Pfandverwertung.

⑫ An einer öffentlichen Versteigerung werden die gepfändeten Gegenstände bar verkauft.
Lebenswichtige resp. berufsnotwendige Gegenstände dürfen nicht gepfändet werden. Solche sog. Kompetenzstücke sind z.B. der Fernseher, die Kücheneinrichtung, Kleider oder der PC eines Informatikers.

⑬ Mit dem Erlös werden die Schulden (und auch die vom Gläubiger geleisteten Kostenvorschüsse) bezahlt. Ein allfälliger Überschuss geht an den Schuldner.

⑭ Kann die Schuld mit dem Erlös nicht gedeckt werden, so erhält der Gläubiger für die Restschuld einen Verlustschein.
Der Verlustschein verjährt erst nach 20 Jahren. Während dieser Zeit kann für die ursprüngliche Forderung erneut die Betreibung eingeleitet werden. Geschieht dies in den ersten sechs Monaten nach erstmaligem Erhalt der Urkunde, so kann der Gläubiger direkt ein Fortsetzungsbegehren stellen, was die Prozedur verkürzt.

Privatkonkurs

Der Privatkonkurs bedeutet Zahlungsunfähigkeit (Insolvenz) und kann nur durch den betroffenen Schuldner beim Gericht eingeleitet werden. Beim Abschluss des Privatkonkurses wird das gesamte Vermögen des Schuldners verwertet und der Erlös an die Gläubiger verteilt.
Verbleibende Schulden werden in Konkursverlustscheine umgewandelt. Diese sind unverzinslich und können nur eingetrieben werden, wenn die verschuldete Person zu «neuem Vermögen» gekommen ist. Das Gericht legt dabei in einem neuen Verfahren die finanziellen Grenzen fest. Das Ziel des Privatkonkurses ist die «Erledigung» der alten Schulden, ohne neue Schulden eingehen zu müssen.

Online-Handel (E-Commerce)

Die Bedeutung von Einkauf und Verkauf im Internet nimmt von Jahr von Jahr zu. Grundsätzlich gelten im Online-Handel die gleichen Bestimmungen wie im Ablaufschema zum Kaufvertrag. Durch die andere Art des Einkaufens sind jedoch ein paar Besonderheiten zu beachten.

Anfrage/Offerte

Auch im Online-Handel sind Anfragen im Internet noch keine Bestellung, Es handelt sich hier lediglich um das Einholen von Informationen.

Bestellung

Am Schluss des Einkaufs steht eine klare Formulierung wie «Kaufen» oder «zahlungspflichtig bestellen». Mit diesem Klick löse ich die Bestellung aus. Ich bin danach verpflichtet, die Ware anzunehmen. Einzelne Bestimmungen werden in den Allgemeinen Geschäftsbedingungen (AGB) geregelt. Die Verkäuferin muss darauf hinweisen und meistens bestätigt der Käufer mit einem weiteren Klick, dass er diese gelesen hat.

Widerrufsrecht

Das Schweizer Recht sieht für den Onlinehandel keine festgelegte Rücknahmefrist oder ein Rückgaberecht vor.

Gewährleistung
OR 197, 210

Hat ein Produkt einen Fehler kann der Käufer oder die Käuferin während 2 Jahren Gewährleistungsansprüche stellen.

Bezahlung

Für die Bezahlung stehen im Online-Handel verschiedene Möglichkeiten zur Verfügung. Die Kreditkarte ist eine häufig verwendetet Variante.

Haustürkauf

Widerrufsrecht
OR 40a–f

Bestimmte Bestellungen von Waren und Dienstleistungen für den privaten Gebrauch können innert 14 Tagen widerrufen werden, wenn der Wert Fr. 100.– übersteigt. Die Bestimmungen im Obligationenrecht sollen die Konsumentinnen und Konsumenten vor unüberlegten Käufen schützen.

Dieses Rücktrittsrecht gilt:

- anlässlich einer Werbeveranstaltung (zum Beispiel: Werbe-Carfahrt)
- auf öffentlichen Strassen oder Plätzen
- am Arbeitsplatz
- in der Wohnung oder der unmittelbaren Umgebung
- Kauf per Telefon

Der Kunde sollte aus Beweisgründen (ZGB 8) den Widerruf gegenüber dem Anbieter schriftlich formulieren. Das Rücktrittsschreiben sollte per Einschreiben versandt werden. Es gilt das Datum des Poststempels.

Ausnahmen

Kein Rücktrittsrecht (nach OR) hat man bei Käufen an Markt- oder Messeständen, wenn man ausdrücklich auf Vertragsverhandlungen bestanden hat sowie beim Abschluss von Versicherungsverträgen (ausser wenn ein Rücktrittsrecht in den Vertragsbestimmungen aufgeführt ist).

▶ **Aufgaben:**	A22	S. 48 AH
▶ **Wissen anwenden:**	W10, W13–W14	S. 54f. AH, S. 77f. LM
▶ **Korrespondenz:**	K3	S. 79 LM

Das weiss ich jetzt!

2.34 Wer muss auf Verlangen eine Quittung ausstellen?

2.35 Warum wird der Geldbetrag in Zahlen und Buchstaben aufgeführt?

2.36 Wie lange sollten Sie wichtige Zahlungen mit Quittungen belegen können?

2.37 Warum lohnt es sich, Quittungen teurer Anschaffungen «lebenslang» aufzubewahren?

2.38 Welche Bedingungen müssen erfüllt sein, damit ich einen Haustürkauf rückgängig machen kann?

2.39 Bei welchen Anlässen gilt nach OR kein Rücktrittsrecht?

2.40 Mit welcher Massnahme kann ich – wenn nötig – beweisen, dass ich das Rücktrittsschreiben rechtzeitig verschickt habe?

2.41 Wer kann betrieben werden?

2.42 Welche drei Arten der Betreibung gibt es?

2.43 Wer muss die Betreibungskosten vorschiessen?

2.44 Was wären in Ihrem Fall Kompetenzstücke?

2.45 Wie können Sie eine Betreibung gegen sich stoppen?

Kaufvertrags- und Finanzierungsarten

Es gibt unterschiedliche Möglichkeiten, einen Kaufgegenstand zu erwerben.

Barkauf

Beim Barkauf erfolgt die Übergabe von Ware und Geld gleichzeitig (Zug um Zug). **OR 184 ff.**

Eigentumsverhältnisse	Käufer wird sofort Eigentümer.
Rücktrittsrecht	Kein Rücktrittsrecht.

Der Barkauf ist meistens die günstigste Art, etwas zu erwerben (Rabatt, Skonto).

Beim Barkauf erfolgt die Übergabe von Ware und Geld gleichzeitig Zug um Zug.

Gewöhnlicher Kreditkauf

Beim gewöhnlichen Kreditkauf liefert die Verkäuferin die Ware mit Rechnung. Üblicherweise hat der Käufer 30 Tage Zeit, die Rechnung zu begleichen. Die Verkäuferin gibt dem Käufer also Kredit.

Eigentumsverhältnisse	Käufer wird mit der Übergabe der Ware Eigentümer. Die Verkäuferin vertraut dem Käufer, dass er die Kaufsumme innerhalb der Zahlungsfrist überweisen wird.
Rücktrittsrecht	Kein Rücktrittsrecht.

Kauf mit Konsumkreditvertrag

KKG 7e, f Beim Kauf von Waren mit Konsumkreditvertrag leistet der Käufer in der Regel eine Anzahlung und erhält die Ware sofort. Der Rest der Kaufsumme wird in Raten abbezahlt.

	Eigentumsverhältnisse	Die Verkäuferin hat das Recht, einen Eigentumsvorbehalt zu machen. Dadurch wird der Käufer Besitzer der Kaufsache, aber noch nicht Eigentümer.
KKG 16	**Rücktrittsrecht**	Rücktrittsrecht innert 14 Tagen nach Erhalt des Vertragsdoppels mit eingeschriebenem Brief. Es gilt das Datum des Poststempels.

Die Kreditgeberin ist verpflichtet, einen Konsumkredit, den sie gewähren will, der Informationsstelle für Konsumkredite zu melden.

Vertragsbestandteile KKG 9, 10 Das Gesetz schreibt vor, dass bei einem Kauf mit Konsumkreditvertrag sowohl der Barzahlungspreis wie auch der Preis, der im Rahmen des Kreditvertrags zu bezahlen ist, im Vertrag festgeschrieben sein müssen. Auch die Höhe der Anzahlung sowie Anzahl, Höhe und Termine der Teilzahlungen (Raten) und die Eigentumsverhältnisse der Kaufsache müssen vermerkt werden (z. B. ein Eigentumsvorbehalt).

Eigentumsvorbehalt KKG 10d / ZGB 715f. Ein Eigentumsvorbehalt bewirkt, dass der Kaufgegenstand bis zur Bezahlung der letzten Rate im Eigentum der Verkäuferin bleibt. Bezahlt der Käufer die Raten nicht, kann die Verkäuferin den Gegenstand zurückholen und Rechnung für Miete und Abnützung stellen. Ein Eigentumsvorbehalt wird im Eigentumsvorbehaltsregister auf dem Betreibungsamt am Wohnort des Käufers eingetragen.

Kreditfähigkeit KKG 28 Wichtig ist, dass die Ratenhöhe ins persönliche Budget passt. Die Kreditfähigkeit muss überprüft werden: Jeder Kreditvertrag muss innerhalb von drei Jahren zurückbezahlt werden können.

▶ **Aufgaben:** A21–A23 S. 47f. AH

Das weiss ich jetzt!

2.46 Warum heisst es, dass der Barkauf meistens die günstigste Art ist, etwas zu erwerben?

2.47 Was ist der Unterschied zwischen einem Barkauf und einem gewöhnlichen Kreditkauf?

2.48 Sind Angebote im Internet verbindliche oder unverbindliche Offerten?

2.49 Wer haftet beim Internetkauf für Schäden, welche beim Versand entstehen?

2.50 Wie kann man sich «absichern», wenn man etwas im Internet gekauft hat?

2.51 Beim Kauf von Waren mit Konsumkreditvertrag hat die Verkäuferin das Recht, einen Eigentumsvorbehalt zu machen.

a) Warum ist dem so?

b) Welche Folgen hat ein Eigentumsvorbehalt für den Käufer?

c) Was geschieht, wenn ein Käufer seine Raten nicht mehr bezahlen kann?

d) Wo muss die Verkäuferin den Eigentumsvorbehalt geltend machen?

2.52 Verkäuferinnen von Waren müssen nach KKG die Kreditfähigkeit der Käufer überprüfen. Welche Regelung gilt in diesem Zusammenhang?

Kauf von Waren mit einem Kleindarlehen, Barkrediten

Kleinkreditbanken vergeben Darlehen an Privatpersonen. Diese Kleindarlehen – oft auch Kleinkredite genannt – werden dann zum Kauf von Waren eingesetzt. Bei Kleindarlehen müssen oft keine Sicherheiten hinterlegt werden, meistens reicht der Nachweis einer Arbeitsstelle. Wegen fehlenden Sicherheiten ist das Risiko für die Bank als Geldgeberin gross. Deshalb sind Kleindarlehen sehr teuer (bis zu 10 Prozent Jahreszins). **KKG 9**

Eigentumsverhältnisse	Der Käufer zahlt bar und wird daher sofort Eigentümer. Allerdings müssen die Schulden bei der Kleinkreditbank ratenweise abbezahlt werden.
Rücktrittsrecht	Rücktrittsrecht innerhalb von 14 Tagen.

Form und Inhalt der Verträge mit Kleindarlehen sind im Konsumkreditgesetz (KKG) geregelt. Darin sind das Rücktrittsrecht, die Pflicht zur Kreditfähigkeitsprüfung sowie die Möglichkeit einer vorzeitigen Rückzahlung festgeschrieben. **KKG 9, 16, 17, 28**

Leasing (am Beispiel Autoleasing)

Beim Leasing überlässt die Leasinggeberin dem Leasingnehmer ein Auto zum Gebrauch und zur Nutzung. Dafür erhält sie eine Leasinggebühr.

Eigentumsverhältnisse	Das Auto ist nicht Eigentum des Leasingnehmers.
Rücktrittsrecht	Rücktrittsrecht innerhalb von 14 Tagen. Dies bedeutet, dass das Leasingobjekt oft erst nach dieser Frist in die Hände des Leasingnehmers gelangt.

Die meisten Leasingverträge, die von Privatpersonen abgeschlossen werden, unterstehen dem Konsumkreditgesetz (KKG). Sie müssen schriftlich abgeschlossen werden. **KKG 1**

Zwingende Inhalte von Leasingverträgen **Inhalt KKG 11**

- Beschreibung der Leasingsache
- Barkaufpreis bei Vertragsabschluss
- Anzahl, Höhe und Fälligkeit der Leasingraten
- Höhe der Kaution, falls eine solche verlangt wird
- Allfällig verlangte Versicherungen
- Effektiver Jahreszins
- Hinweis auf Widerrufsrecht und die Widerrufsfrist
- Konditionen bei vorzeitiger Beendigung des Leasingvertrags

Weitere Bestimmungen KKG 14, 28

Beim Leasing beträgt der gesetzliche Höchstzinssatz 10 Prozent. Vor Vertragsabschluss muss die Kreditfähigkeit der Konsumentinnen und Konsumenten überprüft werden (der Kredit muss innerhalb von 36 Monaten zurückbezahlt werden können).

Leasinggebühr

Eine normale Leasinggebühr setzt sich zusammen aus der Abschreibung (Wertverminderung) des Autos und den Zinsen für das eingesetzte Kapital.
Zusätzliche Auswirkungen auf die Leasinggebühr haben die Leasingdauer sowie die vereinbarte jährliche Kilometerleistung: Werden mehr Kilometer als vereinbart gefahren, werden diese am Ende der Leasingdauer in Rechnung gestellt.

Vergleich Leasing / Kredit / Barzahlung

Leasing-Gegenstand	Leasing	Kredit	Barzahlung
Brutto-Kaufpreis Auto	Fr. 25 900.–	Fr. 25 900.–	Fr. 25 900.–
10 % Skonto / Rabatt	– Fr. 0.–	– Fr. 2590.–	– Fr. 2590.–
Nettopreis	Fr. 25 900.–	Fr. 23 310.–	Fr. 23 310.–
Anzahlung / Barzahlung	Fr. 8000.–	Fr. 0.–	Fr. 23 310.–
Raten, resp. Zins / Zinsverlust 36 Mte.	Fr. 16 200.– *(Fr. 450.– x 36 Mte.)*	10 % Jahreszins: Fr. 6993.– *(Fr. 23 310.– x 0.10 x 3 Jahre)*	1.5 % Jahreszins: Fr. 1064.75 *(Fr. 23 310.– x 1.015^3 – Fr. 23 310.–)*
Restwert (Kauf Leasing-Auto), resp. Kreditrückzahlung	Fr. 7000.–	Fr. 23 310.–	Fr. 0.–
Gesamtaufwand (Eigentum Auto)	**Fr. 31 200.–**	**Fr. 30 303.–**	**Fr. 24 374.75**

Zusätzliche Kosten

Neben den Leasingraten fallen jedoch noch zusätzliche Kosten an. Insgesamt müssen bei einem Leasing die folgenden Kosten getragen werden:

Kosten beim Autoleasing

- Leasinggebühr
- Obligatorische Vollkaskoversicherung
- Obligatorische Haftpflichtversicherung
- Treibstoffkosten
- Obligatorischer Service bei Markengaragen
- Kosten für Reparaturen, Abgaswartung, Garagierungskosten usw.

Vorzeitige Auflösung

Eine vorzeitige Auflösung des Leasingvertrages führt zu einer Neuberechnung der Leasingraten. Dies kann zu beträchtlichen Nachzahlungen führen!

Auto-Abo

Ein Auto-Abo ist eine Art All-Inclusive-Tarif für das Autofahren. Dabei werden alle Dienstleistungen rund um das Auto, abgesehen vom Tanken, mit einer monatlichen Rate abgedeckt. Das bedeutet, dass sich die Kundinnen und Kunden auch nicht mehr um Themen wie Versicherung, Zulassung, Steuern und so weiter Gedanken machen muss. Im Gegensatz zum traditionellen Leasing sind die Laufzeiten in der Regel kürzer und flexibler: von einem Monat bis 48 Monate. In einigen Fällen können Sie das Auto-Abo monatlich künden oder verlängern, auch Anzahlungen und Kauf nach Beendigung der Miete sind je nach Anbieter möglich.

Der Nachteil an einem solchen Abo sind die vorkonfigurierten Autos und eine kleinere Auswahl an verfügbaren Modellen als beim Leasing.

Beispiel	
Miet-Gegenstand	Auto-Abo
Brutto-Kaufpreis Auto	Fr. 34500.–
Anfangspauschale	Fr. 390.–
Monatliche Rate für 36 Monate Mietdauer & 1200 km, Kanton Solothurn Service, Wartung, Bereifung, Versicherung, Kilometerpaket, Zulassung, Steuern, Erstvignette	Fr. 576.–
Raten 36 Monate + Anfangspauschale	Fr. 21126.– Fr. 576.– × 36 Monate + Fr. 390.–
Restwert	ca. Fr. 14000.–
Gesamtaufwand (Eigentum Auto)	**ca. Fr. 35000.–**

Miet-Kauf-Vertrag

Bei einem Miet-Kauf-Vertrag mietet der «Käufer» einen Konsumartikel. Beim späteren Kauf dieses Artikels werden die schon bezahlten Miet-Raten an den Kaufpreis angerechnet.

Eigentumsverhältnisse	Mieter ist nicht Eigentümer der Ware.
Rücktrittsrecht	Kein Rücktrittsrecht.

Zurzeit ist diese Erwerbsform gesetzlich nicht geregelt. Sie wird auch «unechtes Leasing» genannt.

▶ **Aufgaben:** A24 S. 49f. AH
▶ **Wissen anwenden:** W15 S. 55 AH, S. 78 LM

Das weiss ich jetzt!

2.53 Warum sind Kleindarlehen so teuer?

2.54 Welche Kosten deckt eine normale Leasinggebühr ab (z.B. beim Autoleasing)?

2.55 a) Welche obligatorischen Kosten fallen beim Autoleasing zusätzlich an?
b) Welche weiteren Kosten muss man auch einkalkulieren?

2.56 Warum kann eine vorzeitige Auflösung des Leasingvertrages zu beträchtlichen Nachzahlungen führen?

Ökologie und Ethik beim Kaufen

Zunehmend mehr Menschen achten beim Einkaufen darauf, dass die Produkte ökologischen und ethischen Kriterien genügen. Ökologisch einkaufen bedeutet, dass man auf biologische, naturnahe und nachhaltige Produktion achtet und zum Beispiel auf Tropenhölzer und gentechnisch veränderte Lebensmittel verzichtet. Ethische Kaufkriterien berücksichtigen auch die Produktions- und Arbeitsbedingungen im Herkunftsland. So muss zum Beispiel Fleisch aus artgerechter Tierhaltung stammen oder Kosmetikprodukte sollen ohne Einsatz von Tierversuchen entwickelt werden. Die Produzenten sollen faire Löhne erhalten und Kinderarbeit soll verboten sein.

Lebensmittellabels

Eine Vielzahl von Organisationen versucht der Kundschaft durch Labels aufzuzeigen, welche Produkte ihre Ansprüche erfüllen. Der WWF, die Tierschutzorganisation VIER PFOTEN und die Stiftung für Konsumentenschutz haben die wichtigsten Lebensmittellabels nach den Kriterien Ökologie, Tierwohl und Kontrolle sowie nach sozialen Kriterien wie Arbeitszeit, Entlöhnung und Gesundheitsschutz bewertet:

Empfehlenswerte Lebensmittellabels (Auswahl)	
demeter Ausgezeichnet biodynamisch. BIO	Demeter und Bio Knospe
naturaplan BIO	Coop Naturaplan Bio
MIGROS BIO	Migros Bio

Fairtrade-Organisationen

Als «fair trade» (fairer Handel) wird ein kontrollierter Handel bezeichnet, bei dem die Preise für die gehandelten Produkte über dem Weltmarktpreis angesetzt werden. Damit soll den Produzenten ein höheres und verlässlicheres Einkommen als im herkömmlichen Handel ermöglicht werden. In der Produktion sollen ausserdem internationale Umwelt- und Sozialstandards eingehalten werden (z.B. ist keine Kinderarbeit erlaubt).

Produkte von Max Havelaar sind mit Fairtrade-Stickern versehen.

Die Fairtrade-Bewegung konzentriert sich hauptsächlich auf Waren, die aus Entwicklungsländern in Industrieländer exportiert werden. Fairer Handel umfasst landwirtschaftliche Erzeugnisse ebenso wie Produkte des traditionellen Handwerks und der Industrie und weitet sich zusehends auf neue Bereiche wie den Tourismus aus.

Stiftung für Konsumentenschutz (SKS)

Die Stiftung für Konsumentenschutz (SKS) setzt sich unter anderem für gesunde, ökologisch und ethisch verantwortbare Lebensmittel ein. Sie informiert die Konsumentinnen und Konsumenten über ihre Rechte und Möglichkeiten. Anbieter und Hersteller sollen ihrer Pflicht zur Information und Deklaration nachkommen.
Die Stiftung für Konsumentenschutz versteht sich als Anwältin der Konsumentinnen und Konsumenten in der Schweiz. Sie ist politisch aktiv und bildet ein Gegengewicht zu den Interessen der Hersteller und Vertreiber. Über ihre Hotline beantwortet sie den Konsumentinnen und Konsumenten Fragen zu Konsum und rechtlichen Themen.

Die Preisüberwachung

Jede Bürgerin, jeder Bürger und jede Unternehmung kann mit einer Preisbeschwerde an den Preisüberwacher gelangen.
Die Preisüberwachung ist für eine amtliche Überprüfung eines allfälligen Preismissbrauchs zuständig. Dies kann bei Preisen von marktmächtigen Unternehmen oder Monopolen der Fall sein. Die Preisüberwachung ist auch zuständig bei Gebühren, Medikamentenpreisen oder Tarifen für öffentliche Unternehmungen. Hier richtet sie Preis- oder Politikempfehlungen an die zuständigen Behörden. Oft steht sie im Spannungsfeld von Interessen (Lobbys).

SCHWEIZ Publiziert 15. Oktober 2023, 08:05

SBB wollte Preise nicht erhöhen, dann setzte der Bund Druck auf

Trotz Klimakrise ist heute Autofahren fast vier Prozent günstiger als vor 15 Jahren. In der gleichen Zeit stiegen die Kosten für die Benützung des ÖV massiv.

Quelle: Tagesanzeiger.ch

Die Ökobilanz

Eine Ökobilanz ist eine systematische Analyse der Umweltwirkungen von Produkten während ihres gesamten Lebenswegs («von der Wiege bis zur Bahre»). Dazu gehören sämtliche Umweltwirkungen, die während der Produktion, der Nutzungsphase und der Entsorgung des Produktes insgesamt entstehen (inkl. Herstellung der Roh-, Hilfs- und Betriebsstoffe). Zu den Umweltwirkungen zählt man sämtliche umweltrelevanten Entnahmen aus der Umwelt (z. B. Erze, Rohöl) sowie die Emissionen in die Umwelt (z. B. Abfälle, Kohlendioxidemissionen).

Beispiele aus der Praxis

Getränkeverpackungen Verpackungen gehörten zu den ersten Produkten, welche anhand von Ökobilanzen verglichen wurden. Doch welche Getränkebehälter (PET-Flaschen, Glasflaschen, Aludosen) sind denn nun am umweltfreundlichsten? Eine Untersuchung des Bundesamtes für Umwelt im Jahr 2004 kam zu folgendem Resultat: Die ideale Flasche gibt es nicht! Bei allen ist die Umweltverschmutzungen etwa ähnlich. Auch Mehrwegflaschen sind entgegen dem Klischee nicht generell besser. Es kommt auf die Umstände an: Wenn die Getränke über weite Strecken transportiert werden müssen, sind die leichten und platzsparenden PET-Flaschen im Vorteil. Bei den PET-Flaschen hängt die Umweltbelastung wiederum stark von der Rücklaufquote und dem Anteil an wiederverwertetem PET ab.

Autos Interessant ist auch die Ökobilanz eines Autos. Oft gelten jene Fahrzeuge als umweltfreundlich, welche wenig Benzin verbrauchen, wenige Schadstoffe ausstossen und wenig Lärm verursachen. Eine umfassende Ökobilanz berücksichtigt aber auch die Herstellung und die Entsorgung: So verursacht die Produktion eines Autos etwa gleich viel CO_2, wie es während seiner gesamten Nutzung ausstösst. Ein modernes Auto besteht aus den unterschiedlichsten Werkstoffen, welche mit modernsten Verfahren miteinander verbunden werden (z. B. Aluminium, Stahl, Titan, Kohlefasern, Kunststoffe). Allein die Trennung dieser Materialien bei der Entsorgung verschlingt Unmengen an Energie. Deshalb kann es zur absurden Situation kommen, dass ältere Fahrzeuge eine insgesamt bessere Ökobilanz aufweisen als neueste Hybrid- oder Elektroautos.

Die persönliche Ökobilanz

Ökologischer Fussabdruck Die persönliche Ökobilanz mit dem den sogenannten ökologischen Fussabdruck gemessen werden. Unter dem ökologischen Fussabdruck wird die Fläche auf der Erde verstanden, die notwendig ist, um den Lebensstil und Lebensstandard eines Menschen dauerhaft zu ermöglichen. Das schliesst Flächen ein, die zur Produktion seiner Kleidung und Nahrung oder zur Bereitstellung von Energie, aber z. B. auch zum Abbau des von ihm erzeugten Mülls oder zum Binden des durch seine Aktivitäten freigesetzten Kohlendioxids benötigt werden. Auf den ökologischen Fussabdruck wird in Kapitel 4.5 näher eingegangen.

Kleiderrücksendungen Die Rücksendung von im Internet bestellten Kleidern wirkt sich auf das Klima und die Umwelt aus. Sie führt zu einem erhöhten Energieverbrauch und CO_2-Ausstoss, weil die Produkte zurück zum Händler transportiert werden müssen. Das schadet der Luft und treibt den Klimawandel voran. Ausserdem entsteht viel Abfall, weil ein Teil der Rücksendungen nicht wieder verkauft werden kann und so auf Deponien landet oder verbrannt wird. Die Logistik von Rücksendungen erfordert auch viel Verpackungsmaterial wie Plastik, Karton und Klebstoff, was zusätzliche Ressourcen verbraucht und Abfall produziert. Um die Auswirkungen von Kleider-Rücksendungen auf das Klima und die Umwelt zu verringern, ist es wichtig, bewusstere Kaufentscheidungen zu treffen und nur das zu bestellen, was wirklich benötigt wird. Händler können durch effizientere Rückgabeprozesse und die Förderung umweltfreundlicher Verpackungsmaterialien dazu beitragen, die Umweltbelastungen von Rücksendungen zu minimieren.

Paketmengen – ausgesandte vs. retournierte Pakete in Mio. Stück

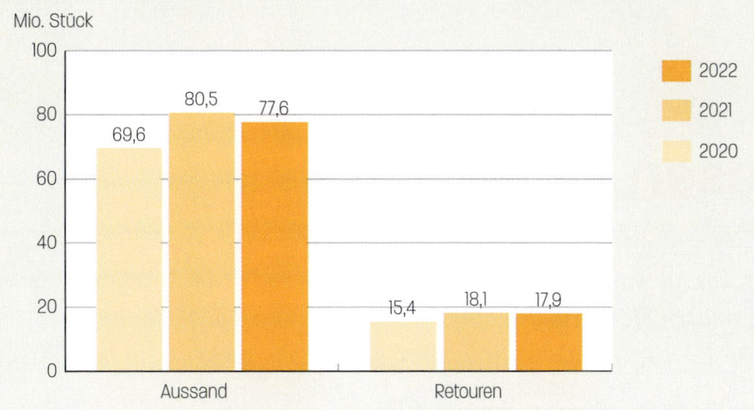

Quelle: GfA

- **Aufgaben:** A25 S. 50 AH
- **Wissen anwenden:** W16 S. 56 AH, S. 78 LM
- **Kreuzworträtsel:** X1 S. 57 AH
- **Lernaufgabe:** Geld und Konsum S. 80 f. LM

Das weiss ich jetzt!

2.57 Beschreiben Sie anhand von Beispielen ökologische und ethische Kriterien beim Kaufen.

2.58 Was will man mit dem fairen Handel erreichen?

2.59 Was ist mit «Ökobilanz» gemeint?

2.60 a) Womit kann die persönliche Ökobilanz gemessen werden?
b) Was bedeutet der Begriff?

2.61 Worauf achtet man beim ökologischen Einkaufen?

2.62 Nennen Sie zwei ethische Kaufkriterien.

2.63 Wozu dienen Ökolabels?

2.64 Was ist der Unterschied zwischen «fair trade» und herkömmlichem Handel?

2.65 Wofür setzt sich die Stiftung für Konsumentenschutz ein?

2.66 Warum brauchen wir eine amtliche Preisüberwachung?

2.67 Was versteht man unter der Ökobilanz eines Produkts?

Wissen anwenden

Hinweis: Die Antworten zu den Fragen, die mit einem Ja oder Nein beantwortet werden können, müssen Sie begründen.

W1 Nehmen Sie Ihre Lohnabrechnung mit.
Welche Abzüge werden von Ihrem Bruttolohn gemacht?

W2
a) **Führen Sie während eines Monats Kontrolle über Ihre Einnahmen und Ausgaben (z. B. mit einem Kassenbuch).**
b) **Fassen Sie Ihre Aufzeichnungen in die wichtigsten Einnahme- und Ausgabekategorien zusammen.**
c) **Kommentieren Sie Ihre finanzielle Situation.**
d) **Erstellen Sie ein persönliches Budget im Verlauf des nächsten Monats.**

W3 Führen Sie das Kassabuch:
Am 1. Tag des Monats befinden sich Fr. 196.50 in der Kasse. Tags darauf bezahlen Sie für einen Konzert Fr. 50.– Eintritt und geben Fr. 23.– für Getränke aus. Am 14. des Monats geben Sie für ein Geburtstagsgeschenk Fr. 35.90 und für Nahrungsmittel Fr. 37.10 aus. Zwei Tage später heben Sie vom Bankkonto Fr. 100.– ab. Am Vereinsanlass vom 20. geben Sie Fr. 14.50 und eine Woche später für das Bus-Abo Fr. 35.– aus. Am nächsten Tag kaufen Sie sich eine Jacke im Ausverkauf für Fr. 67.–, drei Tage später leisten Sie sich noch ein eBook im Wert von Fr. 22.–.
Wie präsentiert sich laut Kassabuch Ihre finanzielle Situation Ende Monat?

W4 Klären Sie bei Ihrem Postkonto / Bankkonto Folgendes ab:
- **Zinssatz**
- **Inbegriffene Dienstleistungen**
- **Spesen**

W5 «Wenn jemand gut schlafen will, soll er Obligationen kaufen; wenn jemand aber gut essen will, soll er Aktien kaufen.»
Zeigen Sie die Hintergründe dieses Spruchs auf.

W6 Im Schaufenster eines Kleidergeschäftes werden Jeans mit Fr. 58.– angepriesen. Dieses günstige Angebot will sich Tina nicht entgehen lassen. Bei der Anprobe stellt sie aber fest, dass auf dem Preisschild Fr. 85.- steht.
Welcher Preis gilt nun? Begründen Sie Ihre Antwort.

W7 Ein Musikgeschäft bietet Ihnen in einem Telefongespräch eine Musikanlage für Fr. 750.– an. Nach einer Bedenkzeit von einer Woche wollen Sie die Anlage kaufen. Die Verkäuferin erklärt Ihnen aber, dass dieses Angebot nicht mehr gelte und die Musikanlage wieder Fr. 950.– koste.
Muss das Musikgeschäft Ihnen die Anlage für Fr. 750.– verkaufen? Begründen Sie Ihre Antwort.

W8 Per Brief bestellen Sie in einem Fachgeschäft einen PC. Am nächsten Tag sehen Sie in der Fernsehwerbung, dass das gleiche Gerät in einem anderen Geschäft wesentlich günstiger angeboten wird. Da Sie noch keine Auftragsbestätigung erhalten haben, widerrufen Sie per Fax Ihre Bestellung.
Sind Sie damit von Ihrer Bestellung entbunden?

W9 Laura ist 19 Jahre alt und arbeitet als medizinische Praxisassistentin. In ein paar Wochen wird ihre ältere Schwester heiraten. Für die Feier braucht Laura noch ein festliches Kleid. Sie will dieses im Internet kaufen, weil sie so bequem und in aller Ruhe von zu Hause aus das passende Kleid auswählen kann. Laura hat bis anhin noch nie eine grössere Anschaffung online im Internet getätigt. Sie fühlt sich deshalb ein wenig unsicher und will zuerst ein paar Fragen klären:

a) **Wie kann man sicherstellen, dass man auf der Website eines seriösen Anbieters ist?**
b) **Auf welche Arten kann man im Internet bezahlen?**
c) **Wie sicher sind die verschiedenen Bezahlmöglichkeiten?**
d) **Gibt es ein Widerrufsrecht?**
e) **Kann sie das Kleid zurückgeben, wenn es nicht passt?**

W10 Trotz mehrmaliger Mahnung hat Ihr Freund das Motorrad, welches Sie ihm vor einem Monat verkauft haben, noch immer nicht bezahlt. Sie entscheiden sich, das Motorrad wieder zurückzuholen.
Sind Sie dazu berechtigt?

W11 Rolf kauft in einer Modeboutique einen Mantel. Zu Hause stellt er fest, dass das Innenfutter an einer Stelle zerrissen ist. Ihn stört das zunächst nicht, zumal er den Mantel heute sowieso unbedingt braucht. Vierzehn Tage später meint er jedoch, dass ein so teurer Mantel keine Schäden aufweisen sollte. Er reklamiert im Geschäft und verlangt die Beseitigung des Mangels.
Hat seine Beschwerde Aussicht auf Erfolg?

W12 Sie erhalten eine unbestellte Sendung mit vier alten Münzen zum Preis von Fr. 56.– mit der Aufforderung, bei Nichtbezahlung des Betrages die Münzen innerhalb von drei Wochen wieder zurückzusenden. Sie haben kein Interesse an alten Münzen.
Wie sieht die Rechtslage aus?

W13 Auf einer Werbe-Carfahrt mit Gratisimbiss lassen Sie sich zur Bestellung eines neuartigen Gerätes überreden, welches die Zimmerluft reinigen, ja sogar keimfrei machen soll. Das Gerät kostet – während der Carfahrt – «nur» Fr. 689.–.
Nach einem Gespräch mit Bekannten haben Sie tags darauf Zweifel an der Wirksamkeit des Gerätes und auch der recht hohe Preis schreckt Sie jetzt ab.
Wie gehen Sie vor, wenn Sie vom Kauf zurücktreten wollen?

W14 Sie haben einem Schulkameraden Ihr Fahrrad als Occasion für Fr. 200.– verkauft. Der Kollege bezahlt bar und verlangt von Ihnen eine Quittung.
Schreiben Sie eine korrekte Quittung mit den Ihnen vorliegenden Angaben.

W15 Franz, seit einem Jahr aus der Lehre, will sich ein Auto kaufen. Sein Traumauto kostet Fr. 24000.–. Gespart hat er bisher Fr. 8000.–. Pro Monat verdient Franz netto Fr. 4000.–. Davon kann er pro Monat Fr. 1000.– sparen.

a) **Nennen Sie drei Finanzierungsmöglichkeiten für Franz.**
b) **Erklären Sie ihm die Eigentumsverhältnisse bei diesen drei Finanzierungsmöglichkeiten.**
c) **Geben Sie Franz einen begründeten Rat, welche der Finanzierungsmöglichkeiten für ihn die beste wäre.**

W16 Geben Sie auf dem Computer in einer Suchmaschine den Begriff «Ökolabels» ein und öffnen Sie aus dem Angebot die Seite des WWF.

a) **Welche Labels werden als ausgezeichnet, welche als sehr empfehlenswert, welche als empfehlenswert und welche als bedingt empfehlenswert eingestuft?**
b) **Welche Labels sind Ihnen bekannt?**
c) **Warum werden gewisse Labels als «bedingt empfehlenswert» bewertet?**

Korrespondenz

K1 Endlich wird Ihnen der lang erwartete Bluetooth Lautsprecher geliefert. Beim Auspacken stellen Sie fest, dass das schwarze Gehäuse über eine Länge von fünf Zentimetern zerkratzt ist.
Schreiben Sie dem Elektronikgeschäft einen Brief mit einem konkreten Vorschlag zur Erledigung der Sache.

K2 Kathrin hat bei einem Versandhaus eine Nachttischlampe bestellt. Es wurde eine Lieferfrist von etwa zwei Wochen vereinbart. Trotz zweimaliger telefonischer Reklamation hat Kathrin die Lampe auch nach sechs Wochen noch nicht in ihren Händen.
Schreiben Sie einen rechtlich korrekten Brief.

K3 **Schreiben Sie einen rechtlich korrekten Brief zum Fall der Werbe-Carfahrt aus Aufgabe W13.**

K4 Vor einem Monat haben Sie einen neuen Computer mit Farbdrucker gekauft. Es wurde Ihnen eine Zahlungsfrist von 30 Tagen eingeräumt. Inzwischen sind Sie in eine finanzielle Notlage geraten und können die Rechnung nicht zum vorgesehenen Zeitpunkt bezahlen.
Schreiben Sie dem Händler ein begründetes Gesuch um Zahlungsaufschub. Machen Sie ihm zusätzlich einen Zahlungsvorschlag.

Lernaufgabe

Geld und Konsum: grössere Anschaffung finanzieren

Ausgangslage

Schon bald werden Sie vermutlich die Autoprüfung ablegen und möglicherweise ein eigenes Auto kaufen. Was bedeutet dies finanziell genau? Welche Kosten kommen auf Sie zu?

Lernziele

Sie können im Internet gezielt nach passenden Angeboten suchen.

Sie können verschiedene Finanzierungsarten unterscheiden und deren Vor- und Nachteile aufzeigen.

Auftrag

Erarbeiten Sie die Aufträge allein und halten Sie Ihre Gedanken, Resultate schriftlich fest. Diskutieren Sie den letzten Auftrag mit Ihrem Banknachbarn.

Produkt

Ergebnisse stichwortartig festhalten

Vorgehen

1. Sie arbeiten, bis auf den letzten Auftrag, allein.
2. Lesen Sie die Lernaufgabe genau durch und klären Sie Fragen mit der Lehrperson.
3. Halten Sie Ihre Antworten schriftlich fest.
4. Besprechen Sie in den letzten Auftrag mit Ihrem Banknachbarn. Halten Sie auch diese Gedanken fest.
5. Besprechen Sie wichtige Erkenntnisse im Plenum.

Arbeitsaufträge

1. Suchen Sie im Internet nach einem passenden Auto. Welche Überlegungen machen Sie bei der Recherche? Halten Sie Ihre Gedanken fest.
2. Für welches Auto haben Sie sich entschieden? Schreiben Sie die wichtigsten Eckdaten, wie z. B. Marke, Modell und Preis, zu Ihrem Auto heraus.
3. Grössere Anschaffungen können auf unterschiedliche Weise finanziert werden. Rufen Sie sich die verschiedenen Arten der Finanzierung nochmals in Erinnerung, schreiben Sie drei Finanzierungsarten auf und erklären Sie deren Bedeutung kurz.

4. Nachdem Sie die verschiedenen Finanzierungsmöglichkeiten betrachtet haben, machen Sie sich Gedanken, zu den untenstehenden Fragen:
5. Wie finanzieren Sie Ihr Auto? Was bedeutet dies genau? Wie sieht die Finanzierung konkret aus? Ist es eine einmalige Belastung? Oder eine monatliche? Welche Vor- und Nachteile hat diese Finanzierungsmöglichkeit?
6. Beschränken Sie sich auf **zwei** Finanzierungsarten.
7. Recherchieren Sie im Internet (z. B. *www.comparis.ch*) und halten Sie die Fakten in der Tabelle (Finanzierungsart, Kosten konkret, Vorteil, Nachteil) fest.
8. Vergleichen Sie die beiden ausgewählten Finanzierungsmöglichkeiten. Für welche würden Sie sich entscheiden? Begründen Sie Ihre Überlegungen. Diskutieren Sie und halten Sie Ihr Ergebnis fest.

Kapitel 3

Freizeit –
Risiko / Versicherungen

Kultur –
Religion / Kunst

Teil A

Freizeit – Risiko / Versicherungen

War früher das Mitmachen in einem Verein praktisch die einzige Möglichkeit seine Freizeit zu gestalten, stehen Ihnen heute unzählige Angebote offen. Vielleicht sind Sie in einem der rund 18300 Sportvereine tätig oder gehören zu den 41% der ständigen Wohnbevölkerung, welche 2020 angab, regelmässig Freiwilligenarbeit zu leisten.
Oder möchten Sie sich in der Freizeit nicht auch noch verpflichten und ziehen das Abhängen mit Freunden vor?
Unser Alltag birgt Risiken – egal, was wir tun. Für praktisch jedes Risiko verspricht eine Versicherung Hilfe.

In Teil A dieses Kapitels setzen Sie sich mit folgenden Fragen auseinander

- Wie wird Freizeit definiert und welche Arten von Freizeit gibt es?
- Welche Bedeutung haben Vereine und wie sind sie organisiert?
- Welchen Risiken sind wir ausgesetzt und wie werden diese wahrgenommen?
- Welche Versicherungsarten gibt es und wie funktionieren sie?

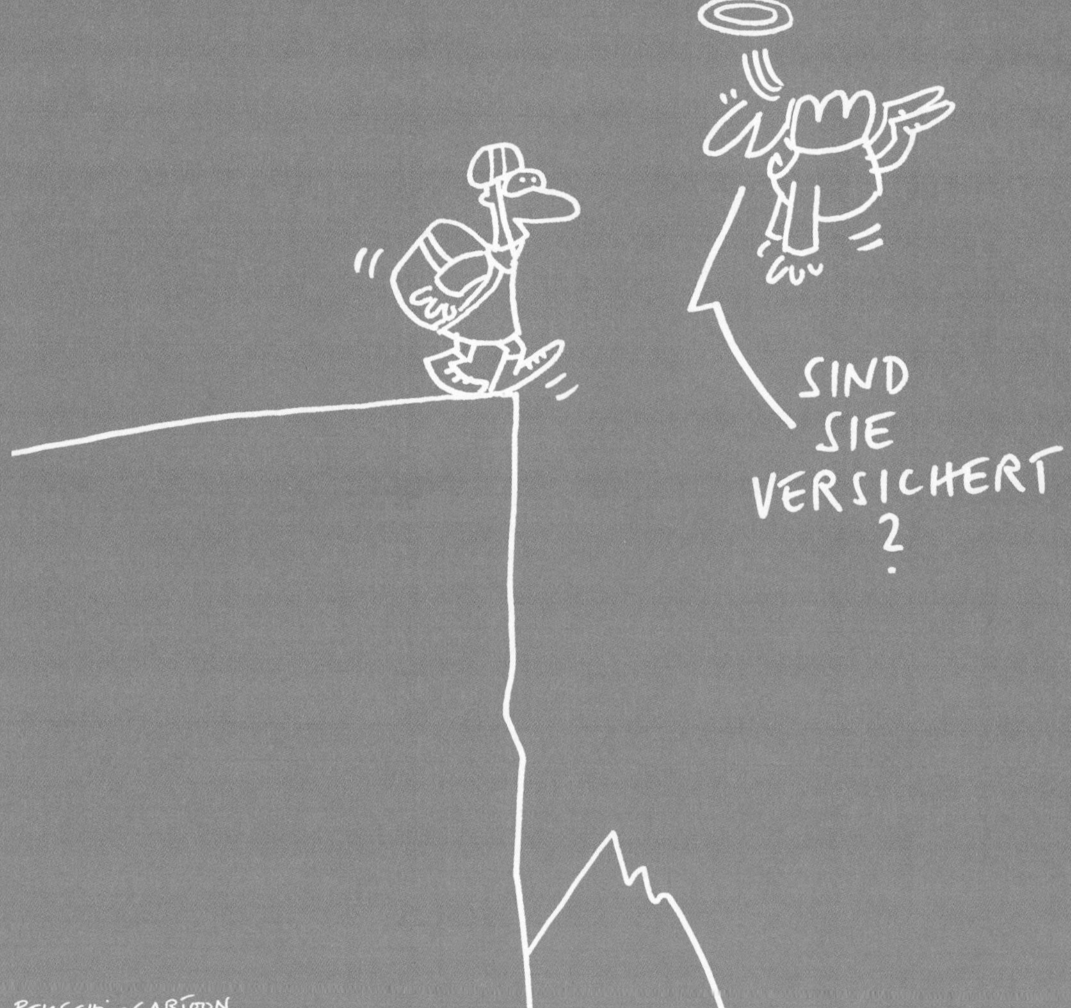
SIND SIE VERSICHERT ?
PFUSCHI-CARTOON

3.1 Freizeit

Definition

Mit dem Begriff «Freizeit» meinen wir meist einfach «arbeitsfreie Zeit», also Zeit über die jeder Einzelne frei verfügen kann. Freizeit, wie wir sie kennen, ist ein neuzeitliches Phänomen, das erst durch die fortschreitende Industrialisierung bzw. Technisierung der Produktion an Bedeutung gewonnen hat.

Arten von Freizeit

Arten von Freizeit (nach Ferdinand Eder)

Man kann folgende drei Arten der Freizeit unterscheiden:
- *Gestaltbare Zeit:* Hierbei handelt es sich um jene Zeit, in der die Betroffenen ihre Tätigkeiten spontan und selbst bestimmen können. Im engeren Sinn kann man diese Freizeit als «echte Freizeit» bezeichnen.
- *Gebundene Zeit:* In dieser Zeit finden Aktivitäten mit Freizeit- und Spielcharakter statt, die hauptsächlich von Bezugspersonen (z. B. Eltern bei Kindern) festgelegt werden.
- *Organisierte Zeit:* Der Spontancharakter dieser Tätigkeiten (z. B. Aktivitäten in Vereinen, Erlernen eines Musikinstrumentes, ...) geht durch ihre Regelmässigkeit und Verbindlichkeit verloren.

Eine umfangreiche Studie des Bundes aus dem Jahr 2022 hat gezeigt, dass 22 % der Schweizer Wohnbevölkerung in einem Sportverein aktiv und dass etwa jeder fünfte Verein ein Sportverein ist.
Sportvereine sorgten für den sozialen Kitt in der Gesellschaft. Die Pflege von Traditionen spielte dabei eine grosse Rolle.

Der Verein

Wie viele Vereine es in der Schweiz noch gibt, kann man nicht genau sagen, denn es besteht keine Registrierungspflicht. Traditionelle Vereine haben gegenwärtig Nachwuchssorgen, denn Jugendliche wollen heute über ihre Freizeit spontan und selber bestimmen können und ihre Zeit weniger verplanen.
Noch immer aber spielen Vereine im gesellschaftlichen und politischen Leben eine wichtige Rolle: Man kann mit Gleichgesinnten ein gemeinsames Ziel verwirklichen. Man kann Führungsaufgaben übernehmen oder einfach nur mitdiskutieren und debattieren, und man lernt dabei demokratische Verfahren kennen. So muss beispielsweise die Präsidentin eines Fastnachtsvereins mit ihren Mitgliedern die Wahl des nächstjährigen Kostüms besprechen und eine Abstimmung durchführen.

Das Schweizerische Recht ist sehr vereinsfreundlich, denn Vereine müssen nur angemeldet werden, wenn sie einen wirtschaftlichen Zweck verfolgen.

Obwohl uns der Staat eine möglichst grosse Freiheit gewähren will, hat er doch einige rechtliche Bestimmungen erlassen.

Vereinigungsfreiheit
BV 23

Das Grundrecht der Vereinigungsfreiheit ist in der Bundesverfassung beschrieben. Jedermann darf in der Schweiz einen Verein gründen, auch Jugendliche (im Rahmen ihrer beschränkten Handlungsfähigkeit).

Gesetzliche Bestimmungen
ZGB 60, 79

Das Vereinsrecht ist im Zivilgesetzbuch (ZGB) so ausgelegt, dass die Vereine weitgehend selbst über die Regelung ihres Vereinslebens bestimmen können.

Ein Verein ist eine Vereinigung von Personen, die sich aus Idealismus einer vorwiegend nicht wirtschaftlichen Tätigkeit widmet.
Das ZGB listet eine Reihe solcher ideellen Ziele auf; Vereine können sich politischen, religiösen, wissenschaftlichen, wohltätigen, geselligen oder anderen nicht wirtschaftlichen Zielen widmen.
Das Durchführen einer Tombola – zur Aufbesserung der Vereinskasse – oder das Organisieren einer Festwirtschaft während eines Grümpelturniers, wird dabei nicht als wirtschaftliches Ziel betrachtet.

Es gibt in der Schweiz 1351 Fussballvereine (Stand 2022).

Handelsregistereintrag
ZGB 61

Betreibt ein Verein ein kaufmännisches Gewerbe (um Geld zu verdienen) ist er verpflichtet, sich im Handelsregister eintragen zu lassen. Bei schlechtem Geschäftsgang könnte ein solcher Verein auf Konkurs betrieben werden.

Gründung eines Vereins

Für die Gründung eines Vereins braucht es mindestens zwei Personen. Wenn sie die Statuten («Vereinsregeln») und die Organe («Organisation») erstellt haben, gilt der Verein als juristische Person. Ein «gewöhnlicher» Verein kann nur auf Pfändung betrieben werden.

Statuten

Die Statuten müssen über den Zweck des Vereins, die Mittel (Finanzielles, wie Mitgliederbeitrag, Vereinsbudget usw.) und die Organe Auskunft geben.

Zur Organisation gehören die Vereins- oder Mitgliederversammlung (auch Generalversammlung oder Jahresversammlung genannt), der Vorstand und die Rechnungsrevisoren

Organe

Die **Mitgliederversammlung** ist das höchste Organ eines Vereins.
Der **Vorstand** führt die Geschäfte des Vereins und setzt die Beschlüsse der Generalversammlung um.
Die **Präsidentin** leitet die Vorstandssitzungen, der **Kassier** verwaltet die Vereinskasse und die **Aktuarin** führt Protokoll und erledigt weitere Schreibarbeiten.
Beisitzer nennt man jene Vereinsmitglieder, welche nur teilweise an Vorstandssitzungen teilnehmen (z.B. der Juniorentrainer im Sportverein oder der Dirigent im Gesangsverein).
Die **Rechnungsrevisoren** prüfen vor einer Jahresversammlung, ob der Kassier im vergangenen Jahr alles korrekt verbucht hat. Wenn dem so ist, wird ihm an der Generalversammlung «décharge» erteilt

▶ **Aufgaben:** A1 S. 64 AH
▶ **Wissen anwenden:** W1–W6 S. 70 AH, S. 105 LM

Das weiss ich jetzt!

3.1 Wo ist die Vereinigungsfreiheit gesetzlich verankert?

3.2 Definieren Sie den Begriff «Verein».

3.3 Welche Bedingungen sind zu erfüllen, damit ein Verein gegründet werden kann?

3.4 Zählen Sie vier verschiedene «ideelle» Vereinsaufgaben auf.

3.5 In welcher Gesetzessammlung finden Sie Bestimmungen über den Verein?

3.6 Über welche drei Bereiche geben die Statuten Auskunft?

3.7 Was versteht man unter «Organe» eines Vereins?

3.2 Risiken

Das Risikomanagement

Mit Risikomanagement ist der planvolle Umgang mit Risiken gemeint. Dabei gilt es, sich auf drei Ebenen mit den eigenen Risiken auseinanderzusetzen:

Risikomanagement	
1. Risiken erkennen	In einem ersten Schritt müssen die Risiken des eigenen Handelns erkannt und richtig eingeschätzt werden. Wie wir sehen werden, ist dabei unsere Wahrnehmung oft leicht getrübt.
2. Risiken vermeiden	Zweitens gilt es, Risiken zu vermeiden oder zu vermindern. Mit einer verantwortungsbewussten Lebensgestaltung können zum Beispiel gesundheitliche Risiken eingeschränkt und körperliches wie seelisches Wohlbefinden erhöht werden.
3. Folgen von Risiken absichern	Auf der dritten Ebene versucht man, eintretende negative Folgen von Risiken abzusichern. Hier sind die Versicherungen tätig, welche die finanziellen Folgen aus Schadensfällen auffangen.

Wahrnehmung von Risiken

Risiken werden oft falsch eingeschätzt. Wir handeln häufig nicht danach, wie gefährlich etwas tatsächlich ist, sondern wie gefährlich wir ein Risiko beurteilen.

Wahrnehmung von Risiken

- Freiwillig eingegangene Risiken (z. B. Sonnenbrand) werden weniger gefährlich eingestuft als uns auferlegte (z. B. AKW).
- Ein seltenes Ereignis mit grossem Schaden (Flugzeugabsturz) wird schlimmer empfunden als viele kleine Vorfälle, die sich zum selben Schaden addieren (Autounfälle).
- Sofort eintretende Schäden (Strassenverkehr) werden schlimmer wahrgenommen als solche, die mit zeitlicher Verzögerung eintreten (Rauchen).
- Risiken, deren Ursachen leicht zu verstehen sind (Lawinen), werden eher akzeptiert als Risiken, welche auf komplexer Technik beruhen (Gentechnik).
- Risiken neuer Technologien (Gentechnik) werden höher eingeschätzt als Risiken von Bekanntem (Staudamm).
- Gefahren, die unmittelbar sinnlich wahrnehmbar sind (Bergsteigen), werden eher akzeptiert als nicht wahrnehmbare (Strahlung).

Wir sind im Umgang mit Risiken oft unvernünftig und halten das Ungefährliche für riskant und das Gefährliche für harmlos.

Persönliche Risiken

Individuelle Risiken betreffen eine einzelne Person und sind häufig beeinflussbar. Jeder Mensch kann also bis zu einem gewissen Grad steuern, wie viel Risiko er auf sich nehmen will. Welches sind nun Risiken, welche unsere Lebenserwartung verkürzen oder unsere Lebensqualität vermindern?

Alkohol und Tabak

Tabak

Rauchen ist weltweit die wichtigste vermeidbare Todesursache; in der Schweiz sterben jährlich ca. 9500 Menschen daran. Es ist bekannt, dass der Tabakkonsum oft in der Jugendzeit beginnt und das Rauchen sehr schnell zu einer Abhängigkeit führen kann und die Gesundheit schädigt.
Dieses Risiko vermeidet man am besten mit dem Verzicht auf das Suchtmittel.

Alkohol

Alkoholsucht ist stärker verbreitet als wahrgenommen. In der Schweiz sterben jährlich ca. 1600 Menschen an den Folgen des Alkoholkonsums; an illegalen Drogen hingegen «nur» ca. 130 Personen. Zusätzlich fordert der Alkoholkonsum Opfer im Strassenverkehr: 2022 waren von 241 tödlichen Unfällen 25 auf zu viel Alkohol am Steuer zurückzuführen!
Je früher Jugendliche beginnen regelmässig Alkohol zu konsumieren und je häufiger sie Rauscherfahrungen machen, desto grösser ist die Gefahr, später Probleme mit Alkohol zu bekommen.
Weniger Risiko geht ein, wer Alkohol als Genussmittel und nicht als Suchtmittel verwendet. Im Strassenverkehr gilt: Wer fährt, trinkt nicht!

Der problematische Alkoholkonsum betrifft die ganze Gesellschaft: Plakatkampagne Beratungsstelle für Unfallverhütung (bfu).

Das weiss ich jetzt!

3.8 Den planvollen Umgang mit den eigenen Risiken nennt man Risikomanagement. Charakterisieren Sie mit je einer treffenden Frage die drei Teilbereiche des Risikomanagements.

3.9 Warum tut sich der Mensch beim Einschätzen von Risiken schwer?

3.10 Es gibt persönliche Risiken, welche unsere Lebenserwartung verkürzen oder unsere Lebensqualität vermindern können.
Nennen Sie fünf solcher Risiken.

Bewegungsarmut und falsche Ernährung

Bewegungsarmut

Bewegungsarmut führt dazu, dass Menschen schneller krank werden und früher sterben. Herz-Kreislauf-Erkrankungen (vor allem der Herzinfarkt) zählen zu den häufigsten Todesursachen nach dem 40. Altersjahr.
Mit genügend Bewegung kann man dieses Risiko vermindern.
Sport ist insbesondere zur Erhaltung eines gesunden Körpergewichtes wichtig, aber auch zur Vorbeugung gegen diverse Erkrankungen. Schliesslich wirkt sich Bewegung auch auf unser psychisches Wohlbefinden positiv aus: Neben der erhöhten Stresstoleranz kann auch eine stimmungsaufhellende Wirkung nachgewiesen werden.

Ernährung

Wir Mitteleuropäer essen in der Regel zu süss, zu fettig, zu ballaststoffarm, zu schnell oder einfach viel zu viel. Übergewicht verkürzt das Leben und ist ausserdem verantwortlich für viele Krankheiten und Beschwerden wie Diabetes und Gelenkprobleme.

Ernährungsempfehlungen

- *Abwechslungsreich essen*
  Abwechslungsreich und vielseitig zu essen ist der sicherste Weg, um den Bedarf an allen wichtigen Nährstoffen (Kohlenhydrate, Eiweisse, Fett), Vitaminen und Mineralstoffen zu decken.

- *Getränke – reichlich über den Tag verteilt*
  Es ist empfehlenswert, täglich 1–2 Liter Flüssigkeit zu trinken. Wasser und ungezuckerte Getränke sind die besten Durstlöscher.

- *Gemüse und Früchte – 5 am Tag in verschiedenen Farben*
  Um die Zufuhr von Vitaminen und Mineralstoffen sicherzustellen, sind frische Früchte, Gemüse und Salate besonders wichtig.

- *Stärkereiche Nahrungsmittel zu jeder Hauptmahlzeit*
  Deshalb sollte zu jeder Hauptmahlzeit Brot, Teigwaren, Reis, Mais, Kartoffeln oder Hülsenfrüchte eingenommen werden.

- *Milch, Milchprodukte, Fleisch, Fisch und Eier – täglich genügend*
  Pro Tag sollten Eiweissquellen wie Fleisch, Fisch, Eier, Käse gegessen werden. Der Fisch enthält wertvolle Fette; Milch oder Milchprodukte enthalten u.a. das für die Knochenbildung unentbehrliche Kalzium.

- *Öle, Fette und Nüsse – täglich mit Mass*
  Fette und Öle sind die energiereichsten Nahrungsmittel. Zu viel Fett begünstigt das Übergewicht. Deshalb sollte auch auf versteckte Fette geachtet werden!

- *Süssigkeiten, salzige Knabbereien und energiereiche Getränke – massvoll mit Genuss*
  Diese Lebensmittel liefern dem Körper hauptsächlich Energie in Form von Zucker, Fett oder Alkohol. Ein häufiger Konsum birgt die Gefahr einer zu hohen Energiezufuhr.

- *Essen Sie mit Freude, aber beenden Sie den Genuss, bevor Sie übersättigt sind!*
  Eine alte Weisheit besagt, dass man sich vom Tisch erheben soll, bevor das Gefühl einer endgültigen Sättigung erreicht ist.

Quelle: Bundesamt für Gesundheit (BAG)

Krankheiten

Bewegung, Entspannung und eine ausgewogene Ernährung sind zentral für die Erhaltung unserer Gesundheit. Neben diesen vorbeugenden Massnahmen lässt sich das Risiko, an gewissen Krankheiten zu erkranken, aber auch gezielt vermindern.

Impfungen

Impfungen können ein wirksames Mittel sein, um sich gegen bestimmte Krankheiten zu schützen (z. B. Starrkrampf, Hepatitis oder Covid-19). Besonders empfehlenswert sind Impfungen bei Reisen in Länder, in denen gewisse Infektionskrankheiten vorkommen. So ist beispielsweise in tropischen Regionen das Risiko besonders hoch, an Gelbfieber zu erkranken.

Geschlechtskrankheiten / Verhütung

Aids ist eine Krankheit, bei der infolge einer Infektion mit dem HI-Virus das Immunsystem zerstört wird. Die Krankheit wird in erster Linie beim Geschlechtsverkehr übertragen. Mit Kondomen kann man sich gegen Aids und andere sexuell übertragbare Krankheiten schützen.

Unfälle

Strassenverkehr

Im Strassenverkehr kommen in der Schweiz jährlich deutlich mehr als 200 Menschen ums Leben. Häufigste Unfallursachen sind Ablenkung und überhöhte Geschwindigkeit. Beide Ursachen findet man besonders häufig bei Fahrzeuglenkern unter 25 Jahren.

Das Unfallrisiko der 18- bis 24-jährigen Fahrzeuglenkenden ist besonders hoch.

Unfallverhütung Am Arbeitsplatz helfen die SUVA-Richtlinien mit, unnötige Unfälle zu vermeiden.
In der Freizeit – insbesondere im Sport – ist Eigenverantwortung gefragt. Zum Beispiel ist «Helm tragen» beim Wintersport ebenso vernünftig, wie die markierten Pisten nicht zu verlassen.

Stress und geringes Selbstwertgefühl

Stress Stress ist eine natürliche Reaktion des Körpers auf Druck, Spannung oder Veränderung. Eine gewisse Dosis an Stress kann das Leben interessanter machen. Zu viel Stress jedoch kann schädlich sein und Krankheiten oder Unfälle verursachen. Stress kann vermieden werden, indem bewusste Auszeiten genommen werden. Erholung und Regeneration können auf vielfältige Weise geschehen: durch gezielte Entspannungsmassnahmen, genügend Schlaf, körperliche Betätigung oder geselliges Beisammensein.

Geringes Selbstwertgefühl Wenn unser Selbstwertgefühl zu gering ist, fehlt uns die wichtigste Voraussetzung für ein erfülltes und glückliches Leben. Minderwertigkeitsgefühle und Selbstzweifel sind die häufigsten Ursachen für Probleme im zwischenmenschlichen Bereich.

Ein positives Selbstwertgefühl bedeutet eine gesunde und gute Einstellung zum eigenen Ich zu haben. Es bedeutet, sich selbst als wertvoll zu betrachten und deswegen gut mit sich umzugehen.

Wer ein positives Selbstwertgefühl hat, kann Schwächen eingestehen, Fehler zugeben und aus diesen lernen.

Psychische Gewalt

Psychische Gewalt wird auf verschiedene, zum Teil sehr subtile Weise ausgeübt: durch Beschimpfen, Verspotten, Drohen, Erpressen und das Verbreiten von Gerüchten, aber auch durch Ausgrenzen, Zurückweisen und Diskriminieren.
Psychische Gewalt hinterlässt zwar meist keine sichtbaren Verletzungen, ist deswegen aber nicht harmlos. Insbesondere dann nicht, wenn sie systematisch ausgeübt wird und darauf abzielt, das Opfer in seiner Integrität und Würde zu verletzen.
Im digitalen Zeitalter («Social Media») kann solches Verhalten wie ein Sturm über ein Opfer hereinbrechen und grössten Schaden anrichten; denn die Umgangsformen und die Sprache der Heranwachsenden sind härter und angriffiger geworden.
Aber: Einen Klassenkameraden zu beleidigen oder die Lehrperson bzw. die Berufsbildnerin hinter ihrem Rücken mit einem Schimpfwort zu belegen, ist zwar unschön, aber noch keine psychische Gewalt.
Zu Gewalt wird es dann, wenn es sich um wiederholte Attacken handelt und diese darauf abzielen, eine Person nachhaltig zu verletzen. Eine typische Form von psychischer Gewalt ist das Mobbing. Mobbing zielt darauf ab, ein Opfer systematisch über einen längeren Zeitraum psychisch und/oder physisch, verdeckt oder offen zu quälen und auszugrenzen.

Informationen und Hilfestellung findet man unter:
https://hep.plus/gesb-mobbing

Körperliche und sexuelle Gewalt

Körperliche Gewalt

Das Risiko, Opfer eines Gewaltverbrechens zu werden, ist in der Schweiz nicht sehr gross. Zwar steht in Presseberichten, dass die Gewaltbereitschaft vor allem bei Jugendlichen deutlich angestiegen sei. Allerdings ist bei uns in den vergangenen 20 Jahren keine Zunahme an schwerer Gewalt festzustellen. Die Zunahme von Anzeigen wegen Jugendgewalt ist vermutlich auf eine erhöhte Sensibilisierung der Gesellschaft und eine steigende Anzeigebereitschaft zurückzuführen. Die Frage bleibt trotzdem, wie ich verantwortungsbewusst mit Konflikten umgehe und wie ich sie gewaltfrei lösen kann (siehe Seite 17, Konflikte im Lehrbetrieb).

Sexuelle Gewalt

Trotz oder gerade wegen der sexuellen Revolution ist es für Jugendliche von heute nicht einfach, eine Sexualität zu entwickeln, welche auch Grenzen kennt. Pornografische Massenproduktionen gaukeln uns z.B. vor, dass die Frauen immer «wollen» und die Männer immer «können». Diese Tatsache erhöht das Risiko, Opfer von sexueller Belästigung und sexueller Gewalt zu werden.

Verantwortung in der Sexualität

- *Ein Nein als Stopp akzeptieren*
  Seine Sexualität verantwortungsbewusst leben heisst, dass man sein Gegenüber ernst nimmt, dass man seine Wünsche und Grenzen respektiert. Das Ausnützen und der Missbrauch von Personen gegen deren Willen ist verantwortungslos.
- *Die Schutzaltersgrenze beachten*
  Strafbar ist, wenn jemand mit einem Kind unter 16 Jahren sexuelle Handlungen vornimmt. Es sei denn, der Altersunterschied beträgt nicht mehr als drei Jahre.
- *Sich gegen sexuelle Belästigung am Arbeitsplatz wehren*
  Dies ist eine Form von Mobbing und darf nicht akzeptiert werden. Die vorgesetzte Person muss dafür sorgen, dass sexuelle Belästigungen nicht toleriert, sondern geahndet werden.

▶ **Aufgaben:** A2–A6 S. 64f. AH
▶ **Wissen anwenden:** W7–W11 S. 70f. AH, S. 105f. LM

Das weiss ich jetzt!

3.11 Beschreiben Sie, wieso regelmässige Bewegung zu einem gesunden Lebensstil gehört.

3.12 Nennen Sie fünf Ernährungsempfehlungen des BAG.

3.13 Warum sollte auf sämtliche Suchtmittel verzichtet werden?

3.14 Ein negatives Selbstwertgefühl vermindert die Lebensqualität. Zeigen Sie die negativen Auswirkungen auf.

3.15 Zählen Sie vier Verhaltensweisen auf, welche je nach Situation als psychische Gewalt ausgelegt werden können.

3.16 Was sind typische Merkmale von Mobbing?

3.17 Warum ist es schwierig, zu erkennen, ob jemand psychischer Gewalt ausgesetzt ist?

3.18 Beschreiben Sie, wieso Empathie und das Wechseln auf die Metaebene helfen, Konflikte gewaltfrei zu lösen.

3.19 Wie kann ich mich gegen sexuelle Belästigung am Arbeitsplatz wehren?

Gesellschaftliche Risiken

Viele Risiken bedrohen nicht den einzelnen Menschen, sondern die Gesellschaft als Ganzes und sind meist grenzüberschreitend. Gesellschaftliche Risiken werden häufig viel stärker wahrgenommen als individuelle.

Ökologische Folgen Zu den gesellschaftlichen Risiken gehören zum Beispiel die ökologischen Folgen unseres Wirtschaftens. Treibhauseffekt, Ozonloch, Wetterkapriolen, Verknappung der Ressourcen, Verlust an Kulturland oder giftige Abfälle sind Stichworte dazu.

Der Klimawandel führt zu zunehmender Trockenheit, insbesondere in Südeuropa und Nordafrika. Dürreperioden stellen in den betroffenen Gebieten eine Bedrohung für Mensch und Tier dar.

Arm – Reich Auch die Kluft zwischen Arm und Reich – zwischen jenen, die nichts haben, und jenen, die alles haben – ist ein gesellschaftliches Risiko, dem wir uns stellen müssen. Abschottung wird keine Lösung sein.

In den Kapiteln 4.5 und 6.4 werden Sie sich vertieft mit gesellschaftlichen Risiken auseinandersetzen.

Das weiss ich jetzt!

3.20 Gesellschaftliche und globale Risiken bedrohen nicht den einzelnen Menschen, sondern die Gesellschaft als Ganzes. Genannt wurden die ökologischen Folgen unseres Lebens und die Kluft zwischen Arm und Reich. Beschreiben Sie bei beiden Beispielen, welche zusätzlichen Risiken für die Schweiz entstehen.

3.3 Versicherungen

Einführung

Etwa 20 Prozent des Einkommens gibt eine durchschnittliche Schweizer Familie für Versicherungen aus. Was macht eine Versicherung überhaupt?

Solidaritätsprinzip

Versicherungen bieten den Menschen die Möglichkeit, sich gegen die finanziellen Folgen eines Schadens zu schützen. Sie «versichern» also ein bestimmtes Risiko. Dies funktioniert nach dem Solidaritätsprinzip der kollektiven Risikoübernahme: Alle Versicherten zahlen Prämien in einen Geldtopf ein. Dieses Geld kommt denjenigen zugute, die einen Schaden erleiden. Da dies nur bei wenigen Versicherten eintreten wird, reicht der Geldtopf zur Bezahlung aller Schäden aus. Die Versicherten bilden also eine Gefahrengemeinschaft. Die Versicherung zieht dabei die Prämien ein, verwaltet das Geld und bezahlt die Schäden.

Mittlerweile gibt es für fast alle möglichen Risiken eine Versicherung. Einige wichtige werden in diesem Kapitel behandelt.

Übersicht Versicherungen

	Personenversicherungen	Sachversicherungen	Haftpflichtversicherungen
obligatorisch	– Krankenversicherung – Unfallversicherung – Invalidenversicherung – Arbeitslosenversicherung – Erwerbsersatzordnung – Alters- und Hinterlassenenversicherung – Pensionskasse	– Gebäudeversicherung	– Motorfahrzeughaftpflichtversicherung – Haftpflichtversicherungen für: ▸ Luftfahrzeuge ▸ Wasserfahrzeuge
freiwillig	– Private Vorsorge (z. B. Lebensversicherung) – Private Unfallversicherung	– Hausratversicherung (in einigen Kantonen obligatorisch) – Kaskoversicherungen (Teilkasko, Vollkasko) – Rechtsschutzversicherung – Diebstahlversicherung	– Privathaftpflichtversicherung für: ▸ Familien ▸ Tierhalter ▸ Gebäudehaftpflicht ▸ Arbeitgeber

▸ **Aufgaben:** A7–A8 S. 66 AH

Die Sozialversicherungen (Invalidenversicherung, Arbeitslosenversicherung, Erwerbsersatzordnung, Alters- und Hinterlassenenversicherung, Pensionskasse und die private Vorsorge) werden im Kapitel 8.5, Sozialversicherungen behandelt.

Neuerungen im Versicherungsrecht ab 2022

Widerrufsrecht	Ein Versicherungsabschluss kann bis 14 Tage nach Vertragsunterzeichnung widerrufen werden. Das heisst, man tritt vom Vertrag zurück. Bisher galten deutlich längere Kündigungsfristen.
Kündigung von Verträgen mit langen Laufzeiten	Solche Verträge können neu generell nach Ablauf des dritten Versicherungsjahres gekündigt werden. Bei Krankenkassenzusatzversicherungen hat nur die Kundin oder der Kunde diese Kündigungsmöglichkeit!
Verlängerte Verjährungsfrist	Die bisherige Verjährungsfrist für Forderungen gegenüber Versicherungen (z. B. ein Wasserschaden oder eine defekte Scheibe) wird von zwei auf fünf Jahre erhöht.
Direktes Forderungsrecht	Neu hat man gegenüber der Versicherung des Schadenverursachers ein direktes Forderungsrecht. Man muss also nicht mehr warten, bis die Verursacherin oder der Verursacher den Schaden bei der Versicherung angemeldet hat.

Personenversicherungen

Die nachfolgend beschriebenen Personenversicherungen helfen finanzielle Notlagen zu verhindern oder zumindest deren Auswirkungen zu vermindern. Deshalb hat der Staat viele dieser Versicherungen für obligatorisch erklärt.

Soziales Netz

Zusammen mit den staatlichen Sozialversicherungen (siehe Kapitel 8.5, Sozialversicherungen) bilden sie das sogenannte «soziale Netz», welches uns in persönlichen Notlagen auffangen soll.

Die Krankenversicherung

Die Krankenversicherung teilt sich auf in eine Grundversicherung, welche die «Grundleistungen» enthält und obligatorisch ist, sowie in die Zusatzversicherungen, welche individuelle Bedürfnisse abdecken und freiwillig sind.

Grundversicherung

Für die Grundversicherung gelten nach dem Krankenversicherungsgesetz (KVG) folgende Grundsätze:

Grundsätze der Grundversicherung

- Die Grundversicherung ist für alle Einwohnerinnen und Einwohner der Schweiz obligatorisch. (KVG 3)
- Die Leistungen sind bei allen Krankenkassen gleich. (KVG 25 ff.)
- Die Versicherten müssen sich beim Arztbesuch und beim Spitalaufenthalt an den Kosten beteiligen (Franchise, Selbstbehalt). (KVG 64)
- Eine Krankenkasse kann einer Person die Aufnahme in die Grundversicherung nicht verweigern. (KVG 4)

Prämie

Die Prämie, also die monatlich der Krankenkasse zu bezahlende Rechnung für die Grundversicherung, ist von Krankenkasse zu Krankenkasse verschieden (Wettbewerb unter den Kassen!). Die Versicherten können die Höhe der Prämie unter anderem damit beeinflussen, dass sie sich mehr oder weniger an den anfallenden eigenen Gesundheitskosten beteiligen.

Franchise

Mit der Franchise wählt man die Höhe des Jahresbetrages für anfallende Gesundheitskosten, welche man bereit ist, selber zu bezahlen. Das Gesetz schreibt für Erwachsene eine Franchise pro Kalenderjahr von mindestens Fr. 300.– und maximal Fr. 2500.– vor. Was darüber hinaus an Krankheitskosten anfällt, wird von der Krankenkasse – exklusive Selbstbehalt – übernommen. Im Falle eines Arztbesuches oder eines Spitalaufenthaltes muss die Patientin oder der Patient aber immer zuerst die volle Franchise bezahlt haben, bevor die Versicherung irgendwelche Kosten übernimmt.
Wer also eine hohe Franchise wählt, erspart seiner Krankenkasse Kosten. Entsprechend senken die Kassen die Prämien bei höheren Franchisen. Wer eine tiefe Franchise wählt, wälzt allfällige Krankheitskosten schneller auf die Kassen ab. Dieses Risiko fangen die Kassen mit einer höheren Prämie für die Versicherten auf. Eine optimale Franchise hängt von den effektiven Gesundheitskosten der Versicherten ab, welche von der Grundversicherung übernommen werden. Wenn man deutlich höhere Gesundheitskosten erwartet (z. B. eine bevorstehende Operation), kann man als Versicherter die Franchise auf das Ende eines Kalenderjahres anpassen.

Selbstbehalt

Bis zur selbst bestimmten Höhe der Franchise bezahlen wir alle Rechnungen zum Gesundheitswesen aus der eigenen Tasche. Bei allen nachfolgenden Rechnungen müssen wir noch 10 % des Betrages selber bezahlen. Das ist der Selbstbehalt. Übersteigen alle in einem Jahr bezahlten Selbstbehalt-Beträge Fr. 700.–, übernehmen die Krankenkassen alle weiteren Rechnungen zu 100 %. Die Krankenkassen bezahlen also bis Fr. 7000.– 90 % unserer Gesundheitskosten, welche über der selbst gewählten Franchise liegen.

Zusammenhang Franchise und Prämie (Bsp. abhängig von Wohnort und Alter)

Franchise	**Fr. 300.–**	**Fr. 1500.–**	**Fr. 2500.–**
Selbstbehalt 10 % / max. Fr. 700.– pro Jahr	Fr. 700.–	Fr. 700.–	Fr. 700.–
Max. Kostenbeteiligung pro Jahr	Fr. 1000.–	Fr. 2200.–	Fr. 3200.–
Prämie Grundversicherung pro Monat	Fr. 250.–	Fr. 175.–	Fr. 125.–
Prämie Grundversicherung / Jahr	**Fr. 3000.–**	**Fr. 2100.–**	**Fr. 1500.–**
Erhöhte Kostenbeteiligung gegenüber Franchise Fr. 300.–		Fr. 1200.–	Fr. 2200.–
Abzüglich Einsparungen Prämie gegenüber Franchise Fr. 300.–		Fr. 900.–	Fr. 1500.–
Maximales Risiko pro Jahr		**Fr. 300.–**	**Fr. 700.–**

Für gesunde Menschen lohnt sich eine hohe Franchise durchaus, da die Einsparungen bei den Prämien zum Teil enorm sind und sich bereits nach einem Jahr ohne unvorhergesehene Arztkosten das maximale Risiko wieder ausbezahlt.

Leistungen Grundversicherung

Unter Berücksichtigung von Franchise und Selbstbehalt deckt die Grundversicherung folgende Ereignisse:

Leistungen der Grundversicherung

- Alle Kosten, die bei einem Arztbesuch entstehen, inkl. Laboruntersuchungen
- Vom Arzt verordnete und kassenpflichtige Medikamente
- Alle Kosten eines (auch zeitlich unbegrenzten) Spitalaufenthaltes in der allgemeinen Abteilung eines anerkannten Spitals im Wohnkanton.
- Ausgewählte komplementärmedizinische Behandlungen

Zusätzliche Leistungen muss man über die Zusatzversicherungen abdecken:

Leistungen Zusatzversicherungen

Leistungen der Zusatzversicherung (Auswahl)

- Spitalaufenthalt ganze Schweiz und Aufenthalt Spital halbprivat / privat
- Brillen / Kontaktlinsen und Zahnbehandlungskosten
- Bade- und Erholungskuren
- Massnahmen zur Gesundheitsvorsorge (z. B. Fitnesscenter-Abonnement)
- Nicht-Pflichtmedikamente
- Transportkosten

Im Gegensatz zur Grundversicherung unterstehen die Prämien der Zusatzversicherungen nicht einer staatlichen Aufsicht. Es lohnt sich deshalb, Kosten und Nutzen gut zu überdenken. **Achtung:** Die Kündigungsfrist von Zusatzversicherungen (Ende September) unterscheidet sich von denen der Grundversicherung (Ende November).

Steigende Krankenversicherungsprämien

Mittlerweile haben wir uns daran gewöhnt, dass die Krankenversicherungsprämien jedes Jahr ansteigen. Die Kostenverursachenden schieben sich gegenseitig die Schuld zu, eine Entlastung für die Prämienzahler ist nicht in Sicht. Es ist deshalb sinnvoll, selbst nach Möglichkeiten und Wegen zu suchen, die Prämienkosten zu senken.

Sparmöglichkeiten

- Wechsel zur günstigsten Kasse (gleiche Grundleistungen in der Grundversicherung bei allen Kassen)
- Erhöhung der Franchise
- «Second-Opinion-Variante» (vor einer Operation bei einem zweiten Arzt eine Meinung einholen)
- HMO-Modell oder Hausarztmodell wählen (die freie Arztwahl wird eingeschränkt)
- Telmed
- Bei den Zusatzversicherungen sparen
- Wer mehr als 60 Tage Militärdienst am Stück leistet, kann seine private Krankenversicherung prämienfrei unterbrechen (sistieren).
  Formalitäten: Meldung 8 Wochen vor Dienstantritt bei der Versicherung, Kopie des Marschbefehls beilegen.

www.comparis.ch

Es ist nicht einfach, sich im «Dschungel» der vielen Krankenversicherungen zurechtzufinden, gerade auch weil sich die Prämien jährlich verändern. Hilfreich ist der Internetvergleichsdienst *www.comparis.ch*.

▶ **Aufgaben:** A9–A11, A13 S. 67f. AH

Das weiss ich jetzt!

3.21 Welches sind die Grundleistungen der Krankenversicherung?

3.22 Erklären Sie den Unterschied zwischen Franchise und Selbstbehalt.

Die Unfallversicherung

Die Unfallversicherung schützt gegen die Folgen von Berufskrankheiten, Unfällen am Arbeitsplatz und in der Freizeit.

Alle Arbeitnehmerinnen und Arbeitnehmer sind durch ihren Betrieb obligatorisch gegen Berufsunfälle und Berufskrankheiten versichert. Wer mindestens acht Stunden pro Woche arbeitet, ist überdies auch gegen Nichtberufsunfälle versichert. Ist dies nicht der Fall, ist eine Unfallversicherung bei einer Krankenkasse abzuschliessen. **UVG 1a** **UVG 13**

Leistungen **UVG 10ff.**

Die Leistungen der Unfallversicherung sind besser als diejenigen der Krankenversicherung: So wird beispielsweise jeder Arztbesuch ohne Franchise und Selbstbehalt von der Versicherung bezahlt. Die Versicherten müssen für ihren Unfall also keine Kosten tragen.

Da nicht nur die Wiederherstellung der Gesundheit Geld kostet, sondern die verunfallte Person während ihrer Genesungszeit auch kein Geld verdienen kann, bezahlt die Unfallversicherung einen Lohnersatz. Dieser beginnt ab dem dritten Tag nach dem Unfall. Der Lohnersatz beträgt 80 Prozent des versicherten Lohnes (Seite 319, Pflichten der Arbeitgebenden). **UVG 15ff.**

Die Unfallversicherung leistet zudem auch Transport-, Rettungs- oder Bestattungskosten sowie Invalidenrenten und Renten an Hinterbliebene. **UVG 13, 14, 18ff.**

Die Unfallversicherung durch den Arbeitgeber erlischt 30 Tage nach dem Austritt aus dem Unternehmen. Von diesem Moment an muss jede Person, wenn sie nicht wieder eine feste Anstellung eingeht, für sich selbst sorgen (z.B. Einschluss der Unfalldeckung in der Krankenkasse).

Einzelabrede **UVG 3**

Mit einer «Einzelabrede» kann ich die bisherigen Versicherungsleistungen auf einfache Weise verlängern. Dazu muss ich vom ehemaligen Arbeitgeber einen Einzahlungsschein verlangen und die entsprechende Prämie bezahlen. Eine Einzelabrede ist längstens für sechs Monate möglich.

▸ **Aufgaben:** A12 S. 68 AH

Das weiss ich jetzt!

3.23 Zählen Sie drei Sparmöglichkeiten bei der Krankenkasse auf und nennen Sie deren Vor- und Nachteile.

3.24 Die Leistungen der Unfallversicherung sind besser als diejenigen der Krankenversicherung. Welche zusätzlichen Leistungen zur Krankenversicherung deckt die Unfallversicherung?

3.25 Was ist eine Einzelabrede? Wie wird sie abgeschlossen?

Sachversicherungen

Im Gegensatz zu den Personenversicherungen, welche der Person selbst dienen, beziehen sich die Sachversicherungen auf das persönliche Eigentum.

Kaskoversicherungen beim Auto

Teilkaskoversicherung Die Teilkaskoversicherung deckt genau definierte Schäden am eigenen Fahrzeug z. B. durch Diebstahl, Elementarereignisse (Hochwasser, Hagel oder Schneerutsche), Feuer, Glasbruch, Vandalenakte, Marder.

Vollkaskoversicherung Die Vollkaskoversicherung deckt zusätzlich zur Teilkaskoversicherung alle, auch selbst verschuldete Kollisionsschäden am eigenen Fahrzeug.
Bei einem Totalschaden wird der Zeitwert des Fahrzeuges ersetzt. Für ein Auto mit geringem Wert ist eine Vollkaskoversicherung also nicht sinnvoll, weil die Prämien sehr teuer sind.
Bei geleasten Fahrzeugen ist eine Vollkaskoversicherung meistens Pflicht.

Rechtsschutzversicherung

Bei einem Autounfall ist die Höhe des selbst zu tragenden Eigenschadens von der Höhe des Verschuldens abhängig. Wie gross dieses ausfällt, ist nicht immer einfach zu bemessen und erfordert deshalb oft eine richterliche Beurteilung. Da Prozesskosten teuer sind, kann es ratsam sein, sich mit einer Rechtsschutzversicherung abzusichern.

Leistungen der Rechtsschutzversicherung
- Übernimmt Abklärungen und Expertisen
- Bezahlt und stellt einen Anwalt
- Übernimmt die Prozesskosten

Eine weitere wichtige Sachversicherung ist die Hausratversicherung. Ausführungen dazu finden Sie am Schluss von Kapitel 9 «Selbstständig leben».

Das weiss ich jetzt!

3.26 Welche Schäden deckt eine Vollkaskoversicherung?

3.27 Ihr Auto wurde gestohlen. Welche Versicherung kommt für den Schaden auf?

3.28 Welche Leistungen erbringt die Rechtsschutzversicherung?

Haftpflichtversicherungen

Wenn Sie Dritten – jemand anderem – gewollt oder ungewollt Schaden zufügen, haften Sie dafür. Das heisst, Sie müssen für den Schaden aufkommen. Eine Haftpflichtversicherung übernimmt die finanziellen Folgen, sofern nicht Absicht oder grobe Fahrlässigkeit vorliegt.
Die Haftpflichtversicherung deckt keine Schäden, welche die versicherte Person sich selbst oder jemand anderem im gleichen Haushalt zugefügt hat.

Man kann auch ohne eigenes Verschulden haftpflichtig werden. Dies nennt man Kausalhaftung.

Kausalhaftung

Kausalhaftung		
Als Eltern	Mein Kind wirft einen Stein in die Fensterscheibe des Nachbarn.	**ZGB 333**
Als Arbeitgeber	Ein Mechatroniker verursacht auf einer Probefahrt einen Unfall.	**OR 55**
Als Hauseigentümer	Schlecht befestigte Ziegel fallen auf ein parkiertes Auto.	**OR 58**
Als Tierhalter	Mein Hund beisst beim Spielen das Nachbarskind.	**OR 56**
Als Autofahrer	Ein Kind läuft direkt vor meinen Wagen.	**SVG 58**

Beispiel einer Kausalhaftung als Tierhalter

Anna F. unterhält sich auf dem Trottoir mit ihrer Nachbarin. Den jungen, noch etwas ungestümen Hund hält sie an der ausziehbaren Leine. Nina, das sechsjährige Mädchen der Nachbarin, möchte das Tier streicheln. Plötzlich schnellt der Hund herum und beisst Nina in den Arm. Das Mädchen muss verarztet werden – die neue Strickjacke ist zerrissen.
Die Tierhalterhaftpflichtversicherung übernimmt den Schaden

Eine Privathaftpflichtversicherung ist zwar nicht obligatorisch, aber sehr empfehlenswert.

Motorfahrzeughaftpflichtversicherung

Schäden an Dritten
SVG 58ff.

https://hep.plus/gesb-europ_unfallprotokoll

Grundsätzlich gilt auch im Strassenverkehr: Wer anderen Schaden zufügt, ist für die Folgen verantwortlich. Wenn Personen verletzt oder getötet werden, steigt die Schadenssumme schnell ins Unermessliche. Damit die Geschädigten in allen Fällen ihre berechtigten Ansprüche einfordern können, hat der Staat Motorfahrzeughaftpflichtversicherungen für obligatorisch erklärt. Die Haftpflichtversicherungen übernehmen die Folgen der Schäden, welche anderen zugefügt werden. Das Thema Privathaftpflichtversicherung wird in Kapitel 9 vertieft.

Nummernschild
SVG 63

Autofahrer und Motorradfahrer können ihr Nummernschild nur einlösen, wenn sie nachweisen können, dass sie eine Motorfahrzeughaftpflichtversicherung abgeschlossen haben.

Regressrecht Die Motorfahrzeughaftpflichtversicherung hat die Besonderheit, dass die Versicherungsgesellschaft zwar die Geschädigten auszahlen muss, das Geld aber später teilweise zurückfordern darf, falls der Unfallverursacher grob fahrlässig gehandelt hat. Als grob fahrlässig (zum Begriff siehe Seite 28, Grundsätze des Strafrechts) gilt z.B. das Autofahren ohne Benutzung der Sicherheitsgurte oder mit abgefahrenen Pneus, das Autofahren in betrunkenem oder bekifftem Zustand sowie das Überfahren von Rotlichtern oder Stoppsignalen.
Das Recht der Versicherung, Gelder zurückzufordern, nennt man Regressrecht. Ein Regress bei einer grossen Schadenssumme kann sehr teuer werden.

Beispiel eines Regressfalles

H. Muster rammt unter Cannabiseinfluss einen anderen Wagen von hinten. Die Fahrerin erleidet ein schweres Schleudertrauma mit lebenslanger Teilinvalidität. Das Urteil vor Gericht lautet: fahrlässige schwere Körperverletzung und grobe Verletzung der Verkehrsregeln (Fahren in bekifftem Zustand).

Strafe	20 Tage bedingt (Probezeit 2 Jahre), Busse Fr. 500.–, Übernahme Gerichtskosten Fr. 1800.–
Zu erwartende Versicherungsleistungen	Fr. 1350 000.– Heilungskosten, Erwerbsausfall, Haushaltschaden (Mutter/Hausfrau), Genugtuung, Anwaltskosten
Regress wegen Grobfahrlässigkeit	20 % der Versicherungsleistung: Fr. 270 000.–

Bonus – Malus Beachtung verdient auch die Bonus-Malus-Regelung der Motorfahrzeughaftpflichtversicherung: Wer unfallfrei fährt, wird bei allen Gesellschaften mit einer Prämienreduktion (Bonus) belohnt.
Wer hingegen einen Unfall verursacht, wird einige Versicherungsklassen hinaufgestuft, sodass er als grösseres Versicherungsrisiko gilt und höhere Prämien bezahlen muss (Malus). Es lohnt sich deshalb oft nicht, kleinere Unfälle der Versicherung zu melden, da man sonst aufgrund der Bonus-Malus-Bewertung höhere Versicherungsprämien bezahlen muss (ausser man hat zusätzlich eine Bonusschutzversicherung abgeschlossen).

▶ **Aufgaben:**	A14–A15	S. 69 AH
▶ **Wissen anwenden:**	W12–W15	S. 72 AH, S. 106 LM
▶ **Kreuzworträtsel:**	X1	S. 73 AH
▶ **Korrespondenz:**	K1	S. 107 LM
▶ **Lernaufgabe:**	Risiko/Versicherungen	S. 74f. AH, S. 108 LM

Das weiss ich jetzt!

3.29 Wie kann ich auch ohne direkte Schuld haftpflichtig werden?

3.30 Warum hat der Staat die Motorfahrzeughaftpflichtversicherung für obligatorisch erklärt?

3.31 Wann kann eine Versicherungsgesellschaft Regress nehmen? Welche Folgen hat das für den Versicherungsnehmer?

3.32 Wie funktionieren Bonus und Malus?

Wissen anwenden

Hinweis: Die Antworten zu den Fragen, die mit einem Ja oder Nein beantwortet werden können, müssen Sie begründen.

W1 Trotz eines vereinsfreundlichen Rechts, unterliegt jeder Verein auch rechtlichen Bestimmungen.
Zu welcher Körperschaft gehört der Verein? Zu den «natürlichen Personen» oder zu den «juristischen Personen»?

W2 Rechtswidrige oder staatsgefährdende Vereinszwecke verbietet das ZGB.
Was ist damit gemeint?

W3 Sie gründen einen Verein.
Worüber müssen die Statuten eines Vereins Auskunft geben?

W4 Ein Verein möchte seine Statuten ändern. Dies kann aber nur durch das oberste Organ geschehen.
Wer ist das oberste Organ eines Vereins?

W5 Die Leitung eines Vereins übernimmt das geschäftsführende Organ – der Vorstand.
Welche Funktionen und Ämter üben in der Regel die Mitglieder eines Vereinsvorstandes aus?

W6 Ein Sportverein beauftragt eine externe Firma für die Revision.
Welche Aufgaben haben Rechnungsrevisoren?

W7 Erstellen Sie ein persönliches Risikoprofil.
Welchen persönlichen Risiken sind Sie ausgesetzt? Welche zusätzlichen Risiken gehen Sie ein? Wie hoch stufen Sie Ihr Risikopotenzial ein?

W8 Welche menschlichen Charaktereigenschaften helfen gegen das Rasen?
Entwerfen Sie das Charakterprofil eines verantwortungsvollen Autofahrers.

W9 Analysieren Sie Ihren Lebensstil (Bewegung, Ernährung, Stress, Sucht- und Genussmittel, Selbstwertgefühl).
Wie sieht es zurzeit aus? Welche Verbesserungsmöglichkeiten sehen Sie?

W10 Welche menschlichen Stärken verhindern Gewalt, welche menschlichen Schwächen lassen Auseinandersetzungen eskalieren?
Entwerfen Sie zwei unterschiedliche Charakterprofile.

W11 Am meisten Unterstützung suchen Jugendliche im Zusammenhang mit Stress.
Wie entspannen Sie sich? Beschreiben Sie Ihre Art der Entspannung vom Alltagsstress.

W12 Sie wollen nach der bestandenen Autofahrprüfung ein Occasionsauto kaufen.
Stellen Sie anhand eines Beispiels einer von Ihnen angefragten Versicherungsgesellschaft tabellarisch die folgenden Leistungen dar:

Haftpflicht	**Höhe der Schadenssumme**
	Prämienstufe (Bonus / Malus)
Teilkasko / Vollkasko	**Welche Schäden werden übernommen?**
	Prämienstufe (Bonus / Malus)

W13 Hans fährt am Montagmorgen nach einem anstrengenden Wochenende zur Arbeit. Er ist noch ziemlich müde und entsprechend unkonzentriert. Deshalb merkt er nicht, dass er über eine Kreuzung fährt, ohne Vortritt zu haben. Er kollidiert mit einer Motorradfahrerin. Glücklicherweise bleiben beide unverletzt. Das Motorrad wird aber stark beschädigt.
Wer bezahlt?

W14 Anna ist in der Nacht mit dem Auto unterwegs. Plötzlich taucht vor ihr ein Reh auf. Leider kann sie nicht rechtzeitig bremsen. Durch die Kollision wird ihr Auto stark beschädigt.
Wer bezahlt den Schaden?

W15 Suchen Sie SUVA-Vorschriften, die in Ihrem Beruf beachtet werden müssen, um einen Unfall zu verhindern.
Stellen Sie die Vorschriften auf einem Plakat dar und begründen Sie diese.

Korrespondenz

K1 Sie verursachen mit Ihrem Motorrad einen Unfall. Sie waren eindeutig die schuldige Person.
Weil Sie keine Vollkaskoversicherung abgeschlossen haben, müssen Sie den Schaden an Ihrem Motorrad selbst übernehmen. Wegen des Selbstbehalts von Fr. 600.– und des Bonus-Malus-Systems entschliessen Sie sich, den Schaden am fremden Fahrzeug in der Höhe von Fr. 1500.– auch selbst zu bezahlen.
Schreiben Sie Ihrer Versicherungsgesellschaft den erforderlichen Brief.

Lernaufgabe

Risiko/Versicherungen: meine Krankenversicherung unter der Lupe

Ausgangslage

In absehbarer Zeit werden Ihre Eltern Ihre Krankenversicherung nicht mehr bezahlen. Sie müssen dann selbst dafür aufkommen. Studien zeigen, dass viele Personen im Bereich der Krankenversicherung eine grosse Summe Geld sparen könnten, wenn sie eine geeignetere Versicherung wählen würden. Mit diesem Lernauftrag erarbeiten Sie die wichtigsten Wissensgrundlagen zu Ihrer Krankenversicherung.

Lernziele

Sie können im Internet gezielt nach passenden Krankenversicherungsangeboten suchen.

Sie können wichtige Begriffe zur Grundversicherung der Krankenkasse erklären und diese für Ihre persönliche Situation konkret verwenden.

Auftrag

Erarbeiten Sie selbstständig die Aufträge zur Krankenversicherung. Zum Bearbeiten der Aufträge benötigen Sie Ihre persönlichen Unterlagen zur Krankenversicherung (Grundversicherung). Bringen Sie eine Kopie Ihre Krankenkassen-Police mit. Sie können sie auch mit dem Smartphone fotografieren, achten Sie aber darauf, dass Sie die Schrift gut lesen können.

Produkt

Schriftliche Aufstellung meiner Krankenkassenausgaben

Vorgehen

1. Bringen Sie Ihren eigenen Angaben zu Ihrer Krankenversicherung mit. Beachten Sie, dass Sie über den Versicherungsgeber, Ihre monatliche Prämie, Ihre Franchise und die Unfalldeckung Bescheid wissen müssen.
2. Lesen Sie die Lernaufgabe genau durch und klären Sie Fragen mit der Lehrperson.
3. Erarbeiten Sie die Aufträge zu Ihrer Krankenversicherung mithilfe des Internets.
4. Besprechen Sie die Ergebnisse im Plenum.

Arbeitsaufträge

1. Rufen Sie sich nochmals an die wichtigsten Begriffe in Bezug auf die Grundversicherung der Krankenkasse in Erinnerung (Solidaritätsprinzip, Prämie, Franchise, Selbstbehalt). Halten Sie die Erklärungen schriftlich fest.
2. Prüfen Sie Ihre Versicherungspolice zur Krankenversicherung. Machen Sie eine Aufstellung der Kosten (Name Versicherung, monatliche Prämie, Höhe der Franchise, Versicherungsmodell, Unfalldeckung) zu Ihrer Grundversicherung.
3. Gehen Sie auf die Internetseite *www.comparis.ch* und verändern Sie die Höhe der Franchise (Fr. 300, 1000, 2500). Schreiben Sie auch hier die daraus resultierenden monatlichen Prämien auf.
4. Sie haben unterschiedliche Prämien respektive Franchisen zu Ihrer Krankenversicherung herausgeschrieben. Beschreiben Sie nun, welche Prämie und Franchise sich für Sie am besten eignet. Begründen Sie Ihre Entscheidung schriftlich.
5. Sie haben in der vorhergehenden Aufgabe eine Franchise festgelegt, die sich für Ihre Situation am besten eignet. Vergleichen Sie nun Ihre momentane Krankenversicherung mit anderen Anbietern. Wäre möglicherweise eine andere Krankenversicherung günstiger? Vergleichen Sie wieder auf *www.comparis.ch*. Halten Sie Ihre Ergebnisse fest.
6. Gibt es weitere Möglichkeiten, wie Sie Ihre Ausgaben für die Krankenversicherung geringer halten kann? Was gibt es für weitere Versicherungsmodelle? Welches Versicherungsmodell passt für Ihre Bedürfnissen? Beantworten Sie diese Fragen für Ihre persönliche Situation und überlegen Sie sich dabei mögliche Vor- und Nachteile.
7. Lohnt es sich für Sie persönlich eine Änderung bei der Grundversicherung der Krankenkasse vorzunehmen? Betrachten Sie Ihre Notizen nochmals genau. Halten Sie zum Schluss Ihre wichtigsten Überlegungen nochmals fest und begründen Sie Ihre Antwort schriftlich.

Teil B

Kultur – Religion / Kunst

Hier finden Sie – passend zum Thema Freizeit – Informationen zu den kulturellen Themen Religion und Kunst. Diese Themen gehören nicht zum Pflichtteil des Schullehrplans.

AUCH MODERNE KUNST?
NEIN: HOHE KUNST!!
PFUSCHI-CARTOON

3.4 Kultur

Seit es Menschen gibt, werden kulturelle Produkte geschaffen. Man könnte behaupten: Dass der Mensch kulturelle Produkte schafft, mache ihn erst zum Menschen.

Die Kultur umfasst alle vom Menschen mit der Hilfe von Wissen, Können und Techniken hergestellten Produkte. Diese können materieller oder geistiger Art sein. **Definition**

Beispiele von Kultur

Kulturelle Unterschiede gibt es innerhalb von Volksgruppen und zwischen Gesellschaften: z. B. Jugendkulturen mit eigenem Slang und eigener Musik oder verschiedene religiöse Kulturen (Christentum, Islam, Judentum usw.), in denen unterschiedliche Bräuche und Rituale gepflegt werden. Menschen sind immer in irgendeiner Form von Kultur umgeben.

Die verschiedenen Elemente der Kultur beeinflussen sich gegenseitig: Die Religion hat Einfluss auf Sitten und Bräuche (z. B. Feste wie Weihnachten), oder technische Entwicklungen verändern die Kunst (z. B. Erfindungen in der Fotografie ermöglichen die Filmkunst).

Das weiss ich jetzt!

3.33 Was ist mit dem Begriff «Kultur» gemeint?

3.34 Wie beeinflussen sich die verschiedenen Elemente der Kultur? Nennen Sie Beispiele.

3.5 Religionen

Die Weltreligionen

Häufig werden die Religionen in sogenannte Weltreligionen und andere Religionen eingeteilt. Unter Weltreligionen versteht man die Religionen, die sich über kulturelle und nationale Grenzen hinweg in der Welt verbreitet haben, wie etwa der Islam, das Christentum und der Buddhismus. Wie die Religion von den Gläubigen praktiziert wird, ist deshalb von Ort zu Ort unterschiedlich: So wird beispielsweise das Christentum in den USA ganz anders gelebt als in Äthiopien. Die Weltreligionen zeichnen sich also dadurch aus, dass ihnen bestimmte universelle Werte zugrunde liegen, die aber je nach kulturellem Kontext ganz verschiedene Gestalten annehmen können.

Hinduismus und Buddhismus

Der Hinduismus und der Buddhismus haben beide ihren Ursprung in Indien und haben gewisse Gemeinsamkeiten. In der Vorstellung dieser beiden Religionen ist das ganze Universum und darin die Welt sich ewig wiederholenden Zyklen unterworfen. Alles ist ständig in Bewegung: beispielsweise der Kreislauf der Wiedergeburten oder der ewige Zyklus der Weltuntergänge und Neuschöpfungen.

Die abrahamitischen Religionen

Ebenso teilen das Judentum, das Christentum und der Islam gewisse Merkmale. Das Judentum ist die älteste dieser drei Religionen, der Islam die jüngste. Alle drei werden als «Buchreligionen» bezeichnet, weil jeweils bestimmte heilige Bücher die Glaubensgrundlagen bilden. Man fasst diese drei Buchreligionen auch unter dem Begriff der «abrahamitischen Religionen» zusammen, da Abraham nach dem Alten Testament und dem Koran der Stammvater dieser drei Glaubensgemeinschaften ist.
Die Welt wird in allen abrahamitischen Religionen als Gottes Schöpfung betrachtet. Der eine Gott steht hier am Anfang und am Ende der Geschichte.

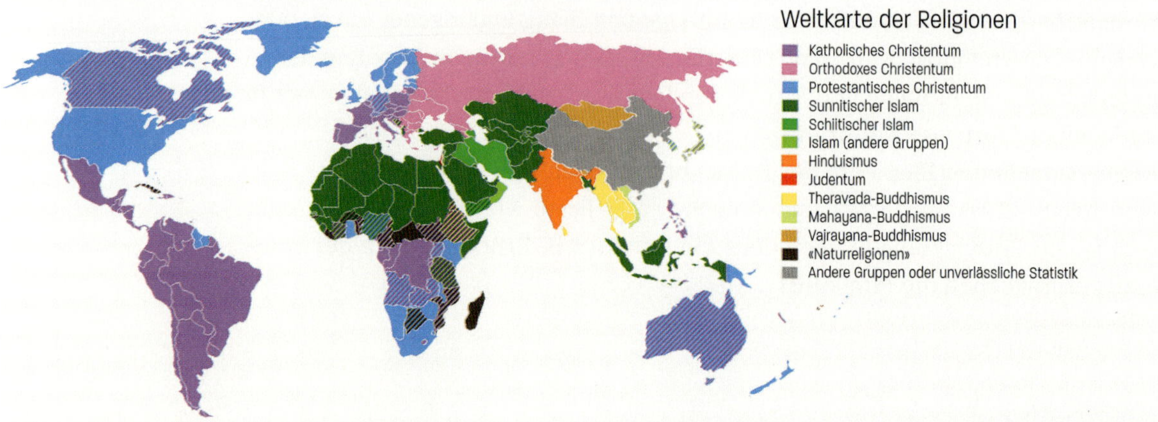

Die Weltreligionen in Zahlen

Christentum ca. 2500 Mio.	***Liebe deinen Nächsten wie dich selbst.*** Altes und Neues Testament In der Schweiz leben etwa 4 253 100 Christen. Wobei die christlichen Kirchen mit einem stetigen Mitgliederschwund zu kämpfen haben. Aufgrund der vielen Kirchenaustritte ist die Zahl der Konfessionslosen in der Schweiz auf über 3 Mio. angestiegen.
Islam ca. 2000 Mio.	***Keiner von euch ist ein Gläubiger, solange er nicht das für seinen Bruder wünscht, was er für sich selbst gewünscht hätte.*** Prophet Mohammed In der Schweiz leben etwa 431 000 Muslime.
Hinduismus ca. 1200 Mio.	***Tue keinem anderen das Leid an, was bei dir selbst Leid verursacht hätte.*** Mahabharata In der Schweiz leben etwa 43 800 Hindus.
Buddhismus ca. 500 Mio.	***Füge deinem Nächsten nicht das Leid zu, das dich schmerzt.*** Buddha In der Schweiz leben etwa 36 500 Buddhisten.
Judentum ca. 15 Mio.	***Was dir weh tut, tue keinem anderen an.*** Talmud, Shabbat In der Schweiz leben etwa 14 600 Juden.

Zusätzlich zu den Weltreligionen gibt es noch weitere Religionen, die sich aber anders als die genannten Weltreligionen nicht über die Region ihrer Entstehung in der Welt verbreitet haben, wie zum Beispiel der Konfuzianismus, der Daoismus und der Shintoismus.

Das weiss ich jetzt!

3.35 Welche Merkmale teilen Hinduismus und Buddhismus?

3.36 Inwiefern nehmen Judentum, Christentum und Islam aufeinander Bezug?

3.37 Welche gemeinsamen Merkmale haben Judentum, Christentum und Islam?

Das Christentum

Einführung

Jesus Christus

Alle Religionsgemeinschaften, die auf Jesus Christus zurückgehen und ihn als zentrale Erlöserfigur anerkennen, werden zum Christentum gezählt und bilden als Gesamtheit die grösste Religion mit weltweit über zwei Milliarden Gläubigen. Das Christentum ist aus dem Judentum entstanden, nachdem ein Teil der damaligen Juden Jesus von Nazareth als den erwarteten Messias angesehen hat und ihm nachgefolgt ist.

Die Bibel

Die Bibel ist grundlegend für alle Christen und wird in Altes und Neues Testament aufgeteilt. Das Alte Testament überliefert die Geschichte des Volkes Israel und berichtet über die Begegnungen mit Gott, während das Neue Testament über Jesus und den Glauben der ersten Christen berichtet.

Glaubensinhalte

Christen glauben:

- an die Dreieinigkeit Gottes: Gott ist ein einziges Wesen, das in drei Personen existiert, als Vater (Schöpfer), Sohn (Jesus Christus) und Heiliger Geist;
- dass Jesus Christus auf die Welt gekommen ist, um die Menschen von ihren Sünden zu erlösen, gekreuzigt wurde und wieder auferstanden ist;
- dass durch seinen Tod am Kreuz den Gläubigen ihre Schuld der Erbsünde vergeben ist und sie mit Gott versöhnt sind;
- dass Jesus wiederkehren wird, um die Gläubigen zu sich zu holen, damit sie ewig in der Gegenwart Gottes leben werden.

Das religiöse Leben – die Zehn Gebote

Die Zehn Gebote

Die zehn Gebote gelten im Christentum, wie auch im Judentum, als Richtschnur für die Gläubigen im Verhalten gegenüber anderen Menschen als auch gegenüber Gott:

1. Du sollst keine anderen Götter haben neben mir.
2. Du sollst den Namen des Herrn nicht missbrauchen.
3. Du sollst den Feiertag heiligen.
4. Du sollst deinen Vater und deine Mutter ehren.
5. Du sollst nicht töten.
6. Du sollst nicht ehebrechen.
7. Du sollst nicht stehlen.
8. Du sollst nicht falsch Zeugnis reden wider deinen Nächsten.
9. Du sollst nicht begehren deines Nächsten Frau.
10. Du sollst nicht begehren deines Nächsten Hab und Gut.

Die Christen orientieren sich zudem am Leben von Jesus Christus. Dieser hat dem Gebot der Nächstenliebe grosse Bedeutung zugewiesen; deshalb ist die Nächstenliebe ein zentraler Wert im christlichen Leben und beeinflusst verschiedene Bereiche: Als Christ sollte man z. B. seine eigenen Bedürfnisse gegenüber einem anderen zurückschrauben, sich von Vorurteilen lösen, Anerkennung und Respekt zeigen, Rücksicht nehmen und tolerant sein.

Die wichtigsten christlichen Glaubensrichtungen

Die römisch-katholische Kirche

Sie ist die älteste und grösste christliche Kirche. Ihr Oberhaupt ist der Papst, der für die Katholiken der Stellvertreter Jesu auf Erden ist. Unter ihm stehen die Kardinäle, die Erzbischöfe und so weiter bis zu den Priestern, die sich um die Gläubigen in den Gemeinden kümmern.

Sakramente

Die katholische Kirche feiert sieben Sakramente. Sakramente heissen symbolische Handlungen im christlichen Ritus, die als Kommunikation der Gläubigen mit Gott verstanden werden. In der katholischen Kirche sind die Sakramente: die Eucharistie (Messe), das Busssakrament, die Priesterweihe, die Taufe, die Kommunion, die Firmung und die Krankensalbung. Ausserdem spielt für die Katholiken die Ehelosigkeit (das Zölibat) der Priester eine sehr wichtige Rolle.

Die evangelischen Kirchen

Luther, Zwingli und Calvin

Im 16. Jahrhundert begannen Christen gegen die Macht der katholischen Kirche und des Papstes zu protestieren. Die bekanntesten von ihnen waren Martin Luther in Deutschland sowie Ulrich Zwingli und Johannes Calvin in der Schweiz. Sie wollten die katholische Kirche reformieren, das heisst erneuern. Die Christen sollten sich weniger nach den Vorschriften der Kirche und des Papstes richten, sondern mehr nach dem Evangelium. Martin Luther empörte besonders, dass die katholische Kirche damals Geld von den Gläubigen verlangte für die Befreiung von ihren Sünden. Der Streit endete damit, dass sich die Anhänger von Martin Luther von der katholischen Kirche trennten. Sie nannten sich «evangelisch».

Im Unterschied zur katholischen Kirche feiern die evangelischen Kirchen nur zwei Sakramente, nämlich die Taufe und das Abendmahl; alles andere sind Segnungen. Zudem lehnen die Evangelischen das Zölibat ab.

Kein Zölibat

Die orthodoxe Kirche

Der Unterschied zur katholischen Kirche ist sehr klein. Die orthodoxen Christen haben andere Gottesdienstformen als die katholischen und evangelischen Christen. Sie feiern Ostern eine Woche später als die übrigen Christen. Ihre Kirchen sind überreich geschmückt mit Bildern von Heiligen. Diese Bilder nennt man Ikonen.

Ikonen

Orthodoxe Christen gibt es vor allem in Osteuropa, Russland und im Nahen Osten, aber auch in Nordamerika. Oft sind sie nach Ländern benannt, zum Beispiel russisch-orthodox oder griechisch-orthodox.

Benimm-Regeln zum Christentum	
Begrüssung/Kontakt	- Je nach Generation / Person verschieden
Essen	- Hände waschen - Tischgebete - Katholiken: essen am Freitag Fisch oder vegetarisch - Fastenzeit vor Ostern
Bekleidung	- Männer: keine Kopfbedeckung in Kirchen - Frauen: körperbetont gilt als unanständig
Gebetsraum	- Fotos verboten - Beim Gebet sitzen, stehen oder knien - Mobiltelefon ausschalten - Orthodoxe: kein Handschütteln, Frauen mit Kopftuch und Rock, alle stehen
Tod/Trauer	- Blumen bringen - Schwarze Kleider - Katholiken: Sarg oder Grab dreimal mit Weihwasser bespritzen - Reformierte: Kremation üblich

Diskussionspunkte

Missionierung

«Die frohe Botschaft»

Die frühen Christen wollten kurz nach Jesu Tod allen Menschen von ihrer frohen Botschaft erzählen und sie vom neuen Glauben überzeugen. Später, als aus dem neuen Glauben eine mächtige Organisation, die katholische Kirche, entstanden war, wurden Nicht-Christen oft gezwungen, den christlichen Glauben anzunehmen. Das Wirken der christlichen Missionierung ging im Verlauf der Geschichte weit über Europa hinaus.

Prominentestes Beispiel ist wohl Lateinamerika: Die Kultur der Ureinwohner wurde nach der Eroberung durch die Spanier weitgehend zerstört, die Religion der Stämme wurde als heidnisch angesehen und somit gewaltsam unterdrückt und durch das Christentum ersetzt. So zählen im heutigen Lateinamerika 80 bis 90 Prozent der Bevölkerung zum Christentum.

Kreuzzüge

1095 bis 13. Jahrhundert

Im Jahre 1095 nach Christus rief Papst Urban II. zum ersten von sieben Kreuzzügen gegen die Muslime auf, die damals in Jerusalem herrschten. In diesen sogenannten «Heiligen Kriegen» fanden bis ins 13. Jahrhundert Millionen Muslime, Juden und Christen den Tod.

Ein Kreuzzug war zugleich Bussgang und Kriegszug, der nach Auffassung der katholisch-christlichen Zeitgenossen direkt von Gott durch das Wort des Papstes verkündet wurde. Die Teilnehmer legten ein Gelübde ab, ähnlich wie bei einer Pilgerfahrt. Die Kreuzzüge waren sehr populär. Dies erklärt auch die grosse Teilnehmerzahl. Die Kreuzfahrerheere bestanden daher in der Regel aus «Rittern» aus ganz Europa. Die Kreuzzüge waren aber nicht nur religiös motivierte Kriege, sondern dienten teilweise rein weltlichen Machtinteressen.

Gräueltaten an Ureinwohnern Lateinamerikas.

Schlacht während eines Kreuzzugs.

Hexenverfolgung

Religion und Machtpolitik

Von ca. 1450 bis 1792 forderte die Hexenverfolgung europaweit unzählige Opfer. Christen und Christinnen wurden grausam verfolgt, wenn sie die katholische Kirche kritisierten oder in Verdacht gerieten, den Teufel anzubeten. Die Kirche richtete eigene Gerichte ein, die über Hexen oder Ketzer urteilten.
Für die Verurteilung einer Hexe (80 Prozent der Opfer waren Frauen) waren weder ein Anklageverfahren noch eine Verteidigung der Verdächtigten erforderlich. Für den Richter war jedes Mittel gerechtfertigt, das Geständnis des Angeklagten zu erlangen, auch die Folter. Damit konnte man von den Opfern jedes Geständnis erpressen. Dies allein reichte für eine Verurteilung, es waren keine Zeugenaussagen notwendig.

Die katholische Kirche im 20. Jahrhundert

Das Ansehen sinkt

Finanzskandale, Verstrickungen von hohen vatikanischen Würdenträgern mit der italienischen Mafia und persönliche Verfehlungen (z. B. sexuelle Übergriffe) haben das Ansehen der katholischen Kirche immer tiefer sinken lassen. Die Entfremdung zwischen Kirche und Gläubigen nimmt weiter zu. So lehnt ein grosser Teil der Katholiken das Verbot vorehelicher Sexualität und jeglicher Empfängnisverhütung (auch nicht als Vorbeugung gegen AIDS), den Anspruch des Papstes auf Unfehlbarkeit und den Ausschluss der Frauen vom Priesteramt ab. Die Folge ist eine steigende Anzahl von Kirchenaustritten.

Schöpfungstheorien im Streit mit den Wissenschaften

Immer wieder in der Geschichte geriet die Kirche in Konflikt mit wissenschaftlichen Erkenntnissen, welche einer wortwörtlichen Auslegung der Bibel oder kirchlichen Wahrheiten widersprechen. Als Charles Darwin 1859 sein Werk «Über die Entstehung der Arten» veröffentlichte, lief durch alle kirchlichen Institutionen eine Welle der Entrüstung. Die darwinsche Evolutionstheorie untergrub die bereits seit Galileo ins Wanken geratene Autorität der Kirche und stellte alles infrage, was das Alte Testament verkündete. Aber schon wenige Jahrzehnte später, aufgrund erdrückender Beweislage für die Evolutionstheorie, gaben die Kirchen eine ihrer Kernthesen auf, nämlich dass die Bibel wörtlich zu verstehen sei. Im Oktober 1996 erklärte Papst Johannes Paul II., dass die Evolutionstheorie nach Darwin mit der christlichen Lehre vereinbar sei.

Charles Darwin (links) und Galileo Galilei (rechts).

Kreationismus

Aber sogenannte Kreationisten erklärten den Naturwissenschaftlern den Krieg. Anhänger des Kreationismus vertreten eine wörtliche Auslegung der Bibel und interpretieren den Schöpfungsbericht in der Bibel als Tatsachenschilderung. Hauptsächlich evangelikale und fundamentalistische Christen glauben, dass die Erde von Gott vor wenigen tausend Jahren erschaffen wurde. Für sie ist die Bibel Wissenschaft.

Zum Aufschwung dieses Verständnisses der Bibel als wissenschaftlicher Text verhalf in den Achtzigerjahren kein geringerer als der Präsident der Vereinigten Staaten, Ronald Reagan. In seinen politischen Programmen setzte er sich dafür ein, dass neben Darwin an staatlichen Schulen auch die biblische Schöpfungsgeschichte gelehrt werden müsse.

Das weiss ich jetzt!

3.38 Was vereint die Christen?

3.39 Worin unterscheiden sich Altes und Neues Testament?

3.40 Was versteht man unter «Dreieinigkeit Gottes»?

3.41 Welche Bedeutung hat die Nächstenliebe im christlichen Glauben?

3.42 Was unterscheidet die katholische von den evangelischen Kirchen?

3.43 Warum kam es zur Spaltung der katholischen Kirche?

3.44 Wo vor allem leben orthodoxe Christen?

3.45 Warum gibt es in Lateinamerika so viele Christen?

3.46 Was machte die Kreuzzüge so populär?

3.47 Welche Bedeutung hatte die «peinliche Befragung» bei Hexenprozessen?

3.48 Welche Faktoren sind für die steigende Anzahl von Kirchenaustritten innerhalb der katholischen Kirche verantwortlich?

3.49 Welche Theorie vertreten die Kreationisten?

Der Islam

Einführung

Mohammed

Der Islam ist mit über einer Milliarde Anhängern die zweitgrösste Religion der Welt. Der Stifter dieser Religion ist der Prophet Mohammed (ca. 570–632). «Islam» bedeutet in etwa «völlige Hingabe» (an den Willen Gottes); «Muslim» ist jeder Mensch, der sich dem Willen Gottes hingibt und die fünf Säulen des Islams anerkennt. Häufig, wenn vom Gott der Muslime und Musliminnen die Rede ist, wird der Begriff Allah gebraucht. Dies ist aber lediglich das arabische Wort für Gott.

Der Koran

Der Koran gilt als unveränderlich, massgeblich und ist heilige Schrift und Gesetzbuch. Für die Muslime ist er die wortwörtliche Offenbarung von Gottes Wort durch den Propheten Mohammed.
Der Islam sieht sich in der Reihe der drei grossen Offenbarungen Gottes gegenüber den Menschen. Die beiden ersten dieser Offenbarungen seien vom Menschen falsch verstanden worden und existieren nach muslimischem Verständnis heute als Judentum und Christentum.
Trotzdem werden die biblischen Propheten anerkannt. Abraham gilt als Ur-Muslim und als Stammvater der muslimischen Glaubensgemeinschaft. Jesus wird im Koran auch erwähnt und erfährt im Islam als wichtiger Prophet Hochachtung.

Glaubensinhalte

Muslime glauben:
- dass es nur einen Gott gibt;
- dass die Propheten, u. a. Abraham, Moses, Jesus, Mohammed, Gottes Offenbarung den Menschen überbracht haben;
- dass der Koran die letzte, abschliessende Offenbarung Gottes ist;
- dass es Engel gibt (z. B. Gabriel, der Überbringer der Worte Gottes an Mohammed);
- an den Jüngsten Tag und die Auferstehung (Leben nach dem Tod);
- an die Vorherbestimmung.

Das religiöse Leben – die fünf Säulen des Islams

Die fünf Säulen

Die fünf Säulen des Islams bilden den Rahmen des Lebens eines Muslims. Es sind die Grundpflichten, die jeder Muslim zu erfüllen hat.

1. *Das Glaubensbekenntnis* – Das Glaubensbekenntnis ist die Bezeugung, dass es keinen anderen Gott gibt und dass Mohammed der Gesandte Gottes ist.

2. *Das Gebet* – Das Gebet ist nach dem Glaubensbekenntnis die wichtigste Pflicht eines Muslims.
   Muslime verrichten fünf Gebete am Tag. Jedes Gebet dauert nicht länger als ein paar Minuten. Die Gebetsrichtung ist Mekka, da dort das höchste islamische Heiligtum, die Kaaba, steht.

3. *Die Armensteuer* – Jeder Muslim, dessen Vermögen ein bestimmtes Minimum übersteigt, ist verpflichtet, einen Teil seines Vermögens pro Jahr abzugeben. Diese Abgabe wird den Bedürftigen zur Verfügung gestellt oder für Zwecke verwendet, die der gesamten Gemeinschaft nützlich sind. Wie gross dieser Anteil ist, wird von unterschiedlichen Traditionen verschieden festgelegt.

Pilger bei der Kaaba in Mekka.

4. *Das Fasten* – Das Fasten im Monat Ramadan ist eine Glaubenspflicht der Muslime.
   Fasten bedeutet volle Enthaltsamkeit in Bezug auf körperliche Bedürfnisse zwischen Morgendämmerung und Sonnenuntergang, und indem man dies tut, bezeugt man, dass Gottes Gesetze Vorrang vor unseren menschlichen Trieben haben.

5. *Die Pilgerfahrt* – Die Pilgerfahrt zur Kaaba in Mekka ist jedem Muslim zumindest einmal im Leben zur Pflicht gemacht, sofern er die finanziellen Mittel dafür aufbringen kann und die Gesundheit und die Kraft dazu hat.

Die wichtigsten muslimischen Glaubensrichtungen

Sunniten und Schiiten Der Islam ist in mehrere Richtungen gespalten. Die Sunniten bilden mit etwa 85 Prozent die zahlenmässig grösste Gruppierung. Die Schiiten sind die zweite grosse Richtung.

Kalif Die Unterschiede beider Richtungen liegen in der Überzeugung, auf welche Grundlage sich die Herrschaft des obersten Führers (Kalif bei den Sunniten, Imam bei den Schiiten) gründet.
Für die Sunniten ist der Kalif ein Führer, der von seinen Anhängern aufgrund seiner weltlichen, administrativen Fähigkeiten gewählt wird. Er sollte der Frömmste sein und die islamische Gemeinde im Sinne Allahs anführen.
Für die Schiiten ist der Imam hingegen ein rechtmässiger Nachfolger Mohammeds.

Imam Während der Kalif also nur ein weltlicher Verteidiger der Religionsgemeinschaft ist, stellt der Imam im Glauben der Schiiten ein unfehlbares und mit göttlicher Macht ausgestattetes Oberhaupt dar. Es wird ihm auch die Sündenlosigkeit zugesprochen. Aus diesen Tatsachen ergibt sich, dass innerhalb der schiitischen Gruppierungen dem religiösen Oberhaupt der Gemeinde eine vielfach grössere Autorität zukommt.

Benimm-Regeln zum Islam	
Begrüssung/Kontakt	– Handschütteln mit beiden Händen unter Gleichgeschlechtlichen – Frauen – Männer: kein Händereichen – Respekt vor den Ältesten – Fusssohlen nicht zeigen, Frauen: Beine nicht übereinanderschlagen
Essen	– Hände waschen – Tischgebete – Nur mit der rechten Hand essen – Paarweise oder geschlechtergetrennt sitzen – Kein Alkohol – Kein Schweinefleisch – Fasten an Ramadan – Tiere schächten
Bekleidung	– Keine körperbetonte oder auffallende Kleidung – Frauen: nur Hände und Gesicht zeigen – Männer: keine engen Hosen – Gut riechen, aber wenig Parfum
Gebetsraum	– Waschen vor dem Berühren des Korans – Schuhe ausziehen – Mobiltelefon ausschalten – Männer sitzen im Schneidersitz, Frauen mit unterschlagenen Beinen – Nur Muslime berühren den Koran – Keine Gespräche während des Gebets
Tod/Trauer	– Keine Blumen – Erdbestattung und ewige Grabesruhe – Frauen und Nichtmuslime stehen hinter den Männern

Diskussionspunkte

Fundamentalismus, Islamismus und Terrorismus

Muslime ≠ Extremisten

Islamische Fundamentalisten bekämpfen die modernen Einflüsse im Islam. Die fundamentalistischen Strömungen sind dabei aber selbst moderne Phänomene, gewissermassen als moderne religiöse Reaktion auf die Herausforderungen der Moderne. Anders als traditionelle Formen der Religiosität und der islamischen Gelehrsamkeit erheben sie explizit den Anspruch «zurück zu den Anfängen» zu gehen und ein Leben zu führen, so wie es wohl Mohammed gelebt hat. Manche dieser Bewegungen sind stark nach innen gekehrt und haben keine politischen Ambitionen. Andere, die als islamistisch bezeichnet werden, fordern eine Re-Islamisierung ihrer Gesellschaft und sind damit Bewegungen, die auch politische Forderungen stellen, manche gar mit Gewalt.
Dabei ist wichtig, dass die grosse Mehrheit der Muslime nicht gewalttätig ist und der Extremismus nur einen Aspekt des Islamismus darstellt.

Frauenrechte in islamischen Ländern

Unterschiede

Die Stellung der Frau in den islamischen Ländern ist unterschiedlich; dies hängt von den Bildungsmöglichkeiten, von der familiären Herkunft und sozialen Schicht, von der Rolle des Islams im jeweiligen Land und vom Stadt-Land-Gefälle ab. In einigen muslimischen Ländern werden die Frauen unterdrückt und ihnen sind viele Rechte verwehrt. Teilweise dürfen sie nicht einmal das Haus verlassen und sich auch keine Bildung aneignen (z. B. unter der Herrschaft der Taliban in Afghanistan).

Burka

Niqab

Tschador

Hidschab

Verschleierung der Frau

Kleidungsvorschriften

Im Koran gibt es Kleidungsvorschriften, die allerdings unterschiedlich ausgelegt werden. Teilweise wird darunter nur die Bedeckung des Haares verstanden, teilweise eine vollständige Verhüllung des Körpers.

Das Kopftuch gilt im europäischen Kulturkreis oft als Symbol der Unterordnung der muslimischen Frauen und wird als Stärkung fundamentalistisch-muslimischer Kreise gewertet. Diese Deutung lässt allerdings ausser Acht, dass es viele Musliminnen gibt, die sich aus ganz individuellen Gründen für das Tragen des Kopftuches entscheiden: als Ausdruck einer kulturellen Zugehörigkeit, als Bestandteil einer persönlichen Frömmigkeit.

Scharia – das islamische Recht

Regeln für das Leben

Für die meisten Muslime ist die Scharia die von Gott gesetzte Ordnung, also ein System von religiös fundierten Regeln. Dennoch müssen diese durch die Menschen interpretiert und angewendet werden. Die Scharia regelt alle Sphären des öffentlichen und privaten Lebens. Sie regelt insbesondere die religiösen Pflichten der Muslime und Musliminnen (u. a. die «fünf Säulen des Islams»), aber auch wirtschaftliche Fragen (Vertragsrecht) und Fragen im Bereich des Straf- und Personenrechts.

Die Scharia wurde nie in Gesetzesbüchern mit Paragraphen niedergeschrieben. Man kann sich das islamische Recht vielmehr als System mit verschiedenen Quellen (darunter der Koran, aber nicht nur) und vielen logischen Methoden, um sie zu interpretieren, vorstellen. Deshalb sind je nach Land und je nach Rechtstradition voneinander abweichende Scharia-Versionen und unterschiedliche Interpretationen in Gebrauch.

Das weiss ich jetzt!

3.50 Was bedeutet der Begriff «Islam»?

3.51 Welche Bedeutung hat der Koran für die Muslime?

3.52 Wie heissen die fünf Säulen des Islams?

3.53 Was unterscheidet Sunniten von Schiiten?

3.54 Warum ist der Islam keine extremistische Religion?

Der Hinduismus

Einführung

Die Anfänge hinduistischer Traditionen können grob auf das 4. Jh. v. Chr. datiert werden. Zwischen dem 4. Jh. v. Chr. und dem 3. Jh. n. Chr. erlebte Indien eine Zeit des Umbruchs, in der sich etliche neue Religionen entwickelten, darunter der Hinduismus und der Buddhismus. Weltweit gibt es heute etwa 900 Mio. Hindus. Obschon die meisten in Indien leben, hat sich der Hinduismus in jüngster Zeit auch in anderen Teilen der Welt verbreitet.

Einheit in der Vielfalt

Die Wurzeln des Hinduismus liegen in der vedischen Religion, die bis dahin in Indien verbreitet war. Der Hinduismus hat also keinen Religionsstifter wie etwa Jesus oder Mohammed und kennt auch keine zentrale Institution wie die Kirche. Er hat sich über einen langen Zeitraum hinweg aus der vedischen Religion heraus entwickelt. Die Strömungen innerhalb des Hinduismus sind sehr vielfältig. Sie teilen allerdings gewisse Merkmale, aufgrund derer sie heute allgemein unter dem Begriff Hinduismus zusammengefasst werden: so etwa die Vorstellung des Kreislaufs der Wiedergeburten und der Erlösung daraus, die Gesellschaftsordnung des Kastensystems sowie die Autorität der Veden.

Veden

Die Veden sind die ältesten Texte des Hinduismus. Sie gelten als geoffenbarte Texte und wurden ab dem 2. Jahrtausend v. Chr. in der altindischen Sprache Sanskrit niedergeschrieben. Sie enthalten Hymnen an die Götter, Opfersprüche und magische Beschwörungen. Auch wenn die Anerkennung der Veden ein zentrales Merkmal des Hinduismus ist, sind die meisten Hindus kaum mit ihren Inhalten vertraut, da diese Texte im religiösen Alltag eine untergeordnete Rolle spielen.

Glaubensinhalte

Dharma

- Der Begriff «Dharma» bezeichnet die Vorstellung einer göttlichen, kosmischen Ordnung. Durch Recht und Sitte, rituelle Vorschriften und zwischenmenschliche Verhaltensregeln, die es zu befolgen gilt, soll jedes Individuum zur Erhaltung dieser Ordnung beitragen.

Atman

- Als Atman wird das unsterbliche Selbst bezeichnet, das sich für die Dauer eines Lebens in einem Körper aufhält und ihn beim Tod wieder verlässt. Entweder um sich dann erneut zu verkörpern oder um erlöst zu sein und nicht mehr wiederzukehren.

Samsara

- Samsara bezeichnet den Kreislauf der Wiederverkörperung (oder Wiedergeburten) des Atman in einem neuen Lebewesen – als Mensch, als Tier oder als Gottheit. Als höchstes Ziel gilt die endgültige Befreiung des Selbst aus dem sterblichen Körper und dem leidvollen Kreislauf von Leben und Sterben.

Karma

- In welchem Lebewesen das Selbst verkörpert wird, hängt von den Taten in den früheren Leben ab. Die Gesamtheit von allen guten und schlechten Handlungen, das Karma, bestimmt also in welchem Körper das Selbst wiedergeboren wird.

Mahatma Gandhi

Ein bekannter Vertreter des Hinduismus war Mahatma Gandhi (1869–1948), der sich über das hinduistische Ahimsa-Ideal (Nichtverletzen von Lebewesen) in einem weiteren Sinne für jegliche Gewaltlosigkeit und passiven Widerstand einsetzte. Dazu gehörte für ihn auch das Fasten. So war Gandhi ab 1919 massgeblich am indischen Freiheitskampf gegen die britische Kolonialherrschaft beteiligt.

Das religiöse Leben

Das Ramayana

Die komplexen philosophischen Überlegungen, die hinter den Inhalten stehen, sind für viele Hindus in ihrem religiösen Leben weniger zentral als die berühmten und populären Epen, in denen die Geschichten verschiedener Götter erzählt werden. So berichtet etwa das Ramayana vom Gott Rama und seiner Frau Sita, welche beide verschiedenen Prüfungen ausgesetzt werden, sich aber – auf ihre jeweils ihnen eigene Weise – durch gutes und pflichtbewusstes Verhalten auszeichnen und bewähren. In der Geschichte des Ramayana zeigt sich anschaulich und unterhaltsam zugleich für die Gläubigen, dass jedes Individuum, je nach Kaste, Geschlecht und Alter auf eine andere Weise zum Erhalt des Dharma, der kosmischen Ordnung, beiträgt.

Viele Götter und zugleich ein einziger Gott

Es gibt eine riesige Anzahl an Göttern und Göttinnen, die im Hinduismus verehrt werden. Die meisten Hindus verehren jedoch nur einen einzigen Gott oder eine Göttin als oberste Gottheit oder verehren eine Gottheit mit besonderer Hingabe. Verbreitet ist auch die Vorstellung, dass alle Götter verschiedene Erscheinungsformen oder Gesichter des einen Gottes sind.

Zwei wichtige hinduistische Strömungen

Innerhalb des heutigen Hinduismus stechen vor allem zwei Götter als jeweils höchster Gott einer Bewegung hervor: Vishnu und Shiva. Ihre Anhänger werden als Vaishnava (oder Vishnuiten) respektive Shaiva (Shivaiten) bezeichnet:

Vishnu

Vaishnava glauben, dass ihr höchster Gott Vishnu sich in mehreren Inkarnationen in der Welt manifestiert hat. Vishnu erscheint dann in einer körperlichen Gestalt in der Welt, wenn die kosmische Ordnung (Dharma) gefährdet ist und seiner Rettung bedarf. Zu den klassischen zehn Inkarnationen zählen unter anderem Rama, Krishna und Buddha. Die Geschichten der verschiedenen Inkarnationen Vishnus werden in den erwähnten Epen wie dem Ramayana (Rama) oder der Bhagavadgita (Krishna) erzählt.

Shaiva anerkennen Shiva als höchsten Gott. Er gilt als Gott der Asketen, der oft selbst als im Himalaya meditierender Asket dargestellt wird. Im zyklischen Weltbild vieler Hindus kommt Shiva die Rolle zu, in periodischen Abständen die Welt zu zerstören, um sie wieder neu zu erschaffen. Anders als bei Vishnu werden von Shiva keine Inkarnationen verehrt. Die Götter und Göttinnen, die ihm in den entsprechenden Erzählungen zur Seite stehen, werden als Shivas Familienmitglieder vorgestellt.

Shiva

Benimm-Regeln zum Hinduismus	
Begrüssung/Kontakt	- Kein Handschlag - Direktes Nein sagen gilt als unhöflich - Männer und Frauen sitzen getrennt oder neben Ehepartner/in
Essen	- Hände waschen - Dienstags und freitags vegetarische Kost - Mehrheit der Männer trinkt keinen Alkohol - Frauen trinken nie Alkohol
Bekleidung	- Verheiratete Frauen schneiden ihre Haare nicht und tragen sie nicht offen, Frauen bedecken ihre Beine - In der Wohnung Schuhe ausziehen
Gebetsraum	- Hände waschen - Schuhe ausziehen - Männer rechts, Frauen links - Menstruierende Frauen gehen nicht in den Tempel - Keine Kopfbedeckung - Fusssohlen nicht zeigen, Hände nicht in den Hosentaschen
Tod/Trauer	- Kremation - Asche wird in Fluss oder ins Meer gestreut - Kein Grabmal - Weisse Kleider

Diskussionspunkte

Konflikte zwischen Hindus und Muslimen

Der Islam ist in Indien nach dem Hinduismus die zweitgrösste Glaubensrichtung. Von den etwas über 1,4 Mrd. Einwohnern Indiens sind rund 80 Prozent Hindus und 13 Prozent (ca. 182 Millionen) Muslime. Nach Indonesien und Pakistan ist Indien damit das Land mit der drittgrössten islamischen Gemeinschaft.

Pakistan und Bangladesch

Im Laufe der Geschichte ist es immer wieder zu Konflikten zwischen Muslimen und Hindus gekommen, die auch der massgebliche Grund dafür waren, dass das britische Kolonialgebiet Britisch-Indien 1947 in die überwiegend muslimisch geprägten Staaten Pakistan und später Bangladesch auf der einen und in die Republik Indien mit überwiegend hinduistischer Bevölkerung auf der anderen Seite aufgeteilt wurde. Der religiöse Gegensatz zwischen Indien und Pakistan ist ein wesentlicher Faktor in den gespannten Beziehungen zwischen beiden Staaten, doch auch innerhalb Indiens kommt es immer wieder zu heftigen Konflikten zwischen Angehörigen beider Glaubensrichtungen.

Kastensystem

Die Zugehörigkeit zu einer Kaste hat heute für viele indische Hindus noch eine grosse soziale Bedeutung. Das Kastensystem operiert mit zwei verschiedenen Begriffen der sozialen Einteilung der Menschen: Varna (soziale Klassen) und Jati (Kasten).

Klasse (Varna)

Man unterscheidet dabei vier soziale Klassen (Varna heisst wörtlich «Farbe»), in die die Gesellschaft eingeteilt ist. Diese sind aus den vedischen Texten überliefert und geben wohl die soziale Realität jener Zeit wieder. Sie spielen heute vor allem in religiösen und rituellen Belangen eine Rolle. Denn in den hinduistischen Lehrwerken über die sozialen Normen werden klassenspezifische Verhaltensvorschriften und gesellschaftliche Aufgaben überliefert. Darüber hinaus gibt es aber auch allgemeine Verhaltensregeln, die für alle in jeder Situation den Massstab für das richtige Verhalten setzen: so etwa das Ideal der Gewaltlosigkeit, Ahimsa, das im Zusammenhang mit Mahatma Gandhi bereits erwähnt wurde.

Die vier Varnas sind:

1. *Brahmanen*, die Priesterklasse. Sie studieren die vedischen Schriften und führen religiöse Zeremonien durch.
2. *Kshatriya*, die Klasse der Krieger, Beamten und Herrscher.
3. *Vaishya*, die Händler, Handwerker und Bauern.
4. *Shudra,* die Arbeiterklasse.

Dalits

Implizit in diesem System der Varnas ist noch eine fünfte Kategorie enthalten – alle die Menschen, die aus diesen Kategorien komplett herausfallen. Obschon heute staatliche Massnahmen getroffen werden, um die sogenannten Dalits (früher auch als «Unberührbare» bezeichnet) zu fördern, arbeiten nach wie vor viele Dalits als Strassenkehrer oder als Reinigungspersonal.

Kaste (Jati)

Während es nur vier Varnas gibt, gibt es eine schier unendliche Anzahl von Kasten (Jati bedeutet «Geburt»), welche in alten Texten eine kleinere Rolle spielen, aber für das heutige soziale Leben der indischen Hindus zentral sind. Wen man heiratet, mit welchen Personen man gemeinsam isst, welchen Beruf man erlernt, wird heute noch weitgehend bestimmt durch die Kaste, in welche man hineingeboren wird. Nach welchen Kriterien eine solche soziale Gruppe definiert wird, variiert stark und ist flexibler als das alte System der Klassen.

Das weiss ich jetzt!

3.55 Wofür ist Mahatma Gandhi berühmt?

3.56 Was bedeuten die Begriffe «Atman», «Samsara», «Dharma» und «Karma»?

3.57 Worin unterscheiden sich Vishnuiten von Shivaiten?

3.58 Welche Staaten mit welcher Religion entstanden aus dem britischen Kolonialgebiet «Britisch-Indien»?

3.59 Was ist der Unterschied von Klasse und Kaste? In welchen Lebensbereichen spielt welches System eine Rolle?

Der Buddhismus

Einführung

Die buddhistische Religion ist vor ca. 2500 Jahren im heutigen Indien entstanden. Buddha, der Stifter dieser Religion, wandte sich wie viele andere in jener Zeit von der vedischen Religion und deren Opferpriestern ab. Er richtete den Fokus auf die Frage, wie die Erlösung vom Leiden und vom Kreislauf der Wiedergeburten erreicht werden kann. In der Zielsetzung sowie der Vorstellung vom Samsara, das es zu beenden gilt, gibt es also durchaus Gemeinsamkeiten zwischen der Lehre des Buddha und hinduistischen Lehren, die in einer ähnlichen Zeit entstanden sind.

Buddha

Buddha ist eigentlich kein Eigenname, sondern bedeutet «der Erwachte». Dieser Titel bezeichnet jemanden, der aus eigener Anstrengung die Erleuchtung erreicht hat und es geschafft hat, den Kreislauf der Wiedergeburten zu durchbrechen. Buddha ist also kein Gott (im Sinne des christlichen oder islamischen Gottes), sondern ein ebenso vergänglicher Mensch wie alle anderen, der allerdings alles Irdische hinter sich gelassen hat.

Siddhartha

Siddhartha Gautama, der spätere Buddha, wurde im 5. Jh. v. Chr. in Nordindien geboren. Sein Vater war ein König. Siddhartha lebte bis zu seinem 29. Lebensjahr in Wohlstand in seinem Königreich. In vier Ausfahrten aus dem behüteten Palast wurde er mit der Vergänglichkeit und dem Leiden in Form von Alter, Krankheit und Tod konfrontiert. Kurz nach der Geburt seines einzigen Sohnes verliess er im Alter von 29 Jahren seine Familie, um die Erlösung zu suchen. Er wollte die Grundlage für nicht vergängliches, dauerhaftes Glück finden. Er führte zunächst ein Leben in strenger Askese. Er konnte darin jedoch ebenso wenig wie im Luxus Erlösung finden. Deshalb wählte er einen mittleren Weg und erlangte mit 35 in tiefer Meditation seine Erleuchtung und wurde zum Buddha. Der mittlere Weg Buddhas bedeutete, die menschlichen Begierden nicht zu leugnen, aber sich ihnen auch nicht übermässig hinzugeben. Aus Mitleid mit den Menschen verkündete er der Welt seine Lehren. Er zog 45 Jahre lang predigend durch Nordindien. In dieser Zeit entstanden ein Mönchs- und ein Nonnenorden. Mit 80 Jahren ging der Buddha ins völlige Erlöschen ein (Nirwana), ohne einen Nachfolger zu bestimmen. Nur die buddhistische Lehre sollte nach seinem Tod als Richtschnur dienen.

Glaubensinhalte

Die Ethik des Buddhismus beruht auf Mitleid, Liebe, Gleichmut und Wohltätigkeit. Im Vordergrund steht die Vermeidung von Gier, Hass und Verblendung. Ebenso wie im Hinduismus ist ein verbindliches Gebot des Buddhismus das Nichtverletzen von Lebewesen (Ahimsa).

Der Buddhismus betont das Leben als Leiden sowie die Vergänglichkeit des irdischen Lebens. Gleichzeitig ist der Buddhismus eine optimistische Religion, denn das Ziel ist ja die Überwindung bzw. das Aufheben des Leidens.

Karma Jede moralische Handlung, ob gut oder schlecht, erzeugt eine Wirkung, so die buddhistische Vorstellung des Karmas. Wir haben jeweils die Wahl, wie wir handeln, und dies hat wiederum eine Wirkung auf zukünftige Wiedergeburten.

Nirwana Das endgültige Durchbrechen des Kreislaufs der Wiedergeburten wird im Buddhismus Nirwana genannt. Der Eintritt ins Nirwana wird manchmal mit dem Auslöschen einer Flamme verglichen: Etwas das vorher existierte, hört auf in der Welt zu sein, ohne aber an einem anderen Ort weiter zu existieren.

Die Grundlage der Lehre Buddhas sind die vier edlen Wahrheiten:

1. *Die Wahrheit vom Leiden*
   Alter, Krankheit und Tod – mit anderen Worten das Leid – sind unvermeidbar und gehören zum Leben.
2. *Die Wahrheit vom Entstehen des Leidens*
   Das Leid entsteht durch das Begehren nach sinnlichen Freuden und dem instinktiven Verlangen zu sein sowie dem Verlangen danach, Dinge, die uns unangenehm sind, abzulehnen oder zu leugnen.
3. *Die Wahrheit von der Aufhebung des Leidens*
   Das Aufheben der Ursachen führt zum Erlöschen des Leidens.
4. *Die Wahrheit von dem Weg zur Aufhebung des Leidens*
   Der achtfache Pfad führt zur Aufhebung dieser Ursachen und damit zur Erlösung.

Das religiöse Leben – der achtfache Pfad

Der achtfache Pfad wird als «mittlerer Weg» beschrieben. Denn er gibt einen Weg zwischen einem Leben des reinen Genusses und einem Leben in strenger Askese vor. Die acht Aspekte dieses Weges sind aber nicht als Etappen auf dem Weg zum Nirwana vorzustellen, die man hintereinander durchschreitet. Sie zeigen auf, in welcher Weise man Weisheit, sittliches Verhalten und Meditation immer weiter vervollkommnen soll.

- *Rechte Anschauung* bedeutet, die buddhistischen Lehren anzunehmen und die Einsicht darin durch die eigene Erfahrung weiter zu festigen.
- *Rechte Gesinnung* bedeutet, sich ernsthaft um richtige Einstellungen zu bemühen.
- *Rechte Rede* bedeutet, die Wahrheit zu sagen und besonnen und rücksichtsvoll zu sprechen.
- *Rechtes Handeln* vermeidet Töten, Stehlen und sinnliche Ausschweifungen.
- *Rechtes Leben* bedeutet, nichts zu tun, was anderen Schaden zufügt.
- *Rechtes Streben* bedeutet, die eigenen Gedanken beherrschen zu lernen und sich in positivem Denken zu üben.
- *Rechte Wachheit* bedeutet, das Bewusstsein ständig zu schärfen.
- *Rechtes Sichversenken* bedeutet, immer tiefere Zustände der Versenkung zu erreichen durch Techniken, die den Geist sammeln und die Persönlichkeit vervollständigen.

Benimm-Regeln zum Buddhismus	
Begrüssung/Kontakt	– Keine Berührung – Lächeln oder Hände zusammenhalten – Kindern nicht über den Kopf streichen – Fusssohlen nicht zeigen, Beine nicht übereinanderschlagen – Aufs Kinn, nicht in die Augen schauen – Mönche berühren keine Frauen
Essen	– Fasten während der Regenzeit – Viele sind Vegetarier/innen
Bekleidung	– Möglichst wenig Haut zeigen – In der Wohnung Schuhe ausziehen
Gebetsraum	– Schuhe ausziehen – Mobiltelefon ausschalten – Buddha/Altar nicht berühren/betreten – Mönche begrüssen (Kopfneigung) – Essen und Früchte mitbringen – Kein Schneidersitz
Tod/Trauer	– Blumen bringen – Kremation – Asche wird in Fluss oder ins Meer gestreut – Kein Grabmal

Diskussionspunkte

Das Aufbegehren der buddhistischen Mönche

Auch wenn der Buddhismus im Prinzip eine unpolitische und zum Teil sehr individualistische Religion ist, gibt es in verschiedenen Ländern eine Tradition des Aufbegehrens der Mönche gegen politische Zustände.

Vietnam

Vietnam: Eine der spektakulärsten Aktionen buddhistischen Aufbegehrens vollstreckte der südvietnamesische Mönch Thich Quang Duc. Am 11. Juni 1963 nahm er an einer befahrenen Kreuzung in Saigon den Lotussitz (eine Sitzhaltung, die bei der Meditation ausgeführt wird) ein. Zwei andere Mönche überschütteten ihn mit Benzin, Thich zündete ein Streichholz an und blieb betend sitzen, während die Flammen seinen Körper auffrassen. Die Aufnahmen vom brennenden Mönch gingen um die Welt und warfen ein mehr als schiefes Licht auf die südvietnamesische Regierung und die mit ihr verbündeten USA.

Der Mönch protestierte mit seiner Aktion gegen die Politik des Präsidenten der Republik Südvietnam, Ngo Dinh Diem. Dieser gehörte der katholischen Minderheit an und hatte eine christliche Bekehrungskampagne eingeleitet, die bei den Buddhisten, die mehr als 70 Prozent der Bevölkerung ausmachten, heftigen Widerstand auslöste. Seinen Höhepunkt erreichte der Konflikt, als im Mai 1963 in der Stadt Hue den Buddhisten verboten wurde, am Geburtstag Buddhas traditionelle Fahnen zu hissen. Es kam zu Demonstrationen, die Sicherheitskräfte gingen mit äusserster Härte vor, mehrere Menschen starben. Kurz darauf zündete sich Thich an.

Selbstverbrennung als Aufschrei des südvietnamesischen Mönchs Thich Quang Duc.

Tibet

Tibet: Er gilt für viele Menschen als Inbegriff der Sanftmut und eines friedlichen Widerstandes: der Dalai Lama, der seit Jahrzehnten um die Selbstbestimmung des tibetischen Volkes ringt. Tibet war von 1720 bis 1912 chinesisches Protektorat und nach dem Ende des chinesischen Kaisertums faktisch selbstständig. 1950/51 marschierten chinesische Truppen in Tibet ein. 6000 Klöster und Tempel wurden zerstört. Dies führte, neben vielerlei Repression, Hungersnöten und Bedrohungen des Dalai Lama, 1959 zu einem Volksaufstand. Der Aufstand wurde von China brutal niedergeschlagen, zehntausende Menschen starben. Der Dalai Lama flüchtete nach Indien und gründete die tibetische Exilregierung.
Seitdem reist er um die Welt, um die Öffentlichkeit auf das Anliegen des tibetischen Volkes aufmerksam zu machen. Er plädiert für einen gewaltlosen, friedlichen Widerstand.

Burma

Burma: Buddhistische Mönche kämpften schon Anfang des 20. Jahrhunderts gegen die britischen Kolonialherren. 1988 unterstützten viele Mönche die Demokratiebewegung, die blutig niedergeschlagen wurde, und bei den Protesten im September 2007 standen sie gar in der ersten Reihe. Gleichzeitig hält aber ein Teil der Mönche Abstand zur Politik.

Das weiss ich jetzt!

3.60 Welchen geschichtlichen Hintergrund hatte der Religionsstifter Buddha?

3.61 Wie kann man die ethischen Grundsätze Buddhas kurz zusammenfassen?

3.62 Welche Inhalte haben die «vier edlen Wahrheiten»?

3.63 Warum lebt der Dalai Lama nicht in Tibet, sondern reist um die Welt?

Das Judentum

Einführung

Monotheistische Religion

Das Judentum ist die älteste der drei abrahamitischen, monotheistischen Religionen (Glaube an nur einen Gott). Es wird aus historischen Gründen häufig zu den Weltreligionen gerechnet, wenngleich ihm nur ca. 14,6 Millionen Menschen angehören. Das Judentum gilt auch deshalb als Weltreligion, weil sich im Verlauf der etwa 3000-jährigen Geschichte eine Vielzahl von kulturellen Varianten des jüdischen Lebens auf der Welt verbreitet haben.

Abraham – Stammvater Israels

Nach dem Glauben der Juden schloss Gott einen Bund, also einen Vertrag, mit Abraham, dem «Stammvater» Israels und dem gesamten Volk Israel. Gott versprach Abraham, seine Nachkommen zu einem grossen Volk zu machen und ihnen ein Land zu geben. In der Bibel wird dieses Land oft das «Gelobte Land» genannt. Dafür verlangte er von Abraham, nur noch ihn als einzigen Gott anzuerkennen.

Die Tora

Äusserungen von Gottes Willen, den er seinem Volk Israel kundtut, finden sich in der Tora. Die Tora ist die Grundlage der jüdischen Lehre und gilt als heilig. Sie umfasst die fünf Bücher Mose, die von der Erschaffung der Welt, Noah und der Sintflut, Abraham und Moses erzählen. Es wird von den Wanderungen und Kriegen des «auserwählten Volkes», den Nachkommen Abrahams erzählt.
Nach der jüdischen Überlieferung hat Moses am Berg Sinai die Gesetzestafeln von Gott erhalten. Der Inhalt der Gesetzestafeln findet sich in den Zehn Geboten im 5. Buch Mose. Die ältesten Teile der Tora sind ungefähr 3000 Jahre alt.
Die Tora ist der erste Teil der hebräischen Bibel, des Tenach. Für die Christen ist das heute das Alte Testament, oder wie man aus Respekt vor dem Judentum auch sagt: das Erste Testament.

Ein Jugendlicher liest aus der Tora vor.

Glaubensinhalte

Die Juden glauben:

Gott ist, war und wird immer sein.
Es gibt nur einen einzigen, unteilbaren Gott.
Gott hat keinen Leib.
Alles, was ist, wurde von Gott erschaffen.
Man darf nur Gott anbeten.
Die Propheten sind von Gott inspiriert worden.
Moses war der grösste aller Propheten.
Gott hat Moses das religiöse Gesetz übergeben.
Gott kennt alle Taten und Gedanken der Menschen.
Gott belohnt die Guten und bestraft die Bösen.
An einem nur Gott selbst bekannten Tag wird der Messias kommen.
Die Seele ist unsterblich; eines Tages werden die Toten auferstehen.
Alles, was auf Erden geschieht, geschieht nach göttlichem Willen.

Das religiöse Leben

Gebet mit Kippa Orthodoxe Juden beten dreimal am Tag: am Morgen, am Nachmittag und am Abend. Als Zeichen des Respekts vor Gott bedecken die Juden ihren Kopf während des Gebets mit einem Hut oder einem Gebetskäppchen (Kippa). Fromme Juden halten ihren Kopf sogar ständig bedeckt, um auf Gottes stetige Präsenz zu verweisen.

Studium der Tora Das Studium der Tora, in der sich nach jüdischer Auffassung der Wille Gottes offenbart, zählt im rabbinischen Judentum ebenfalls zum Dienst an Gott. Das öffentliche Rezitieren der Schrift macht einen Grossteil des Gottesdienstes aus.

Sabbat Der Sabbat (Samstag) ist der jüdische Ruhetag der Woche. Fromme Juden enthalten sich am Sabbat jeglicher Arbeit. Der Sabbat gehört ganz der Ruhe und dem Gebet, es sei denn, jemand befindet sich in Lebensgefahr.

Koschere Speisen Speisen und Lebensmittel müssen für fromme Juden koscher, das heisst «rein», sein nach den Vorschriften der Tora. Fleisch und Milchprodukte dürfen zum Beispiel nicht zusammen gekocht werden.

Beschneidung Im Judentum ist die Beschneidung der männlichen Kleinkinder als äusseres Zeichen des Bundes vom Menschen mit Gott vorgeschrieben. Die Juden bedienen sich eines Beschneiders (Mohel), der über die verlangten chirurgischen Fähigkeiten verfügt sowie den religiösen Hintergrund der Beschneidung kennt. Nach einem rituellen Gebet beschneidet der Mohel das Kind am achten Tag nach dessen Geburt, gibt ihm seinen Namen und segnet es.

Benimm-Regeln zum Judentum	
Begrüssung/Kontakt	- Je nach Frömmigkeit und Person verschieden - Kein Handschütteln zwischen orthodoxen Juden und Frauen - Warten, bis das Gegenüber die Hand reicht
Essen	- Hände waschen - Tischgebete - Koschere Küche - Kein Schweinefleisch, keine Meeresfrüchte - Schächten - Fasten an Jom Kippur
Bekleidung	- Frauen: Frauenkleider - Männer: Männerkleider - Je nach Tradition und Herkunft Verschieden
Gebetsraum	- Männer und Frauen sitzen getrennt - Männer tragen Kippa - Sitzplätze sind fix und namentlich markiert - Beim Gebet stehen - Nichts mittragen - Mobiltelefon ausschalten
Tod/Trauer	- Keine Blumen - Erdbestattung und Grabesruhe auf immer - Trösten als Pflicht - Trauernde nicht alleine lassen - Dezente Kleider

Diskussionspunkte

Judenverfolgungen/Antisemitismus

«Gründe» der Judenverfolgung

Das Judentum ist seit Jahrtausenden häufig religiösen, ideologischen und politischen Anfeindungen und Verfolgungen ausgesetzt.
Die Juden wurden schon früh als Christusmörder verfolgt. Christliche Judenfeindlichkeit wurde auch ökonomisch und politisch begründet: Juden galten aufgrund der ihnen von den Christen zugewiesenen Berufssparten bzw. -verboten als Wucherer und arbeitsscheu.

Die sprachlichen und bildlichen Darstellungen von Juden ähneln sich durch die Jahrhunderte stark: Sie sollten als «Feinde der Menschheit» (Antike), «Gottesmörder», «Brunnenvergifter», «Ritualmörder», «Wucherer» (Mittelalter und frühe Neuzeit), «Parasiten», «Ausbeuter», «Verschwörer» und heimliche «Weltherrscher» (ab 1789) immer die angeblichen Verursacher aller möglichen negativen Fehlentwicklungen und menschengemachten Katastrophen sein. So wurden die Juden auch für die im 14. Jahrhundert in Europa wütende Pest verantwortlich gemacht.

Shoa Einmalig in der Geschichte ist dagegen die Shoa, der Versuch der planmässigen und quasi-industriellen Ausrottung des jüdischen Volkes durch das nationalsozialistische Deutschland. 1934 wurden 17 Millionen jüdische Menschen auf der Welt gezählt. Sechs Millionen davon, mehr als ein Drittel, fielen der Shoa zum Opfer. Dies beschleunigte nach dem Zusammenbruch des Dritten Reichs die Umsetzung der zionistischen Bestrebungen und führte 1948 zur Gründung des Staates Israel als jüdische Heimstätte.

Diaspora und Zionismus

Diaspora Vor ungefähr 2000 Jahren wurde der Staat Juda, die noch vorhandene staatliche Einheit der Juden, von den Römern zerstört. Seither lebt dieses Volk über die ganze Welt verteilt in der sogenannten Diaspora (Zerstreuung). Die Juden bewahrten in all diesen Jahrtausenden ihr Bewusstsein, in einer besonderen Weise miteinander verbunden zu sein. Die Gründung des Staates Israel im Jahre 1948 in Palästina, das zuvor ein britisches Protektorat war, war für viele Juden die Verwirklichung eines Traumes.

Zionismus Zionismus bezeichnet eine politische Ideologie und die damit verbundene Bewegung, die auf Errichtung, Rechtfertigung und Bewahrung eines jüdischen Nationalstaats in Palästina abzielen. Doch sollte aufgrund der weltweiten Zerstreuung nicht nur zwischen der Bevölkerung Israels und dem Judentum an sich klar unterschieden werden – auch die Gleichsetzung von Judentum und Zionismus ist wegen den unterschiedlichen Haltungen in dieser Frage nicht korrekt. Manche Juden und Jüdinnen lehnen es allerdings aus religiösen oder auch politischen Gründen ab, in Israel zu leben.

Ungelöster Palästinakonflikt Schon einen Tag nach der Verkündung des UN-Teilungsplans 1948 gab es zahlreiche wechselseitige Terroranschläge radikaler Zionisten und arabischer Nationalisten. Daraus entstand der bis heute nicht gelöste Nahostkonflikt. Er führte zu sechs Kriegen zwischen Israel und einigen seiner Nachbarstaaten (israelisch-arabischer Konflikt) und zahlreichen bewaffneten Konflikten zwischen Israelis und Palästinensern (Palästinakonflikt). Letztere sowie die israelische Besetzung der palästinensischen Gebiete dauern bis heute an.

Das weiss ich jetzt!

3.64 Was bedeutet der Begriff «monotheistische Religion»?

3.65 Welche Rolle spielt Abraham in der jüdischen Religion?

3.66 Was ist die Tora?

3.67 Wie beeinflusst das Judentum das Leben der Gläubigen?

3.68 Welche Ursachen hatten die systematischen Anfeindungen und Verfolgung der Juden über die Jahrhunderte?

3.69 Was bedeutet der Begriff «Diaspora»?

3.70 Was ist mit «Zionismus» gemeint?

Weitere Religionen

Die folgenden Religionen zeichnen sich im Gegensatz zu den besprochenen Weltreligionen dadurch aus, dass sie in der Regel nur eine geringe Ausbreitung erfahren haben und so meist auf einen bestimmten kulturellen Raum begrenzt sind.

Konfuzianismus

Konfuzianismus

Der Konfuzianismus entstand im 6. Jh. v. Chr. und gründet auf der Lehre des chinesischen Philosophen Konfuzius. Verbreitet ist der Konfuzianismus hauptsächlich in China und einigen anderen ostasiatischen Ländern. Wie viele Anhänger der Konfuzianismus hat, ist schwer zu sagen, da er eher als eine Art Sittenlehre zu betrachten ist, die in den ostasiatischen Gesellschaften sehr prägend ist, aber oft mit anderen Lehren kombiniert wird. Im Zentrum der Lehre von Konfuzius steht der Mensch als Teil der Gesellschaft. Jeder Einzelne soll nach moralischer Vollkommenheit streben und sich zu diesem Ziel an fünf Tugenden orientieren: Menschlichkeit, Rechtschaffenheit, Sittlichkeit im Verhalten gegenüber anderen, Weisheit und Verlässlichkeit. Nicht nur für die Ordnung in der Gesellschaft ist Anstand und Sitte wichtig, so die Lehre Konfuzius', sondern auch für die Ordnung des gesamten Kosmos. Wer der Etikette und den Riten der Verehrung von Ahnen und der Eltern entsprechend lebt, verändert sich dadurch zum Guten. Dies hat wiederum einen Effekt auf die Mitmenschen, was letztendlich die Ordnung des Kosmos wiederherstellt

Daoismus

Dao

Der Daoismus (oder auch Taoismus) ist neben dem Konfuzianismus und dem Buddhismus eine der Lehren, die die chinesische Kultur stark geprägt haben. Im Mittelpunkt des Daoismus steht der Begriff Dao. Dao bezeichnet in der daoistischen Lehre ein ewiges Wirk- oder Schöpfungsprinzip, das für den Ursprung der Welt verantwortlich ist. Wichtige Themen im Daoismus sind Praktiken zur Lebensverlängerung, bis hin zum Ideal der Unsterblichkeit, sowie Meditation über das Dao und die eigene Position in der Welt.

Yin und Yang

Zentral im Verständnis des Daoismus steht der Begriff der Polarität des Yin und Yang. Im Westen immer wieder missverstanden, ist dieses Symbol nicht ein Zeichen für Gut und Böse, für ein ewiges Ringen der beiden Kräfte. Vielmehr ist es ein Zeichen für eine Dualität, bei der es kein «gut» oder «schlecht» gibt. Das eine ist nur die Kehrseite des anderen. Ohne eine «Hoch» existiert kein «Tief», ohne «Helligkeit» existiert auch kein «Dunkel». Beide sind nur verschiedene Aspekte ein und desselben Systems, und ein Verschwinden des einen würde zum Verschwinden des anderen führen. Das Vermeiden des einen Aspekts ist nicht der Sinn des Taoismus. Beide Seiten der Medaille sind richtig und wichtig, weil sie vom Universum akzeptiert werden.

Shintoismus

Religion Japans

Der Shintoismus ist in Japan die Religion, die als einheimische Religion bezeichnet werden kann.
Der Shintoismus vergöttert die Natur, kennt viele Götter und lebt mit dem später nach Japan gekommenen Buddhismus in einer friedlichen Koexistenz. Als der Buddhismus nach Japan kam, gelang es den buddhistischen Mönchen ohne Schwierigkeiten, den Shintoismus in die eigene Lehre zu integrieren. Vielen Japanern ist auch deshalb die Frage fremd, ob sie Shintoisten oder Buddhisten sind. Sie sind beides – je nach Lebenslage verschiebt sich lediglich die Gewichtung.
Shintoismus in Japan bedeutet Ahnenverehrung und Naturkult, was sich unter anderem in der Lehre ausdrückt, dass alles Leben auf der Welt aus der Natur kommt und wieder zu der Natur zurückkehrt.
Ob Menschen, Tiere oder Pflanzen, alles lebt nur temporär und kurzweilig, nach einer bestimmten Zeitdauer kehrt alles zurück zum grossen Leben.

Naturreligionen

In Harmonie mit der Natur

Die meisten Naturreligionen befähigen die Menschen in Harmonie mit der Umwelt zu leben. Die meisten Urvölker leben instinktiv nachhaltig und zukunftsfähig. Den meisten dieser Völker ist ihr Land heilig, und es gibt heilige Orte, die sie verehren. Das können Steine oder Bäume oder Quellen sein. In vielen der Naturreligionen glaubt man daran, dass alle Dinge in der Natur beseelt sind. Ein Leben nach dem Tod ist den meisten nicht wichtig.

Einige Völker, wie z. B. die indigenen Völker Neuguineas, glauben auch nicht an einen Gott oder Götter, sondern an Geister, die die Natur beseelen und wohlwollend gehalten werden müssen durch rechtes Tun. Die Riten und Zeremonien werden meist von alten Männern oder Medizinmännern bewahrt.

Das weiss ich jetzt!

3.71 Weshalb wird die Lehre des Konfuzianismus auch als Sittenlehre und nicht als Religion im engeren Sinn bezeichnet?

3.72 Was bedeutet «Yin und Yang» im Daoismus?

3.73 Welche Lehre steckt hinter dem Shintoismus?

3.74 Was vereint die verschiedenen Naturreligionen?

3.6 Die Kunst als Kulturform

Die Kunst ist ein wichtiger und seit Langem bestehender Teil der Kultur. So gibt es die Malerei seit 30 000 Jahren. Erste Bilder wurden in den Höhlen der Steinzeitmenschen geschaffen.

Definition

Kunst bedeutet Fertigkeit und Können. Die Kunst unterscheidet sich von der Natur, weil sie vom Menschen hervorgebracht wird, und von der Technik, weil nicht das Herstellen von praktisch verwertbaren Produkten das Ziel der Kunst ist. Bei Künstlerinnen und Künstlern steht das Wollen im Vordergrund, nicht das Müssen. Sie handeln aus einem inneren Drang heraus, wobei das Geldverdienen eine zweitrangige Rolle spielt.

Die Kunst als Teil der Kultur lässt sich in vier Kunstformen unterteilen:

Kunstformen

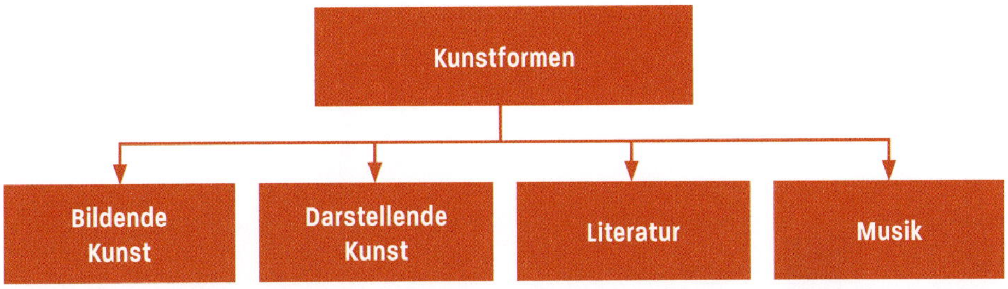

Höhlenmalerei in Frankreich (Lascaux / Dordogne), entstanden zirka 14 000 vor Christus.

Das weiss ich jetzt!

3.75 Was unterscheidet die Kunst von der Natur und der Technik?

3.76 Welche vier Kunstformen werden unterschieden?

3.7 Bildende Kunst

In der bildenden Kunst kann unterschieden werden zwischen den zweidimensionalen Künsten Malerei, Grafik und Fotografie sowie den dreidimensionalen Künsten Architektur und Bildhauerkunst.

Bildende Kunst	
Zweidimensionale Kunst	Malerei Grafik und Fotografie
Dreidimensionale Kunst	Architektur Bildhauerkunst

Eine Museumsbesucherin betrachtet das Werk «unendliche schleife aus einem kreisring 2» von Max Bill im Kunstmuseum Winterthur, 2008.

Malerei

Traditionell wurden bis zum 20. Jahrhundert in der Malerei reale Objekte (z. B. Menschen, Landschaften oder Stillleben) dargestellt. Um die Bilder der Wirklichkeit so ähnlich wie möglich zu machen, haben die Maler seit Jahrhunderten zwei Techniken angewendet:

Traditionelle Techniken der Malerei

- Zentralperspektive
- Abbilden und Nachahmen der Wirklichkeit

Beispiel eines Gemäldes mit Zentralperspektive: Jan van Eyck, Die Madonna des Kanzlers Nicholas Rolin, 1437.

Dreidimensionalität

Die Dreidimensionalität eines Bildes wird durch die Zentralperspektive und andere Elemente vorgetäuscht. So ist im Bild von Jan van Eyck die Ausrichtung der Kacheln auf dem Boden auf einen Punkt in der Mitte des Bildes gerichtet. Die Gestalten im Vordergrund sind grösser dargestellt, Personen im Hintergrund kleiner. Objekte überdecken sich, sie werden gestaffelt dargestellt. Entfernte Objekte wirken unscharf, und ihre Farben «verblassen».

Die Malerei des 20. Jahrhunderts

Konventionen und Regeln

Die Malerei des 18. und 19. Jahrhunderts war bestimmt durch strenge Konventionen und Regeln, die in Kunstschulen erlernt wurden und den Maler in ein Korsett steckten. Traditionell wurden bis zum 20. Jahrhundert in der Malerei reale Objekte dargestellt. Aber schon die Impressionisten (von franz. impression = Eindruck) brechen mit der Tradition, indem sie die Wirklichkeit nur als flüchtigen Anblick zeigen.

Die Impressionisten brechen als Erste mit der Tradition der realen Malerei: Claude Monet, Impression Sonnenaufgang, 1872.

Der Blick nach innen

Mit dem Aufkommen der Fotografie in der zweiten Hälfte des 19. Jahrhunderts konnte die Welt viel genauer und zeitsparender abgebildet werden als mit Pinsel, Farbe und Leinwand. Die Maler suchten neue Herausforderungen, die die Möglichkeiten der Malerei erweiterten. Das Abbilden der Wirklichkeit war keine wichtige Aufgabe mehr für die Maler. Nicht mehr das wahrnehmbare, realistische Äussere, sondern das Innere des Menschen – seine Gefühle, seine Ängste und seine Freuden – sollten dargestellt werden.

Folgende Richtungen brechen im 20. Jahrhundert mit der Tradition der darstellenden Malerei – zum Teil in revolutionärer Art:

Expressionismus (zirka 1905–1930)

In der expressionistischen Malerei wird eine neue Ausdrucksform des Gefühlslebens angestrebt. Es soll die innere Empfindung, die subjektive Wahrnehmung des Malers und nicht eine Illusion der sichtbaren Natur wiedergegeben werden (Ausdruck = *expression*).

Im Expressionismus siegt die Farbe über die realistische Darstellung: Franz Marc, Die kleinen blauen Pferde, 1911.

Wichtige Vertreter des Expressionismus

- Ernst Ludwig Kirchner (1880–1938)
- Franz Marc (1880–1916)
- Alexej von Jawlensky (1864–1941)
- Paul Klee (1879–1940)

Kubismus (zirka 1907–1915)

Der Expressionismus befreite die Farbe, der Kubismus die Form. Das Wort «Kubismus» kommt von «Kubus», was Würfel bedeutet. Die Maler suchten nicht nach gegenständlicher Darstellung, sondern wählten abstrakte Formen wie Kugeln, Kegel, Zylinder oder Pyramiden als Grundmuster.

Im Kubismus wird die Form auf Kuben und Quadrate reduziert: Pablo Picasso, Les Demoiselles d'Avignon, 1907.

Wichtige Vertreter des Kubismus

- Pablo Picasso (1881–1973)
- Juan Gris (1887–1927)
- Georges Braque (1882–1963)
- Fernand Léger (1881–1955)

Abstrakte Malerei (zirka 1910 – 1945)

Eine wichtige Entwicklung in der modernen Kunst löst Wassily Kandinsky aus. Er verbindet Musik und Malerei und versteht seine Gemälde als Kompositionen. Farbe, Form und Rhythmus sollen «die Seele im Betrachter zum Klingen bringen».

Die abstrakte Malerei verzichtet auf naturgetreue oder wiedererkennbare Abbildung von Konkretem: Wassily Kandinsky, Komposition VII, 1913.

Wichtige Vertreterinnen und Vertreter der abstrakten Malerei

- Wassily Kandinsky (1866 – 1944)
- Kasimir Malewitsch (1878 – 1935)
- Piet Mondrian (1872 – 1944)
- Sonia und Robert Delaunay

Dadaismus (zirka 1913 – 1930)

Der Dada war eine internationale Bewegung junger Künstler und Schriftsteller. Sie machten sich mit ihrem Kunstschaffen über die Kunst lustig. Auch die bürgerlichen Werte in Kunst und Gesellschaft wurden von den Dadaisten kritisiert.

Im Dadaismus wird die bisherige Kunst infrage gestellt, indem sie lächerlich gemacht wird: Marcel Duchamp, L.H.O.O.Q., 1919.

Wichtige Vertreter des Dadaismus

- Hans Arp (1887 – 1966)
- Kurt Schwitters (1887 – 1948)
- Marcel Duchamp (1887 – 1968)
- Max Ernst (1891 – 1976)

Surrealismus (zirka 1920–1930)

Das Wort «Surrealismus» bedeutet «über der Wirklichkeit» oder «jenseits der Wirklichkeit». Der Surrealismus hat zum Ziel, dem Unbewussten Raum zu geben. Es werden – ähnlich wie im Traum oder im Rausch – verschiedene Elemente zusammen kombiniert, die vernünftigerweise nicht miteinander in Verbindung stehen.

Im Surrealismus wird das Unbewusste in den Schaffensprozess und die Darstellungsart mit einbezogen: Salvador Dalí, Die weichen Uhren, 1931.

Wichtige Vertreter des Surrealismus

- Max Ernst (1891–1976)
- Joan Miró (1893–1983)
- Salvador Dalí (1904–1989)
- René Magritte (1898–1967)

Abstrakter Expressionismus (1940/50er-Jahre)

Der abstrakte Expressionismus ist eine emotionale Malerei, die auf Kandinsky gründet und Elemente moderner Malstile weiterverfolgt (z.T. Expressionismus und Surrealismus). Viele Einflüsse gehen von amerikanischen Künstlern aus. Man unterscheidet u.a. Action-Painting und Color-Field-Painting (Farbfeldmalerei).

Im abstrakten Expressionismus sind Farbe, Form und Malweise wichtig: Jackson Pollock bei der Arbeit.

Wichtige Vertreter des abstrakten Expressionismus

- Willem de Kooning (1904–1997)
- Mark Rothko (1903–1970)
- Jackson Pollock (1912–1956)
- Yves Klein (1928–1962)

Pop-Art (1960er-Jahre)

Nach dem Zweiten Weltkrieg entwickelte sich die Weltwirtschaft in grossen Schritten, und die Herstellung von Massenartikeln bestimmte die wirtschaftliche Produktion. Diese Entwicklung nahmen die Künstler der Pop-Art auf und integrierten Motive der Alltagskultur, des Konsums, der Massenmedien und der Werbung in den Kunstzusammenhang.

Die Pop-Art schafft durch Verwendung und Montage bereits vorhandener Objekte neue, am Alltag und an der Konsumwelt orientierte Kunstwerke: Andy Warhol, Coca-Cola Bottles (Ausschnitt), 1962.

Wichtige Vertreter der Pop-Art

- Jasper Johns (*1930)
- Andy Warhol (1928–1987)
- Robert Rauschenberg (1925–2008)
- Roy Lichtenstein (1923–1997)

Im 20. Jahrhundert gibt es eine Vielfalt weiterer Malkunstrichtungen, die in diesem Kapitel nicht behandelt wurden. Zusätzlich entstanden Kunstrichtungen, in denen nicht ein Kunstwerk als Endprodukt, sondern Handlungen der Kunstschaffenden im Mittelpunkt stehen. Dazu gehören:

Weitere Kunstrichtungen

Land-Art	Landschaft und Natur werden künstlerisch (um)gestaltet (z. B. Andy Goldsworthy).
Installation	Räume werden nach dem Konzept eines Künstlers oder einer Künstlerin mit verschiedensten Materialien gestaltet (z. B. Joseph Beuys).
Projektionen / Mapping	Spannende grafische und visuelle Umgebungen werden entworfen.

Grafik

Grafik ist ein Sammelbegriff für alle künstlerischen oder technischen Zeichnungen sowie deren drucktechnische Vervielfältigung. Es wird unterschieden zwischen Handzeichnung und Druckgrafik, die verschiedene Verfahren wie Steinabreibung, Holzschnitt, Kupferstich, Lithografie und Siebdruck umfasst. Zu den grafischen Künsten werden auch Graffiti und die Computerkunst gerechnet.

Beispiel für eine Grafik: Keith Haring, Untitled, 1982.

Fotografie

Die Fotografie hat die Sichtweise der Künstlerinnen und Künstler im späten 19. und im 20. Jahrhundert stark verändert. Erstmals war es technisch für jeden möglich, ein Abbild der Welt und der Menschen zu erstellen. Fotoapparate hielten im Verlauf der 1950er-Jahre Einzug in viele Haushalte und waren Begleiter bei Familienfesten, Ausflügen und Ferien. Fotografie als Kunst hat eine relativ kurze Geschichte.

Balthasar Burkhard, Mexiko, 1999.

Architektur

Die Architektur umfasst die Gesamtheit aller Bauwerke mit künstlerischer Gestaltung. Es kann unterschieden werden zwischen Sakralbauten und Profanbauten. Sakralbauten sind Tempel, Kirchen, Moscheen oder Synagogen. Diese Gebäude dienen religiösen Zwecken. Profanbauten sind Wohn- und Bürohäuser, aber auch öffentliche Gebäude wie Gemeindehäuser, Mehrzweckhallen oder Sportarenen. Im 20. Jahrhundert hat das Bevölkerungswachstum dazu geführt, dass der bebaubare Boden rar und damit teuer wurde und die Baumeister in die Höhe zu konstruieren begannen. Die Hochhäuser der grossen Städte zeugen von dieser Entwicklung. Neue Materialien wie Stahlbeton, Glas und Kunststoff haben diesen Vorgang ermöglicht und beschleunigt.

Moderne Architektur: Herzog & de Meuron, Nationalstadion «Vogelnest» Peking, 2008.

Bildhauerkunst

In der Bildhauerkunst wird zwischen Plastik und Skulptur unterschieden. Die Plastik entsteht durch Antragen oder durch Giessen von weichem Material (z. B. Gips, Ton, Porzellan oder Wachs).

Eine Skulptur ist ein dreidimensionales Kunstwerk, das durch Abtragen seine Form bekommt, indem harte Materialien (z. B. Holz, Stein, Elfenbein) geschnitzt oder gemeisselt werden.

Plastik von Alberto Giacometti (1901–1966).

Das weiss ich jetzt!

3.77 Welchen Einfluss hatte die Fotografie auf die Malerei des 20. Jahrhunderts?

3.78 Welche Unterscheidung macht man in der Architektur?

3.79 Wie unterscheiden sich Plastik und Skulptur?

3.8 Darstellende Kunst

Definition

Theaterstücke, Ballett, Opern, Filme und ähnliche Kunstformen können auf der Bühne, in einem Theater oder in einem Kino aufgeführt werden. Die Bedeutung des Begriffes «darstellende Kunst» liegt darin, dass diese Künste eine Aufführung verlangen, die vor Publikum stattfindet. Zu den darstellenden Künsten gehören:

Darstellende Kunst	
Schauspielkunst	z. B. Theater, Oper, Operette, Musical
Tanz	z. B. Ballett, Modern Dance
Medienkunst	z. B. Film, Video, Projektionen
Happening	Aktiver Einbezug des Publikums; Denkgewohnheiten und gesellschaftliche Tabus werden hinterfragt.
Performance	Eine Handlung wird aufgeführt (ohne direkte Beteiligung des Publikums).

Schauspielkunst

Das Theater ist der häufigste Ort, an dem die Schauspielkunst zum Zuge kommt. Die Inszenierung auf der Bühne und der Text einer literarischen Vorlage werden vom Intendanten oder Regisseur aufeinander abgestimmt. Die Kunstformen Literatur und Schauspiel gehen somit eine Verbindung ein.

Opernaufführung in der Arena von Verona.

Sprechtheater

«Sprechtheater» ist die Bezeichnung für die mehrheitlich gesprochenen Theateraufführungen (im Unterschied zu Musiktheater und Tanztheater). Dabei kann es sich um eine Tragödie oder eine Komödie handeln, aber auch um ein Melodram oder eine Posse.

Oper In Opernaufführungen (ital. *opera* = Werk) werden Elemente des Schauspiels und der Musik (des Gesangs) verknüpft. Die meisten Teile werden gesungen, aber es gibt in der Oper auch instrumentale Teile wie die Ouvertüre oder Begleitmusiken.

Operette / Musical Auch in der Operette und im Musical werden musikalische und schauspielerische Elemente gemischt. Hinzu kommen der Tanz und gesprochene Dialoge.
Leonard Bernstein komponiert 1957 das Musical «West Side Story». Es überträgt die Thematik von Romeo und Julia auf das New York der 1950er-Jahre, in die damalige Jugendszene sich rivalisierender Gangs.
Andrew Lloyd Webber ist einer der erfolgreichsten Komponisten von Musicals. Er komponierte unter anderem «Jesus Christ Superstar» (1971), «Evita» (1978), «Cats» (1981) und «Das Phantom der Oper» (1987).
Im Musical «Hair» (1967) werden die Hippie-Bewegung und die Kritik am Vietnamkrieg thematisiert. Es gilt als eines der erfolgreichsten Musicals und wurde vom tschechischen Regisseur Miloš Forman im Jahre 1979 verfilmt.

Pantomime In der Pantomime wird die Handlung ausschliesslich durch Gesten, Bewegungen und Gebärden ausgedrückt. Der Stummfilm ist die Blütezeit dieser Kunst, und Charles Chaplin ist ihr bekanntester Vertreter.

Kleinkunst Neben den erwähnten Genres gehören weitere Kleinkunstformen wie z. B. Kabarett, Comedy, Zauberkunst, Varieté und das Marionettentheater in die Kategorie der darstellenden Künste.

Szene aus dem Musical «West Side Story», hier in einer Aufführung von 2008 in Zürich.

Tanz

Ursprünglich hat der Tanz religöse Wurzeln. Moderne Unterkategorien in der Gattung Tanz sind u.a. Ballett, Eiskunstlauf, Modern Dance, Jazztanz, Breakdance.

Ballett

Als traditionelles Ballett wird der von Musik begleitete künstlerische Bühnentanz bezeichnet. Aufgrund einer Handlungsgeschichte werden eine Musikkomposition und eine Choreografie erschaffen. Hinzu kommen Bühnenbild, Requisiten und Kostüme. Die Bewegungen sind standardisiert. Die Bewegung steht also im Zentrum dieses Tanzes (nicht der individuelle Körper).

Das Staatsballett Berlin bei einer Aufführung in Berlin.

Modern Dance

Im Modern Dance ist die Beziehung der Bewegungen zur Musik freier.
Eine wichtige Entwicklerin des Modern Dance ist die amerikanische Tänzerin Martha Graham. Sie will nicht mehr dem standardisierten Bewegungsablauf des klassischen Balletts nacheifern, sondern dem Ausdruck von Gefühl den Vorrang geben.
Jazz Dance ist eine aus dem Modern Dance entstandene Form des Tanzes. Er entwickelte sich aus afroamerikanischen Tanzstilen. Der Breakdance, bei dem die Tänzer viel Bodenkontakt haben, verbindet akrobatische mit tänzerischen Elementen.

Breakdance verbindet Akrobatik mit Tanz.

Medienkunst

Definition Als «Medienkunst» wird Kunst bezeichnet, die sich technischer Mittel bedient, mit denen Video-, Film-, Musikaufnahmen und andere Elemente kombiniert werden. Sie umfasst Film, Videos, Internetkunst und auch Hörspiele. Eine zentrale Form ist der Film.

Film Der Film feiert im 20. Jahrhundert in vielen Formen und aus mehreren Gründen grosse Erfolge. So spricht das Filmerlebnis mehrere Sinne an: Die Zuschauerinnen und Zuschauer sehen bewegte Bilder, die seit jeher eine grosse Faszination ausüben. Töne und Geräusche unterstützen das Gesehene, und mit der Filmmusik werden Bilder und Handlung verstärkt. Wie kaum eine andere Kunstform kann ein Film die Zuschauer fesseln und sie in seinen Bann ziehen. Der Film spricht Gefühle an.
Zwei Merkmale prägen Spielfilme und machen die Besonderheiten der Filmkunst aus:

Gestaltungsmittel des Spielfilms
- Montage
- Mise en scène

Montage Mit der Montage ist das Zusammensetzen der einzelnen Filmaufnahmen gemeint. Dieser Vorgang heisst im Englischen «cutting», im Deutschen «Schnitt». Die Montage gibt dem Film den Rhythmus: Kurze, hektische Schnitte sind für eine Actionszene geeignet (z. B. für eine Verfolgungsjagd); lange Filmaufnahmen mit wenig Schnitten für ruhige Übersichten (z. B. über eine Landschaft).

Mise en scène Das andere wichtige Gestaltungselement ist die Mise en scène, was den Aufbau des Bildes bezeichnet. Der Regisseur und der Kameramann entscheiden, wie die Grösse der Szene ist, welche Ausstattung und welche Requisiten verwendet werden. Weitere Aspekte der Mise en scène sind die Anordnung und die Bewegung der Schauspieler.

Filmregisseur Federico Fellini bei der Arbeit.

Kurzer Überblick über die Filmgeschichte

Der Siegeszug der neuen Kunstform beginnt mit den Filmen von Georges Méliès, die aus einem Akt bestehen, zum ersten Mal eine Handlung haben und mit Trickelementen arbeiten (z. B. Überblendungen). **Ende 19. Jh. Anfänge**

Zu Beginn des 20. Jahrhunderts sind die Filme stumm, d. h., es gibt keine gesprochenen Dialoge. Es werden Zwischentitel eingeblendet. Gelegentlich werden die Filmaufführungen von Live-Musik (Klavier, kleines Orchester) begleitet. Zwischen 1915 und 1920 entstehen in den USA grosse Filmpaläste. Es entwickelt sich eine Industrie in Hollywood, was zu Hunderten von Filmproduktionen im Jahr führt. **Stummfilm**

Charlie Chaplin ist der erste Filmstar und macht jeden Film zum Erfolg. Er wird zu Lebzeiten zur Legende. Filme wie «The Kid» (1921), der die Armut der Waisenkinder zeigt, und «Modern Times» (1936), in dem der Kampf des Individuums gegen die Technik und die Fliessbandarbeit ironisch dargestellt werden, sind heute noch grosse Filmerlebnisse. **1900–1926**

Auch in Europa gibt es eine Stummfilmtradition. Fritz Lang dreht erste Science-Fiction-Filme wie «Metropolis» (1926). In der Sowjetunion wird von Sergej Eisenstein in «Panzerkreuzer Potemkin» (1925) die Revolution von 1905 zum Thema genommen.

Im Jahr 1926 werden in Amerika die ersten Tonfilme hergestellt. Sehr beliebt sind in den frühen Dreissigerjahren Kriminalfilme und Musicals. Ab Mitte der Dreissigerjahre wird der Stummfilm vom Tonfilm vollständig abgelöst. Viele Stars werden bekannt: Humphrey Bogart, Katharine Hepburn oder Clark Gable. **1920er- und 1930er-Jahre** **Tonfilm**

Während der Dreissigerjahre ist der märchenhafte und fantastische Film sehr beliebt. (z. B. «King Kong» 1933). Auch Horrorfilme wie «Dracula» (1931) oder «Frankenstein» (1931) sind in dieser Zeit erfolgreich. **Fantastischer Film**

Szene aus dem Film «Modern Times» von Charlie Chaplin.

In Europa stockt die Filmproduktion im Zweiten Weltkrieg, ausser im nationalsozialistischen Deutschland, wo viele Propagandafilme hergestellt werden.

Farbfilm

Der von Walt Disney produzierte Trickfilm «Schneewittchen und die sieben Zwerge» aus dem Jahre 1937 ist einer der ersten Farbfilme. In den Fünfzigerjahren übertrifft die Anzahl der Farbfilme bereits die der Schwarz-Weiss-Produktionen.

Nach 1945
Konkurrenz Fernsehen

Nach dem Zweiten Weltkrieg erhält das Kino Konkurrenz vom Fernsehen. Die Produzenten von Filmen setzen auf den Vorteil gegenüber dem kleinen Fernsehbild: grosse Leinwände (Breitwand zirka ab 1953). Historienfilme und Bibelfilme feiern grosse Erfolge, wie «Doktor Schiwago» (1965) oder «Die Bibel» (1966). Der Western, der schon vor dem Ersten Weltkrieg sehr beliebt ist, erlebt in dieser Zeit ein Revival.

Neorealismus

In den Vierziger- und Fünfzigerjahren entwickelt sich von Italien aus ein Stil, der «Neorealismus» genannt wird. Sehr realistisch, aber auch kritisch wird das Alltagsleben der einfachen Leute gezeigt. Federico Fellinis «La Strada» ist ein Beispiel für diesen Stil. In diesem Film wird das Leben von Zirkusartisten und Aussenseitern dargestellt.
Marlon Brando, James Dean und Marilyn Monroe sind in den Fünfzigerjahren bekannte Stars.

1960er- und 1970er-Jahre
Autorenfilme

Vor allem in Frankreich werden sogenannte Autorenfilme erstellt. Der Regisseur ist der Autor eines Films und kann den Film sehr persönlich gestalten. Ein typisches Beispiel ist der Film «Jules und Jim» (1962) von François Truffaut.
In den Siebzigerjahren kritisieren deutsche Regisseure das moderne Deutschland, z. B. Rainer Werner Fassbinder mit «Angst essen Seele auf» (1973). In Amerika drehen die Filmemacher Woody Allen («Manhattan», 1979), Francis Ford Coppola («The Godfather», 1972) und Stanley Kubrick («2001: A Space Odyssey», 1968) künstlerisch hoch stehende Filme, die beeinflusst sind von den Strömungen aus Europa.

1980er- und 1990er-Jahre
Spezialeffekte und Katastrophenfilme

In dieser Zeit sind Spezialeffekte und Katastrophenfilme sehr beliebt. Es gibt Comicverfilmungen (z. B. «Superman», 1978; «Batman», 1989) und technisch aufwendige Weltraumfilme (Enterprise-Serie und die Star-Wars-Filme von George Lucas). Der Regisseur Steven Spielberg feiert grosse Erfolge mit so unterschiedlichen Filmen wie «E.T.» (1982), über die Begegnung eines Ausserirdischen mit jungen Menschen und «Schindlers Liste» (1993), der die Verfolgung der Juden im Zweiten Weltkrieg thematisiert.

Sehr erfolgreich war 1997 der Katastrophenfilm «Titanic» mit Leonardo DiCaprio und Kate Winslet, der den Untergang der Titanic mit einer Liebesgeschichte verknüpft. In den letzten Jahren sind jedoch zahlreiche neue Filme erschienen, die Umsatzrekorde erzielt haben – beispielsweise «Oppenheimer» und «Barbie».

Das weiss ich jetzt!

3.80 Welches ist das verbindende Element der darstellenden Künste?

3.81 Welche Kunstformen kommen in der Oper und im Musical zusammen?

3.82 Worin unterscheidet sich das Ballett von den neueren Tanzrichtungen?

3.83 Was hat sich in der Filmkunst durch das Fernsehen verändert?

3.9 Literatur

Geschriebene Texte sind ein wichtiger Bestandteil der menschlichen Kultur. Man kann unterscheiden zwischen Sachtexten (z. B. Zusammenfassungen, wissenschaftliche Abhandlungen oder Anleitungen) und literarischen Texten.

Literarische Texte werden in ihrer Gesamtheit auch Dichtung oder Belletristik genannt.

Belletristik

Den literarischen Texten ist gemeinsam, dass sie nicht in der Absicht geschrieben sind, dem Leser und der Leserin Informationen zu vermitteln, wie das bei Sachtexten der Fall ist. Literarische Texte sind fiktionale (= erfundene) Texte, die ein Geschehen nicht realitätsgetreu wiedergeben, sondern so, wie es sich zutragen könnte. Realität und Erfundenes können in der Literatur gemischt werden. Die Lesenden wollen durch die Lektüre unterhalten werden, oder es soll ihre Einbildungskraft angeregt werden.

In der Literatur werden drei Gattungen unterschieden:

Gattungen der Literatur	
Epik	Verschiedene Arten von Erzählungen
Dramatik	Theaterstücke mit Inszenierung
Lyrik	Gedichte

Der Schweizer Schriftsteller Max Frisch (1911–1991).

Erzählende Texte (Epik)

Mit Epik sind Texte gemeint, die erzählenden Charakter haben (z.B. Romane, Kurzgeschichten, Märchen). Diese Texte sind in Prosaform verfasst, d.h., die Texte sind fortlaufend, in vollständigen Sätzen geschrieben und geben eine Geschichte wieder.
Es gibt verschiedene Formen erzählender Texte. Diese können aufgrund der Länge unterschieden werden:

Formen erzählender Texte

- Kurze Formen: Witz, Anekdote, Fabel, Sage, Parabel
- Mittlere Formen: Märchen, Kurzgeschichte, Novelle, Legende
- Lange Formen: Roman

Roman Der Roman ist die grosse Form literarischer Erzählungen. Er ist umfangreich, komplex, und es kommen zahlreiche Figuren vor. Verschiedene Romangattungen können unterschieden werden.

Beispiele unterschiedlicher Romangattungen

Ritterroman	«Parzival» von Wolfram von Eschenbach
Fantasyroman	«Die Nebel von Avalon» von Marion Zimmer Bradley
Kriminalroman	«Sakrileg» von Dan Brown
Historischer Roman	«Krieg und Frieden» von Leo Tolstoi
Abenteuerroman	«Robinson Crusoe» von Daniel Defoe
Liebesroman	«Doktor Schiwago» von Boris Pasternak
Bildungsroman	«Der grüne Heinrich» von Gottfried Keller

Beispiel eines erzählenden Textes – *aus «Der kleine Hobbit» von J.R.R. Tolkien, übersetzt von Walter Scherf*

«Als Bilbo seine Augen öffnete, fragte er sich, ob er sie wirklich offen hatte, denn es war genauso dunkel, als hätte er sie noch geschlossen gehalten. Niemand war bei ihm. Stellt euch seine Angst vor! Er konnte nichts hören, nichts sehen, und er konnte nichts fühlen ausser den Steinen auf dem Boden.
Er erhob sich langsam und kroch auf allen vieren umher, bis er die Wand des Stollens berührte. Aber dort konnte er nichts finden: gar nichts, keine Spur von Orks, keine Spur von Zwergen. Sein Kopf schwamm vor Benommenheit und er hatte keine Ahnung, in welcher Richtung sie gelaufen waren, als er seinen Sturz tat. Auf gut Glück kroch er ein ordentliches Stück weiter, bis seine Hand plötzlich auf dem Boden des Stollen etwas liegen fand – etwas, das sich wie ein dünner Ring aus einem kalten Metall anfühlte. Und das war ein Wendepunkt in seinem Leben. Aber er wusste es nicht. Er steckte den Ring in seine Tasche, ohne sich Gedanken zu machen. Sicherlich, im Augenblick schien dieses Etwas zu nichts nütze zu sein. Er ging auch nicht viel weiter, setzte sich auf den kalten Boden und gab sich völlig seinem grenzenlosen Elend hin. Wie schön könnte ich jetzt zu Hause Eier und Schinken in meiner Küche backen, dachte Bilbo, denn sein Magen sagte ihm, dass es höchste Zeit für eine Mahlzeit wäre. Aber das machte ihn nur noch elender.»

Dramatische Texte (Dramatik)

Drama ist der Oberbegriff für alle Texte mit verteilten Rollen. Das Wort «Drama» bedeutet «Handlung». Im Drama wird durch Dialog und Monolog der Figuren ein Konflikt entwickelt. Es besteht aus einer spannungsvollen Entwicklung, die bis zu einem Höhepunkt steigt und dann wieder abfällt. Auf der Bühne wird das Geschehen erlebbar: Das Drama wird zur dargestellten Kunst, wie wir sie weiter oben kennengelernt haben.

Formen des Dramas

- Tragödie: klassische Tragödie, bürgerliches Trauerspiel
- Komödie: Lustspiel, Schwank
- Schauspiel: Volkstheater
- Moderne Dramenformen: episches, absurdes, groteskes und dokumentarisches Drama

Beispiel eines dramatischen Textes – *aus «Der Besuch der alten Dame» von Friedrich Dürrenmatt*

Der Butler: 1910 war ich der Richter und ihr die Zeugen. Was habt ihr geschworen, Ludwig Sparr und Jakob Hühnlein, vor dem Gericht in Güllen?

Die Beiden: Wir hätten mit Klara geschlafen, wir hätten mit Klara geschlafen.

Der Butler: So habt ihr vor mir geschworen. Vor dem Gericht, vor Gott. War dies die Wahrheit?

Die Beiden: Wir haben falsch geschworen, wir haben falsch geschworen.

Der Butler: Warum, Ludwig Sparr und Jakob Hühnlein?

Die Beiden: Ill hat uns bestochen, Ill hat uns bestochen.

Der Butler: Womit?

Die Beiden: Mit einem Liter Schnaps, mit einem Liter Schnaps.

C. Zachanassian: Erzählt nun, was ich mit euch gemacht habe, Koby und Loby.

Die Beiden: Die Dame liess uns suchen, die Dame liess uns suchen.

Der Butler: So ist es. Claire Zachanassian liess euch suchen [...] und sie fand euch. Was hat sie dann mit euch gemacht?

Die Beiden: Kastriert und geblendet, kastriert und geblendet.

Der Butler: Dies ist die Geschichte: Ein Richter, ein Angeklagter, zwei falsche Zeugen, ein Fehlurteil im Jahre 1910.

Ill: (*stampft auf den Boden*) Verjährt, alles verjährt! Eine alte, verrückte Geschichte.

Der Butler: Was geschah mit dem Kind, Klägerin?

C. Zachanassian: (*leise*) Es lebte ein Jahr.

Der Butler: Was geschah mit Ihnen?

C. Zachanassian: Ich wurde eine Dirne.

Der Butler: Weshalb?

C. Zachanassian: Das Urteil des Gerichts machte mich dazu.

Der Butler: Und nun wollen Sie Gerechtigkeit, Claire Zachanassian?

C. Zachanassian: Ich kann sie mir leisten. Eine Milliarde für Güllen, wenn jemand Alfred Ill tötet.

Totenstille

Lyrische Texte (Lyrik)

Allgemein ist Lyrik alles in Gedichtform Geschriebene und Überlieferte. Lyrik ist die subjektivste Gattung literarischer Texte und sehr formenreich. Die lyrische Form ist meist kurz, eine Gliederung erfolgt in Verse und Strophen.
Das Vorhandensein eines Versmasses und eines Reims wurde zwar bis ins 20. Jahrhundert bei der Identifizierung eines lyrischen Textes angenommen, moderne Gedichte bestehen jedoch auch aus freien Versen mit freien Rhythmen. Wichtig bleiben Rhythmus, Bildhaftigkeit und Musikalität des Gedichtes. Die Nähe zur Musik ist durch diese Elemente sehr gross.

Beispiele lyrischer Texte

*«**Herbsttag**»*
von Rainer Maria Rilke

Herr: es ist Zeit. Der Sommer war sehr gross.
Leg deinen Schatten auf die Sonnenuhren,
und auf den Fluren lass die Winde los.

Befiehl den letzten Früchten voll zu sein;
gib ihnen noch zwei südlichere Tage,
dränge sie zur Vollendung hin und jage
die letzte Süsse in den schweren Wein.

Wer jetzt kein Haus hat, baut sich keines mehr.
Wer jetzt allein ist, wird es lange bleiben,
wird wachen, lesen, lange Briefe schreiben
und wird in den Alleen hin und her
unruhig wandern, wenn die Blätter treiben.

*«**Das Liebespaar**» von Octavio Paz,*
übersetzt von Hans Magnus Enzensberger

Sie liegen im Gras
ein Mann und ein Mädchen
Sie essen Orangen, sie tauschen Küsse
wie die Wellen tauschen sie ihren Schaum.

Sie liegen am Strand
ein Mann und ein Mädchen
Sie essen Zitronen, sie tauschen Küsse
wie die Wolken tauschen sie ihren Hauch.

Sie liegen in der Erde
ein Mann und ein Mädchen
Sie sagen nichts, sie küssen sich nicht
sie tauschen Schweigen um Schweigen ein.

Das weiss ich jetzt!

3.84 Welches ist der Unterschied von Sachtexten zu literarischen Texten?

3.85 Welche Formen epischer Texte kann man unterscheiden?

3.86 Worin unterscheidet sich das Drama von der Epik?

3.87 Wie hat sich die Lyrik im 20. Jahrhundert verändert?

3.10 Musik

Musik ist die Bezeichnung für die Tonkunst. Musik ist universell: Alle bekannten Gesellschaften und Kulturen der Welt kennen Formen von Musik.

Gestaltungselemente der Musik	
Rhythmus	Ordnung und Gliederung des zeitlichen Verlaufs von Klängen
Melodie	Folge von Tönen in Bezug zu Tonhöhe und Tondauer
Harmonie	Zusammenklang verschiedener Töne
Klangfarbe	Schallspektrum eines Instruments, bestimmt durch Tonhöhe und -dauer, Obertöne und Lautstärke

Erneuerung der klassischen Musik im 20. Jahrhundert

Die klassische Musik des 17.–19. Jahrhunderts war tonal und melodiös. In dieser Zeit lassen sich folgende Musikepochen unterscheiden:

Epochen der klassischen Musik	
17. Jahrhundert **Barock**	Johann Sebastian Bach (1685–1750) Antonio Vivaldi (1678–1741) Georg Friedrich Händel (1685–1759)
18. Jahrhundert **Klassik**	Joseph Haydn (1732–1809) Wolfgang Amadeus Mozart (1756–1791) Ludwig van Beethoven (1770–1827)
19. Jahrhundert **Romantik**	Franz Schubert (1797–1828) Robert Schumann (1810–1856) Frédéric Chopin (1810–1849)

Erneuerung der klassischen Musik

Die Komponisten und die Maler standen zu Beginn des 20. Jahrhunderts in regem Austausch miteinander und haben sich gegenseitig beeinflusst. Daraus ergaben sich wie in der Malerei und in der Literatur auch in der Musik des 20. Jahrhunderts Erneuerungen. Im Gegensatz zur klassisch-romantischen Musik entwickeln die Komponisten zu Beginn des 20. Jahrhunderts atonale Musik.
Auch trugen die Erfindung der Schallplatte und der Rundfunktechnik zur Popularisierung der Musik bei. War es früher der Oberschicht vorbehalten, sich einen Konzertbesuch zu leisten, kamen nun mehr Menschen günstig in den Genuss von Musik.

Erneuerer der klassischen Musik

- Arnold Schönberg (1874–1951) kreiert die Zwölftonmusik.
- Alban Berg (1885–1935) verzichtet ebenfalls auf die Tonalität und schafft mit «Wozzeck» (1921) eine der berühmtesten Opern der «Neuen Musik».
- Igor Strawinsky (1882–1971) verwendet Elemente aus Jazz und Ragtime. Er verursacht mit «Le Sacre du Printemps» (1910) einen Theaterskandal.
- Karlheinz Stockhausen (1928–2007) gehört zur musikalischen Avantgarde des 20. Jahrhunderts. Er integriert elektronische Geräte in seine Kompositionen.
- John Cage (1912–1992) wendet sich von der seriellen Musik ab und entwickelt einen Stil, bei dem Alltagsgeräusche und nach dem Zufallsprinzip kombinierte Elemente integriert werden.

Musikstile im 20. Jahrhundert

Die populären Musikformen sind im 20. Jahrhundert zu einer allgegenwärtigen Erscheinung des Lebens geworden. Es sind viele Musikformen entstanden, von denen die wichtigsten hier kurz vorgestellt werden.

Jazz Der Jazz wurde von den Nachkommen der Sklaven in den USA entwickelt. Improvisation und das Zusammenspiel von Kollektiv und Einzelmusikern (Solo) spielen eine zentrale Rolle.

Wichtige Vertreter des Jazz

- Louis Armstrong (1901–1971)
- Miles Davis (1926–1991)
- Ella Fitzgerald (1917–1996)

Der amerikanische Jazztrompeter, Sänger und Schauspieler Louis Armstrong (1901–1971).

Blues

Das Wort «Blues» ist von der englischen Beschreibung «I've got the blues» oder «I feel blue» (ich bin traurig) abgeleitet. Die Musik wurde ähnlich wie der Jazz von verschleppten Sklaven aus Afrika in den amerikanischen Südstaaten entwickelt.

Wichtige Vertreter des Blues

- B. B. King (1925–2015)
- John Lee Hooker (1917–2001)

Rock'n'Roll

Der Rock'n'Roll (R'n'R), der ab Mitte der Fünfzigerjahre sehr erfolgreich wird, verbindet Elemente des schwarzen Rhythm and Blues mit der weissen Countrymusic.

Wichtige Vertreter des Rock'n'Roll

- Chuck Berry (1926–2017)
- Elvis Presley (1935–1977)

Beat

Die Beatmusik revolutioniert, von England ausgehend, in den Sechzigerjahren die Jugendkultur. Die Musik ist melodiöser, die Texte sind poetischer als im Rock'n'Roll. Durchgehend gibt es den gleichen Rhythmus (Beat).

Wichtige Vertreter des Beat

- The Beatles (1960–1970)
- The Who (1964–1983)
- Rumpelstilz (1971–1989)

Die Beatles 1965 bei einem Auftritt in Paris.

Pink Floyd an einem Konzert im Jahre 1973.

Rock Aus der Beatmusik und dem R'n'R entwickelte sich die Rockmusik, deren erste Vertreter die Rolling Stones waren. Die E-Gitarre ist zentrales Instrument der Bands (z. B. Jimi Hendrix). Der Rock ist rhythmusbetonter als Beatmusik. Es gibt sehr viele Stile im Rock, die sich stark unterscheiden: Folkrock, Jazzrock, Electronicrock, Classic Rock, Artrock, Hardrock, Metal Rock.

Wichtige Vertreter des Rock

- Jimi Hendrix (1942–1970)
- The Rolling Stones (*1962)
- Pink Floyd (1965–2015)
- Led Zeppelin (1962–1980)
- Metallica (*1981)
- Züri West (*1984)

Disco Disco ist die Abkürzung für «Discothèque», was einen Nachtclub bezeichnet. In den Siebzigerjahren entwickelt sich ein Musikstil, der sehr tanzbar und eingängig ist. Im Disco-Sound sind Elemente des Rock, Soul und Funk vermengt.

Wichtige Vertreter des Disco

- Boney M. (1975–1986)
- ABBA (1972–1982)

Punk Das englische Wort «punk» bedeutet «miserabel, nichts wert». Es ist eine Richtung des Rock, die sich in den Siebzigerjahren von New York und London aus entwickelte. Die Musik ist stark verbunden mit der Kultur der Punks, die bürgerliche Werte und staatliche Bevormundung ablehnen. Aggressive Songs mit einfachen Harmonien und rebellisch-zynischen Texten charakterisieren die Punkmusik.

Wichtige Vertreter des Punk

- Sex Pistols (1975–1978)
- The Clash (1976–1985)

Pop

«Pop» ist ein Sammelbegriff für alle Arten von populärer, von vielen Menschen gehörter Musik verschiedener Stilrichtungen. Es ist sogenannte Unterhaltungs- und Tanzmusik. In diesem Sinn sind die meisten der hier genannten Musikstile seit den Sechzigerjahren Popmusik. Die Musikfilme tragen zur Popularität der Musik bei, und die Musikvideos sind untrennbar mit der modernen Entwicklung der Popmusik verbunden.

Wichtige Vertreter der Popmusik

- Michael Jackson (1958–2009)
- Madonna (*1958)

Reggae

Zahlreiche Musikelemente werden im Reggae vermengt: Rhythm and Blues, Soul, Blues, afrikanische Folklore und Calypso. Entstanden auf der karibischen Insel Jamaika, ist der Reggae stark beeinflusst vom Ska, einer in den späten Fünfzigerjahren entstandenen Tanzmusik. Typisch ist der Offbeat, bei dem Gitarre, Keyboard oder Bläser die zweite und vierte Taktzeit betonen.

Wichtige Vertreter des Reggae

- Bob Marley (1945–1981)
- Jimmy Cliff (*1944)

Techno/House

Techno ist eine Form der Popmusik, die bei einem 4/4-Takt jedes Taktviertel betont. Das Tempo ist sehr hoch. Die Musik wird mit elektronischen Musikinstrumenten wie Synthesizer, Sampler und Drumcomputern erzeugt und ist generell Instrumentalmusik. «House» hat seinen Namen vom Club «The Warehouse» in Chicago, in dem diese Form des Techno erstmals aufgelegt wurde.

Wichtige Vertreter des Techno

- Kraftwerk (*1970)
- Daft Punk (*1993, Auflösung 2021)

Rap/Hip-Hop

Rap bezeichnet rhythmischen Sprechgesang, der heute nicht nur im Hip-Hop, sondern auch in anderen Musikstilen eingesetzt wird. Rap wird in den Siebzigerjahren populär. Er wird von afroamerikanischen Jugendlichen entwickelt. Zusammen mit dem durch «Scratching» (Hin- und Herbewegen der Schallplatte auf dem Plattenteller) erzeugten «Loops» (Wiederholung einiger Takte), entstehen Musikstücke. Die Texte beinhalten ursprünglich politische und soziale Themen.

Wichtige Vertreter des Hip-Hop/Rap

- Grandmaster Flash (*1958)
- Eminem (*1972)
- Drake (*1986)

Das weiss ich jetzt!

3.88 Wie unterscheidet sich die klassische Musik des 20. Jahrhunderts von der klassischen Musik des 17.–19. Jahrhunderts?

3.89 Welche Neuerungen haben die Komponisten des 20. Jahrhunderts eingeführt?

3.90 Was bezeichnet der Begriff «Pop»?

3.11 Das 20. und das 21. Jahrhundert im Überblick

	1900–1910	1910–1920	1920–1930	1930–1940	1940–1950
Politik	– Imperialismus	– Erster Weltkrieg – Oktoberrevolution in Russland – Gründung des Völkerbundes	– Börsencrash, Weltwirtschafts-krise	– Spanischer Bürgerkrieg – Weltwirtschafts-krise, Massen-arbeitslosigkeit – Nationalsozialismus – Beginn des Zweiten Weltkrieges	– Gründung der UNO – Erklärung der Men-schenrechte – Beginn Dekolonisation – Beginn des Kalten Krieges
Wissenschaft und Technik	– Traumdeutung und Psychoanalyse von Sigmund Freud – Erster Motorflug	– Albert Einstein: Allgemeine Relati-vitätstheorie – Amundsen erreicht als erster Mensch den Süd-pol	– Erste Rund-funk-übertragung (Radio) – Erfindung des Fernsehens – Lindbergh über-quert den Atlantik nonstop	– Entdeckung der Kernspaltung	– Entwicklung der Atombombe
Bildende Kunst	– Kubismus: Pablo Picasso	– Abstrakte Malerei: Wassily Kandinsky	– Surrealismus: Salvador Dalí – Dadaismus: Marcel Duchamp	– Pablo Picasso: «Guernica»	– Abstrakter Expressionismus: Jackson Pollock
Darstellende Kunst / Film	– Erster Kurzfilm: «Der grosse Eisen-bahnraub»	– Erfolgreichster Film der Stumm-filmzeit: «Die Ge-burt einer Nation»	– Bertolt Brecht: «Dreigroschen-oper»	– Charles Chaplin: «Modern Times»	– «Casablanca» mit Humphrey Bogart und Ingrid Bergman
Literatur	– Thomas Mann: «Die Buddenbrooks» – Rainer Maria Rilke: «Herbsttag»	– Franz Kafka: «Die Verwandlung»	– Hermann Hesse: «Siddhartha» – Erich Maria Remarque: «Im Westen nichts Neues»	– Robert Musil: «Der Mann ohne Eigen-schaften» – Ödön von Horváth: «Jugend ohne Gott»	– Stefan Zweig: «Die Schachnovelle» – Anna Seghers: «Das siebte Kreuz»
Musik	– Gustav Mahler, Sin-fonien	– Igor Strawinsky: «Le Sacre du Printemps»	– Arnold Schönberg: Zwölftontechnik	– Big Band Swing: Louis Armstrong, Benny Goodman, Count Basie	– Bebop (Jazz): Dizzy Gillespie, Charlie Parker, Thelonious Monk – Cool Jazz: Miles Davis
Jugendkulturen	– Wandervogel-Bewegung			– Swingjugend	

1950–1960	1960–1970	1970–1980	1980–1990	1990–2000	2001–2024
– Gründung der EWG – Revolution in Kuba	– Vietnamkrieg – Prager Frühling – 68er-Unruhen – Ende der Rassentrennung in den USA	– Ölkrise – RAF in Deutschland	– Fall der Berliner Mauer	– Wiedervereinigung Deutschlands – Auflösung der Sowjetunion – Bürgerkrieg in Ex-Jugoslawien – Völkermord in Ruanda	– Anschläge in Amerika 11.09.2001 – Finanzkrise 2008 – Fukushima – Brexit – Ukrainekrieg
– DNA-Struktur wird entdeckt – Erster Erdsatellit: Sputnik 1 – Erster digitaler Computer	– Erster Mensch im Weltall – Antibabypille – Erste Menschen auf dem Mond	– Erste PC	– Reaktorkatastrophe in Tschernobyl	– Mobiltelefonie – das World Wide Web wird zur Nutzung freigegeben	– iPod 2001, Smartphone 2007, Tablet 2010 – Elektroautos – Burj Khalifa (Dubai): höchstes Gebäude der Welt 2010 (828 Meter) – Coronavirus-Pandemie
– Alberto Giacometti schafft seine Plastiken	– Pop-Art: Andy Warhol	– Jean Tinguely: «Carnaval» (Fasnachtsbrunnen in Basel)	– Grafik: Keath Haring – Fotografie: Balthasar Burkhard	– Video-installationen: Pipilotti Rist	– Gerhard Richter: «Richter-Fenster»; Kölner Dom – Damien Hirst: «For the Love of God»
– Alfred Hitchcock: «Das Fenster zum Hof»	– «Hair» (Musical) – Stanley Kubrick: «2001: A Space Odyssey»	– George Lucas: «Star Wars» – Miloš Forman: «Einer flog über das Kuckucksnest»	– Steven Spielberg: «E.T.» – Wolfgang Petersen: «Das Boot»	– Steven Spielberg: «Schindlers Liste» – Quentin Tarantino: «Pulp Fiction»	– Peter Jackson: «Der Herr der Ringe I–III» – TV-Serien: (z. B. «Breaking Bad», «Game of Thrones»)
– Friedrich Dürrenmatt: «Der Richter und sein Henker» – Max Frisch: «Biedermann und die Brandstifter»	– Heinrich Böll «Ansichten eines Clowns» – Ingeborg Bachmann: «Das dreissigste Jahr»	– Elfriede Jelinek: «Die Liebhaberinnen» – Peter Handke: «Die Angst des Tormanns beim Elfmeter»	– Patrik Süskind «Das Parfüm» – Thomas Bernhard: «Der Untergeher»	– Robert Schneider: «Schlafes Bruder» – «Slam Poetry» entsteht	– Pascal Mercier: «Nachtzug nach Lissabon» – Joanne K. Rowling: «Harry Potter»-Serie – Kim de l'Horizon: Schweizer Buchpreis 2023
– Rock'n'Roll – Schlagermusik	– Gründung der Beatles – Gründung der Rolling Stones – Woodstock-Festival	– Soul und Funk – Rap und Hip-Hop – Disco-Music – Punk und New Wave	– Techno und House – R&B	– Grunge – Trip-Hop	– Karlheinz Stockhausen 1928–2007 – Castingshows – Luis Fonsi: «Despacito» erreicht 2017 drei Milliarden Klicks auf YouTube
– Rocker – Teddy Boys	– Hippies	– Punks	– Popper – Techno-House-Szene	– Hip-Hopper – Rapper	– Hipster – Social Media – Klimajugend – Generation Smartphone

Wissen anwenden

Hinweis: Die Antworten zu den Fragen, die mit einem Ja oder Nein beantwortet werden können, müssen Sie begründen.

W16 Legen Sie die Benimm-Regeln der fünf Weltreligionen nebeneinander und schälen Sie Gemeinsamkeiten und Verschiedenheiten heraus.
Diskutieren Sie die Resultate.

W17 **Wie sind Sie mit Ihrem Glauben «gross» geworden? An welche Personen/Ereignisse erinnern Sie sich im Zusammenhang mit Ihrem Glauben?**

W18 Wie leben Sie Ihren Glauben heute in Ihrem Alltag?
Tauschen Sie sich in der Klasse aus.

W19 Kunst ist ein Unterbegriff von Kultur.
Beschreiben Sie, wie sich die Kunst von anderen Teilen der Kultur beinflussen lässt.

W20 Es können vier Kunstformen unterschieden werden.
Zeigen Sie an Beispielen auf, wie die verschiedenen Kunstformen ineinander greifen, welche Kunstobjekte sogar von einer Kunstform in die andere übertragen werden.

W21 Sie besuchen ein Kunstmuseum.
a) **Untersuchen Sie, welchen Stilen die ausgestellten Bilder zuzuordnen sind.**
b) **Beschreiben Sie zwei Bilder aus verschiedenen Stilen und vergleichen Sie die Eigenschaften dieser Bilder.**
c) **Beschreiben Sie die Art und Weise, wie die Realität dargestellt wird.**
d) **Schildern Sie den Eindruck, den ein abstraktes Bild bei Ihnen auslöst.**

W22 Auch die Fotografie ist ein Teil der Kunst.
a) **Erstellen Sie mit einem Fotoapparat (oder Handy) ein Foto, das künstlerischen Charakter hat. Erläutern Sie einem Kollegen, welche Eigenschaften der Fotografie künstlerisch sind.**
b) **Fotografieren Sie zwei architektonisch wertvolle Gebäude in Ihrem Wohnort und charakterisieren Sie den Baustil und die Funktion.**

W23 Lesen Sie einen Roman oder einen anderen epischen Text Ihrer Wahl.

a) **Untersuchen Sie die Art der Erzählung.**

b) **Interpretieren Sie den Text auf dem Hintergrund der Zeit, in der er geschrieben wurde. Informieren Sie sich zu diesem Zweck im Internet über die Autorin oder den Autor.**

W24 Lesen Sie die beiden in diesem Kapitel abgedruckten Gedichte.
Zeigen Sie auf, mit welchen sprachlichen Verdichtungen die Autoren Bilder erzeugen und Gefühle ansprechen.

W25 Musik ist in unserem Leben allgegenwärtig.

a) **Protokollieren Sie an zwei Tagen alle Anlässe in Ihrem Alltag, an denen Musik vorkommt. Vergleichen Sie das Protokoll mit einem Kollegen und besprechen Sie die Funktionen, die die Musik in unserem Leben einnimmt.**

b) **Ordnen Sie fünf ausgewählte Musikstücke den entsprechenden Musikstilen zu.**

W26 Das Kapitel 3.11 versucht einen Überblick über das 20. Jahrhundert zu geben.
Gestalten Sie mithilfe der gleichen Kategorien einen Überblick über die ersten Jahrzehnte des 21. Jahrhunderts.

Kapitel 4
Mensch und Wirtschaft

Wir Menschen versuchen unsere Wünsche und Träume zu verwirklichen. Unsere Bedürfnisse zu befriedigen, ist deshalb auch der Motor der Wirtschaft. Mit der Werbung und neuen technischen Entwicklungen werden immer mehr und neue Bedürfnisse geschaffen.
Mit dem Lohn, den Sie in Ihrer Ausbildung verdienen, sind Sie Teil der Wirtschaftsgesellschaft geworden. Verantwortungsvolles Handeln setzt voraus, dass Sie wirtschaftliche Zusammenhänge erkennen und verstehen! Nur so können wir zum Beispiel dem rasant wachsenden Ressourcenverbrauch entgegentreten.
Die Politik – Stellvertreterin unseres Staates – spielt eine wichtige Rolle, denn sie kann regelnd und ausgleichend ins Wirtschaftsgeschehen eingreifen.

In diesem Kapitel setzen Sie sich mit folgenden Fragen auseinander

- Wie funktioniert Angebot und Nachfrage auf dem Markt?
- Was versteht man unter einem Wirtschaftskreislauf?
- Wie kann die Wirtschaftsaktivität gemessen werden?
- Welche Rolle spielt der Staat in der Wirtschaft?
- Welche Spannungsfelder gibt es zwischen Ökonomie und Ökologie?

IHR LEBEN WIRD GUT STEUERBAR.... ... BESONDERS EINKOMMEN UND VERMÖGEN!
PFUSCHI-CARTOON

4.1 Nachfrage – Angebot – Markt

Die Nachfrage

Bedürfnis

Das Verlangen der Menschen, einen Mangel zu beheben, wird als Bedürfnis bezeichnet. Die Bedürfnisse des Menschen sind praktisch unbeschränkt. Dies macht sich die Werbung zunutze, indem sie neue Bedürfnisse weckt.
Unser Wunsch nach Bedürfnisbefriedigung ist der Antrieb für die gesamte Wirtschaft.

Der amerikanische Psychologe Abraham Maslow (1908–1970) gilt als Gründungsvater der humanistischen Psychologie. Er ordnete in einem seiner Werke die Bedürfnisse der Menschen einer fünfstufigen Pyramide zu. Je höher ein Bedürfnis angesiedelt ist, desto weniger wichtig ist es für das reine Überleben.

Bedürfnispyramide nach Maslow

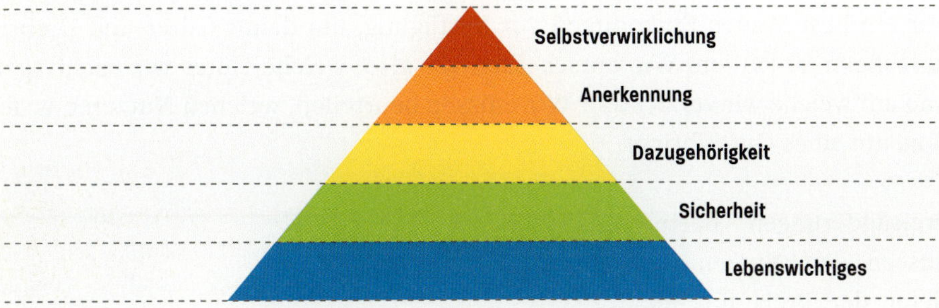

Bedürfnis	Beschreibung	Beispiele
Lebenswichtiges	Zuerst setzt der Mensch seine Prioritäten bei den körperlichen Grundbedürfnissen. Wenn diese nicht erfüllt sind, ist das Überleben gefährdet.	Nahrung, Kleidung, Schlaf, Wohnung
Sicherheit	Danach wird das Bedürfnis nach Sicherheit wach: Der Wunsch nach Schutz vor den Gefahren des Lebens steht im Vordergrund.	Sicherer Arbeitsplatz, Ordnung durch Gesetze, Versicherungen
Dazugehörigkeit	Weiter will der Mensch mit anderen zusammen sein, von anderen Menschen akzeptiert und geliebt werden. Er sucht die Zuneigung, die Sympathie von anderen.	Liebe, Fürsorge, Kommunikation
Anerkennung	Bei dieser Stufe geht es um die eigene Wertschätzung und die Wertschätzung von anderen Personen: Der Mensch möchte sein Selbstbewusstsein stärken und sucht dazu bei anderen Personen Beachtung und Anerkennung.	Status, Wohlstand, Karriere, Macht, Ruhm
Selbstverwirklichung	Als oberste Zielsetzung gilt das Bedürfnis nach Selbstverwirklichung. Damit ist das Streben nach Unabhängigkeit und nach Entfaltung der eigenen Persönlichkeit gemeint.	Innere Ruhe, Glück, Harmonie

Bedürfnisarten Die Bedürfnisse können auch als Gegensatzpaare dargestellt werden:

Bedürfnisarten	
Existenzbedürfnisse Diese sind lebensnotwendig. *Beispiele:* Nahrung, Wohnung, Kleidung, medizinische Versorgung	**Wahlbedürfnisse** Ist die Existenz gesichert, wählt der Mensch aus nicht lebensnotwendigen Bedürfnissen aus. *Beispiele:* Bücher, Heimelektronik, Schmuck, Auto, Ferien usw.
Individualbedürfnisse Das sind die Bedürfnisse jedes einzelnen Menschen, welche individuell befriedigt werden. *Beispiele:* Auto, Handy, Bücher	**Kollektivbedürfnisse** Menschen mit gleichen Bedürfnissen schaffen kollektive Bedürfnisse. Diese können nur durch die Gemeinschaft befriedigt werden. *Beispiele:* Strassen, Schulhäuser, Schwimmbäder, Krankenhäuser
Materielle Bedürfnisse Diese kann man durch Geld (Kaufen) befriedigen. *Beispiele:* Brot, Fernseher, Handy	**Immaterielle Bedürfnisse** Die Befriedigung dieser Bedürfnisse lässt sich nicht kaufen. *Beispiele:* Liebe, Anerkennung, Geborgenheit, Gesundheit

Nutzen Die Bedürfnisse der Menschen sind nahezu unbeschränkt, aber jede Person hat nur ein bestimmtes Einkommen zur Verfügung, um damit Güter und Dienstleistungen zu kaufen. Wie entscheiden wir also, welche Güter wir nachfragen und auf welche wir verzichten? Wir müssen beurteilen, welchen Nutzen uns der Konsum eines Gutes bringt.

Die Nachfragekurve Preisänderungen beeinflussen den Nutzen. Je tiefer der Preis für ein Produkt ist, umso eher sind wir bereit, dieses Produkt zu kaufen: Mit dem sinkenden Preis steigt die nachgefragte Menge – und umgekehrt. Dieses «Gesetz der Nachfrage» kann grafisch wie folgt dargestellt werden:

Die Nachfragekurve

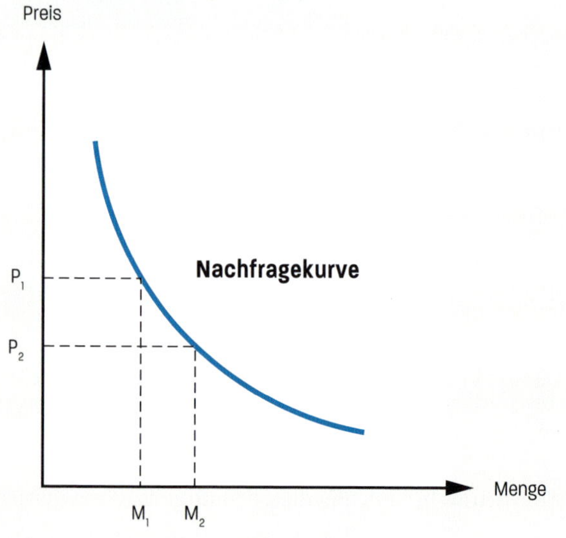

▶ **Aufgaben:** A1–A3 S. 94f. AH
▶ **Wissen anwenden:** W1 S. 106 AH, S. 205 LM

Das weiss ich jetzt!

4.1 Warum wählt Maslow bei der Zuordnung der Bedürfnisse die Pyramidenform?

4.2 Welcher Zusammenhang besteht zwischen Individual- und Kollektivbedürfnissen?

4.3 Wie kann man immaterielle Bedürfnisse umschreiben?

Das Angebot

Güterarten

Die Menschen befriedigen einen Grossteil ihrer Bedürfnisse mit Gütern. Diese kann man in verschiedene Gruppen unterteilen.

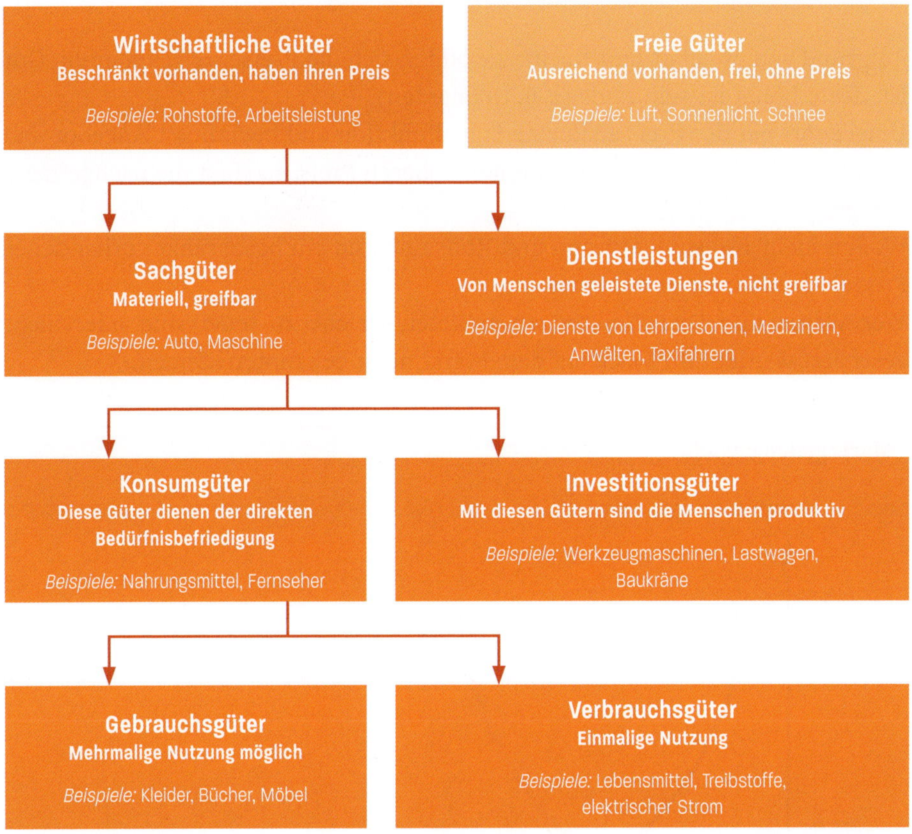

Die Angebotskurve

Die Angebotskurve

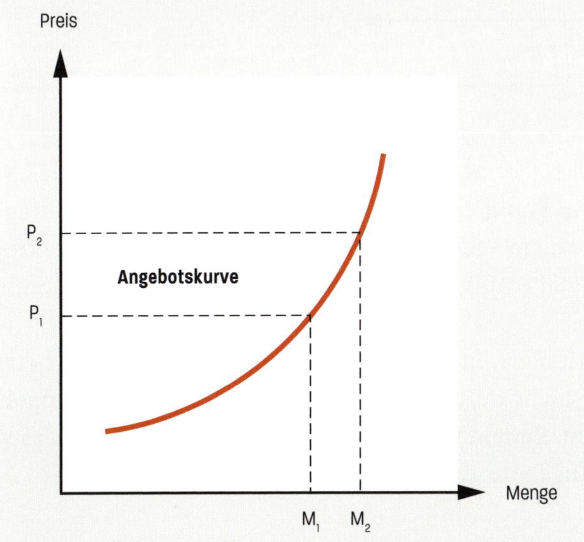

Steigt der Preis für ein Produkt, sind die Anbieter (Produzenten) bereit, mehr zu produzieren, weil sie damit ihren Gewinn steigern können. Kann zum Beispiel ein Bäcker seine Brotwaren zu einem höheren Preis verkaufen, wird er mehr Brot backen.
Die Angebotskurve verhält sich deshalb entgegengesetzt zur Nachfragekurve der Konsumenten.

▸ **Aufgaben:** A4–A5 S. 95f. AH
▸ **Wissen anwenden:** W2 S. 106 AH, S. 205 LM

Das weiss ich jetzt!

4.4 Was sind freie Güter?

4.5 Wie unterscheiden sich Konsumgüter von Investitionsgütern?

Der Markt

In der freien Marktwirtschaft wird die Produktion von Gütern und Dienstleistungen auf dem sogenannten Markt gesteuert. Ein Markt ist ein Ort, an dem Angebot und Nachfrage zusammentreffen.

Preisbildung

Aufgrund von Angebot und Nachfrage bilden sich die Preise. Je knapper ein Gut ist, desto höher ist sein Preis (z. B. Diamanten).
Umgekehrt hat der Preis auch eine Signalfunktion und beeinflusst Angebot und Nachfrage. Verlangt ein Anbieter einen höheren Preis, so sinkt die nachgefragte Menge.
Wollen mehr Konsumentinnen und Konsumenten ein beschränkt vorhandenes Produkt kaufen, steigt der Preis.
Wer Waren und Dienstleistungen anbietet, welche zu teuer sind oder nicht geschätzt werden, wird sich auf dem Markt nicht behaupten können.

Marktgleichgewicht

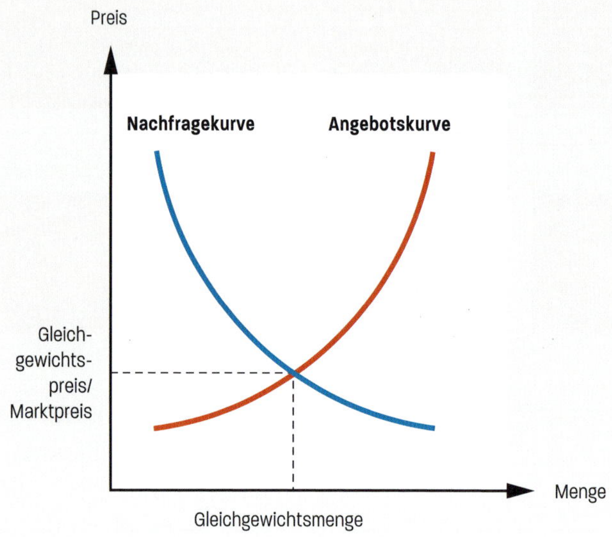

Marktgleichgewicht

Dort, wo sich Angebots- und Nachfrageverhalten treffen, herrscht Marktgleichgewicht. Das heisst, in diesem Punkt entspricht die angebotene der nachgefragten Menge. Man spricht von einem «geräumten Markt». Der Bedarf der Nachfrager kann gedeckt werden, und die Anbieter bleiben nicht auf ihrer Ware sitzen.

Wettbewerb

Damit der freie Markt funktioniert, muss Wettbewerb (siehe Kapitel 4.4) herrschen. Die Konkurrenz darf nicht durch Absprachen (Kartelle) oder Monopolstellungen unterhöhlt werden. Zudem müssen die Konsumentinnen und Konsumenten die verschiedenen Angebote kennen, damit sie auswählen können.

Veränderung des Marktgleichgewichts

Verändern sich andere Einflussfaktoren als der Preis, verändert sich auch das Marktgleichgewicht. Steht den Nachfragern beispielsweise mehr Geld zur Verfügung, dehnt sich die Nachfrage aus. Dies führt zu einer Verschiebung der Nachfragekurve. Ähnliches ist aufseiten der Anbieter möglich: So führt beispielsweise eine Verteuerung von Rohstoffen oder die Erhebung einer neuen Steuer zu einer Verschiebung der Angebotskurve – und damit zu einem neuen Marktgleichgewicht.

Praktische Beispiele, die zu einer Veränderung des Marktgleichgewichts führen

Verschiebung der Nachfragekurve

Ein Trendprodukt kommt auf den Markt. Bei gleichem Angebot dehnt sich die Nachfrage aus (von N_1 zu N_2). Einerseits erhöht sich der Preis (von P_1 auf P_2), andererseits kann mehr von diesem Produkt verkauft werden: Die Menge dehnt sich von M_1 zu M_2 aus.

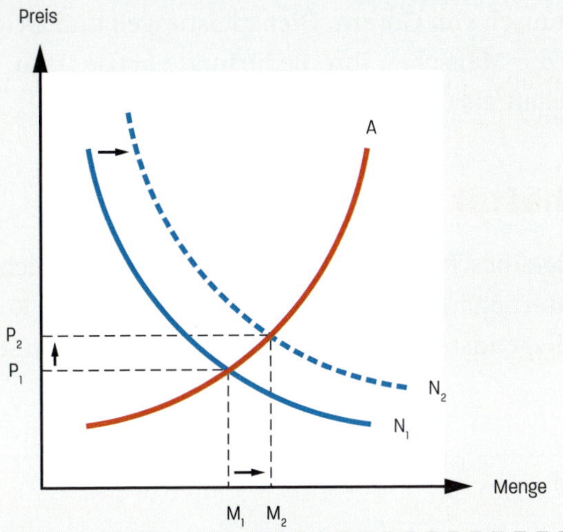

Verschiebung der Angebotskurve

Aufgrund einer aussergewöhnlich guten Ernte wird der Markt mit Tomaten überschwemmt. Das Angebot dehnt sich bei gleichbleibender Nachfrage aus (von A_1 zu A_2). Um die Tomaten verkaufen zu können, wird der Preis von P_1 auf P_2 gesenkt. Dadurch werden mehr Tomaten als vorher gekauft.

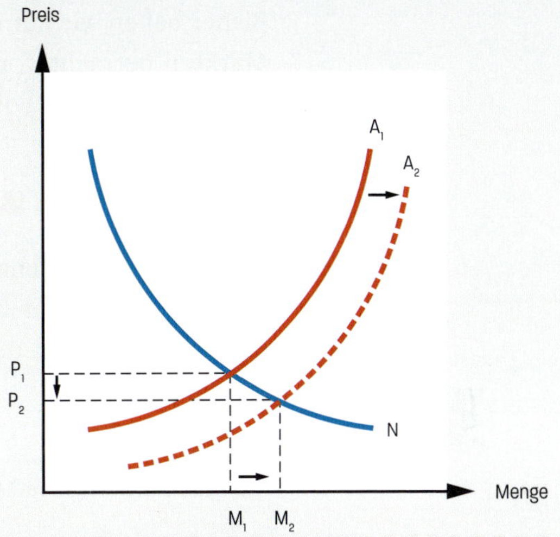

Aufgrund einer Wirtschaftskrise steht den Nachfragern weniger Einkommen zur Verfügung. Die Kurve verschiebt sich bei gleichem Angebot von N_1 zu N_2. Die Produzenten müssen die Preise senken, um überhaupt noch etwas verkaufen zu können. Trotzdem verringert sich die verkaufte Menge.

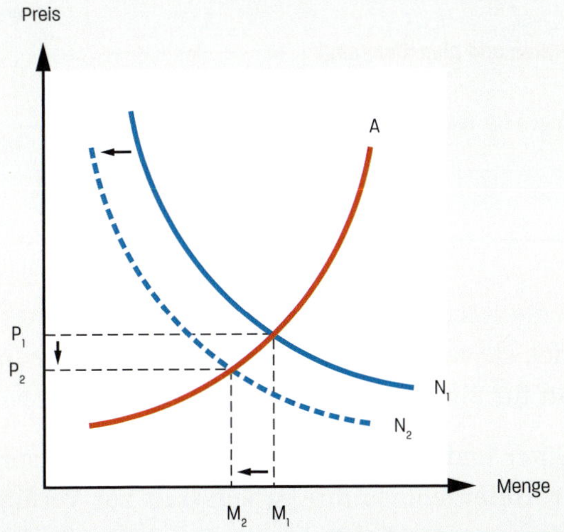

Die Erdöl exportierenden Länder verringern ihre Fördermengen. Es gibt also weniger Erdöl auf dem Markt. Bei gleichbleibender Nachfrage verkleinert sich das Angebot von A_1 zu A_2. Der Preis des knapper werdenden Erdöls steigt, die verkaufte Menge sinkt.

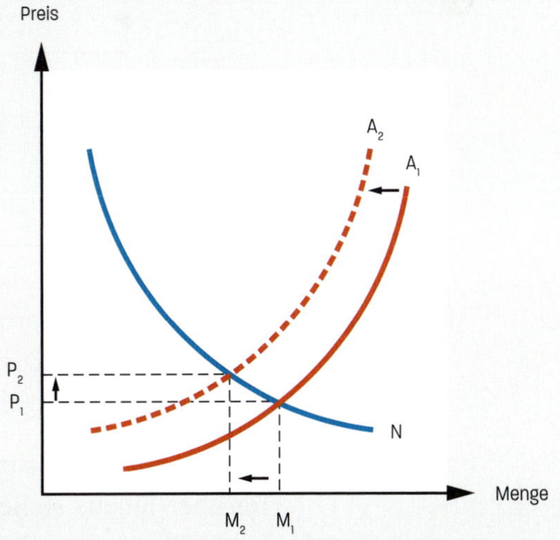

► **Aufgaben:** A6 S. 96f. AH
► **Wissen anwenden:** W3 S. 106 AH, S. 205 LM

Das weiss ich jetzt!

4.6 Wann spricht man von einem Marktgleichgewicht?

4.7 Welche Voraussetzungen sind notwendig, damit der freie Markt funktioniert?

4.8 Wie verändern sich Preis und abgesetzte Menge,

a) wenn bei gleichem Angebot die Nachfrage zunimmt/abnimmt?

b) wenn bei gleichbleibender Nachfrage das Angebot zunimmt/abnimmt?

4.2 Der Wirtschaftskreislauf und seine Teilnehmer

Bisher haben wir nur den Austausch von Gütern, Dienstleistungen und Geld auf Märkten betrachtet, mit dem die Menschen ihre Bedürfnisse befriedigen. Nun betrachten wir die Volkswirtschaft als Ganzes anhand eines Modells.

Der einfache Wirtschaftskreislauf

Der einfache Wirtschaftskreislauf beschreibt das Zusammenwirken der wichtigsten Wirtschaftsteilnehmer: Unternehmen (Produzenten) und Haushalte (Konsumenten). Er macht den grundlegendsten Austausch in unserer Volkswirtschaft sichtbar.

Einfacher Wirtschaftskreislauf

Unternehmen Die Unternehmen produzieren die von den Haushalten nachgefragten Güter und Dienstleistungen. Dazu brauchen sie ausgebildete Arbeitskräfte, Geld für Investitionen und Boden als Standort für Büros und Fabriken.

Haushalte Die Haushalte konsumieren Güter und nehmen Dienstleistungen in Anspruch. Darüber hinaus stellen sie den Unternehmen ihre Arbeitskraft zur Verfügung, leihen ihnen über die Banken erspartes Geld aus und vermieten ihren Boden.

Güterstrom Der Güterstrom umfasst die von den Haushalten zur Verfügung gestellten Produktionsfaktoren (Arbeit, Boden, Kapital). Mit den Produktionsfaktoren produzieren die Unternehmungen Güter und Dienstleistungen. Diese werden auf dem Markt angeboten und an die Haushalte verkauft.

Geldstrom

Der Geldstrom läuft dem Güterstrom entgegen. Für das Zurverfügungstellen der Produktionsfaktoren zahlen die Unternehmen den Haushalten Lohn, Miete und Kapitalzinsen. Mit diesem Geld kaufen Haushalte Waren und Dienstleistungen.

Geld

Funktionen des Geldes

Das Geld ist das wichtigste Steuerungsinstrument der Wirtschaft, sozusagen «das Lebenselixier» im Wirtschaftskreislauf. Es erleichtert den Kauf und Verkauf von Gütern und Dienstleistungen. Ohne Geld müsste man Ware gegen andere Ware tauschen, was heute sehr umständlich, ja gar unmöglich wäre.

Funktionen des Geldes

- *Zahlungsmittel*
  Geld wird gegen Güter und Dienstleistungen getauscht.
- *Aufbewahrungsmittel*
  Das Vermögen kann dauerhaft und wertbeständig aufbewahrt werden.
- *Wertmassstab*
  Durch Preisanschriften können die Güter und Dienstleistungen miteinander verglichen werden.

Produktionsfaktoren

Wie im einfachen Wirtschaftskreislauf gezeigt, braucht es den Einsatz der Produktionsfaktoren Boden, Arbeit und Kapital, um Güter und Dienstleistungen anbieten zu können.

Übersicht der Produktionsfaktoren

Boden / Umwelt	Arbeit / Wissen Humankapital	Kapital
- Rohstoffträger - Nährstoffträger - Betriebsstandort - Infrastrukturträger - Tourismuslandschaft - Anlageobjekt	- Körperliche Arbeit - Geistige Arbeit (Ausbildung / Qualifikation, Fähigkeiten / Erfahrung) - Maschinelle Arbeit	- Geldkapital (Bargeld, Buchgeld) - Sachkapital (Gebäude, Maschinen, Werkzeuge, Fahrzeuge)

Boden / Umwelt

Der Begriff «Boden» bezeichnete ursprünglich Ackerboden, der landwirtschaftlich genutzt wurde. Im Zuge der Ausbeutung von Bodenschätzen (z.B. Kohle, Erdöl, Uran, Salz) wurde der Begriff erweitert. Heute kann der Boden auf vielfältige Art der Wirtschaft dienen. Mittlerweile wird auch vom Produktionsfaktor «Natur» oder «Umwelt» gesprochen.

Boden ist insbesondere deshalb ein wichtiger Produktionsfaktor, weil er nur beschränkt vorhanden ist und die verschiedenen Ansprüche zu Interessenkonflikten führen. Will man ihn beispielsweise als Infrastrukturträger nutzen – für den Bau einer Autobahn – entsteht ein Interessenkonflikt zur Landwirtschaft, weil wertvolles Agrarland geopfert werden muss.

Arbeit / Wissen Humankapital

Volkswirtschaftlich bedeutet «Arbeit» jede körperliche und geistige Tätigkeit, mit der ein Einkommen erzielt wird. Die Tätigkeiten im Haushalt zum Beispiel werden dabei nicht erfasst. Für die meisten Menschen ist die Arbeit der einzige Produktionsfaktor, den sie der Wirtschaft anbieten können. Die Qualität der Arbeit wird durch das Wissen und Können (Know-how) der Mitarbeitenden beeinflusst. Wenn angestellte Personen geschult und weitergebildet werden, steigt ihr Wert auch für die Unternehmung.

Kapital

Unter «Kapital» versteht man alle Mittel, die eingesetzt werden, um Güter herzustellen und Dienstleistungen zu erbringen. Dabei unterscheidet man zwischen Geld- und Sachkapital.
Mit dem Geldkapital erwerben die Unternehmen u. a. Sachkapital, durch das die Produktion ermöglicht wird. Sie investieren das Geld. Die Geldmittel für Investitionen sind Spargelder (via Banken) oder Gewinne der Unternehmungen.
Wenn viel gespart wird, steht einerseits der Wirtschaft viel Geld für Investitionen zur Verfügung, andererseits wird weniger für den Konsum ausgegeben.

▸ **Aufgaben:** A7–A9 S. 97 f. AH

Das weiss ich jetzt!

4.9 Warum spricht man heute eher vom Produktionsfaktor Umwelt statt von Boden?

4.10 Warum sind Hausfrauen und Hausmänner im wirtschaftlichen Sinne nicht erwerbstätig?

4.11 Wie können Sie Ihren Produktionsfaktor Arbeit beeinflussen?

4.12 Was stellen die Haushalte den Unternehmen zur Verfügung, und was bekommen sie dafür?

4.13 Beschreiben Sie die drei Funktionen des Geldes anhand praktischer Beispiele.

Der erweiterte Wirtschaftskreislauf

In Wirklichkeit sind die wirtschaftlichen Abläufe komplexer, als im einfachen Wirtschaftskreislauf dargestellt. Um ein besseres Bild zu erhalten, muss der Wirtschaftskreislauf um die Teilnehmer Staat, Banken und Ausland erweitert werden.

Geldfluss im erweiterten Wirtschaftskreislauf

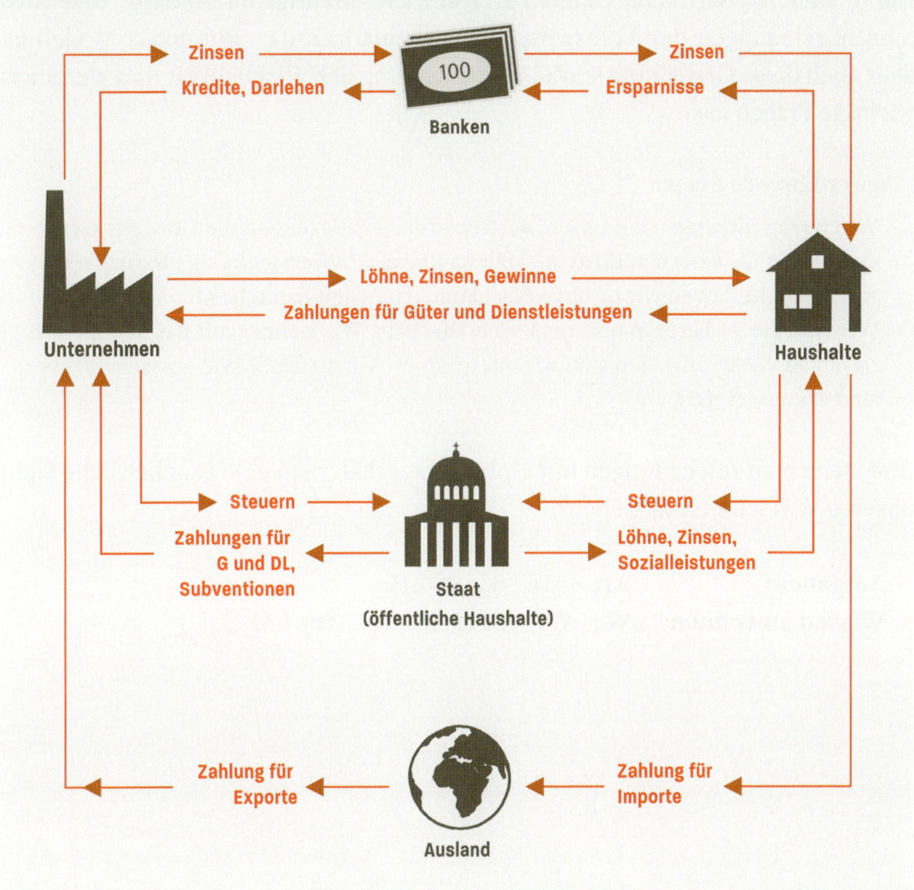

Staat

Der Staat ist auch Wirtschaftsteilnehmer. Über Steuern und Zolleinnahmen erhält er Geld von den Haushalten und Unternehmen, das er als Löhne für die Staatsangestellten, als Zahlungen für öffentliche Aufträge und als Subventionen und Direktzahlungen wieder ausgibt.
Auf der anderen Seite beeinflusst er mit verschiedensten politischen Instrumenten das Wirtschaftsgeschehen, z. B. mit gesetzlichen Vorschriften oder Lenkungsabgaben (siehe Kapitel 4.4).

Banken

Die Banken vermitteln Kapital. Sie nehmen die Spargelder der Haushalte entgegen und verleihen diese als Darlehen und Kredite an Unternehmen, Staat und Private. Als Gegenleistung vergüten die Banken Zinsen an die Haushalte und verlangen Zinsen von ihren Schuldnern (Sonderfall Negativzinsen; seit 2015 in der Schweiz, siehe S. 193, Negativzinsen). Die Banken machen ihr Geschäft mit der Zinsdifferenz.
Sie sind aber auch normale Unternehmen, die Dienstleistungen zur Verfügung stellen, Löhne und Steuern zahlen.

Ausland Die Schweiz als kleines und rohstoffarmes Land ist vom Handel mit dem Ausland abhängig. Rohstoffe werden importiert, in der Schweiz veredelt und als hochwertige Produkte ins Ausland exportiert.
Eine zweite Geldquelle sind die Dienstleistungen. Die Finanzbranche exportiert ihre Produkte in die ganze Welt. Das Geld, das Touristen in der Schweiz ausgeben, stellt für die Schweiz ebenfalls eine Exporteinnahme dar.

Die ganzheitliche Sicht Der erweiterte Wirtschaftskreislauf stellt die wichtigsten Akteure und Austauschbeziehungen der Volkswirtschaft schematisch dar. Wie jedes Modell ist aber auch diese Grafik eine starke Vereinfachung der Wirklichkeit und klammert wichtige Fragen aus:

Weiterführende Fragen

- Welche Auswirkungen hat unsere wirtschaftliche Tätigkeit auf die Umwelt? Wer übernimmt die externen Kosten (siehe Kapitel 4.4)? Wie nachhaltig produzieren wir, was hinterlassen wir unseren Nachkommen (siehe Kapitel 4.5)?
- Wer sind die Verlierer in unserer Volkswirtschaft? Wie sieht es mit der Lohngerechtigkeit aus? Wie zufrieden sind wir mit unserem Arbeitsplatz? Wie grossem Stress sind wir ausgesetzt?

Erst wenn man solche Fragen mit einbezieht, erhält man eine ganzheitliche Sicht unseres Wirtschaftsgeschehens.

▶ **Aufgaben:** A10–A11 S. 98f. AH
▶ **Wissen anwenden:** W4–W7 S. 107f. AH, S. 205 LM

Das weiss ich jetzt!

4.14 Welche positiven und negativen Folgen hat das Sparen für die Wirtschaft?

4.15 Welche drei Akteure kommen beim erweiterten Wirtschaftskreislauf dazu?

4.16 Welche Rolle spielen die Banken in unserer Wirtschaft?

4.17 Warum sind wir vom Handel mit dem Ausland abhängig?

4.18 Welche Fragen sind beim erweiterten Wirtschaftskreislauf immer noch ausgeklammert?

Wirtschaftssektoren

Die Arbeitnehmenden einer Volkswirtschaft lassen sich von der beruflichen Tätigkeit her in drei Produktionsbereiche (Wirtschaftssektoren) einteilen.

Wirtschaftssektoren			
	1. Sektor (Primärsektor)	**2. Sektor (Sekundärsektor)**	**3. Sektor (Tertiärsektor)**
		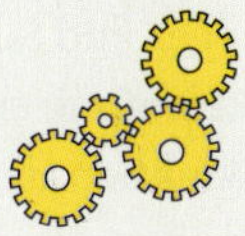	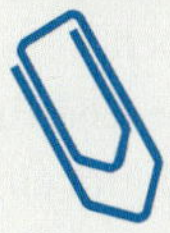
	Gewinn von Rohstoffen / Beschaffung von Naturgütern	Herstellung, Verarbeitung und Veredelung von Gütern	Verteilung von Gütern / Anbieten von Dienstleistungen
Branchen	– Landwirtschaft – Bergbau – Fischerei – Forstwirtschaft	– Handwerk – Industrie – Bauwirtschaft – Energie- und Wasserversorgung	– Banken – Gastgewerbe – Handel und Reparatur – Verwaltung – Gesundheitswesen – Bildung – usw.

Die Grenze zwischen den einzelnen Sektoren verläuft nicht scharf. So erbringen beispielsweise viele Industrieunternehmen auch Dienstleistungen (Beratung, Service), oder Bauern verkaufen ihre geernteten Kartoffeln selbst.

Strukturwandel

Das Erwerbsleben hat sich in den letzten 170 Jahren grundlegend verändert: Die Schweiz entwickelte sich von der Agrargesellschaft zum Industriestaat und schliesslich zur Dienstleistungsgesellschaft von heute.

Erwerbstätige nach Sektoren, seit 1860

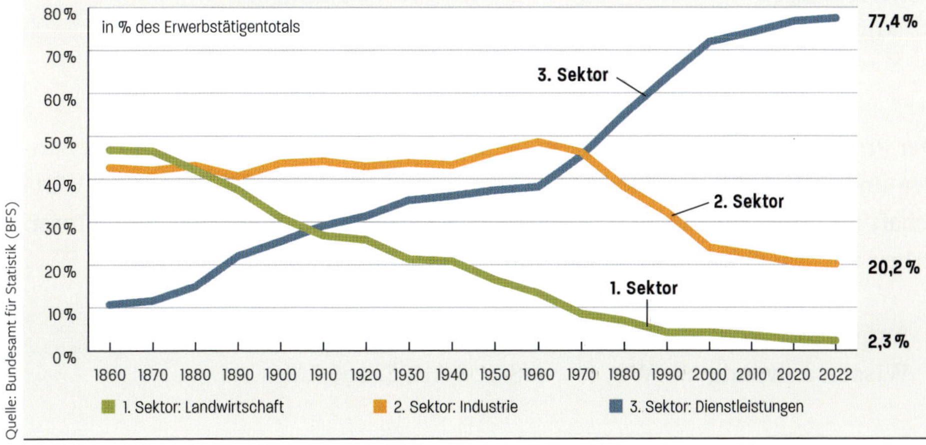

Gesetzmässigkeiten Aufgrund der Aufteilung der Erwerbstätigen auf die 3 Sektoren lassen sich Rückschlüsse auf die wirtschaftliche Struktur eines Staates ziehen.

Wirtschaftsstruktur

Agrarwirtschaft	Industriewirtschaft	Dienstleistungswirtschaft
Ist der grösste Teil einer Volkswirtschaft im 1. Sektor, aber nur wenige im 2. Sektor und noch weniger im 3. Sektor beschäftigt, handelt es sich um ein Entwicklungsland. Die Bevölkerung beschäftigt sich hauptsächlich damit, ihren eigenen Nahrungsmittelbedarf zu decken. In diesem Fall spricht man von einer Agrarwirtschaft.	Die Modernisierung der Landwirtschaft durch den Einsatz von Maschinen, Dünger und Schädlingsbekämpfung erhöht die Produktion im 1. Sektor und setzt damit Arbeitskräfte frei. Je mehr Arbeitsplätze im 2. und 3. Sektor besetzt sind, desto industrialisierter ist ein Land. Man spricht von einer Industriewirtschaft.	Der hohe Einsatz von Computern, Maschinen und Robotern erhöht auch hier die Produktion und setzt im 2. Sektor Arbeitskräfte frei. Der Handel wächst, und es braucht mehr Arbeitskräfte im Dienstleistungssektor. Sind mehr als 50 % der Beschäftigten einer Volkswirtschaft im 3. Sektor tätig, spricht man von einem hochentwickelten Land oder einer Dienstleistungswirtschaft.

Wirtschaftsstandort Schweiz – Stärken und Schwächen

Stärken und Schwächen der Schweizer Wirtschaft

Stärken
- politische Stabilität und Neutralität
- hohe Lebensqualität
- gut ausgebildete Fachkräfte
- Arbeitsproduktivität
- gute Infrastruktur
- Verkehrslage
- attraktives Steuerniveau für Unternehmen
- Europas Wasserschloss

Schwächen
- fehlende Rohstoffe
- Lohnniveau
- kleiner Schweizer Markt
- Binnenlage
- unproduktiver Boden

Der Produktionsfaktor Boden ist in der kleinen Schweiz nur sehr knapp vorhanden und unterliegt verschiedensten Interessenkonflikten. Die Schweizer Wirtschaft muss deshalb ihre Stärke in den zwei verbleibenden Produktionsfaktoren Arbeit und Kapital suchen, will sie international wettbewerbsfähig bleiben.

▶ **Aufgaben:** A12–A14 S. 99 AH
▶ **Wissen anwenden:** W8 S. 108 AH, S. 206 LM

Das weiss ich jetzt!

4.19 In welchem Wirtschaftssektor sind Sie tätig?

4.20 Welcher Sektor hat seit 1860 viele Arbeitskräfte verloren, in welchem Sektor wurden viele Arbeitsstellen geschaffen?

4.21 Welchen Stellenwert haben die drei Wirtschaftssektoren in einem hochentwickelten Land?

4.22 Beschreiben Sie einen möglichen Interessenkonflikt beim Produktionsfaktor Boden am Beispiel eines beliebten Feriendorfes in den Schweizer Bergen.

4.3 Die Messung der Wirtschaftsaktivität

Wohlstand und Wohlfahrt

Wohlfahrt

Unter Wohlfahrt verstehen wir die Lebensqualität jeder einzelnen Person. Dazu gehören der materielle Lebensstandard, aber auch Gesundheit, Gerechtigkeit, Freiheit oder eine intakte Natur. Es sollte das Ziel der Wirtschaft sein, die Wohlfahrt der Menschen zu fördern. Auch der Staat verfolgt dieses Ziel (BV 2).

Wohlstand

Einen wichtigen Teil der Wohlfahrt macht der Wohlstand aus. Darunter versteht man den materiellen Lebensstandard oder Reichtum. Wohlstand ermöglicht über Güter und Dienstleistungen zu verfügen.

Messung von Wohlfahrt und Wohlstand

Die Wohlfahrt zu messen, ist schwierig. Indikatoren sind z. B. Schadstoffe in der Atemluft, die Versorgung mit Ärzten oder die Kindersterblichkeitsrate. Einfacher ist es, den Wohlstand einer Bevölkerung zu messen.

Bruttoinlandprodukt (BIP)

Messgrösse BIP

Das Bruttoinlandprodukt (BIP) misst den Marktwert aller in einem Land hergestellten Güter und geleisteten Dienste während eines Jahres. Nicht im BIP erfasst werden z. B. Arbeiten im Haushalt, ehrenamtliche Tätigkeiten, Vereinsarbeit, Schwarzarbeit und illegale Tätigkeiten.

Entstehung und Verteilung des BIP der Schweiz 2022 (in Prozent)

Entstehung des BIP
Dieser Ansatz misst die Wertschöpfung, die im Verlaufe eines Jahres geschaffen wird (hier nach Branchen).

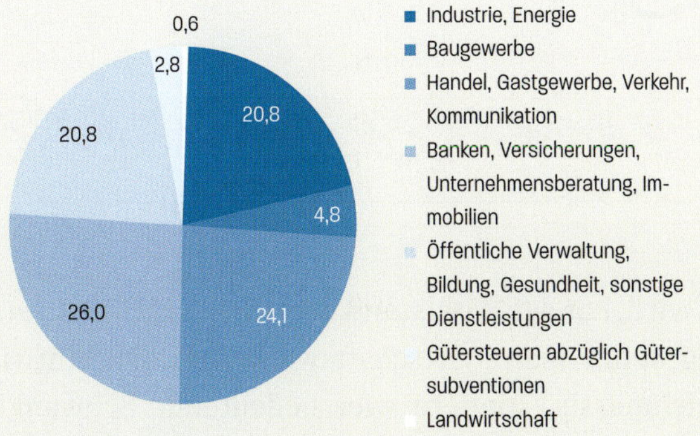

Verteilung des BIP
Dieser Ansatz betrachtet die Bezahlung der Produktionsfaktoren (Boden, Arbeit und Kapital).

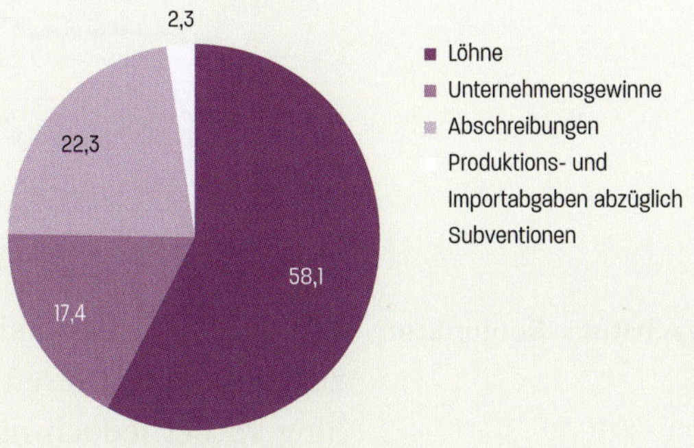

Nominales BIP 2022: 742,5 Mrd. Franken

Quelle: Staatssekretariat für Wirtschaft (SECO)

Reales und nominales BIP

Mit dem BIP kann das Wirtschaftswachstum im Vergleich zum Vorjahr gemessen werden. Dazu muss aber die Inflation (Teuerung) berücksichtigt werden (siehe Kapitel 4.4). Wegen der Teuerung kann man heute mit einem Franken weniger Güter kaufen als noch vor zehn Jahren. Die um die Teuerung korrigierte Grösse bezeichnet man als «reales BIP». Das BIP zu laufenden Preisen nennt man «nominales BIP».

BIP Schweiz nominal und real, 1980–2021 (in Mrd. CHF)

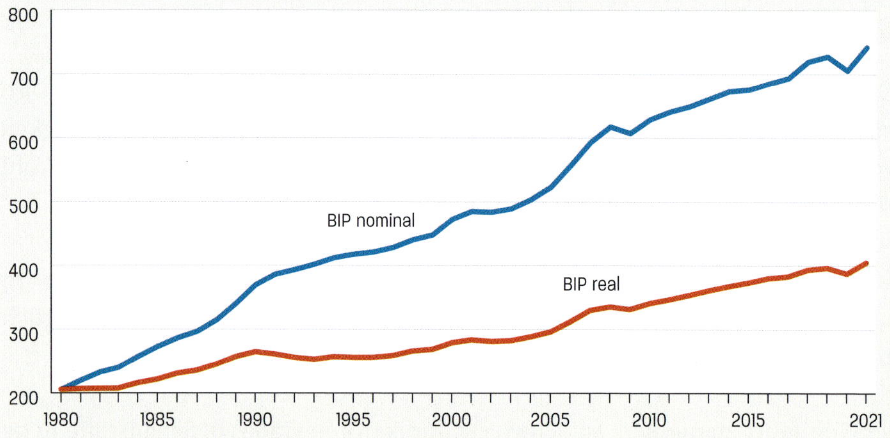

Quelle: Max Lüscher-Marty/Nationalbank/Staatssekretariat für Wirtschaft (SECO)

BIP pro Kopf

Die Länder dieser Erde sind unterschiedlich gross. Bei Ländervergleichen wird daher das reale BIP durch die Bevölkerungszahl dividiert. So entsteht die statistische Grösse «BIP pro Kopf».

Reales BIP pro Kopf der Schweiz, seit 1899 (in CHF)

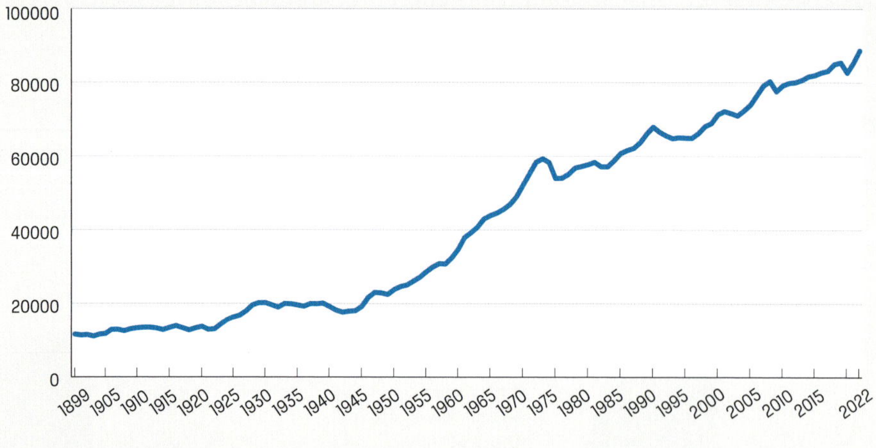

Quelle: Staatssekretariat für Wirtschaft (SECO) / Bundesamt für Statistik (BFS)

Wachstum / Konjunktur

Wie aus der Grafik ersichtlich wird, hat der Wohlstand der Schweiz seit 1899 stark zugenommen. Diesen Anstieg nennt man Wirtschaftswachstum. Die Entwicklung verlief jedoch nicht gleichmässig, sondern wies bedeutende Schwankungen auf. Die kurzfristigen Bewegungen werden als «Konjunkturschwankungen» bezeichnet (siehe Seite 188, Wirtschaftspolitik).

Das weiss ich jetzt!

4.23 Wie lassen sich Wohlstand und Wohlfahrt einfach umschreiben?

4.24 Was wird mit dem BIP gemessen?

4.25 Wie kommt man vom nominalen zum realen BIP? Warum gibt es zwei Begriffe?

4.26 Welche Bedeutung hat das BIP pro Kopf?

Bruttoinlandsprodukt (BIP) pro Kopf im Jahr 2022 (in US-Dollar)

Internationaler Vergleich

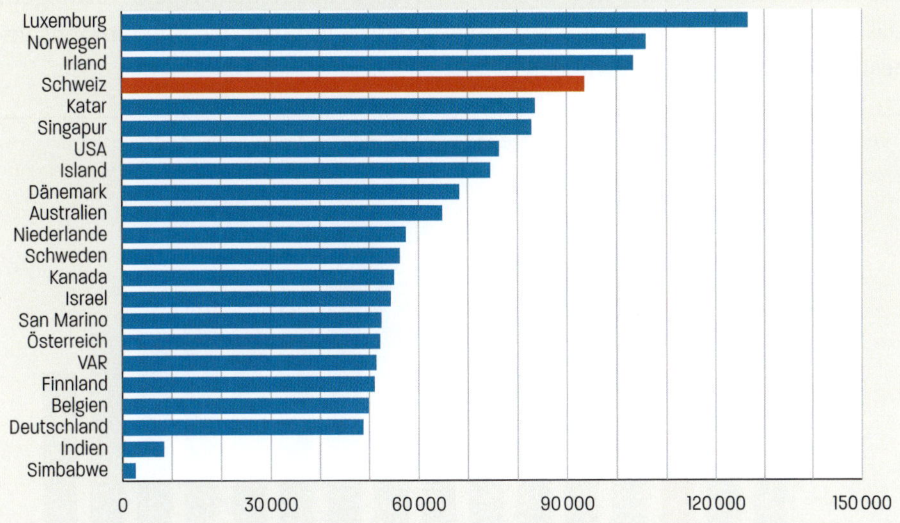

Quelle: Statista, 2023

Die Einkommensverteilung

Das BIP pro Kopf gibt das Durchschnittseinkommen in einem Land an. Daraus lässt sich jedoch nicht ablesen, wie die Einkommen auf die Haushalte verteilt sind. Diese Information liefert die Lorenzkurve.

Lorenzkurve

Die Lorenzkurve stellt die Einkommens- und/oder Vermögensverteilung in einer Gesellschaft grafisch dar. Je ausgeprägter die Krümmung der Kurve, desto ungleicher ist die Verteilung.

Gini-Koeffizient

Der Gini-Koeffizient misst die Fläche zwischen der Gleichverteilungslinie (Winkelhalbierende) und der Lorenzkurve (eingefärbte Fläche) und setzt sie in Relation zur gesamten unter der Winkelhalbierenden liegenden Fläche. Je tiefer der Wert ist, desto gleichmässiger ist die Verteilung und umgekehrt.

Lorenzkurve der Schweiz 2018

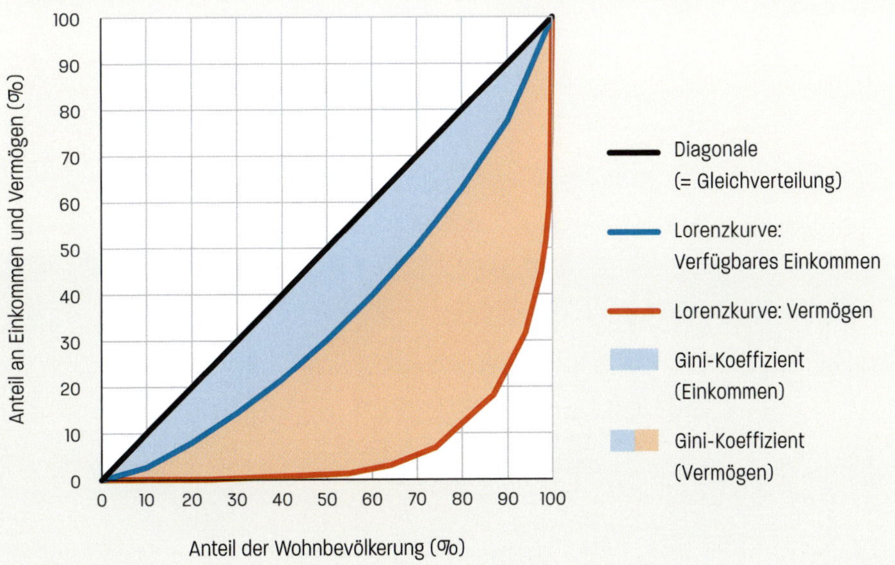

Quelle: Bundesamt für Statistik (BFS)

In der Schweiz verfügt das reichste Viertel der Bevölkerung über rund 45 Prozent des Gesamteinkommens und besitzt über 90 Prozent des Gesamtvermögens. Das ärmste Viertel kommt nur auf knapp über 10 Prozent des Einkommens und besitzt überhaupt kein Vermögen.

Vermögensverteilung der Haushalte im europäischen Vergleich, 2020

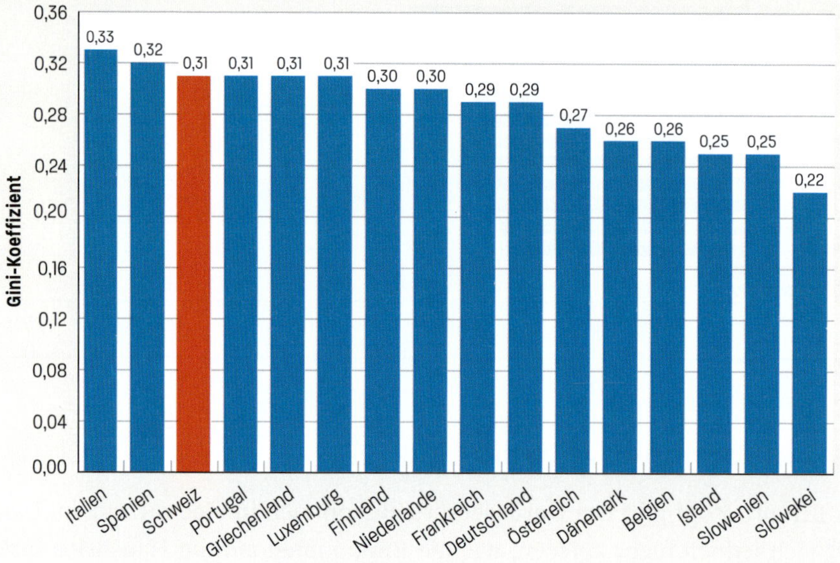

Quellen: EU-Länder, EZB/Schweiz, ESTV (2020)

▶ **Aufgaben:** A15–A17 S. 100 AH
▶ **Wissen anwenden:** W9–W10 S. 108 AH, S. 206 LM

Das weiss ich jetzt!

4.27 Was kann man aus der Lorenzkurve herauslesen?

4.28 Wie sieht die Einkommens- und Vermögensverteilung in der Schweiz aus?

4.4 Die Rolle des Staates

Wirtschaftsformen

Gegensätzliche Denkmodelle

Weil die Volkswirtschaft eng mit der Politik verbunden ist, verfügt jede Gesellschaft über eine staatlich geregelte Wirtschaftsordnung, welche festlegt, wie die Wirtschaft in einem Land funktionieren soll. Die beiden Extreme bilden zwei völlig gegensätzliche Denkmodelle bzw. Systeme. Die beiden Systeme unterscheiden sich folgendermassen:

Wirtschaftssysteme

Zentrale Planwirtschaft	**Freie Marktwirtschaft**
Totale staatliche Kontrolle	Keine staatlichen Eingriffe
Die Steuerung der Volkswirtschaft erfolgt über eine staatliche Bürokratie. Was produziert werden soll, entscheidet eine staatliche Planstelle. Anreiz bilden nicht Gewinn und Nutzen, sondern Auszeichnung und Strafen.	Im Zentrum stehen die Freiheit und das Interesse jeder einzelnen Person. Das Gewinnstreben ist der Motor der Wirtschaft. Man geht davon aus, dass das Streben nach persönlichem Nutzen den Nutzen der Gemeinschaft fördert.

Die soziale Marktwirtschaft

Aufgaben des Staates

Die beiden Wirtschaftssysteme sind in reiner Form nirgends anzutreffen. In den westlichen Demokratien hat sich eine sozial gesteuerte Marktwirtschaft durchgesetzt. Dabei nimmt sich der Staat das Recht, ergänzend ins Marktgeschehen einzugreifen. In der sozialen Marktwirtschaft übernimmt der Staat **drei** Aufgaben:

Aufgaben des Staates

- **Durchsetzung des Rechtssystems mit einer verlässlichen Rechtsordnung.**
  Bürgerinnen und Bürger müssen ihre Rechte an Gerichten einfordern können. In Staaten wie der Schweiz ist ein derartiges Rechtssystem selbstverständlich.
- **«Gerechte» Verteilung, z.B. durch Steuerprogression (siehe Kapitel 5.10) oder Sozialleistungen.**
  Der Staat sorgt durch Staatseingriffe dafür, dass das Einkommen zugunsten gewisser Bevölkerungsgruppen, Regionen oder Generationen umverteilt wird.
- **Korrektur von Marktversagen, z.B. durch Subventionen oder Zölle.**
  In der Marktwirtschaft wird die Verteilung von Gütern und Ressourcen in der Regel von den Märkten gesteuert. Es gibt allerdings Situationen, in denen der Markt diese Funktion nicht zufriedenstellend erfüllt. Bei solchem «Marktversagen» kann der Staat lenkend eingreifen.

Marktversagen Es lassen sich drei Arten von Marktversagen unterscheiden:

Marktversagen

Kein Wettbewerb
Ist ein Unternehmen auf einem bestimmten Markt der einzige Anbieter, spricht man von einem Monopol. Wegen der fehlenden Konkurrenz kann dieser Anbieter die Preise und Mengen weitgehend selbst festsetzen.
Möglicher Staatseingriff:
- **Wettbewerbskommission**
  Diese geht u.a. gegen Absprachen zwischen Unternehmen (Kartellen) vor und bekämpft den Missbrauch der Marktmacht einzelner Unternehmen.
- **Preisüberwacher**
  (siehe Seite 73, Die Preisüberwachung)

Externe Kosten
Externe Kosten trägt nicht der Verursacher, sondern die Allgemeinheit. Das wichtigste Beispiel in diesem Bereich ist die Umweltverschmutzung.
Möglicher Staatseingriff:
- **Nachsorge**
  z.B. Kläranlage, Kehrichtverbrennung
- **Verbote**
  z.B. Verbot von FCKW
- **Verursacherprinzip**
  Dieses kann über Lenkungsabgaben (z.B. CO_2-Abgabe) oder über Entsorgungsgebühren durchgesetzt werden.

Öffentliche Güter
Das sind Güter, welche alle benützen können, deren Kosten aber niemand alleine tragen will.
Wenn im Winter durch den Schnee die Strassen unbenutzbar werden, möchte kein Transportunternehmen für alle anderen die Strassen freiräumen.
Möglicher Staatseingriff:
- Der Staat stellt die öffentlichen Güter zur Verfügung und bezahlt diese durch Steuereinnahmen.
- Bildung
- Sicherheit

Staatsversagen Der Staat muss die ihm zur Verfügung stehenden Mittel sorgfältig auswählen. Denn es besteht die Möglichkeit, dass Massnahmen aufgrund von unvorhergesehenen Problemen zu schlechteren Resultaten führen, als wenn man nichts getan hätte. Ist dies der Fall, spricht man von Staatsversagen. So wurde bei der Finanzmarktkrise 2008 kritisiert, dass der Staat oft Teil des Problems sei, weil Beamte und Politiker eng mit der Finanzindustrie verflochten seien.

Wirtschaftspolitik

Ziele der Wirtschaftspolitik Die Wirtschaftspolitik umfasst die Gesamtheit aller staatlichen Massnahmen, die darauf abzielen, die Lebensqualität möglichst vieler Menschen in einer Gesellschaft zu verbessern.

Ziele der Wirtschaftspolitik
- Hoher Wohlstand
- Tiefe Arbeitslosigkeit
- Stabile Preise und tiefe Inflation
- Nachhaltige Staatsfinanzierung

Mit welchen Massnahmen die gewünschten wirtschaftspolitischen Ziele erreicht werden sollen, ist jeweils sehr umstritten und eines der Hauptthemen der politischen Auseinandersetzung.

▶ **Aufgaben:** A18–A21 S. 100f. AH
▶ **Wissen anwenden:** W11 S. 109 AH, S. 206 LM

Das weiss ich jetzt!

4.29 Was sind die Unterschiede zwischen der freien Marktwirtschaft und der zentralen Planwirtschaft?

4.30 Was ist das Wesen der sozialen Marktwirtschaft?

4.31 Welches sind die wichtigsten drei Aufgaben des Staates in der sozialen Marktwirtschaft?

4.32 In welchen Bereichen kann der Markt versagen?

4.33 Welches sind die wesentlichen Ziele der Wirtschaftspolitik?

Hoher Wohlstand

Wachstum und Konjunktur

Entscheidend für die Höhe des Wohlstands ist das langfristige Wachstum, welches der Staat positiv zu beeinflussen versucht (z. B. durch Investitionen in die Bildung oder die Infrastruktur). Allerdings wächst die Wirtschaft nicht linear, sondern folgt sogenannten Konjunkturzyklen.

Phasen des Konjunkturverlaufs

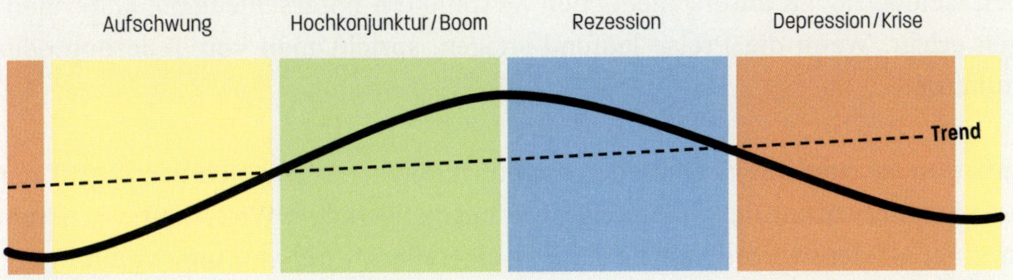

Konjunkturpolitik

Grosse Konjunkturschwankungen haben unerwünschte volkswirtschaftliche Folgen (z. B. Arbeitslosigkeit). Der Staat versucht deshalb, grosse Schwankungen abzudämpfen. Bei einem Wirtschaftsabschwung kann der Staat beispielsweise versuchen, Staatsaufträge auszuweiten, um Arbeitsplätze zu sichern.
Oder er gewährt Steuererleichterungen, damit mehr Geld für Konsum und Investitionen zur Verfügung steht.
In wirtschaftlich guten Zeiten (Aufschwung / Hochkonjunktur) kann der Staat beispielsweise die Unternehmen verpflichten, Arbeitsbeschaffungsreserven für Investitionen in Notlagen zu bilden.

Tiefe Arbeitslosigkeit

Die Arbeitslosenzahlen der Schweiz sind im Vergleich mit anderen europäischen Ländern gering.

Arbeitslosenquote ausgewählter Länder 2000–2022

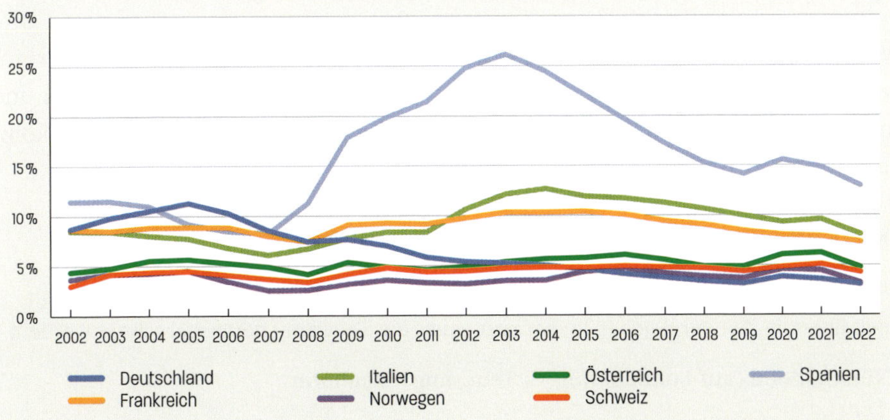

Quelle: OECD

Massnahmen gegen Arbeitslosigkeit

Um bei einer Rezession Kündigungen zu vermeiden, kann der Staat Kurzarbeit erlauben, um Auftragsengpässe zu überbrücken. Kurzarbeit ist die vorübergehende Reduzierung oder die befristete Einstellung der Arbeit in einem Betrieb bei weiterlaufenden Arbeitsverträgen. Falls jemand arbeitslos wird, unterstützt der Staat diese Personen dabei, sich um- oder weiterzubilden und eine neue Stelle zu finden.

Stabile Preise und tiefe Inflation

Kaufkraft des Geldes

In einer Marktwirtschaft widerspiegelt der Preis den objektiven Tauschwert eines Gutes. Das heisst, man ordnet einer bestimmten Geldmenge ein bestimmte Gütermenge zu. Mit 1000 Franken kann man sich beispielsweise eine bestimmte Menge Güter kaufen. Das nennt man die Kaufkraft des Geldes.

Definition der Inflation

Die Kaufkraft unterliegt ständigen Veränderungen, sodass man mit demselben Geldbetrag zu unterschiedlichen Zeitpunkten unterschiedliche Gütermengen erhält. Wenn die Preise laufend steigen, spricht man von Teuerung oder Inflation.

Inflation ist eine Schwächung der Kaufkraft. Früher bezog sich der Begriff nur auf eine Ausweitung der Geldmenge, was bei mangelndem Wirtschaftswachstum zu einer Geldentwertung führte (lateinisch «inflatio» heisst «Aufschwellung»).

Wirkungen der Inflation

Die Wirkungen der Inflation kann man im weitesten Sinne damit beschreiben, dass man für eine bestimmte Geldmenge immer weniger Güter bekommt. Doch die Wirkungen nur dadurch zu beschreiben, wäre zu ungenau. Deshalb hat man die Inflation in verschiedene Bereiche unterteilt.

Inflation bedeutet auch eine Geldentwertung, was in Extremfällen einer wirtschaftlichen Katastrophe gleich kommt. Im Bild eine deutsche Reichsnote aus der Zeit der Hyperinflation im Jahr 1923.

Inflation und Einkommen

Wer einen fixen Lohn bezieht und Kaufkraftverluste durch die Inflation verhindern will, sollte sein Einkommen entsprechend der Inflationsrate erhöhen und somit den Verlust ausgleichen können. Gelingt dies nicht, verlieren die Einkommen der Arbeitnehmenden an Kaufkraft.

Kaufkraftverlust

Kaufkraftverlust beim Lohn ohne Teuerungsausgleich

Herrscht Inflation, verliert ein bestimmter Lohn an Wert. Um die Kaufkraft von Löhnen über die Zeit vergleichen zu können, muss die Teuerung herausgerechnet werden:

Nominallohn (auf Lohnausweis) – Teuerung = Reallohn

Damit Arbeitnehmende real nicht weniger verdienen, sollte der Nominallohn jährlich in Höhe der Teuerung ansteigen (Teuerungsausgleich).

Inflation und Renten

Am schlechtesten geht es in diesem Fall den Rentnern, da ihre Renten durch gesetzliche Regelungen bestimmt werden. Die Rentner haben also von sich aus überhaupt keine Möglichkeit, sich der Preissteigerung anzupassen. Sie müssen deshalb meistens eine Verzögerung bei der Anpassung hinnehmen.

Inflation und Vermögen

Ist der Zinssatz von Sparbüchern und Konten niedriger als die Inflationsrate, nimmt das Vermögen ab.
Ganz anders sieht es bei Sachvermögen aus. Da die Preissteigerungsrate meistens über der Inflationsrate liegt, werden Besitzer von Sachvermögen kaum benachteiligt. In den meisten Fällen ist es sogar so, dass Sachvermögen (Aktiva) an Wert gewinnen. Das erklärt auch die Flucht in Sachvermögen (z. B. Immobilien, Gold), wenn die Inflationsrate sehr hoch ist.

Inflation und Schulden

Bei Schulden gilt das Nominalprinzip. Das heisst, dass auch bei einer sehr hohen Inflationsrate 1000 Franken Schulden immer 1000 Franken Schulden bleiben. In diesem Fall sind die Schuldner (die Geld schulden) begünstigt und die Gläubiger (denen Geld geschuldet wird) benachteiligt.

Inflation und Staat

Der Staat wird oft als Inflationsgewinner dargestellt. Grund dafür ist, dass sich das Einkommen des Staates durch die Inflation erhöht. Die Haupteinnahmequellen des Staates sind die einkommensabhängigen Steuern und die Mehrwertsteuer. Wenn die Inflationsrate steigt, erhöhen sich einerseits die Einkommen, wodurch der Staat mehr Steuern einnimmt. Da die Mehrwertsteuern auf dem Nettopreis einer Ware erhoben werden, erhöhen sich andererseits auch die Mehrwertsteuereinnahmen, weil der Preis der Güter durch die Inflation steigt.

Die Aussage, dass der Staat immer Inflationsgewinner sei, ist aber nicht durchwegs richtig, da auch der Staat Ausgaben hat. Wenn sich die Güterpreise erhöhen, muss auch der Staat diese erhöhten Preise zahlen und die Löhne der Angestellten an das neue Preisniveau anpassen.

Stagflation

Die Stagflation ist die schlimmste Folge der Inflation. In diesem Fall kommt es zu einer Stagnation des Wirtschaftswachstums mit einer gleichzeitig hohen Inflationsrate. Die Stagflation entsteht zum Beispiel dadurch, dass Unternehmen ihre steigenden Kosten aus Konkurrenzgründen nicht mehr durch Preiserhöhungen ausgleichen können. Das führt dazu, dass die betroffenen Unternehmen Verluste machen und deshalb weniger Investitionen tätigen. Damit sinkt aber das Wirtschaftswachstum im Allgemeinen, da keine neuen Innovationen auf den Markt gebracht werden können.

Landesindex der Konsumentenpreise (LIK)

Der Landesindex der Konsumentenpreise (LIK) misst die Preisentwicklung der für die privaten Haushalte bedeutsamen Waren und Dienstleistungen. Er gibt an, in welchem Umfang die Konsumenten bei Preisveränderungen die Ausgaben erhöhen oder senken müssen, um das Verbrauchsvolumen konstant halten zu können.

Warenkorb

Zur Messung der Preisentwicklung – und damit zur Berechnung des LIK – wird ein sogenannter «Warenkorb» definiert, welcher die wichtigsten von den privaten Haushalten konsumierten Waren und Dienstleistungen beinhaltet. Der Warenkorb ist entsprechend den 12 wichtigsten Ausgabenkategorien der Haushalte unterteilt und gewichtet.

Warenkorb und Gewichte 2023

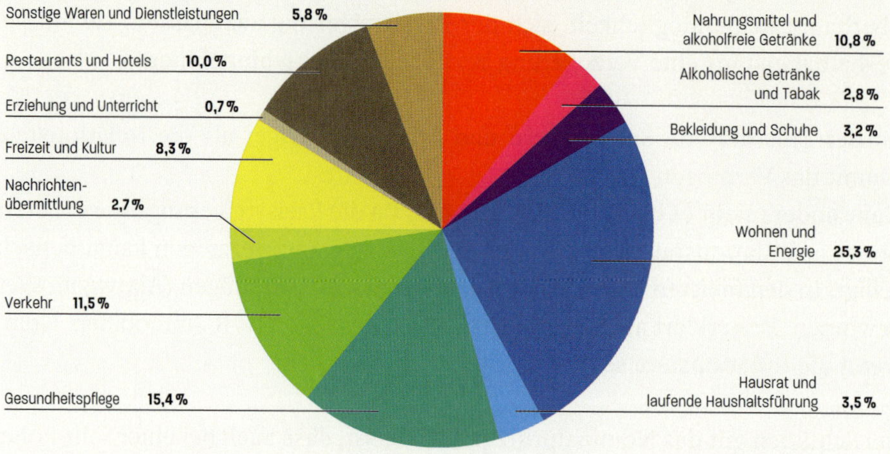

Quelle: Bundesamt für Statistik (BFS)

Die Preise der Waren und Dienstleistungen werden monatlich in ausgewählten Geschäften in der ganzen Schweiz erhoben. Dazu werden rund 50 000 Preise durch das vom Bundesamt für Statistik (BFS) beauftragte Marktforschungsinstitut GfK oder direkt vom BFS selbst erhoben. Die Erhebung findet direkt in den Verkaufsstellen vor Ort, per Telefon, Internet oder via Korrespondenzweg in der ersten Woche des Monats statt. Erfasst werden die im Inland bezahlten, effektiven Verkaufspreise (inkl. MWST, Gebühren oder allfälligen Aktionspreisen und Rabatten).

Entwicklung des Landesindex der Konsumentenpreise seit 2000

Quelle: Bundesamt für Statistik (BFS)

Die Anwendungen des Landesindexes und damit die an ihn gestellten Anforderungen sind äusserst vielfältig. Das Spektrum der Index-Anwendungen reicht von

- der Beurteilung der Wirtschaftslage im Zusammenhang mit der Geldpolitik,
- dem internationalen Vergleich der Wettbewerbsfähigkeit unseres Landes
- über die Indexierung von Löhnen, Renten und anderen Geldwerten
- bis hin zur Teuerungsbereinigung, beispielsweise zur Ermittlung des realen Wirtschaftswachstums und der realen Lohn- oder Umsatzentwicklung.

Das weiss ich jetzt!

4.34 Mit welchen Massnahmen kann der Staat diese Ziele umsetzen?

4.35 Was verstehen Sie unter dem Begriff «Kaufkraft»?

4.36 Beschreiben Sie die Wirkung der Inflation in Bezug auf ein Sparkonto.

4.37 Wer profitiert, wer verliert bei der Inflation?

4.38 Warum ist die Stagflation eine gefürchtete Wirtschaftsentwicklung?

4.39 Wozu dient der LIK und auf welcher Basis entsteht der Index?

Die Aufgabe der Schweizerischen Nationalbank (SNB) ist es, die Geldpolitik im Gesamtinteresse der Schweiz zu führen. Die erste Zielgrösse ist die Inflation. Für die SNB gilt es, grosse Schwankungen des Geldwertes zu vermeiden (Inflationsrate < 2 %).

Rolle der SNB

Das zweite Ziel ist eine ausgewogene konjunkturelle Entwicklung der Schweiz. Das heisst, es soll weder eine wirtschaftliche Überhitzung noch eine Rezession herrschen.

Wenn die SNB der Wirtschaft mehr Geld zur Verfügung stellen will, macht sie ihre Tauschgeschäfte mit den Banken günstiger und senkt die Zinsen, die ihr Banken für einen Kredit zahlen müssen. Damit verfügen Banken über mehr Reserven, mit denen sie wiederum ihren Kunden Kredite geben und so den Geldschöpfungsmechanismus in Gang setzen. Wenn die SNB das Geld verknappen will, erhöht sie den Zinssatz. Damit werden die Kredite teurer, die Ausdehnung der Geldmenge wird im Normalfall gebremst.

Seit 2015 erhalten die Banken für ihre Geldkonten bei der SNB keinen Zins mehr, sondern müssen dafür bezahlen. Diese Negativzinsen wurden nötig, damit der Schweizer Franken gegenüber der expansiven «Euro-Schwemme» der Europäischen Zentralbank nicht zu stark aufgewertet wurde.

Negativzinsen

Nachhaltige Staatsfinanzierung

Die folgende Grafik zeigt, dass die Staatsverschuldung der Schweiz in den letzten 25 Jahren stark zugenommen hat:

Staatsverschuldung

Verschuldung der öffentlichen Hand (zum Marktwert)

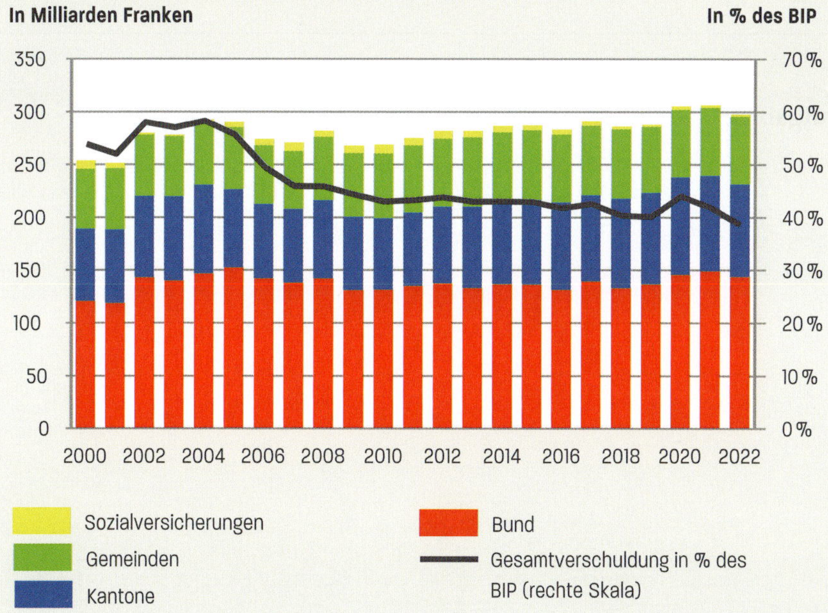

Quelle: BFS – Volkswirtschaftliche Gesamtrechnung (VGR)

Nachhaltige Staatsfinanzierung / Schuldenbremse

Steigende Schulden sind nicht wünschenswert. Einerseits verliert der Staat dadurch Handlungsspielraum, andererseits werden die Schulden auf zukünftige Generationen abgewälzt. Allerdings ist es politisch einfacher, zusätzliche Ausgaben zu beschliessen, als Steuererhöhungen durchzusetzen. Um die steigende Verschuldung unter Kontrolle zu bringen, führte der Bund 2002 die Schuldenbremse ein. Diese besagt, dass in einer Hochkonjunktur ein Überschuss erwirtschaftet werden muss, in einer Rezession dagegen ein Defizit ausgewiesen werden darf. Die Bundesfinanzen sollen dadurch nachhaltig gestaltet werden.

Entwicklung der Bruttoschulden

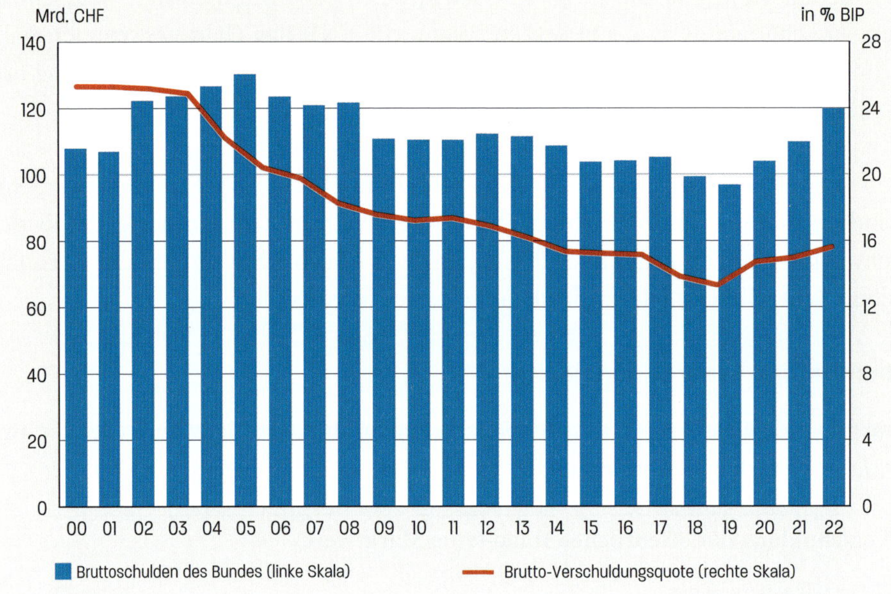

Quelle: EFD/DFF

▶ **Aufgaben:** A22–A27 S. 101 f. AH

4.5 Das Spannungsfeld zwischen Ökonomie und Ökologie

Der ökologische Fussabdruck

Der ökologische Fussabdruck ist eine wissenschaftliche Methode, die erfasst, in welchen Bereichen der Mensch die Umwelt wie stark belastet. Die Methode rechnet das Ausmass der Nutzung und Belastung der Natur etwa durch Ackerbau, Energie- oder Holzverbrauch in Flächen um, die notwendig wären, um diese Ressourcen auf erneuerbare Weise bereitzustellen.

Globale Hektare

Das Resultat – also der ökologische Fussabdruck einer Region, eines Landes oder der ganzen Welt – wird mithilfe eines Flächenmasses ausgedrückt, der sogenannten globalen Hektare. Je grösser der Abdruck, desto stärker ist die Umwelt belastet.

Biokapazität

Andererseits berechnet die Methode auch die «Biokapazität», also die Fähigkeit der Natur, Rohstoffe zu erzeugen und Schadstoffe abzubauen. Wenn Fussabdruck und Biokapazität einer Region übereinstimmen, befindet sich diese im Einklang mit der Tragfähigkeit der Natur; sie ist nachhaltig.

Ökologischer Fussabdruck der Welt

Die Länder des industrialisierten Nordens belasten die Natur pro Kopf bis zu dreimal mehr, als ihnen im weltweiten Durchschnitt zusteht. Mit 9,5 globalen Hektaren pro Kopf übertrifft der ökologische Fussabdruck Nordamerikas alle

Globale Verteilung des ökologischen Fussabdrucks 2022

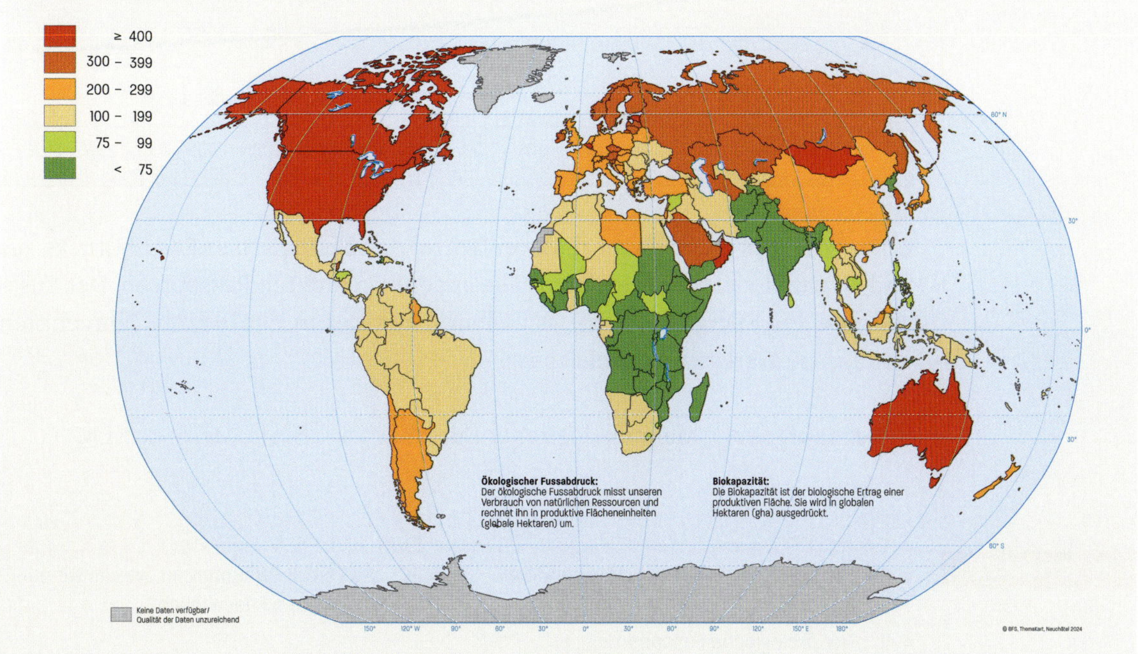

Quelle: Global Footprint Network, 2022

Ökologischer Fussabdruck im Verhältnis zur durchschnittlichen verfügbaren Biokapazität pro Kopf, in Prozent.

anderen Regionen massiv und ist zum Beispiel neunmal grösser als jener von Afrika. Auch der Fussabdruck Westeuropas – mit der Schweiz im Mittelfeld – ist deutlich grösser als der globale Durchschnitt. Die Länder des Südens hingegen – insbesondere auf dem afrikanischen Kontinent und in Südostasien – beanspruchen pro Kopf sehr viel weniger globale Hektare. Mit dem Aufschwung der bevölkerungsreichen Schwellenländer wie etwa Indien, China und Brasilien, die das energie- und ressourcenzehrende Wirtschaftsmodell des Nordens übernehmen, wird der ökologische Fussabdruck der Welt in den kommenden Jahren weiter stark wachsen.

Ökologischer Fussabdruck der Schweiz

Missverhältnis Der ökologische Fussabdruck in der Schweiz misst derzeit 3,74 globale Hektaren pro Person. Die Biokapazität unseres Landes beträgt indes bloss 1,51 globale Hektaren pro Kopf. Somit ist der Fussabdruck in der Schweiz dreimal so gross wie die Biokapazität.

Import von Biokapazität Das zunehmende Missverhältnis zwischen ökologischem Fussabdruck und Biokapazität bedeutet, dass wir unseren Konsum zunehmend mit dem Import von Biokapazität, das heisst mittels Einfuhr von natürlichen Ressourcen aus anderen Ländern und durch den Export von Abfallstoffen wie Kohlendioxid decken. Allein deshalb ist es der Schweiz möglich, so viel zu konsumieren, ohne das eigene Naturkapital drastisch zu übernutzen.

Entwicklung von Fussabdruck und Biokapazität in der Schweiz

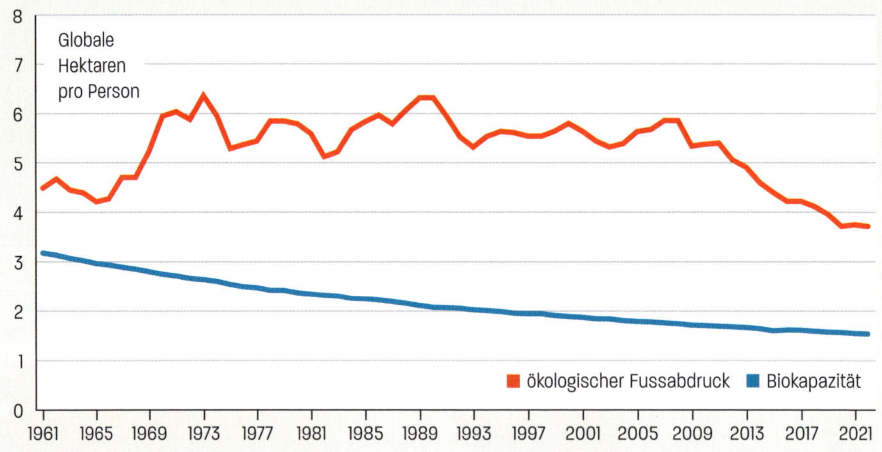

Quelle: Global Footprint Network

Unser Energieverbrauch macht zwei Drittel des ökologischen Fussabdrucks aus und ist damit viel bedeutender als alle anderen genutzten Ressourcen. Der Fussabdruck des Energiebereichs ist zudem jener, der in den letzten Jahrzehnten weitaus am stärksten gewachsen ist.

▶ **Lernaufgabe:** Mein ökologischer Fussabdruck S. 112 AH, S. 207 LM

Das weiss ich jetzt!

4.40 Wie sieht der ökologische Fussabdruck auf den einzelnen Kontinenten aus?

4.41 Der ökologische Fussabdruck der Schweiz ist fast viermal so gross wie die Biokapazität. Was bedeutet das?

4.42 Was ist der Hauptgrund, warum wir auf zu grossem Fusse leben?

Steigender Energieverbrauch

Steigender Energieverbrauch

Die Weltbevölkerung umfasste im Oktober 2021 rund 7,84 Milliarden Menschen. Die Vereinten Nationen erwarten 2050 etwa 9,7 Milliarden Menschen auf dem Globus. Selbst bei einem gleichbleibenden Pro-Kopf-Verbrauch würde dies einen dramatischen Anstieg des Energieverbrauchs und damit einen raschen Abbau der natürlichen Ressourcen sowie eine Vervielfachung der Emissionen nach sich ziehen.

Weltenergieverbrauch

In den Industrieländern steigt der Energieverbrauch seit Mitte der 1970er-Jahre kaum noch an, zum Teil sinkt er sogar. Der Anteil der Nicht-Industrieländer am Weltwirtschaftswachstum hat sich seit den 1990er-Jahren fast verdoppelt. Länder wie China oder Indien benötigen zurzeit weit mehr Energie als die Industrieländer.
Der Energiehunger der Welt wird zu über 75 Prozent durch die nichterneuerbaren fossilen Energieträger Erdöl, Erdgas und Kohle gestillt. Dies führt zu einem weiter steigenden Ausstoss von Kohlendioxid, der grösstenteils für die globale Erwärmung verantwortlich gemacht wird. Deshalb gehört die Zukunft den erneuerbaren Energiequellen (z. B. Sonne, Wind, Geothermie). Welche Rolle der Atomstrom in einer Übergangsperiode spielen wird, ist schwer abzuschätzen. Befürworter betonen die saubere Energieform, während die Gegner auf die problematische Lagerung von Atommüll während Jahrtausenden hinweisen.

Energieverbrauch der Schweiz

Auch in der Schweiz ist der Energieverbrauch in den letzten Jahrzehnten stark gestiegen. Auffallend ist die starke Abhängigkeit von nichterneuerbaren Energieträgern:

Endenergieverbrauch nach Energieträgern 2022

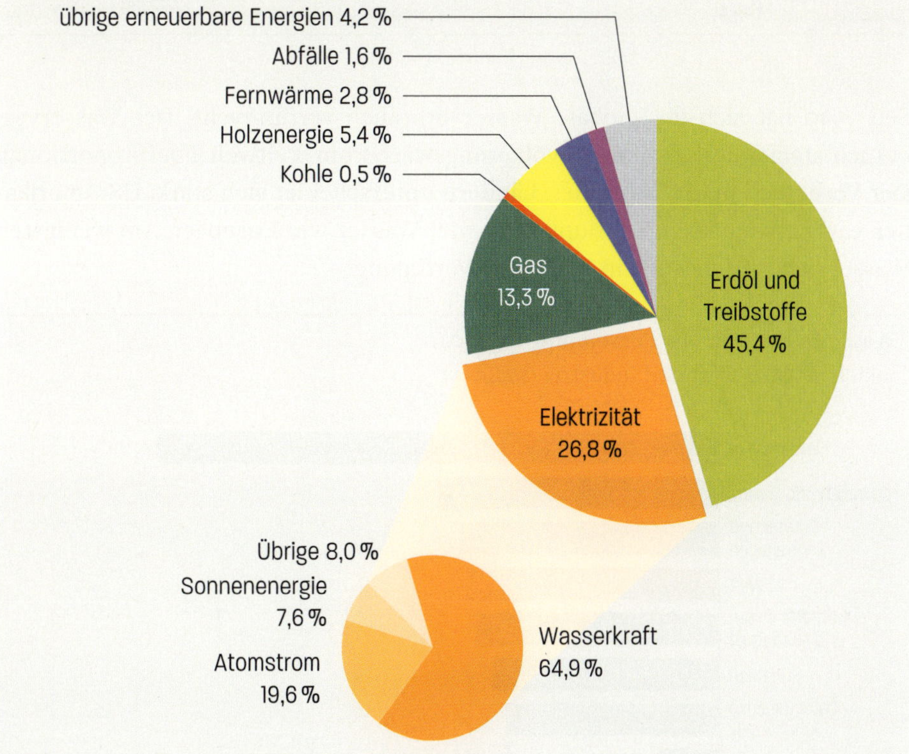

Quelle: Bundesamt für Energie (BFE)

Das weiss ich jetzt!

4.43 Welche Folgen hat der dramatische Anstieg unseres Energieverbrauchs?

4.44 Warum gehört die Zukunft den erneuerbaren Energien?

Ressourcenverbrauch am Beispiel Wasser

Wasser ist die Quelle allen Lebens. Die Versorgung mit Trinkwasser ist ein zentrales Grundbedürfnis des Menschen. Wasser wird auch zum Bewässern in der Landwirtschaft, zur Hygiene, zur sanitären Versorgung oder für die industrielle Verarbeitung verwendet.

Die Oberfläche unseres Planeten besteht zu zwei Dritteln aus Wasser. Von den weltweiten Wasserreserven sind 97 Prozent Salzwasser. Von den restlichen 3 Prozent Süsswasser ist das meiste in den Eiskappen der Pole, in Gletschern sowie in der Atmosphäre und im Boden gebunden. Nur 0,3 Prozent der gesamten Süsswasservorräte sind als Trinkwasser verfügbar.

Trinkwassermangel

Laut dem aktuellen UN-Weltwasserbericht hatten im Jahr 2020 26 Prozent der Weltbevölkerung keinen Zugang zu sauberem Trinkwasser und sicheren Sanitätseinrichtungen. Dies entspricht weltweit 2 Milliarden Menschen.

Verschlechterung der Wasserversorgung

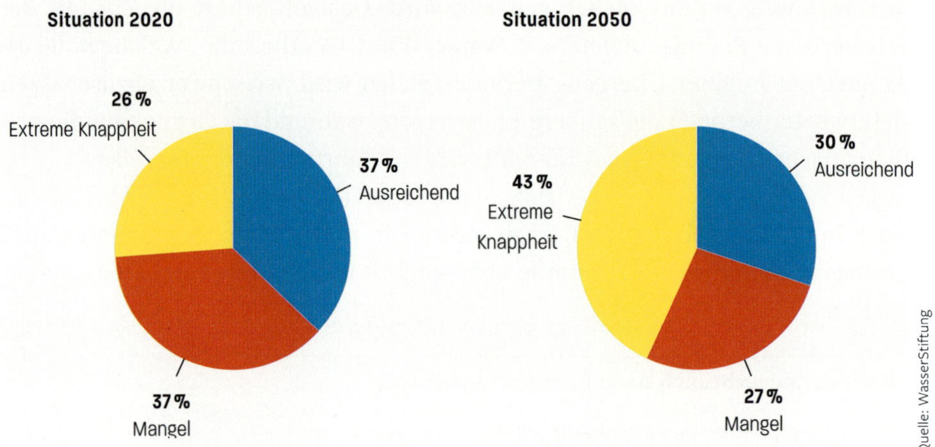

Quelle: WasserStiftung

Wasserverbrauch

Seit 1940 hat sich der globale Wasserverbrauch verfünffacht. Der Wasserverbrauch steigt gemessen am Bevölkerungswachstum weltweit überproportional. Der Verbrauch in den einzelnen Ländern unterscheidet sich stark: US-Amerikaner verbrauchen mehr als doppelt so viel Wasser wie Europäer. Am wenigsten Wasser haben Menschen in Afrika zur Verfügung.

Wasserverbrauch pro Person und Tag, 2020
inkl. Landwirtschaft und Industrie (in Liter)

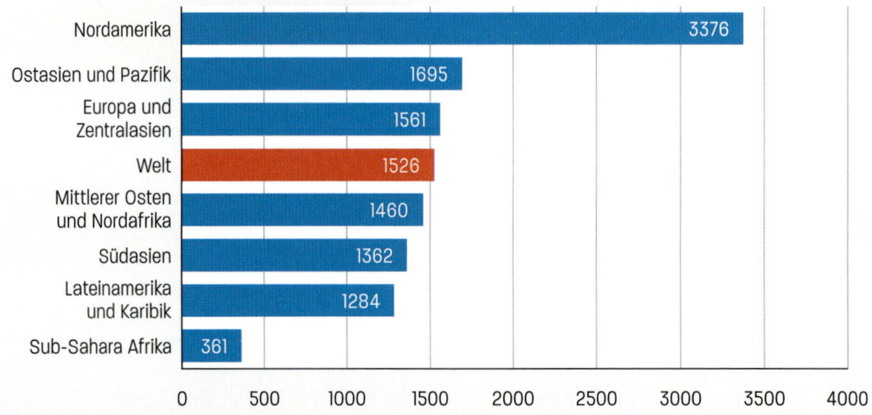

Quelle: AQUASTAT

Trinkwasserverwendung

Wie in einem Schweizer Haushalt das Wasser verwendet wird, zeigt folgende Grafik. Mehr als ein Viertel des Trinkwassers verbrauchen wir für die Klospülung!

Wasserverbrauch in einem Schweizer Haushalt, 2022
(142 Liter pro Tag und Person im Haushalt)

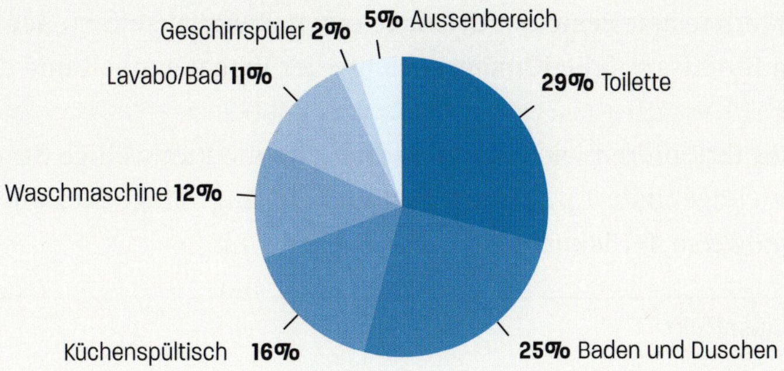

Quelle: SVGW

Kostbares Gut

Das Grundlebensmittel Wasser ist eine kostbare, natürliche Ressource, mit der wir in der Schweiz zurzeit noch ausreichend versorgt sind. In anderen Teilen der Welt wird aber jetzt schon darüber gestritten. In Zukunft wird uns auch die Frage beschäftigen, ob das Wasser einen Wert hat und somit vermarktbar wird oder ob alle Menschen auf dieser Erde ein Grundrecht auf kostenloses Wasser haben.

Weitere Fakten zum Thema

- Rund 2 Mrd. Menschen haben keinen Zugang zu sauberem Trinkwasser.
- Prognose 2050: Über 4 Mrd. Menschen (43 Prozent der voraussichtlichen Weltbevölkerung von 9,7 Mrd. Menschen) werden unter Wasserknappheit leiden.
- 3 Mrd. Menschen sind an keine Kanalisation angeschlossen.
- Etwa eine halbe Milliarde Menschen leidet unter Krankheiten, die auf verschmutztes Wasser zurückzuführen sind.
- In Entwicklungsländern sterben jedes Jahr zirka 3 Mio. Menschen durch wasserbedingte Krankheiten, mehrheitlich Kinder unter 5 Jahren.
- Sauberes Wasser ist jetzt ein Menschenrecht. Die Vereinten Nationen haben den Anspruch auf reines Wasser in die Allgemeine Erklärung der Menschenrechte aufgenommen.

Folgende Menge an Wasser wird benötigt:

1 Frühstücksei = 200 Liter Wasser.

Die Produktion einer Jeans benötigt 11 000 Liter Wasser.

8000 Liter Wasser stecken in einem Paar Lederschuhe.

1 kg Rindfleisch = 15 000 Liter Wasser.

Das weiss ich jetzt!

4.45 In welchen Teilen der Erde besteht jetzt schon ein Mangel an Trinkwasser?

4.46 Welche Folgen hat das Fehlen von Trinkwasser und einer funktionierenden Abwasserentsorgung?

Die Klimaveränderung

Der natürliche Treibhauseffekt

Der Treibhauseffekt bewirkt die Erwärmung eines Planeten durch Treibhausgase und Wasserdampf in der Atmosphäre. Der Treibhauseffekt ist absolut notwendig für das Leben auf der Erde. Die durchschnittliche Temperatur an der Erdoberfläche beträgt +15 °C, ohne den natürlichen Treibhauseffekt läge sie bei –18 °C. In der Erdatmosphäre bewirken Treibhausgase wie Wasserdampf, Kohlenstoffdioxid und Methan seit Bestehen der Erde einen Treibhauseffekt, der einen entscheidenden Einfluss auf die Klimageschichte der Vergangenheit und das heutige Klima hat.

Diese Gase funktionieren wie eine Membran, die die kurzwellige Strahlung der Sonne nahezu ungehindert passieren lässt und die langwellige Strahlung der Erdoberfläche teilweise zurückhält.

Der Treibhauseffekt

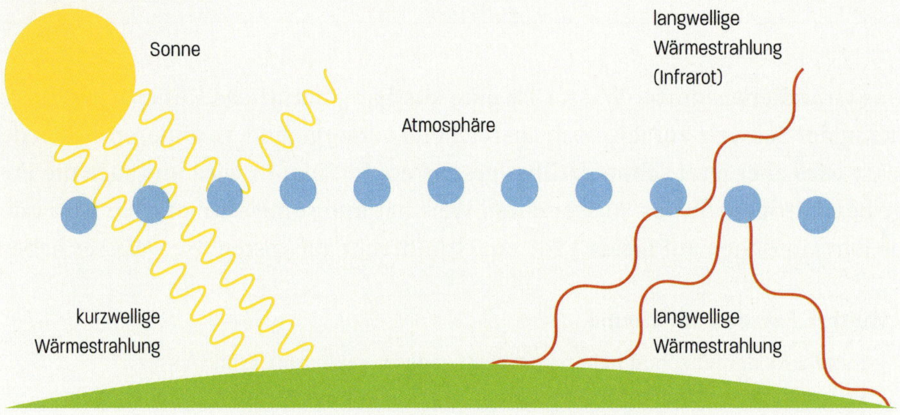

Der anthropogene Treibhauseffekt

Seit der industriellen Revolution verstärkt der Mensch den natürlichen Treibhauseffekt durch den Ausstoss von Treibhausgasen. Man bezeichnet dies als anthropogenen (vom Menschen verursachten) Treibhauseffekt. In der Wissenschaft herrscht weitgehend Einigkeit, dass die gestiegene Konzentration der vom Menschen in die Erdatmosphäre freigesetzten Treibhausgase die wichtigste Ursache der globalen Erwärmung ist, da die gemessenen Temperaturen nicht anders zu erklären sind.

CO_2-Ausstoss und Temperaturanstieg

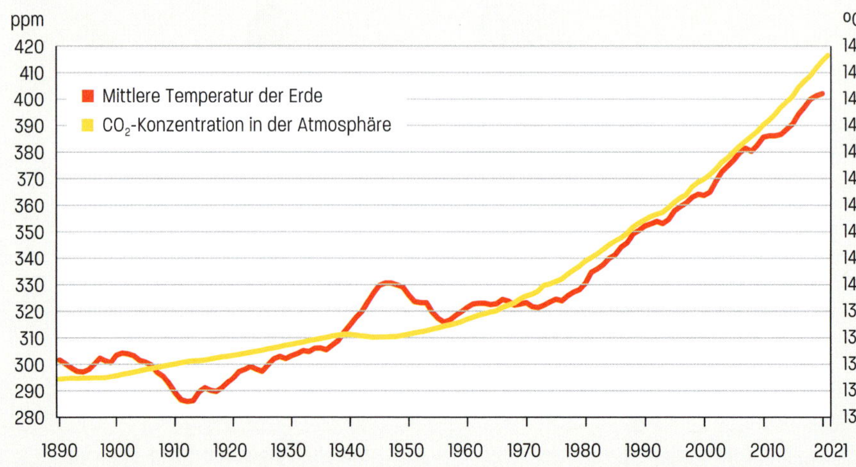

Quelle: National Aeronautics and Space Administration (NASA) / National Oceanic and Atmospheric Administration (NOAA)

Folgen des Treibhauseffektes

Das Jahr 2017 war das bisher schlimmste Hurrikanjahr seit dem Rekordjahr 2006, und es lässt sich eindeutig ein Trend der Hurrikanhäufung innerhalb der letzten Jahre erkennen. Hurrikane entstehen erst, wenn die Wassertemperatur mindestens 26,5 °C beträgt. Der Gletscherschwund und der Rückgang der oberen Schneegrenze im Sommer sowie das Auftauen des Permafrostes an vielen Orten der Alpen sind ebenfalls Belege für eine Temperaturerhöhung.
Steigt die Temperatur weiterhin an, besteht die Gefahr, dass die Polkappen schmelzen und der Meeresspiegel weiter ansteigt. Dies hätte in verschiedenen Gegenden der Welt katastrophale Auswirkungen; ganze Gebiete würden unter Wasser gesetzt.

Der Meeresspiegel steigt nach Angaben des Weltklimarates mit zunehmender Geschwindigkeit. Zurzeit beträgt diese 3,7 Millimeter pro Jahr. Die Abbildung zeigt das Ausmass der Überflutungen, die das Abschmelzen der Gletscher und Polkappen zur Folge hätte.

Das weiss ich jetzt!

4.47 Was ist der Unterschied zwischen dem natürlichen und dem anthropogenen Treibhauseffekt?

4.48 Welche Folgen ergeben sich aus dem Klimawandel?

4.49 Warum werden die CO_2-Emissionen weltweit eher noch zunehmen?

Politische Instrumente

Die Umweltverschmutzung und die globale Erwärmung sind Folgen von Marktversagen (siehe Seite 187, Die soziale Marktwirtschaft). Der Staat kann mit verschiedenen Instrumenten korrigierend eingreifen:

Umweltpolitische Instrumente	
Appelle	Das Stromsparpotenzial ist enorm. Alle können ihren Teil zu umweltbewusstem Stromverbrauch beitragen, indem sie beispielsweise die elektronischen Geräte nicht im Stand-by-Modus laufen lassen und Apparate der besten Energieeffizienzklasse nutzen. Aus den Appellen ergeben sich aber keine Verpflichtungen; der Druck, das Verhalten zu ändern, ist nicht sehr gross. *Beispiele:* – Bundesrätlicher Medienauftritt mit der Botschaft, die Eier mit weniger Wasser (Energie) zu kochen (Ogi-Methode, 1988).
Anreize	Der Staat kann Anreize schaffen, damit sich die Menschen umweltgerecht verhalten. Einerseits kann er das Verhalten der Menschen beeinflussen, wenn diese bei umweltschonendem Handeln Geld sparen können. *Beispiele:* – Weniger Motorfahrzeugsteuern für «saubere» Autos – Individuelle Heizkostenabrechnung Eine andere Möglichkeit ist die Umsetzung des Verursacherprinzips durch Lenkungsabgaben. Dies bedeutet, dass die Verursachenden die effektiven Kosten tragen müssen, die ihr Handeln verursacht. Eine CO_2-Abgabe zum Beispiel verteuert die fossilen Brenn- und Treibstoffe. Der grösste Teil der zusätzlichen Erträge wird der Bevölkerung wieder zurückerstattet. *Beispiele:* – Abfallentsorgung mit Gebühr – CO_2-Abgabe – LSVA (Leistungsabhängige Schwerverkehrsabgabe)
Verbote / Beschränkungen	Der Staat beschränkt gewisse umweltbelastende Tätigkeiten oder verbietet problematische Stoffe. *Beispiele:* – FCKW-Verbot (1991) – Verbot von energiefressenden Glühlampen (2009) – Tempolimiten (1985)
Nachsorge	Der Staat lässt Umweltverschmutzung zu, beseitigt aber im Nachhinein die Schäden (z. B. mit Hilfe von Steuergeldern). *Beispiele:* – ARA (Abwasserreinigungsanlage) – KVA (Kehrichtverbrennungsanlage)

Wichtig in dieser ganzen Diskussion ist, dass der Staat durch sein Handeln zur Verbesserung der Energieeffizienz beiträgt. Neben dem Einsatz der umweltpolitischen Instrumente kann er dies z. B. auch über Subventionen von erneuerbaren Energien (Wasser-, Solar-, Windkraft, Geothermie) tun.

Das weiss ich jetzt!

4.50 Wie können unser Energieverbrauch und unser CO_2-Ausstoss verringert werden?

4.51 Was möchte man mit einer CO_2-Abgabe auf Treibstoffe erreichen?

Nachhaltige Wirtschaftsentwicklung

Nachhaltigkeit

Nachhaltige Wirtschaftsentwicklung heisst, dass die gegenwärtige Generation ihre Bedürfnisse befriedigt, ohne die Möglichkeit der zukünftigen Generation zu gefährden, ihre eigenen Bedürfnisse befriedigen zu können. Der Begriff der Nachhaltigkeit stammt ursprünglich aus der Forstwirtschaft; es wird immer nur so viel Holz geschlagen, wie durch Wiederaufforstung nachwachsen kann.
Nachhaltigkeit steht im Gegensatz zur Verschwendung und kurzfristigen Plünderung von Ressourcen und bezeichnet einen schonenden, verantwortungsvollen Umgang mit Ressourcen, der an zukünftigen Entwicklungen und Generationen orientiert ist (siehe Seite 72, Ökologie und Ethik beim Kaufen).

Ökologische und ökonomische Verantwortung

Weltweiter Raubbau an den natürlichen Ressourcen und die zahlreichen zunehmenden Störungen der Ökosysteme auf allen Ebenen brachten ausserdem die Einsicht, dass ökologisches Gleichgewicht nur erreicht werden kann, wenn parallel ökonomische Sicherheit und soziale Gerechtigkeit gleichrangig angestrebt werden. Unser Ziel muss es also sein, einerseits die Grundbedürfnisse der Armen weltweit zu befriedigen, andererseits ein Entwicklungsmuster zu verfolgen, das die begrenzten Naturressourcen auch zukünftigen Generationen erhält (von den Erträgen leben, nicht von der Substanz).

Kyoto-Protokoll

Mit dem Erdgipfel 1992 in Rio de Janeiro wurde nachhaltige Entwicklung als internationales Leitprinzip der Staatengemeinschaft, der Weltwirtschaft, der Weltzivilgesellschaft sowie der Politik anerkannt. Daraus entstand z. B. das Kyoto-Protokoll, das erstmals völkerrechtlich verbindliche Zielwerte für den Ausstoss von Treibhausgasen festschreibt, welche die hauptsächliche Ursache der globalen Erwärmung sind.

Klimakonferenz in Paris

2015 wurde für die Zeit nach 2020 ein neues Übereinkommen verabschiedet, welches erstmals alle Staaten zur Reduktion der Treibhausgasemissionen verpflichtet. Damit wird die bisherige Unterscheidung zwischen Industrie- und Entwicklungsländern weitestgehend aufgehoben.
Allerdings folgen den erklärten Absichten meist nur selten und zögerlich wirksame Taten. Die Schweiz ist eine CO_2- Reduktion von minus 50 Prozent bis 2030 gegenüber 1990 eingegangen und wird dieses Ziel neuesten Angaben zufolge mit den bisher getroffenen Massnahmen nicht erreichen.

Klimakonferenz in Glasgow

Zum ersten Mal in der Geschichte der Weltklimakonferenzen haben sich an der Klimakonferenz in Glasgow 2021 rund 200 Staaten auf eine beschleunigte globale Energiewende weg von der Kohleverbrennung geeinigt. Die Konferenz wird als «letzte Chance» für eine gemeinsame Klimaschutz-Politik bezeichnet, es sei «eine Minute vor Zwölf».

Um die Erderwärmung auf 1,5 Grad Celsius zu begrenzen, sollen die Vertragsstaaten ihre Klimaziele bis 2030 schon im kommenden Jahr nachbessern.

2000-Watt-Gesellschaft Eine Möglichkeit der nachhaltigen Energienutzung ist die Umsetzung der 2000-Watt-Gesellschaft. Dieses Modell sieht vor, die durchschnittlich konsumierte Leistung pro Kopf – dank technologischer Entwicklung und Verzicht – auf 2000 Watt zu senken. Während die Entwicklungsländer ihren Energiekonsum noch steigern dürften, müssten wir den unseren halbieren.

Aspekte der Nachhaltigkeit	
Ökologische Nachhaltigkeit	Die Natur und die Umwelt sollen für die nachkommenden Generationen erhalten bleiben. *Beispiele:* Artenvielfalt, Klimaschutz, schonender Umgang mit der natürlichen Umgebung und Ressourcen
Ökonomische Nachhaltigkeit	Unsere Wirtschaft soll so angelegt sein, dass sie dauerhaft eine tragfähige Grundlage für Erwerb und Wohlstand bietet. *Beispiele:* Schaffung von Arbeitsplätzen, Forschung
Soziale Nachhaltigkeit	Die Gesellschaft soll sich so entwickeln, dass alle Mitglieder der Gemeinschaft an dieser Entwicklung teilhaben können. *Beispiele:* sozialer Ausgleich, lebenswerte Gesellschaft für alle

- **Aufgaben:** A28–A33 S. 104f. AH
- **Wissen anwenden:** W12–W16 S. 109f. AH, S. 206 LM
- **Kreuzworträtsel:** X1 S. 111 AH

Das weiss ich jetzt!

4.52 Wie will man die 2000-Watt-Gesellschaft erreichen?

4.53 Was bedeutet «Nachhaltigkeit»?

4.54 Auf welchen verschiedenen Gebieten sollten wir uns nachhaltig verhalten?

Wissen anwenden

Hinweis: Die Antworten zu den Fragen, die mit einem Ja oder Nein beantwortet werden können, müssen Sie begründen.

W1 Die Bedürfnisse des Menschen sind praktisch unbeschränkt.
Stellen Sie die Vielfalt Ihrer ganz persönlichen Bedürfnisse in einer Collage dar.

W2 Die Güter werden auf vier verschiedenen Ebenen unterschieden.
Zeigen Sie auf, auf welcher Seite der unterschiedlichen Ebenen Ihr Beruf jeweils zugeordnet werden kann.

W3 Angebot und Nachfrage beeinflussen den Preis und die abgesetzte Menge.
Suchen Sie zu jedem der unten stehenden Beispiele ein real mögliches Ereignis.
Beschreiben Sie zusätzlich die Auswirkungen auf den Preis und die abgesetzte Menge.
a) Bei gleichbleibendem Nachfrageverhalten verringert sich das Angebot.
b) Bei gleichbleibendem Nachfrageverhalten wird das Angebot ausgedehnt.
c) Bei gleichbleibendem Angebot nimmt die Nachfrage zu.
d) Bei gleichbleibendem Angebot geht die Nachfrage zurück.

W4 Ihre Rolle im erweiterten Wirtschaftskreislauf ist vielfältig.
Beschreiben Sie die Vielfältigkeit Ihrer Rolle mit den entsprechenden Fachbegriffen.

W5 Der Staat nimmt eine besondere Stellung im erweiterten Wirtschaftskreislauf ein.
Beschreiben Sie die Bedeutung des Staates für das wirtschaftliche Geschehen in der Schweiz.

W6 Um eine ganzheitliche Sicht unseres Wirtschaftsgeschehens zu erhalten, muss man die Auswirkungen auf die Umwelt und auf das soziale Leben mit einbeziehen.
Beurteilen Sie Ihre berufliche Tätigkeit aufgrund dieser beiden Sichtweisen.

W7 Auch Ihr Lehrbetrieb erarbeitet Güter oder Dienstleistungen aufgrund der Produktionsfaktoren Arbeit, Boden, Kapital.
Beschreiben Sie, welche Produktionsfaktoren in welcher Form in Ihrem Lehrbetrieb eingesetzt werden.

W8 Die Schweiz hat sich seit 1860 von einer Agrargesellschaft zu einer Dienstleistungsgesellschaft entwickelt.
Beschreiben Sie die Sektorenverteilung
a) in Entwicklungsländern,
b) in Schwellenländern.
Begründen Sie die einzelnen Verteilungen.

W9 Die Lebensqualität wird über verschiedene Indikatoren gemessen.
Suchen Sie neben den erwähnten noch weitere Indikatoren, welche Aufschluss über die Lebensqualität geben können.

W10 Auf der Lorenzkurve kann man die prozentuale Einkommens- und Vermögensverteilung ablesen. Die Vermögensverteilungskurve ist «bauchiger» als die Einkommensverteilungskurve.
Welche Schlüsse können Sie aus dieser Tatsache ablesen?
Wie erklären Sie sich den unterschiedlichen Verlauf der Kurven?

W11 In der sozialen Marktwirtschaft greift der Staat auf verschiedenen Gebieten mit Gesetzen ins Marktgeschehen ein (z. B. Umweltschutzgesetze, Kartellrecht, Sozialversicherungen).
Beurteilen Sie die Notwendigkeit dieser Einflussnahme in den verschiedenen Gebieten aus Ihrer persönlichen Sicht.

W12 Der ökologische Fussabdruck der Schweiz ist mehr als viermal so gross wie die Biokapazität, das heisst, wir belasten die Umwelt stärker, als sie sich regenerieren kann. Anders ausgedrückt: Wenn alle Menschen auf der Welt so leben würden wie wir, bräuchte es drei Welten.
a) Berechnen Sie auf der Internetseite *www.wwf.ch* Ihren eigenen Fussabdruck.
b) Wo sehen Sie Möglichkeiten, den Fussabdruck der Schweiz zu verringern?

W13 Der Energiehunger der Welt wird zu 75 Prozent durch die nicht erneuerbaren Energieträger gestillt, was zu einer globalen Erwärmung führt.
a) Welche Folgen hat die globale Erwärmung weltweit?
b) Welche Folgen hat die globale Erwärmung für die Schweiz?

W14 Während Hunderte Millionen Menschen kein sauberes Trinkwasser haben, gehen wir verschwenderisch damit um.
Wie könnten Sie Ihren ganz persönlichen Wasserverbrauch verringern?

W15 Das Modell der 2000-Watt-Gesellschaft sieht vor, den Energiebedarf pro Kopf auf 2000 Watt zu senken.
Welche Auswirkungen hätte das für die Schweizer Bevölkerung? Wie könnten wir Energie sparen?

W16 Die Schweiz verhält sich auf verschiedenen Gebieten nicht nachhaltig.
Auf welchen Gebieten verhalten wir uns Ihrer Meinung nach nicht nachhaltig?
Wie könnten nachhaltige Lösungsvorschläge auf diesen Gebieten aussehen?

Lernaufgabe

Wirtschaft und Mensch: mein ökologischer Fussabdruck

Ausgangslage

Die Schlagzeilen zum Klimawandel sind allgegenwärtig. Es ist klar, dass wir in Zukunft umsichtiger mit unserer Umwelt umgehen müssen. Wir alle können im Kleinen etwas dazu beitragen.

Lernziele

Sie können Ihren eigenen Umgang mit der Umwelt reflektieren.

Auftrag

Erarbeiten Sie die Aufträge allein, halten Sie Ihre Gedanken und Resultate schriftlich fest.

Produkt

Schriftliche Notizen

Vorgehen

1. Sie erarbeiten die Aufträge allein.
2. Lesen Sie die Lernaufgabe genau durch und klären Sie Fragen mit der Lehrperson.
3. Halten Sie Ihre Antworten schriftlich fest.
4. Besprechen Sie die Resultate im Plenum.

Arbeitsaufträge

1. Gehen Sie auf *https://hep.plus/gesb-footprint-rechner*, beantworten Sie die aufgeführten Fragen. Betrachten Sie Ihr persönliches Ergebnis. Wie viele Erden brauchen Sie? Schreiben Sie Ihr Resultat auf.
2. Erklären Sie in eigenen Worten, was dieses Resultat bedeutet.
3. Öffnen Sie die detaillierte Auswertung Ihres Fussabdruckes. Schauen Sie die grafische Auswertung «Ihr Fussabdruck aufgeteilt auf die verschiedenen Lebensbereiche» an. In welchem Bereich gibt es Auffälligkeiten? Was erstaunt Sie? Womit haben Sie gerechnet?
4. Halten Sie Ihre Gedanken schriftlich fest.
5. Gibt es Bereiche in Ihrem Leben, wo Sie ökologischer mit der Umwelt umgehen können? Schreiben Sie einen Punkt auf, welchen Sie für sich persönlich umsetzen möchten.

Kapitel 5
Staat und Politik

Schweizerinnen und Schweizer sind stolz auf ihre Demokratie. Umfragen haben allerdings ergeben, dass sich nur Wenige für politische Themen interessieren. An der Urne liegt die Stimmbeteiligung oft deutlich unter der 50-Prozent-Marke.
Das bedeutet, dass jeweils eine Minderheit über die Zukunft unseres Landes entscheidet. Das Wesen einer Demokratie wäre aber, dass Mehrheiten entscheiden!
Setzen Sie sich mit den anstehenden politischen Fragen auseinander, auch wenn Sie noch nicht im stimmfähigen Alter sind oder die heute geltenden Regeln Ihr Stimm- und Wahlrecht einschränken. Nützen Sie jede Gelegenheit, Ihre Zukunft aktiv mitzugestalten!

In diesem Kapitel setzen Sie sich mit folgenden Fragen auseinander

- Wie muss man sich die «alte» Schweiz vorstellen?
- Welche «Meilensteine» prägen die «moderne» Schweiz?
- Was sind Mitwirkungsrechte und Pflichten und wie funktioniert stimmen und wählen?
- Was unterscheidet ein Referendum von einer Initiative?
- Welche Interessengruppen beeinflussen die Politik und was macht eine Demokratie aus?
- Welche Aufgaben hat der Staat und wie finanziert er seinen Haushalt?

DIESES WOCHENENDE WERDE ICH ABSTINENZLER... ...STIMMABSTINENZLER !!
PFUSCHI-CARTOON

5.1 Die Schweiz gestern und heute

Die Alte Eidgenossenschaft

Entstehung der Eidgenossenschaft anfangs 14. Jahrhundert

In der ersten Hälfte des 14. Jahrhunderts wurden auf dem Gebiet der heutigen Schweiz verschiedene Bündnisse geschlossen. Diese Bündnisse dienten der Abwehr gegen fremde Übergriffe, aber auch der Machtsicherung regionaler Führungsschichten.

Etwa ab 1350 wird dieses Bündnisgeflecht «Eidgenossenschaft» genannt.

Dass wir jeweils am 1. August den Geburtstag der Schweiz feiern, basiert auf dem Mythos, dass 1291 drei Männer aus Uri, Schwyz und Nidwalden auf dem Rütli mit ihrem Schwur den Grundstein für die heutige Schweiz gelegt hatten. Noch heute ist man sich nicht einig, ob nicht 1307 das Geburtsjahr der Schweiz war. Immerhin steht diese Jahreszahl auf dem Denkmal von unserem ebenso sagenumwobenen Nationalhelden Wilhelm Tell in Altdorf.

Tatsache ist, dass sich die Eidgenossen zu einem lockeren Staatenbund zusammengeschlossen hatten, sich aber nachher gegenseitig während rund 200 Jahren heftig bekämpften, weil man sich in konfessionellen Fragen (Reformation) nicht einig war. Es kam zur Spaltung der Eidgenossenschaft in katholische und reformierte Orte – was bis heute spürbar ist.

Die Schweiz in der Frühen Neuzeit (1536–1798)

Untergang der Alten Eidgenossenschaft

1798 Helvetische Republik – Einheitsstaat

Nach dem Einmarsch französischer Truppen unter Napoleon Bonaparte, wurde die Schweiz ein von Frankreich kontrollierter Einheitsstaat. Diese Helvetische Republik hatte allerdings nicht lange Bestand, denn die sprachlichen-, kulturellen- und religiösen Unterschiede der Eidgenossen waren zu gross.

Gleichberechtigte Kantone dank der Mediation von Bonaparte

Napoleon setzte die Zentralregierung ab und schuf aus den ehemaligen Untertanengebieten neue, gleichberechtigte Kantone.

Wiener Kongress 1815 – die Schweiz wird als neutraler Staat anerkannt

Nach der katastrophalen Niederlage von Napoleon in Waterloo (nahe Brüssel, Belgien) wurde am Wiener Kongress 1815 die politische Landkarte von Europa neu gezeichnet. Die Schweiz musste einige Gebiete abtreten (z. B. das Veltlin), andere Regionen (z. B. der Jura) kamen dazu. Wichtig aber war, dass die damaligen Grossmächte die Schweiz als unabhängigen Staat anerkannten.

Am Wiener Kongress 1815 legten die europäischen Herrscher nach der Niederlage Napoleons die Grenzen in Europa neu fest.

Weil die Grossmächte einen «Puffer» zwischen Frankreich und Österreich wollten, verordneten sie der innerlich völlig zerstrittenen Schweiz künftig die bewaffnete Neutralität.
Die Zerstrittenheit zwischen liberalen, reformierten und konservativen, katholischen Kantonen führte im November 1847 sogar zu einem kurzen Bürgerkrieg (Sonderbundskrieg), den die liberalen Kräfte für sich entscheiden konnten.

Die moderne Schweiz

Nach dem Sieg der Liberalen wird die Schweiz bereits kurz nach dem Bürgerkrieg zu einem Bundesstaat umgestaltet. Das ist nur möglich, weil man den Kantonen eine grosse Selbstständigkeit garantiert. Damit entsteht ein einheitlicher, schweizerischer Wirtschaftsraum mit freiem Personen- und Warenverkehr.

Gründung der «modernen» Schweiz 1848

Gründung der «modernen» Schweiz	1848	Männer erhalten das Stimm- und Wahlrecht.
Referendumsrecht	1874	Die Rechte der Bürger werden zulasten der Kantone gestärkt.
Initiativrecht	1891	
Erster Weltkrieg; die Schweiz bleibt verschont.	*1914–1918*	*Dem einfachen Volk geht es nicht gut.*
Generalstreik	1918	Auslöser ist die schlechte soziale Lage breiter Bevölkerungsschichten.
Proporzwahl	1919	Neues Wahlverfahren für den Nationalrat.
Zweiter Weltkrieg; die Schweiz kommt relativ unbeschadet davon.	*1939–1945*	*Unrühmliche Haltung in der Flüchtlingspolitik und im Umgang mit dem Nazi-Raubgold.*
Wirtschaftsaufschwung	1945–1975	Weil von den Kriegswirren verschont und dank dem Friedensabkommen von 1937 zwischen Arbeitgeber- und Arbeitnehmerorganisationen.
AHV	1947	Einführung der wichtigen Sozialversicherung.
Zauberformel	1959	Die grössten 4 Parteien sollen künftig im Bundesrat vertreten sein.
Frauenstimmrecht auf eidgenössischer Ebene	1971	Nach 1959 im zweiten Anlauf von Volk und Ständen angenommen.
Kanton Jura	1978	Französisch sprechende Regionen lösen sich nach turbulenten Zeiten vom Kanton Bern. Der 26. Kanton wird von Volk und Ständen angenommen.
UNO-Beitritt	2002	Die Schweiz wird 190. Mitglied der Vereinten Nationen.

▶ **Aufgaben:** A1–A4 S. 121f. AH
▶ **Wissen anwenden:** W1–W3 S. 131 AH, S. 248 LM

Steckbrief der Schweiz heute

Schweizerische Eidgenossenschaft
Confœderatio Helvetica (CH)

Lage
Die Schweiz liegt im Herzen Europas und grenzt im Süden an Italien, im Osten an Österreich und an das Fürstentum Liechtenstein, im Norden an Deutschland und im Westen an Frankreich. Als Binnenstaat hat sie keinen direkten Zugang zum Meer.

Fläche
41 285 Quadratkilometer
Alpen und Gletscher machen rund 60 Prozent der Fläche aus.

Einwohnerzahl
2023 zählte die ständige Wohnbevölkerung der Schweiz 8 931 306 Einwohnerinnen und Einwohner. Davon waren 26,8 Prozent ausländischer Staatsangehörigkeit.

Landessprachen
Die Schweiz besitzt vier offizielle Landessprachen:
Deutsch (62 %), Französisch (23 %), Italienisch (8 %) und Rätoromanisch (0,5 %). Rund 25 Prozent der Bevölkerung sprechen eine Hauptsprache, die keine Landessprache ist.

Religionen
In der Schweiz sind 32 Prozent römisch-katholisch, 21 Prozent evangelisch-reformiert, 6 Prozent gehören anderen christlichen Glaubensgemeinschaften an, 6 Prozent sind muslimisch; 34 Prozent sind konfessionslos (Stand 2023).

Staatsstruktur
Als Bundesstaat ist die Schweiz in 26 Kantone gegliedert. 6 Kantone haben nur eine halbe Standesstimme, was bei Abstimmungen ein Total von 23 Stimmen ergibt. Aufgrund zahlreicher Fusionen nimmt die Anzahl der Gemeinden laufend ab (Stand 2024: 2136).

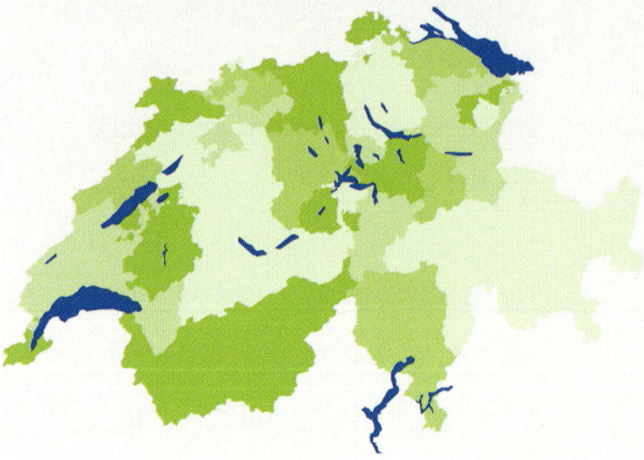

Bundeshauptstadt
Bern ist seit der Staatsgründung 1848 Bundeshauptstadt der Schweiz und Sitz der Regierung.

Regierungsform
Die Schweiz ist eine Mischform aus repräsentativer Demokratie (Volksvertreter machen Gesetze) und direkter Demokratie (Volksabstimmungen). Diese Form nennt man halbdirekte Demokratie.

Mitgliedschaft in internationalen Organisationen
UNO, WTO, Europarat, OSZE, IKRK

▶ **Aufgaben:** A5 S. 122 AH

5.2 Der Bundesstaat Schweiz

Staatsformen

In ihrer geschichtlichen Entwicklung hat sich die Schweiz vom lockeren Staatenbund der verschiedenen Kantone über den Einheitsstaat unter Napoleon zum Bundesstaat entwickelt.

Staatsformen	
Staatenbund 	Beim Staatenbund verbünden sich selbstständige, souveräne Staaten, um ausgewählte Aufgaben gemeinsam zu lösen. *Beispiele:* UNO, NATO, OPEC, EU Alte Eidgenossenschaft bis 1798; von 1803 bis 1848
Einheitsstaat 	In einem Einheitsstaat (Zentralstaat) gibt es nur eine Regierung. Er wird von einem Zentrum aus einheitlich regiert. Im ganzen Staat gelten die gleichen Gesetze. *Beispiele:* Frankreich, Grossbritannien, Italien Helvetische Republik von 1798 bis 1803
Bundesstaat 	Beim Bundesstaat schliessen sich Teilstaaten zusammen und bilden gegen aussen einen Gesamtstaat. *Beispiele:* Deutschland, Österreich, USA Schweiz seit 1848

Der föderalistische Bundesstaat

Föderalismus

Die Kantone haben bei der Gründung des Bundesstaates einen Teil ihrer Souveränität (Unabhängigkeit) dem Bund abgetreten. Die Aufgaben des Bundes sind in der Bundesverfassung ausdrücklich geregelt. Alle anderen staatlichen Aufgaben werden eigenständig von den Kantonen oder den Gemeinden wahrgenommen. Dies nennt man Föderalismus.

Aufgabenteilung zwischen Bund, Kantonen und Gemeinden (Beispiele)

- *Bundesaufgaben*
  Aussenpolitik, Strassenverkehr, Militär, Zoll, Berufsbildung
- *Kantonsaufgaben*
  Schule, Gesundheitswesen, Bauwesen, Polizei
- *Gemeindeaufgaben*
  Kehrichtabfuhr, Wasser- und Elektrizitätsversorgung, Bau von Schulhäusern, Feuerwehr

Die Demokratie als Regierungsform

Jede Form von Demokratie (Volksherrschaft) versucht auf ihre Weise, den Willen des Volkes zu ermitteln und die Tätigkeiten des Staates danach auszurichten. Theoretisch kann dies durch direkte Mitsprache jedes Bürgers und jeder Bürgerin geschehen (direkte Demokratie) oder aber durch eine gewählte Vertretung (repräsentative Demokratie). Bei der repräsentativen Demokratie kann das Schwergewicht auf einer starken Präsidentin oder einem starken Präsidenten als Chef der Regierung liegen (präsidiale Demokratie) oder aber auf einem starken Parlament (parlamentarische Demokratie).

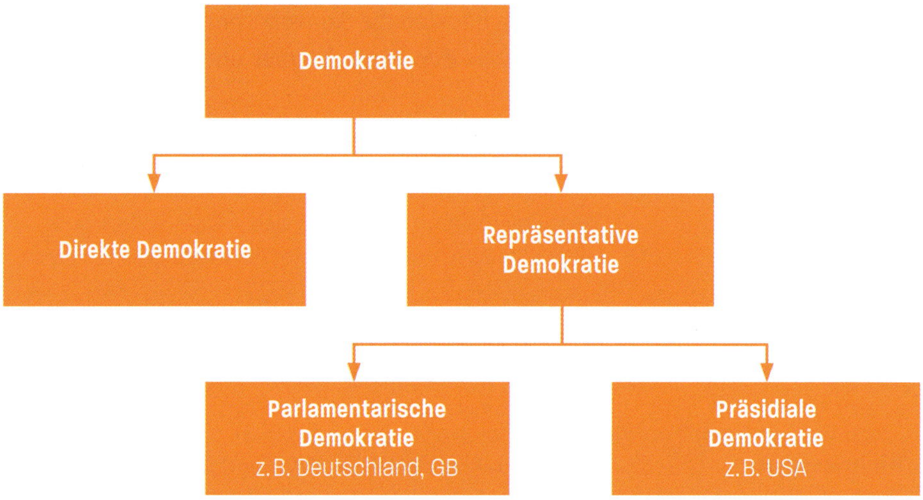

In der Realität sind diese Demokratieformen selten in Reinkultur anzutreffen; üblich sind Mischformen. So stellt die Schweiz eine Mischform zwischen einer direkten und einer repräsentativen Demokratie dar (halbdirekte Demokratie).

Direkte Demokratie

Das Volk wählt seine Abgeordneten und bestimmt endgültig über die Verfassung und die Gesetze. Das Parlament bereitet die Geschäfte nur vor.

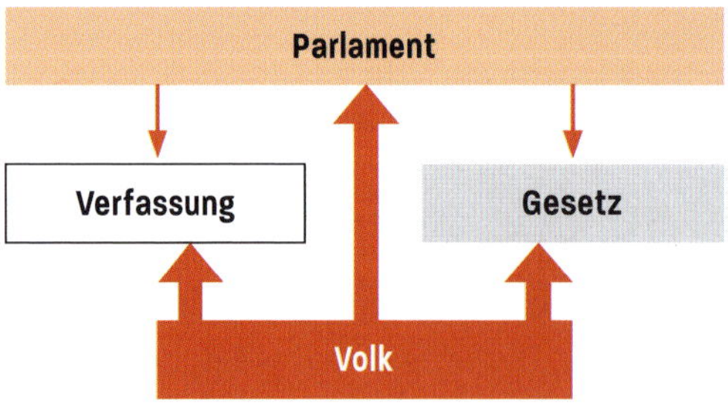

In der Schweiz geschieht dies in den beiden Landsgemeinden der Kantone Appenzell Innerrhoden und Glarus sowie in den Gemeinden mit Gemeindeversammlung.

Halbdirekte Demokratie

Das Volk wählt seine Abgeordneten und hat auch direkte Einflussmöglichkeiten auf Verfassung und Gesetzgebung (Seite 224f., Referendum und Initiative).

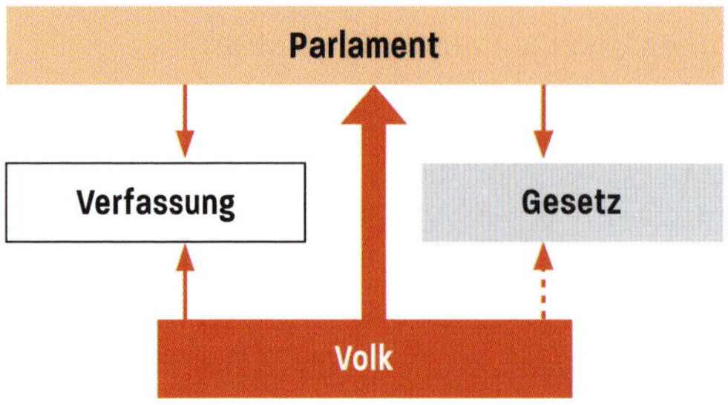

Die Demokratie in Abgrenzung zur Diktatur

Am einfachsten ist es, die Demokratie in Abgrenzung zu einer Diktatur zu definieren.

Regierungsformen

	Demokratie	**Diktatur**

Gewaltenteilung	Aufteilung der Staatsgewalt in: – Gesetze erlassen – Recht durchsetzen – Über Recht und Unrecht urteilen Die drei Gewalten kontrollieren sich gegenseitig.	Die Staatsgewalt ist in der Hand eines Einzelnen (Diktator) oder weniger Personen (Junta, Partei). Das bedeutet, dass «der Diktator» die Gesetze erlassen kann, die ihm passen, selbst deren Einhaltung kontrolliert und willkürlich Menschen verurteilen und inhaftieren kann.
Menschenrechte	Menschenrechte und Bürgerrechte sind garantiert.	Missachtung der grundlegendsten Menschenrechte. Politisch Andersdenkende werden systematisch verfolgt.
Wahlen und Abstimmungen	Bei freien Wahlen und Abstimmungen entscheidet jeweils die Mehrheit des Volkes.	Durch manipulierte Scheinwahlen halten sich die Herrschenden an der Macht.
Meinungs- und Pressefreiheit	Es findet ein politischer Wettbewerb zwischen Parteien mit unterschiedlichen Werthaltungen statt. Über freie Medien kann sich jeder über verschiedene Meinungen informieren.	Mithilfe der staatlich kontrollierten Medien wird die freie Meinungsbildung der Bevölkerung verunmöglicht. Die Menschen werden systematisch desinformiert. Die Machthaber dulden keine Opposition.
Ausprägungen	– Direkte / halbdirekte Demokratie – Parlamentarische Demokratie – Präsidiale Demokratie	– Militärdiktatur (Myanmar 1962–2011) – Parteidiktatur (Nordkorea) – Theokratie (Iran)

▶ **Aufgaben:** A6–A8 S. 122 f. AH
▶ **Wissen anwenden:** W4 S. 131 AH, S. 248 LM

Das weiss ich jetzt!

5.1 Was bedeutet der Begriff «Föderalismus»?

5.2 Was grenzt die Demokratie von der Diktatur ab?

5.3 Mitwirkungsrechte und Pflichten

Grundrechte, Freiheitsrechte, Menschenrechte

Diese Rechte sind allgemeine, überstaatliche Rechte. Sie stehen allen Menschen zu, unabhängig von ihrer Hautfarbe, Herkunft, Sprache, Religion, Nationalität oder von ihrem Geschlecht. Sie sind entweder in der Allgemeinen Erklärung der Menschenrechte, in der Europäischen Menschenrechtserklärung (EMRK) und/oder in der Bundesverfassung festgehalten.

Beispiele von Grund- und Freiheitsrechten

- Menschenwürde (BV 7/EMRK 1)
- Recht auf Leben und persönliche Freiheit (BV 10/EMRK 2)
- Meinungsäusserungs- und Informationsfreiheit (BV 16/EMRK 10)
- Versammlungsfreiheit (BV 22)
- Glaubens- und Gewissensfreiheit (BV 15/EMRK 9)
- Rechtsgleichheit (BV 8/EMRK 14)
- Anspruch auf Grundschulunterricht (BV 19)

Die Grundrechte gelten nicht vorbehaltlos. Der Staat kann sie einschränken, wenn es das öffentliche Interesse so verlangt (z.B. bei Rassendiskriminierung, StGB 261 oder bei Pandemien, Covid-Gesetz). Grundsätzlich sollen die Grundrechte Freiheit, Gleichheit und Sicherheit garantieren. Diese Werte stehen aber gelegentlich auch in einem Spannungsverhältnis, da nicht immer alle Grundrechte gewahrt werden können. Zum Beispiel: Unvorteilhafte private Bilder einer öffentlichen Person in einer Zeitung (Meinungsäusserungs- und Informationsfreiheit der Zeitung gegen Menschenwürde der prominenten Person) oder Schwangerschaftsabbruchentscheid einer Frau (Recht auf Leben des Ungeborenen gegen die persönliche Freiheit der Mutter).

Die Versammlungsfreiheit ist ein Grundrecht, das in der Bundesverfassung (BV 22) festgehalten ist. Im Bild eine Demonstration der Gewerkschaften zur Senkung des Rentenalters.

Staatsbürgerliche Rechte

Diese Rechte kommen allen Staatsbürgerinnen und Staatsbürgern zugute, unabhängig vom Alter. Sie sind in der Bundesverfassung aufgeführt.

Beispiele staatsbürgerlicher Rechte

- Niederlassungsfreiheit (BV 24)
- Bürgerrechte (BV 37)
- Schutz vor Ausweisung, Auslieferung und Ausschaffung (BV 25)

Politische Rechte

Diese Rechte stehen nur den handlungsfähigen Schweizerinnen und Schweizern zu. Sie sind ebenfalls in der Bundesverfassung festgehalten.

Beispiele politischer Rechte

- Aktives und passives Wahlrecht (BV 34, 39, 136)
- Stimmrecht (BV 34, 39, 136)
- Referendums- und Initiativrecht (BV 141, 138, 139)

Staatsbürgerliche Pflichten

Diese Pflichten betreffen alle Staatsbürgerinnen und -bürger und zum Teil auch niedergelassene Ausländer. Sie sind in der Bundesverfassung und in den Gesetzen geregelt.

Beispiele staatsbürgerlicher Pflichten

- Schulpflicht (BV 62)
- Steuerpflicht
- Versicherungspflicht
- Militärdienstpflicht (nur männliche Schweizer) (BV 59)

▶ **Aufgaben:** A9–A10 S. 123f. AH
▶ **Wissen anwenden:** W5–W6 S. 131f. AH, S. 248 LM

Das weiss ich jetzt!

5.3 Was versteht man unter dem Begriff «Menschenrecht»?

5.4 Warum betrifft ein Teil der staatsbürgerlichen Pflichten auch niedergelassene Ausländerinnen und Ausländer?

5.4 Stimmen und Wählen

BV 136 Stimm- und Wahlrecht sind die wichtigsten politischen Rechte. Die Möglichkeit, an freien und fairen Wahlen und Abstimmungen teilzunehmen, ist in einer funktionierenden Demokratie von zentraler Bedeutung.

Stimmrecht

Das Stimmrecht erlaubt jeder Stimmbürgerin und jedem Stimmbürger, zu einer Sachvorlage Ja oder Nein zu sagen. Bei Abstimmungen auf Bundesebene werden die folgenden Mehrheiten unterschieden:

Volksmehr
BV 142

Ein Volksmehr kommt zustande, wenn die Mehrheit der gültig abstimmenden Bevölkerung einer Vorlage zustimmt. Der Anteil der Ja-Stimmen beträgt über 50 Prozent.
Zur Annahme eines Gesetzes (Referendumsabstimmung) ist nur das Volksmehr erforderlich.

Ständemehr
BV 142

Ein Ständemehr kommt zustande, wenn die Mehrheit der Kantone einer Vorlage zustimmt; es werden somit mindestens zwölf Kantonsstimmen benötigt – Halbkantone gelten als halbe Stimme. Ein Unentschieden bei den Kantonsstimmen gilt als Ablehnung.
Ob ein Kanton zustimmt oder ablehnt, hängt vom jeweiligen Volksmehr ab.

Doppeltes Mehr
BV 142

Ein doppeltes Mehr bedeutet, dass eine Vorlage sowohl ein Volksmehr als auch ein Ständemehr benötigt, um angenommen zu werden.
Für Verfassungsänderungen (z. B. mittels einer Initiative) wird das doppelte Mehr benötigt.

Volksmehr, Ständemehr und doppeltes Mehr

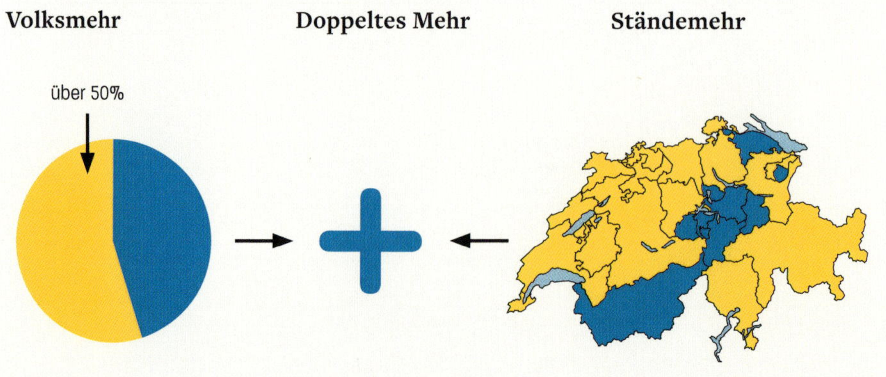

Wahlrecht

Beim Wahlrecht wird zwischen aktivem und passivem Wahlrecht unterschieden.

Wahlrecht

- *Aktiv:* Das Recht, Personen in eine Behörde oder ein Amt zu wählen
- *Passiv:* Die Möglichkeit, selbst für ein Amt gewählt zu werden

Bei Wahlen gibt es Regeln, welche Mehrheit eine Kandidatin oder ein Kandidat erreichen muss, damit die Wahl gültig ist.

Absolutes Mehr

Das absolute Mehr hat erreicht, wer mehr als die Hälfte aller gültigen Stimmen erhält.
Beispiel: Bundesratswahlen

Relatives Mehr

Beim relativen Mehr ist die Mehrheit der Stimmen ausschlaggebend. Wer am meisten gültige Stimmen erhält, ist gewählt.
Beispiel: Ständeratswahlen 2. Wahlgang

Qualifiziertes Mehr

Beim qualifizierten Mehr muss z. B. eine $\frac{2}{3}$- oder $\frac{3}{4}$-Mehrheit (man spricht vom «Quorum») erreicht werden.
Beispiel: Bei der Wahl in ein politisches Amt wird ein Quorum verlangt. Auch für den Ausschluss von Vereinsmitgliedern ist in den Statuten meist ein qualifiziertes Mehr vorgesehen.

Absolutes und relatives Mehr

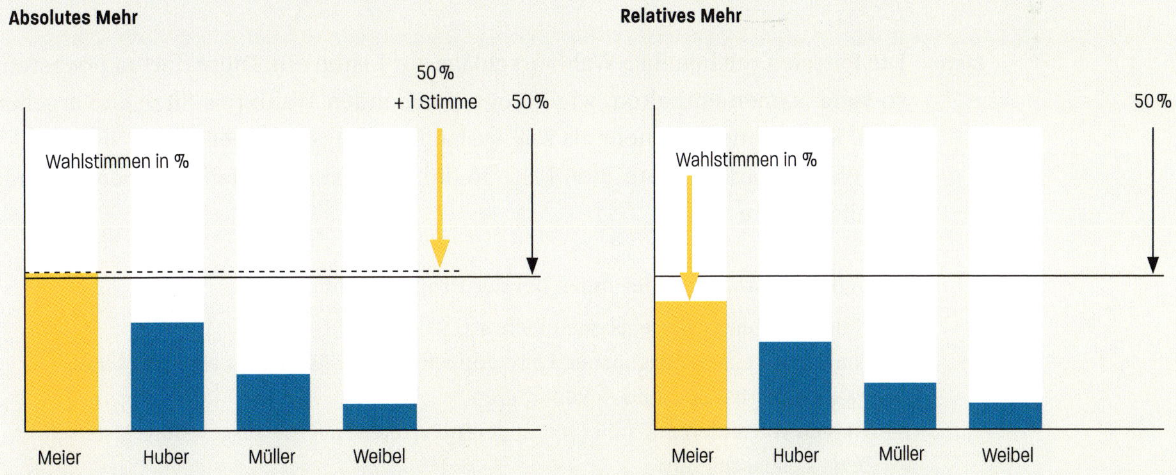

Gewählt ist, wer mindestens die Hälfte aller gültigen Stimmen plus 1 Stimme erreicht hat. Ungültige oder leere Wahlzettel werden nicht gezählt.

Gewählt ist, wer die höchste Stimmenzahl erreicht hat. Es muss nicht die Hälfte aller Stimmen erreicht werden.

Das weiss ich jetzt!

5.5 Beschreiben Sie den Unterschied zwischen Stimmen und Wählen.

5.6 Was heisst «aktives»/«passives Wahlrecht»?

5.7 Erklären Sie die Begriffe «absolutes Mehr»/«relatives Mehr».

5.8 Wann spricht man von einem qualifizierten Mehr?

5.9 Beschreiben Sie den Unterschied zwischen Volksmehr und Ständemehr.

5.10 Wann braucht es das doppelte Mehr?

Majorzwahl

Mehrheitswahl

Majorzwahl heisst Mehrheitswahl.
Majorzwahlen sind Persönlichkeitswahlen. Das heisst, der Bekanntheitsgrad eines Kandidaten oder einer Kandidatin ist entscheidend für die Wahl.
Gewählt ist, wer am meisten Stimmen erhält. Die Majorzwahl wird angewendet, wenn nur ein Sitz oder nur wenige Sitze zu vergeben sind (z. B. Bundesratswahl, Regierungsratswahl, Ständeratswahl).
Der Vorteil dieses Wahlverfahrens liegt in seiner Einfachheit. Aufgrund des fehlenden Wählerpotenzials haben Kandidaten kleinerer Parteien allerdings wenig Chancen, gewählt zu werden.

Wahlmehrheiten

Meistens wird im ersten Wahlgang das absolute Mehr verlangt. Wird dieses nicht erreicht, ist im zweiten Wahlgang oft nur noch das relative Mehr erforderlich.

Stille Wahl

Wenn gleich viele Kandidatinnen und Kandidaten zur Wahl vorgeschlagen werden, wie Sitze zu vergeben sind, kommt es zu einer stillen Wahl, d. h., es findet kein Wahlgang statt. Gewählt sind dann die vorgeschlagenen Personen.

Proporzwahl

Verhältniswahl

Proporzwahl heisst Verhältniswahl.
Die zu vergebenden Sitze werden im Verhältnis zum Stimmenanteil der einzelnen Parteien vergeben. Je mehr Stimmen eine Partei erzielt, umso mehr Sitze erhält sie.
Der Vorteil der Proporzwahl ist, dass auch kleinere Parteien eine reelle Chance haben, Sitze zu gewinnen. Sie wird vor allem bei Parlamentswahlen (z. B. Nationalrat, Kantonsrat) angewendet.

Liste

Die Parteien reichen ihre Wahlvorschläge auf Listen ein. Diese dürfen höchstens so viele Namen enthalten, wie im entsprechenden Wahlkreis Sitze zu vergeben sind. Kein Name darf mehr als zweimal auf einer Liste stehen.
Als Wähler darf man nur eine Liste in die Urne werfen. Man hat aber folgende Möglichkeiten:

Mögliche Listenveränderungen bei der Proporzwahl

- Namen auf einer vorgegebenen Liste streichen
- Namen auf eine vorgegebenen Liste doppelt hinschreiben, falls sie nicht schon zweimal vorhanden sind → kumulieren
- Namen von anderen Listen (von anderen Parteien) auf die ausgewählte Liste schreiben → panaschieren
- Leere Liste mit Namen und Kandidatennummer vervollständigen

Die Anzahl der Parteistimmen ergibt die Anzahl der Sitze der jeweiligen Partei. Die Anzahl der Kandidatenstimmen bestimmt die gewählten Personen innerhalb einer Partei.

Beispiel für die Bedeutung der Proporzwahl

Gemeinde Schlungg

10 000 Stimmberechtigte	10 Sitze im Gemeinderat zu vergeben Listen mit 10 Kandidatinnen und Kandidaten
Politische Verhältnisse	Partei A = 60 % Wähleranteil Partei B = 30 % Wähleranteil Partei C = 10 % Wähleranteil

Majorzwahl

Partei A = 6000 Stimmen pro Kandidatin / Kandidaten
Partei B = 3000 Stimmen pro Kandidatin / Kandidaten
Partei C = 1000 Stimmen pro Kandidatin / Kandidaten

Absolutes Mehr:
(10 000 Stimmen : 2) + 1 = *5001 Stimmen*
Fazit: Alle Kandidatinnen und Kandidaten der Partei A sind gewählt!

Proporzwahl

Partei A = 6000 Stimmen pro Kandidatin / Kandidaten = 60 000 Parteistimmen
Partei B = 3000 Stimmen pro Kandidatin / Kandidaten = 30 000 Parteistimmen
Partei C = 1000 Stimmen pro Kandidatin / Kandidaten = 10 000 Parteistimmen

Verteilerzahl:
Alle Parteistimmen geteilt durch Anzahl Sitze plus 1.
100 000 : (10 + 1) = *9091*, so viele Parteistimmen werden für einen Sitz benötigt.

Partei A	60 000 : 9091 = 6,6	=	6 Sitze
Partei B	30 000 : 9091 = 3,3	=	3 Sitze
Partei C	10 000 : 9091 = 1,1	=	1 Sitz
			10 Sitze

Fazit: Sitze werden im Verhältnis zur Parteistärke verteilt!

▶ **Aufgaben:** A11 – A14 S. 124 f. AH

Das weiss ich jetzt!

5.11 Wann wird das Majorzwahlverfahren angewendet?

5.12 In welchem Fall findet im Majorzwahlverfahren ein zweiter Wahlgang statt?

5.13 Wann kommt es zu einer stillen Wahl?

5.14 Warum werden die meisten Parlamente im Proporzwahlverfahren gewählt?

5.15 Was bedeutet kumulieren und panaschieren?

5.5 Referendum und Initiative

Das Referendum

Das Referendum ist das Recht der Bürgerinnen und Bürger, über bestimmte Beschlüsse des Parlaments an der Urne endgültig zu entscheiden.

Obligatorisches Referendum

Zu gewissen Parlamentsentscheiden müssen die Stimmbürgerinnen und Stimmbürger automatisch an der Urne befragt werden.

BV 140 **Wichtige obligatorische Referenden**

- Verfassungsänderungen
- Beitritt zu bestimmten internationalen Organisationen (z. B. EU, NATO)

Zur Annahme eines obligatorischen Referendums braucht es das sogenannte doppelte Mehr, also das Volks- und Ständemehr zusammen.

Fakultatives Referendum

Mithilfe des fakultativen Referendums (Gesetzesreferendum) können Stimmbürgerinnen und Stimmbürger (oder die Kantone) eine Volksabstimmung zu einem vom Parlament beschlossenen Gesetz erzwingen. Damit es zu einer Abstimmung kommt, müssen die folgenden Bedingungen erfüllt sein:

BV 141 **Fakultatives Referendum**

- Das Referendum muss von 50 000 Bürgerinnen und Bürgern (oder von acht Kantonen) unterschrieben werden.
- Die Unterschriften müssen innert 100 Tagen nach der Verabschiedung durch das Parlament gesammelt werden.

Beim fakultativen Referendum genügt das Volksmehr.

Bedeutung des Referendums

Die wenigsten Länder auf dieser Welt kennen diese Art von Mitentscheidungsrechte, wie es sie in der Schweiz gibt. Man nennt die Regierungsform der Schweiz deshalb auch Referendumsdemokratie.
Schon eine Referendumsdrohung kann die Ausgestaltung eines Gesetzes beeinflussen; das Parlament geht einem möglichen Volksnein aus dem Wege, indem bei der Ausarbeitung des Gesetzes mehrheitsfähige Kompromisse gesucht werden.

Die Initiative

Die Initiative ist das Recht des Volkes (Bürgerinnen und Bürger / Interessenverbände / Parteien), mittels Unterschriftensammlung eine Abstimmung über eine Verfassungsänderung zu verlangen.
Damit eine Volksinitiative zustande kommt, müssen die folgenden Bedingungen erfüllt sein:

Volksinitiative

- Die Initiative muss von 100 000 Bürgerinnen und Bürgern unterschrieben werden.
- Die Unterschriften müssen innert 18 Monaten gesammelt werden.

BV 138 ff.

Unterschriftenliste einer Volksinitiative

Eidgenössische Volksinitiative

«Für die Zukunft unserer Natur und Landschaft (Biodiversitätsinitiative)»

Im Bundesblatt veröffentlicht am 26.03.2019
Die unterzeichneten stimmberechtigten Schweizer Bürgerinnen und Bürger stellen hiermit, gestützt auf Art. 34, 136, 139 und 194 der Bundesverfassung und nach dem Bundesgesetz vom 17. Dezember 1976 über die politischen Rechte, Art. 68ff., folgendes Begehren:

Die Bundesverfassung[1] wird wie folgt geändert:
***Art. 78a* Landschaft und Biodiversität**
[1] In Ergänzung zu Artikel 78 sorgen Bund und Kantone im Rahmen ihrer Zuständigkeiten dafür, dass:
a. die schutzwürdigen Landschaften, Ortsbilder, geschichtlichen Stätten sowie Natur- und Kulturdenkmäler bewahrt werden;
b. die Natur, die Landschaft und das baukulturelle Erbe auch ausserhalb der Schutzobjekte geschont werden;
c. die zur Sicherung und Stärkung der Biodiversität erforderlichen Flächen, Mittel und Instrumente zur Verfügung stehen.
[2] Der Bund bezeichnet nach Anhörung der Kantone die Schutzobjekte von gesamt schweizerischer Bedeutung. Die Kantone bezeichnen die Schutzobjekte von kantonaler Bedeutung.
[3] Für erhebliche Eingriffe in Schutzobjekte des Bundes müssen überwiegende Interessen von gesamtschweizerischer Bedeutung vorliegen, für erhebliche Eingriffe in kantonale Schutzobjekte überwiegende Interessen von kantonaler oder gesamtschweizerischer Bedeutung. Der Kerngehalt der Schutzwerte ist ungeschmälert zu erhalten. Für den Moor- und Moorlandschaftsschutz gilt Artikel 78 Absatz 5.
[4] Der Bund unterstützt die Massnahmen der Kantone zur Sicherung und Stärkung der Biodiversität.

***Art. 197 Ziff. 12*[2]**
12. Übergangsbestimmung zu Art. 78a (Landschaft und Biodiversität)
Bund und Kantone erlassen die Ausführungsbestimmungen zu Artikel 78*a* innerhalb von fünf Jahren nach dessen Annahme durch Volk und Stände.

[1] SR **101**
[2] Die endgültige Ziffer dieser Übergangsbestimmung wird nach der Volksabstimmung von der Bundeskanzlei festgelegt.

Auf dieser Liste können nur Stimmberechtigte unterzeichnen, die in der genannten politischen Gemeinde in eidgenössischen Angelegenheiten stimmberechtigt sind. Bürgerinnen und Bürger, die das Begehren unterstützen, mögen es handschriftlich unterzeichnen.
Wer bei einer Unterschriftensammlung besticht oder sich bestechen lässt oder wer das Ergebnis einer Unterschriftensammlung für eine Volksinitiative fälscht, macht sich strafbar nach Art. 281 beziehungsweise nach Art. 282 des Strafgesetzbuches.

PLZ:	**Politische Gemeinde:**	**Kanton:**

Unterschriftenliste einer Volksinitiative.

Die eingereichten Unterschriftenbögen werden zunächst von den Gemeinden auf ihre Gültigkeit hin überprüft. Danach empfehlen Bundesrat wie Parlament Annahme oder Ablehnung der Vorlage. Sie können auch einen Gegenvorschlag ausarbeiten. Zu guter Letzt kann das Volk an der Urne Stellung nehmen.
Für die Annahme benötigt eine Initiative das doppelte Mehr.

Initiativen auf Kantonsebene

Neben der Verfassungsinitiative kennen die Kantone auch Gesetzesinitiativen, mit denen Änderungen auf Gesetzesstufe herbeigeführt werden können.

▶ **Aufgaben:** A15–A16 S. 126 AH
▶ **Wissen anwenden:** W7–W8 S. 132 AH, S. 248 LM

Das weiss ich jetzt!

5.16 Wann kommt es zu einem obligatorischen Referendum?

5.17 Welches Mehr benötigt das obligatorische Referendum?

5.18 Welche Bedingungen müssen erfüllt sein, damit ein fakultatives Referendum zustande kommt?

5.19 Was bezweckt das fakultative Referendum?

5.20 Welche Mehrheit braucht das fakultative Gesetzesreferendum zur Annahme?

5.21 Was bewirkt eine Volksinitiative auf Bundesebene?

5.22 Welche Bedingungen müssen erfüllt sein, damit eine Initiative zustande kommt?

5.23 Welches Mehr benötigt die Volksinitiative, damit sie angenommen wird?

5.24 Welche zusätzlichen Initiativen kennen die Kantone?

5.6 Interessengruppen

Politik = Machtkampf der Interessen

In der Politik versuchen verschiedenste Gruppen, das öffentliche Leben nach ihren Interessen, Vorstellungen, Werten und Idealen zu gestalten. Es findet ein dauernder Kampf um Macht und Einfluss statt.
Welche Interessenträger nehmen am Entscheidungsprozess teil? Wie unterscheiden sie sich?

Parteien

Parteien sind politische Vereine und wichtige Interessenvertreter. Sie sind im Bundesrat und im Parlament vertreten und nehmen dort am Gesetzgebungsprozess teil. Sie versuchen bei Abstimmungen durch Parolen den Meinungsbildungsprozess des Volkes nach ihren Wertvorstellungen zu beeinflussen und bei Wahlen die Bürgerinnen und Bürger von ihren Idealen zu überzeugen.

Politische Grundhaltungen

Die politischen Ziele und Forderungen der einzelnen Parteien stützen sich auf unterschiedliche Weltanschauungen (Ideologien) und die daraus resultierenden politischen Grundhaltungen.
Obwohl es in der Schweiz eine grosse Anzahl verschiedener Parteien gibt (pluralistische Demokratie), lassen sich grundsätzlich vier Ausrichtungen unterscheiden:

Politische Grundhaltungen

Liberal: für grosse Wirtschaftsfreiheit ohne zu viele Einschränkungen durch den Staat, für die internationale Zusammenarbeit, eine offene Haltung gegenüber Immigrant/innen und für Reformen in politischen und gesellschaftlichen Fragen.

Links: für eine bewusste soziale Umverteilung zwischen Arm und Reich, einen Ausbau des Sozialstaats und ein entsprechend stärkeres Engagement des Staates.

Rechts: für Eigenverantwortung und private Vorsorge, für eine Betonung von Recht und Ordnung. Positive Haltung gegenüber militärischer Verteidigung, Polizei und Staatsschutz.

Konservativ: für die Betonung der nationalen Unabhängigkeit, eine zurückhaltende Migrationspolitik und für das Festhalten am Bestehenden.

Parteienlandschaft

Folgende Darstellung zeigt die Positionierung der sieben grössten Parteien in der Schweiz.

Positionierung wichtiger Parteien

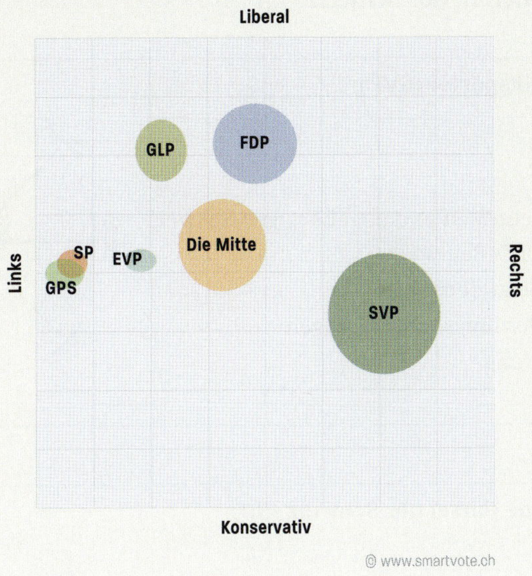

Smartspider

Die vier Grundhaltungen lassen sich auf acht politische Themenbereiche erweitern. Ein Wert von 100 bedeutet eine starke Zustimmung zum formulierten Ziel, 0 bedeutet keine Zustimmung. Auf diese Weise lassen sich die Grundhaltungen der einzelnen Parteien spinnennetzförmig darstellen.

Beispiel eines Smartspiders

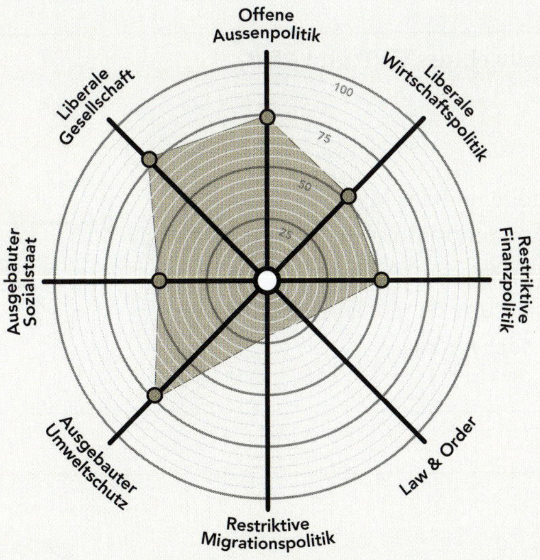

Natürlich lassen sich nicht alle Politikerinnen und Politiker in dieses starre Schema pressen. Als Orientierungshilfe über die unterschiedlichen Grundhaltungen der einzelnen Parteien ist es aber durchaus geeignet.

www.parteienkompass.ch

Auf dieser Internetsite können Sie Fragen zur aktuellen Politik beantworten und dadurch Ihre eigene politische Position mit derjenigen der Parteien vergleichen.

Das weiss ich jetzt!

5.25 Welche Bedeutung haben die Parteien?

5.26 Welche vier Grundhaltungen lassen sich bei den Parteien unterscheiden?

5.27 Für welche Werte stehen diese vier Grundhaltungen?

Die vier Regierungsparteien der Schweiz

Diese vier Parteien stellen 160 von 200 Nationalrätinnen und Nationalräten und 41 von 46 Ständerätinnen und Ständeräten. Somit bestimmen sie weitgehend das politische Geschehen in der Schweiz.

SCHWEIZER QUALITÄT SVP Die Partei des Mittelstandes

Schweizerische Volkspartei (SVP)

Gründungsjahr: 1936
Hauptanliegen:
- Erhaltung einer neutralen und unabhängigen Schweiz kein EU- oder NATO-Beitritt)
- Tiefere Steuern, Schuldenabbau
- Bekämpfung des Asylmissbrauchs, gegen illegale Einwanderung

www.svp.ch

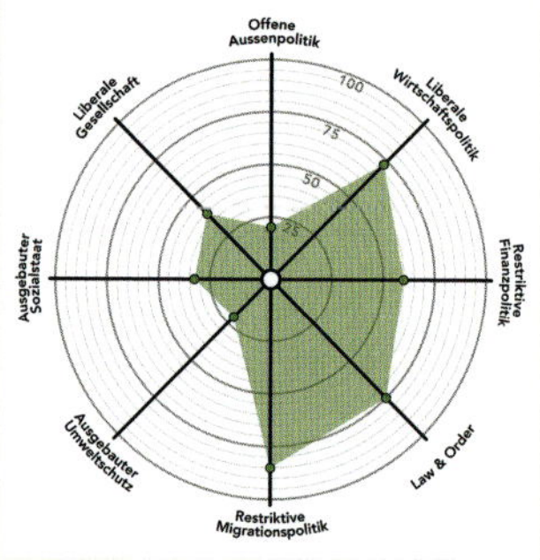

SP

Sozialdemokratische Partei der Schweiz (SP)

Gründungsjahr: 1888
Hauptanliegen:
- Mehr soziale Gerechtigkeit (gut ausgebaute Sozialversicherungen, Bildungschancen für alle)
- Offene, solidarische Schweiz (Entwicklungshilfe, Frieden, Menschenrechte)
- Gutes öffentliches Verkehrsnetz, Förderung erneuerbarer Energien, gegen Atomkraftwerke

www.sp-ps.ch

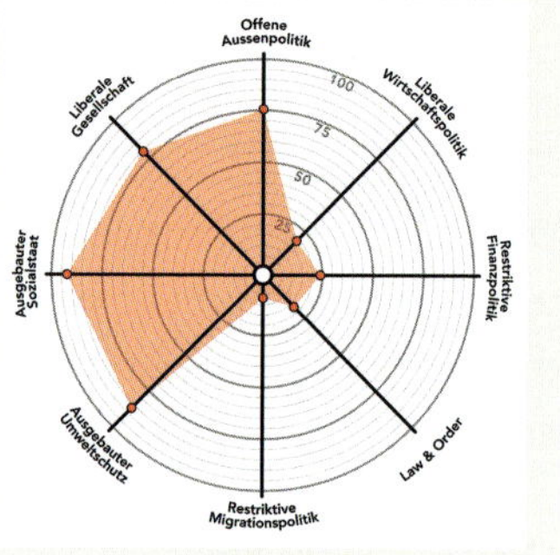

Die Mitte
Freiheit. Solidarität. Verantwortung.

Die Mitte (Zusammenschluss CVP und BDP)

Parteifusion: 2021
Hauptanliegen:
- Förderung der Familie und des Mittelstands
- Starker Wirtschaftsstandort durch attraktive Steuern, erstklassige Infrastruktur und Bildung
- Nachhaltige Finanzierung der Sozialwerke ohne unrealistischen Aus- oder Aufbau

www.die-mitte.ch

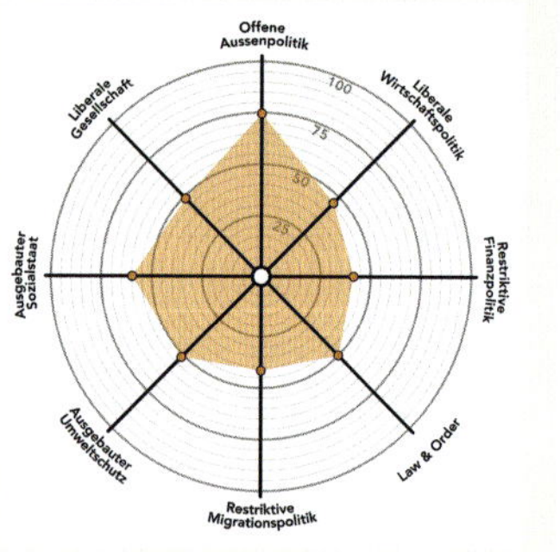

FDP Die Liberalen

FDP.Die Liberalen

Gründungsjahr: 2009*
Hauptanliegen:
- Freiheit und Selbstverantwortung der einzelnen Person, Wettbewerb auf dem Markt
- Gute Rahmenbedingungen für die Wirtschaft
- Tiefe Steuern, massvoller finanzieller Einsatz bei den Sozialwerken

www.fdp.ch

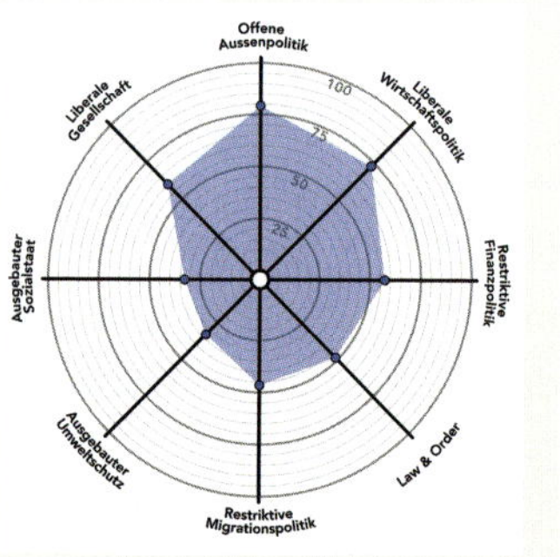

* Die Partei entstand 2009 durch die Fusion der Freisinnig-Demokratischen Partei (1894) mit der Liberalen Partei der Schweiz (1913).

Weitere Parteien

Grüne Partei der Schweiz (Grüne)

Gründungsjahr: 1983
Hauptanliegen:
- Wirkungsvoller Schutz der Umwelt und der natürlichen Ressourcen
- Ökologischer Umbau der Wirtschaft
- Stärkung der Sozialwerke, aktive Friedenspolitik

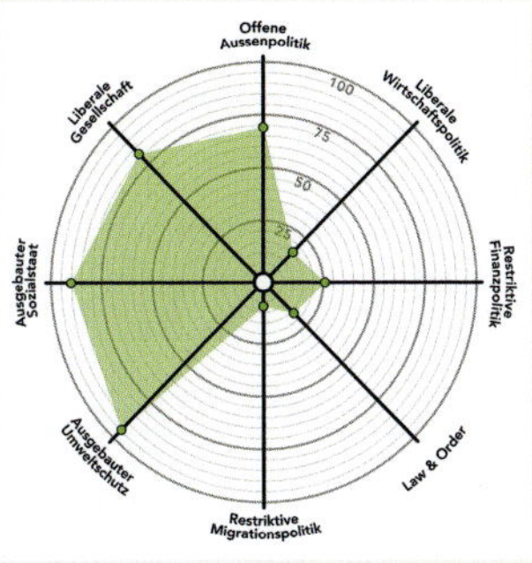

www.gruene.ch

Grünliberale Partei Schweiz (GLP)

Gründungsjahr: 2007
Hauptanliegen:
- Verbindung von Umweltschutz / Nachhaltigkeit und liberaler Wirtschaftspolitik
- Eigenverantwortung der Menschen, Staatstätigkeit auf Kernaufgaben beschränken
- Sozialer Ausgleich mit Mass

www.grunliberale.ch

Evangelische Volkspartei (EVP)

Gründungsjahr: 1919
Hauptanliegen:
- Auf der Grundlage des Evangeliums eine sachbezogene und am Menschen orientierte Politik betreiben
- Familien stärken und finanziell entlasten
- Gerechte und ökologische Wirtschaft (Schuldenabbau, faire Löhne, fairer Handel, Förderung erneuerbarer Energien)

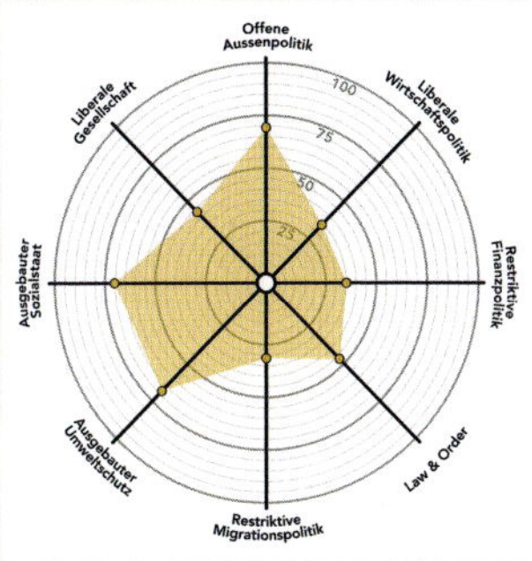

www.evppev.ch

▶ **Lernaufgabe:** Staat und Politik S. 138 AH, S. 251

Das weiss ich jetzt!

5.28 Worin unterscheiden sich die vier Regierungsparteien?

5.29 Wie heisst die fünftstärkste Partei?

Parteienspektrum der Schweiz

Die Parteien sind, wie schon erwähnt, unterschiedlich stark im National- und Ständerat vertreten und haben so unterschiedlich grossen Einfluss auf die Politik in der Schweiz.

Mandatsverteilung im Parlament (Stand Januar 2024)

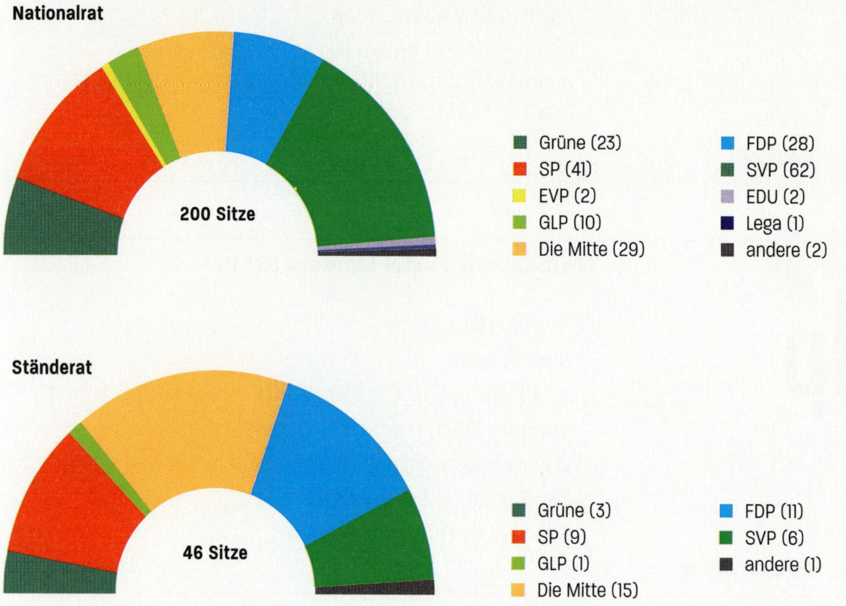

Quelle Daten: Bundesamt für Statistik (BFS)

Veränderung der Wähleranteile

Im Laufe der Jahrzehnte können Parteien Wähleranteile gewinnen, aber auch verlieren. Teilweise verschwinden Parteien ganz von der Bildfläche. Unten abgebildet ist der Verlauf der Parteienstärke der wichtigsten Parteien im Nationalrat seit 1971.

Anzahl Sitze wichtiger Parteien bei den Nationalratswahlen 1971–2023

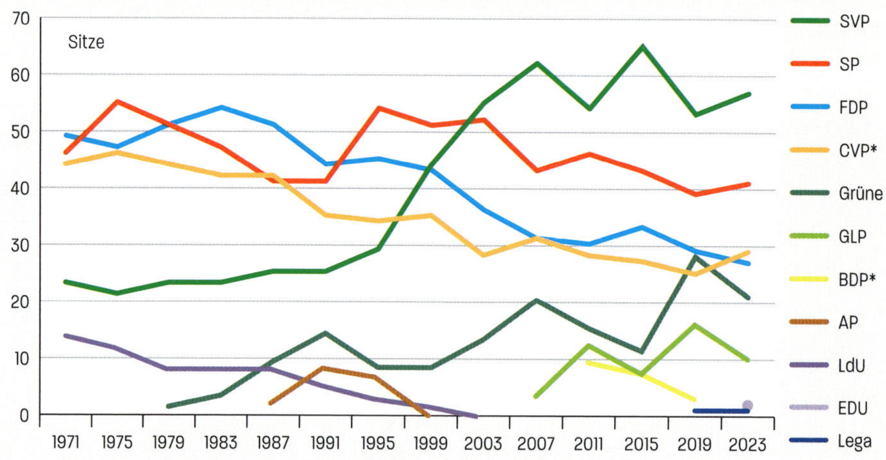

* CVP und BDP fusionierten per 1. Januar 2021 zu «Die Mitte».

Quelle Daten: Bundesamt für Statistik (BFS)

Das weiss ich jetzt!

5.30 Wie viele Sitze belegen die vier grössten Parteien im Nationalrat, wie viele im Ständerat?

Verbände

Verbände sind Zweckvereinigungen, welche die Interessen ihrer Mitglieder vertreten. Diese Interessengemeinschaften können bestimmte Wirtschaftszweige betreffen (z. B. Landwirtschaft, Gewerbe, Verkehr) oder bestimmte Wirtschaftsteilnehmer (z. B. Arbeitgeber, Arbeitnehmer, Mieterinnen, Konsumenten).

Arbeitgeberverbände

Arbeitgeberverbände vertreten die Interessen der Arbeitgeber, der Unternehmen und des Gewerbes.

Beispiele von Arbeitgeberverbänden	
economiesuisse	economiesuisse / Verband der Schweizer Unternehmen
sgv usam	Schweizerischer Gewerbeverband
SCHWEIZERISCHER ARBEITGEBERVERBAND UNION PATRONALE SUISSE UNIONE SVIZZERA DEGLI IMPRENDITORI	Schweizerischer Arbeitgeberverband
schweizer bauernverband	Schweizerischer Bauernverband

Arbeitnehmerverbände (Gewerkschaften)

Arbeitnehmerverbände (Gewerkschaften) vertreten die Interessen der Arbeitnehmerinnen und Arbeitnehmer und die der Verwaltungsangestellten.

Beispiele von Arbeitnehmerverbänden	
SGB USS	Schweizerischer Gewerkschaftsbund
Travail.Suisse	Travail.Suisse
UNIA Die Gewerkschaft. Le Syndicat. Il Sindacato.	UNIA

Weitere Interessenverbände

Weitere Interessenverbände vertreten die Interessen in Teilbereichen des öffentlichen Lebens.

Beispiele weiterer Interessenverbände	
Verkehr	VCS, TCS, ACS, ASTAG
Wohnen	Schweizerischer Mieterinnen- und Mieterverband Schweizerischer Hauseigentümerverband
Konsum	Konsumentenvereinigung Schweiz

Nichtregierungsorganisationen (NGOs)

Nichtregierungsorganisationen (NGOs) sind vom Staat unabhängige, meist international tätige Organisationen. Jede dieser NGOs vertritt die Interessen eines speziellen Bereichs.

Beispiele von NGOs	
Umwelt	WWF, Greenpeace
Menschenrechte	Amnesty International, Schweizerisches Rotes Kreuz

NGOs machen oft durch werbewirksame Protestaktionen auf sich aufmerksam.

Funktion der Verbände in der Politik

Politischer Einfluss

Verbände üben grossen Einfluss auf politische Entscheide aus. Gründe dafür sind ihre hohe Mitgliederzahl und die damit verbundene grosse Finanzkraft. Sie lancieren und unterstützen Initiativen und Referenden und geben regelmässig Abstimmungsparolen heraus.

Die meisten Verbände haben enge Kontakte mit gleichgesinnten Parteien und beeinflussen deren politisches Handeln zum Teil stark. Meist sind ihre Spitzenvertreter auch im National- oder Ständerat vertreten. Sie nehmen in dieser Funktion die Interessen ihrer Verbände wahr. Man nennt diese Interessengruppierungen Lobbys (z. B. Bauern-Lobby, Banken-Lobby, Strom-Lobby). **Lobby**

Bei der Ausarbeitung von Gesetzen können die Verbände in der Vernehmlassung Stellung beziehen. Zudem arbeiten Verbandsvertreter in den Kommissionen als Experten mit. Schliesslich lobbyieren ihre Vertreter bei den Diskussionen in den Räten. **Einfluss auf Gesetzgebung**

Dass einige Politiker in Verwaltungsräten grosser Firmen sitzen, zeigt, dass auch die Wirtschaft ihren Interessen im Parlament Nachdruck verleihen will. **Verwaltungsratsmandate**

▶ **Aufgaben:** A17–A19 S. 126 f. AH
▶ **Wissen anwenden:** W9–W12 S. 133 f. AH, S. 248 LM

Das weiss ich jetzt!

5.31 Warum engagieren sich Verbände in der Politik?
5.32 Welche Interessen vertreten die Verbände?
5.33 Was sind Gewerkschaften?
5.34 Was sind NGOs?
5.35 Warum ist der politische Einfluss der Verbände in der Politik gross?

5.7 Gewaltenteilung

Man unterscheidet in einem Rechtsstaat drei Gewalten:

Die drei Gewalten
- Legislative (Recht setzen)
- Exekutive (Recht durchsetzen)
- Judikative (über Recht und Unrecht urteilen)

Machtteilung / Gewaltentrennung

Die Trennung dieser drei Gewalten ist ein Wesensmerkmal der Demokratie. Man vermeidet dadurch eine Machtansammlung und einen Missbrauch der Macht, weil sich die drei Gewalten gegenseitig kontrollieren. Dies bedingt aber, dass sie personell wie organisatorisch voneinander unabhängig sind.
In einer Diktatur sind die drei Gewalten nicht getrennt. Einem Missbrauch der Macht (S. 217) sind damit keine Grenzen gesetzt!

Das Prinzip der Machtteilung am Beispiel Schweiz

		Legislative	Exekutive	Judikative
		Parlament	**Regierung**	**Gericht**
Funktion		Gesetzgebende Behörde	Ausführende Behörde	Richterliche Behörde
Aufgaben		Gesetze erlassen Kontrolle über Ausführung	Gesetze ausführen Regieren, verwalten	Urteilen und richten Strafen und schützen
Bund		Nationalrat (200) Ständerat (46)	7 Bundesräte mit 7 Departementen	Bundesgericht mit 38 Bundesrichtern
	Wahl	*Volkswahl*	*Vereinigte Bundesversammlung*	*Vereinigte Bundesversammlung*
Kanton		Grosser Rat / Kantonsrat / Landrat	Regierungsrat / Staatsrat Standeskommission	Obergericht / Kantonsgericht
	Wahl	*Volk*	*Volk*	*Volk*
Gemeinde		Gemeindeversammlung / Einwohnerrat	Gemeinderat / Stadtrat	Bezirksgericht / Amtsgericht / Kreisgericht / Friedensrichter / Vermittler
	Wahl	*Volk*	*Volk*	*Volk*

Die Bedeutung der Massenmedien als Vermittler von Informationen wird immer grösser. Einerseits tragen sie wesentlich zur Meinungsbildung bei, andererseits üben sie eine Kontrolle über die politischen Behörden aus, indem sie Missstände aufdecken und darüber berichten. Die Medien sind zunehmend zu einem Machtfaktor geworden, indem Personen der Politik und Wirtschaft dieses Instrument für die Durchsetzung der eigenen Interessen nutzen. Auch die Medienleute können durch die Auswahl und die Darstellung der Informationen grossen Einfluss auf die öffentliche Meinung und die Politik ausüben.

Massenmedien (vierte Gewalt)

Das Parlament (Legislative)

In der halbdirekten Demokratie übernehmen die gewählten Volksvertreterinnen und -vertreter einen Teil der Volksrechte. Sie machen die Gesetze, wählen den Bundesrat und die Bundesrichter, beschliessen die Staatsausgaben und kontrollieren die Verwaltung (BV 148 ff.).

Das Schweizer Parlament

	Nationalrat	Ständerat
Grösse	200 Mitglieder	46 Mitglieder
Repräsentiert	Das Volk	Die Kantone
Abgeordnete pro Kanton	Abgeordnete im Verhältnis zur Wohnbevölkerung der Kantone (mind. aber ein Sitz). Bevölkerungsreiche Kantone haben grösseres Gewicht als die kleinen Kantone (ZH 36 – UR 1).	Pro Ganzkanton zwei Abgeordnete, pro Halbkanton ein Abgeordneter. Bevölkerungsarme Kantone haben das gleiche Gewicht wie bevölkerungsreiche Kantone (ZH 2 – UR 2).
Wahl	Wahl für vier Jahre Meistens Proporzwahlen	Wahl für vier Jahre Meistens Majorzwahlen

Das Parlament trifft sich viermal im Jahr für drei Wochen, um die oben beschriebenen Parlamentsgeschäfte zu erledigen. Diese Sitzungen (Sessionen) sind öffentlich.

Session

In den Fraktionen werden Ratsgeschäfte vorberaten. Nur Fraktionen können Einsitz in parlamentarischen Kommissionen haben. Es braucht 5 Mitglieder, um eine Fraktion bilden zu können. Diese Zusammenschlüsse können auch parteiübergreifend zustande kommen.

Fraktion

Es ist unmöglich, dass sich alle Parlamentsmitglieder mit allen Sachbereichen vertieft auseinandersetzen können. Deshalb werden Sachfragen sehr detailliert von diversen Kommissionen (z. B. Kommission für Verkehr und Fernmeldewesen, Sicherheitspolitische Kommission, usw.) bearbeitet. Anschliessend berichten diese Kommissionen ihrem Rat darüber und stellen auch Anträge.

Parlamentarische Kommission

Der Nationalrat und der Ständerat sind zwei gleichberechtigte Kammern. Sie tagen getrennt. Für Beschlüsse ist eine Übereinstimmung beider Räte erforderlich. Vor allem bei Wahlen des Bundesrates und der Bundesrichter treffen sich die beiden Räte gemeinsam im Nationalratssaal. Dann spricht man von der Vereinigten Bundesversammlung.

Getrennte Verhandlung BV 156

Vereinigte Bundesversammlung BV 157

Der Bundesrat (Exekutive)

Die Regierung der Schweiz besteht aus den sieben Mitgliedern des Bundesrats, die von der Vereinigten Bundesversammlung für eine vierjährige Amtsdauer (Legislatur) gewählt werden (BV 174ff.).

Konkordanz Der Bundesrat ist eine Konkordanzregierung (von lateinisch *concordare* = übereinstimmen). Dies bedeutet, dass der Bundesrat in der Regel entsprechend der Wählerstärke der wichtigsten Parteien im Parlament zusammengesetzt ist. Dadurch sind die massgebenden politischen Kräfte der Schweiz in die Regierung eingebunden und tragen Regierungsverantwortung. Eine Konkordanzregierung bewirkt Stabilität, da eine eigentliche Opposition im Parlament fehlt.

Mitglieder des Bundesrates 2024, von links: Viktor Rossi (Bundeskanzler, GLP), Elisabeth Baume-Schneider (SP), Ignazio Cassis (FDP), Karin Keller-Sutter (FDP), Viola Amherd (Die Mitte), Guy Parmelin (SVP), Albert Rösti (SVP), Beat Jans (SP).

Aufgaben Die Aufgabe des Bundesrates ist das Regieren: das Entwickeln von Ideen und Zielen für die Zukunft, das Umsetzen von Parlamentsbeschlüssen (Vollzug der Gesetze), das Leiten der jeweiligen Departemente, das Verwalten der Finanzen oder die Information der Bevölkerung.

Kollegialitätsprinzip Entscheide des Bundesrates werden von jedem Mitglied nach aussen als Beschlüsse des Kollegiums vertreten, auch wenn es eine andere Meinung hat als die Mehrheit des Bundesrates.

Bundespräsident / Bundespräsidentin Die Bundespräsidentin oder der Bundespräsident wird von der Vereinigten Bundesversammlung jeweils für ein Jahr gewählt. Das Amt beinhaltet keine besonderen Machtbefugnisse (primus inter pares). Die Bundespräsidentin oder der Bundespräsident leitet die Bundesratssitzungen und repräsentiert die Schweiz nach aussen.

Bundeskanzlerin / Bundeskanzler

Die Bundeskanzlerin oder der Bundeskanzler leitet die Bundeskanzlei und unterstützt in dieser Tätigkeit den Bundesrat. Die Hauptaufgaben der Bundeskanzlei sind die Vorbereitung und Koordination der Regierungsgeschäfte und die Information der Bevölkerung über die Absichten und Entscheide des Bundesrates.

Bundesverwaltung

Die Bundesverwaltung setzt sich aus sieben Departementen zusammen, welche die Regierungspolitik umsetzen. Jedem Departement steht ein Bundesrat vor.

Die sieben Departemente (Stand 2024)	
EDA	**Eidgenössisches Departement für auswärtige Angelegenheiten** Vorsteher: **Ignazio Cassis** (FDP) Das EDA wahrt die Interessen der Schweiz im Ausland. Es gestaltet und koordiniert die schweizerische Aussenpolitik.
UVEK	**Eidgenössisches Departement für Umwelt, Verkehr, Energie und Kommunikation** Vorsteher: **Albert Rösti** (SVP) Das UVEK sorgt für moderne Verkehrswege, Kommunikations- und Stromnetze. Es sorgt aber auch dafür, dass die Belange der Umwelt respektiert werden.
WBF	**Eidgenössisches Department für Wirtschaft, Bildung und Forschung** Vorsteher: **Guy Parmelin** (SVP) Das WBF befasst sich unter anderem mit der Berufsbildung, der Landwirtschaft, der Preisüberwachung und kontrolliert den Wettbewerb.
EDI	**Eidgenössisches Departement des Innern** Vorsteherin: **Elisabeth Baume-Schneider** (SP) Das EDI befasst sich zum Beispiel mit der Altersvorsorge, den Sozialversicherungen, Bewilligung KK-Prämien, der Sucht- und Aidsprävention oder der Rassismusbekämpfung.
EFD	**Eidgenössisches Finanzdepartement** Vorsteherin: **Karin Keller-Sutter** (FDP) Das EFD ist zuständig für die Finanzpolitik. Darunter fallen auch das Personal, das Bauwesen und die Informatik. Sein Ziel ist ein ausgeglichener Bundeshaushalt.
EJPD	**Eidgenössisches Justiz- und Polizeidepartement** Vorsteher: **Beat Jans** (SP) Das EJPD befasst sich zum Beispiel mit Asylfragen, mit der inneren Sicherheit oder mit der Bekämpfung von Kriminalität.
VBS	**Eidgenössisches Departement für Verteidigung, Bevölkerungsschutz und Sport** Vorsteherin: **Viola Amherd** (Die Mitte) Das VBS ist zuständig für die Armee, die Sicherheitspolitik, den Bevölkerungsschutz (z. B. Zivilschutz) und den Sport (z. B. Förderung Spitzensport, J+S).

Das Bundesgericht (Judikative)

Richterlicher Instanzenweg

Das Bundesgericht in Lausanne ist die oberste richterliche Instanz in der Schweiz. Seine Entscheide können an den Europäischen Gerichtshof für Menschenrechte in Strassburg weitergezogen werden.

In der Regel werden Prozesse auf folgendem Instanzenweg behandelt:

Richterlicher Instanzenweg

- Die 1. Instanz bei Prozessen ist das *Amts-* oder *Bezirksgericht.*
- Die 2. Instanz ist danach das *Kantons-* oder *Obergericht.*
- Die 3. und letzte Instanz ist das *Bundesgericht.*

Gerichts- und Prozessarten

	Strafgericht	**Zivilgericht**	**Verwaltungsgericht**
Prozess	Strafprozess	Zivilprozess	Verwaltungsprozess
Beteiligte	Staat gegen Privatperson	Privatperson gegen Privatperson	Privatperson gegen Staat
Gesetze	z. B. Strafgesetzbuch, Strassenverkehrsgesetz	z. B. Zivilgesetzbuch, Obligationenrecht	z. B. Kantonales Steuergesetz
Urteil	Schuldig – unschuldig? Strafmass	Wer ist im Recht, wer im Unrecht?	Wurden Gesetze durch Behörden missachtet?
Beispiele	Diebstahl / Mord Verkehrsdelikt	Vertragsstreitigkeiten Ehescheidung	Falscher Steuerentscheid durch die Steuerbehörde

▶ **Aufgaben:** A20 – A21 S. 128 AH
▶ **Wissen anwenden:** W13 – W15 S. 134f. AH, S. 249 LM

Das weiss ich jetzt!

5.36 Welches sind die drei Staatsgewalten?
5.37 Was soll mit der Trennung der drei Gewalten erreicht werden?
5.38 Warum werden die Massenmedien als vierte Gewalt bezeichnet?
5.39 Aus wie vielen Räten besteht das Schweizer Parlament?
5.40 Wie viele Nationalratssitze stehen einem Kanton im Minimum zu?
5.41 Nach welchem Wahlsystem wird in der Regel der Nationalrat, nach welchem der Ständerat gewählt?
5.42 Welches sind die vier Hauptaufgaben des Parlaments?
5.43 Welche Bedeutung hat eine Fraktion?
5.44 Warum gibt es parlamentarische Kommissionen, welche die Ratsgeschäfte vorbereiten?
5.45 Was versteht man unter «Vereinigte Bundesversammlung»?
5.46 Was ist eine Session?
5.47 Wie lautet die parteipolitische Zusammensetzung des Bundesrats?
5.48 Nennen Sie drei Aufgaben des Bundesrats.
5.49 Beschreiben Sie das Kollegialitätsprinzip.
5.50 Wie heissen die sieben Departemente der Bundesverwaltung?
5.51 Welche Aufgaben hat die Bundeskanzlei?
5.52 Welche Bedeutung haben die Entscheide des Bundesgerichts?
5.53 Wie unterscheiden sich die drei Prozessarten?

5.8 Entstehung eines Gesetzes

Der Gesetzgebungsprozess zeigt auf, wie die politischen Akteure zusammenwirken. Der Bundesrat, die Kantone, die Parteien, die Verbände, das Parlament und gegebenenfalls das Volk können bei der Ausgestaltung von Gesetzen mitreden. Aus diesem Grund treten nur neue Gesetze in Kraft, welche breit abgestützt sind.

Ablauf des Gesetzgebungsprozesses

1 **Anstoss:** Entweder setzt sich der Bundesrat für ein neues Gesetz ein oder das Parlament verlangt es mittels einer Motion (der Bundesrat wird damit verpflichtet, ein neues Gesetz auszuarbeiten).

2 **Vorentwurf:** Eine vom Bundesrat eingesetzte Gruppe von Fachleuten (Expertenkommission) formuliert einen ersten Gesetzesentwurf.

3 **Vernehmlassung:** Der Vorentwurf wird an die Kantone, die Parteien, betroffene Verbände und weitere Kreise geschickt. Diese können dazu Stellung nehmen und Änderungsvorschläge machen.

4 **Definitiver Entwurf mit Botschaft:** Die Bundesverwaltung überarbeitet aufgrund der Vernehmlassung den Gesetzesentwurf und schickt den definitiven Entwurf mit einer «Botschaft ans Parlament».

5 **Behandlung in National- und Ständerat:** Der definitive Entwurf wird zu unterschiedlichen Zeiten in beiden Räten behandelt (Erstrat, Zweitrat). Zuerst behandelt die vorberatende Kommission des jeweiligen Rates den Text und stellt Anträge an den Rat. Anschliessend wird das Gesetz im jeweiligen Rat im Detail beraten (es kann aber auch Nichteintreten beschlossen oder den Entwurf an den Bundesrat zurückgewiesen werden). Falls die Beschlüsse der beiden Räte voneinander abweichen, kommt es zum Differenzbereinigungsverfahren. Findet keine Einigung statt, kommt kein neues Gesetz zustande.

6 **Veröffentlichung mit Referendumsfrist:** Nach der Veröffentlichung des Gesetzes im Bundesblatt beginnt die Referendumsfrist von 100 Tagen zu laufen.

7 **Volksabstimmung, wenn Referendum ergriffen wurde:** Falls innerhalb von 100 Tagen das Referendum ergriffen wird (50 000 Unterschriften oder 8 Kantone), kommt es zu einer Volksabstimmung.

8 **Inkrafttreten:** Wird das Referendum nicht ergriffen oder stimmt das Volk bei der Volksabstimmung dem neuen Gesetz zu, setzt der Bundesrat das neue Gesetz in Kraft.

▶ **Aufgaben:** A22 S. 129 AH
▶ **Wissen anwenden:** W16 S. 135 AH, S. 249 LM

Das weiss ich jetzt!

5.54 Von wem kommt meistens die Anregung für ein neues Bundesgesetz?

5.55 Welches ist die Aufgabe der Expertenkommission?

5.56 Wer berät und beschliesst neue Gesetze beim Bund?

5.57 Wann gibt es ein Differenzbereinigungsverfahren?

5.58 Warum tritt ein Bundesgesetz frühestens nach 100 Tagen in Kraft?

5.9 Die wichtigsten Aufgaben eines Staates

Ein zivilisiertes Zusammenleben von Menschen ist nur möglich, wenn klare Regeln (Gesetze) dafür sorgen, dass die einen (die Stärkeren) ihre Freiheit nicht auf Kosten der anderen (der Schwächeren) ausleben. Die Hauptaufgabe des Staates ist also, dafür zu sorgen, dass alle auf seinem Gebiet lebenden Menschen in Würde und Freiheit leben können.
Die Bundesverfassung definiert die Aufgaben eines modernen Staates folgendermassen:

Aufgaben des Staates (BV 2)
- Der Staat schützt die Freiheit und die Rechte des Volkes und wahrt die Unabhängigkeit und Sicherheit des Landes.
- Der Staat fördert die Wohlfahrt, die nachhaltige Entwicklung, den inneren Zusammenhalt und die kulturelle Vielfalt des Landes.
- Der Staat sorgt für eine möglichst grosse Chancengleichheit unter den Bürgerinnen und Bürgern.
- Der Staat setzt sich ein für die dauerhafte Erhaltung der natürlichen Lebensgrundlagen und für eine friedliche und gerechte internationale Ordnung.

Wie diese vier Aufgaben des Staates umgesetzt werden, darüber entscheidet die Politik:

Wichtige politische Fragen
- Womit kann die Sicherheit des Landes und jedes Einzelnen garantiert werden? Wie gross muss die Armee sein, wie viel Polizei braucht es? Welche Gesetze sind notwendig?
- Wie viel Sozialstaat wollen wir? Wie gehen wir mit Flüchtlingen und ausländischen Arbeitskräften um?
- Wie garantiert der Staat die Gleichstellung von Mann und Frau? Wie kümmert er sich um die Schwächsten in unserer Gesellschaft?
- Wie viel ist uns unsere Umwelt wert? Wie sieht unser Einsatz für eine friedliche und gerechte Welt aus?

Durch aktive Teilnahme am politischen Leben sind wir «der Staat» und bestimmen mit, in welche Richtung wir uns entwickeln.

▶ **Aufgaben:** A23 S. 129 AH
▶ **Wissen anwenden:** W17 S. 136 AH, S. 249 LM

Das weiss ich jetzt!

5.59 Warum muss der Staat speziell die Schwächeren in unserer Gesellschaft schützen?

5.60 Was bedeutet: «Wir sind der Staat»?

5.10 Die Finanzierung der Staatstätigkeit

Um die an den Staat gestellten Aufgaben – insbesondere in Bezug auf Administration, Vollzug, Wirtschafts- und Sozialpolitik – erfüllen zu können, benötigt er die entsprechenden finanziellen Mittel. Diese werden vom Volk in Form von Steuern bereit gestellt.

Einnahmen und Ausgaben

Wie jede Privatperson oder Unternehmung benötigt der Staat Einnahmen, um die durch seine Aufgaben anfallenden Kosten zu decken.
Die direkte Bundessteuer und die Mehrwertsteuer sind die wichtigsten Einnahmenquellen des Bundes. Der grösste Ausgabenposten ist die soziale Wohlfahrt.

Budgetierte Einnahmen und Ausgaben des Bundes 2024 (in Mio. Fr.)

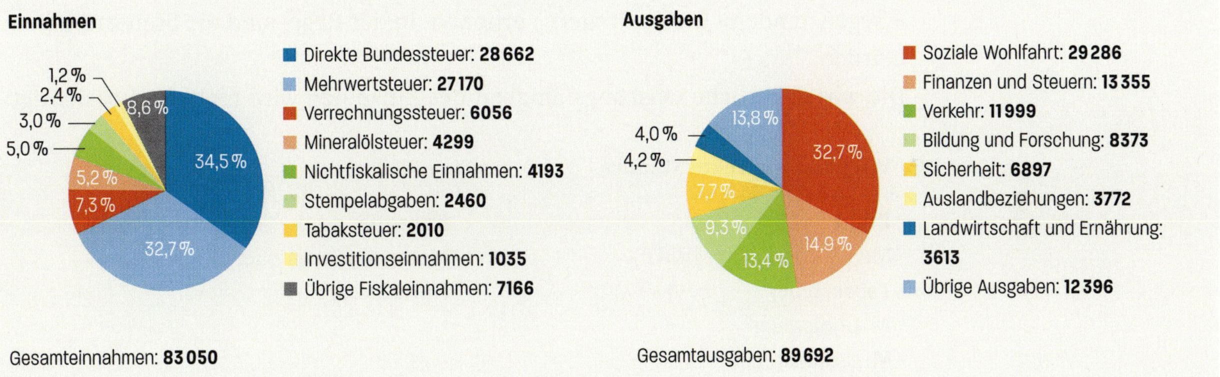

Quelle: Eidg. Finanzverwaltung (EFV)

Leistungsstaat

Wir sind daran gewöhnt, dass der Staat (Bund, Kantone und Gemeinden) für uns Aufgaben in verschiedensten Bereichen übernimmt. Dafür braucht er Geld. Wenn wir weniger Steuern bezahlen wollen, ohne dass sich der Staat zusätzlich verschuldet, müssen wir ihn von verschiedenen Aufgaben entlasten. Welche das sind und wer allenfalls diese Aufgaben übernimmt, ist Teil des politischen Entscheidungsprozesses.

Das weiss ich jetzt!

5.61 Welches sind die wichtigsten Einnahmequellen des Bundes?

5.62 Wofür gibt der Bund das meiste Geld aus?

Besteuerungsformen und Besteuerungsarten

Wenn wir wollen, dass der Staat gewisse Aufgaben übernimmt, müssen wir ihm die notwendigen finanziellen Mittel zur Verfügung stellen. Einen Grossteil seiner finanziellen Aufwendungen deckt der Staat über verschiedene Steuern.

Direkte und indirekte Steuern

Direkte Steuern

Direkte Steuern werden auf Einkommen und Vermögen erhoben. Die wichtigsten direkten Steuern werden aufgrund der Steuererklärung erhoben. In der Regel sind die Steuertarife abgestuft (siehe Steuerprogression).
Die direkte Steuer nimmt auf die wirtschaftliche Leistungsfähigkeit des Einzelnen Rücksicht.

Wichtige direkte Steuern

Bund	Kantone / Gemeinden
Einkommenssteuer	Einkommenssteuer
	Vermögenssteuer
	Erbschaftssteuer
	Liegenschaftssteuer
	Kirchensteuer

Indirekte Steuern

Indirekte Steuern werden beim Kauf von Waren (Verbrauchssteuern), beim Benutzen von Strassen (Aufwandsteuern) und auf den Besitz von bestimmten «Gegenständen» (Besitzsteuern) erhoben. In der Regel sind die Steuertarife einheitlich.
Die wirtschaftliche Leistungsfähigkeit des Einzelnen wird nicht berücksichtigt.

Wichtige indirekte Steuern

Bund	Kantone
Mehrwertsteuer (MWST)	Motorfahrzeugsteuer
Tabaksteuer	Hundesteuer
Alkoholsteuer	
Mineralölsteuer	
Zölle	
Verrechnungssteuer	
LSVA	

Die Motorfahrzeugsteuer ist eine indirekte Steuer.

Steuerprogression

Steuerprogression

Wären die zu bezahlenden Steuern linear resp. proportional, so müsste jede steuerpflichtige Person den gleichen prozentualen Anteil des Einkommens und Vermögens als Steuer bezahlen (z. B. 10%). Die Kaufkraft eines Kleinverdieners würde dadurch aber stärker eingeschränkt als diejenige einer Millionärin. Deshalb hat man die Steuersätze nach Höhe des Einkommens und Vermögens abgestuft. Wer mehr verdient, zahlt also prozentual mehr Steuern. Diese abgestufte Besteuerung nennt man Steuerprogression.

Umverteilung

Mit der Steuerprogression will der Staat mehr soziale Gerechtigkeit erreichen. Er sorgt auf diese Weise für eine Umverteilung der steuerlichen Belastung. Folgendes Beispiel soll die Funktion der Steuerprogression verdeutlichen:

Beispiel zur Steuerprogression

Steuerbelastung (direkte Bundessteuer, Staats- (Kantons-), Gemeinde- und Kirchensteuer) einer unselbstständig erwerbenden Person ohne Kinder und ohne Vermögen 2021 in der Stadt Solothurn.

Arbeitseinkommen in CHF	Steuerbelastung in %	Steuerbelastung in CHF
30 000.–	9.99 %	2 997.–
50 000.–	14.62 %	7 310.–
100 000.–	20.64 %	20 648.–
200 000.–	27.80 %	55 601.–

Jeder Kanton hat auf seiner Homepage einen Steuerrechner, mit dem man seine mutmasslichen Steuern berechnen kann:
Berechnungen unter *www.so.ch → Steuerrechner*

- **Aufgaben:** A24–A27 S. 129 f. AH
- **Wissen anwenden:** W18–W20 S. 136 AH, S. 249 LM
- **Kreuzworträtsel:** X1 S. 137 AH
- **Korrespondenz:** K1–K2 S. 250 LM

Das weiss ich jetzt!

5.63 Was ist der Unterschied zwischen direkten und indirekten Steuern?

5.64 Was soll mit der Steuerprogression erreicht werden?

Selbstdeklaration

Steuererklärung ausfüllen

Damit der Staat (Bund, Kantone, Gemeinden) die Höhe der Einkommen ermitteln kann, müssen die Steuerpflichtigen jedes Jahr ihr Einkommen und Vermögen wahrheitsgetreu und vollständig angeben. Zu diesem Zweck erhalten sie von der Steuerbehörde verschiedene Formulare mit der Aufforderung, diese bis zu einem bestimmten Zeitpunkt auszufüllen und einzureichen.

Wegleitung

In der mitgelieferten Wegleitung werden die Bestimmungen zu einzelnen Positionen in der Steuererklärung beschrieben. An diese Vorschriften und Erklärungen muss man sich halten.

Online-Steuererklärung

Alle Kantone bieten das elektronische Ausfüllen der Steuererklärung an (online). Vorteilhaft ist dabei vor allem, dass die Steuerpflichtigen direkt ausgerechnet bekommen, wie viel Steuern sie aufgrund ihres steuerbaren Einkommens und Vermögens voraussichtlich bezahlen müssen.

Fristerstreckungsgesuch

Kann die Steuererklärung bis zum vorgegebenen Zeitpunkt nicht eingereicht werden, kann mit einem Fristerstreckungsgesuch die Einreichefrist verlängert werden.
Wer überhaupt keine Steuererklärung einreicht, muss mit einer Ordnungsbusse rechnen. Zudem schätzt die Steuerbehörde die zu bezahlenden Steuern und schickt die entsprechende Rechnung.

Steuerpflicht bei Volljährigkeit

Die Steuerpflicht gilt ab Beginn des Jahres, in welchem Jugendliche ihren 18. Geburtstag feiern. Diese Steuerpflicht umfasst sämtliche Einkünfte, so auch Vermögenserträge (z. B. Bankzinsen), und allfällige Vermögenswerte.
Die Aufforderung zur Steuererklärung wird aber erst im Folgejahr verschickt. Nützliche Tipps findet man im «Leitfaden für zukünftige Steuerpflichtige» unter *www.estv.admin.ch*.

Aufbau der Steuererklärung

Die Steuererklärungen der Kantone sind grundsätzlich gleich aufgebaut:

Aufbau der Steuererklärung

Einkommen	**Vermögen**
+ Lohn (evtl. Ersatzeinkommen)	+ Sparkapital
+ Nebeneinkommen	+ Wertschriften
+ Erträge aus Vermögen (z. B. Sparheftzinsen)	+ Fahrzeuge + Liegenschaften
– Berufsauslagen	– Private Schulden
– Versicherungsprämien (Personenversicherungen)	– Hypothekarschulden – Steuerfreier Betrag
– Sozialabzüge	
– Schuldzinsen	
= Steuerbares Einkommen	= Steuerbares Vermögen

Das weiss ich jetzt!

5.65 Welche Unterlage hilft Ihnen, wenn beim Ausfüllen der Steuererklärung Unklarheiten auftauchen?

5.66 Wie berechnen Sie das steuerbare Einkommen bzw. Vermögen?

Spezielle Steuerarten

Verrechnungssteuer

Die Verrechnungssteuer ist ein Mittel zur Verhinderung der Steuerhinterziehung. Die Banken müssen gemäss Gesetz 35 Prozent der Lohn-, Spar- und Postkontozinsen an die Bundeskasse abliefern (erst ab Fr. 200.– Zinsertrag). Geben die Kontobesitzer ihr Sparvermögen in der Steuererklärung an, so wird ihnen der gesamte Abzug zurückerstattet. Der abgezogene Verrechnungssteuerbetrag ist höher als der Betrag, den man als Vermögens- und Einkommenssteuer bezahlen muss. Es lohnt sich steuermässig also nicht, Bankguthaben der Steuerbehörde zu verheimlichen. Das nachfolgende Beispiel erklärt den Ablauf.

Beispiel zur Verrechnungssteuer

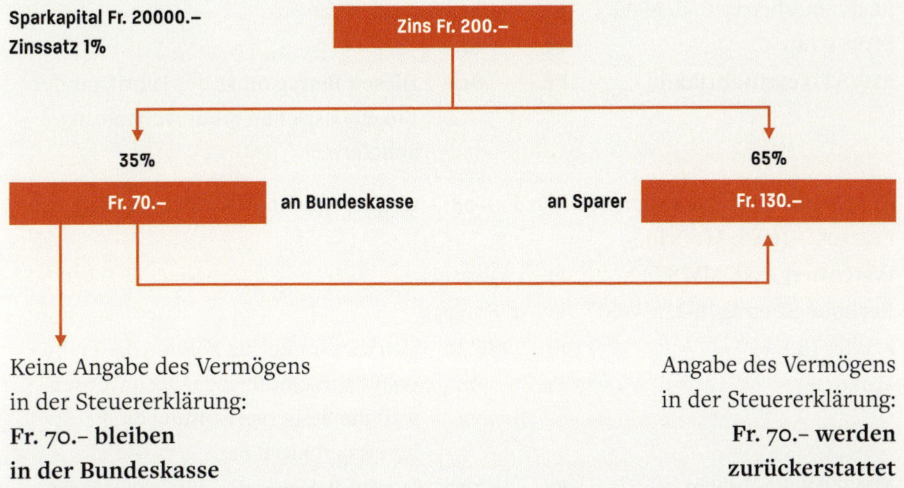

Steuererklärungen können auch elektronisch ausgefüllt werden.

Mehrwertsteuer (MWST)

Beim Verkauf von Waren und Dienstleistungen erhebt der Bund eine Verbrauchssteuer, die sogenannte Mehrwertsteuer.
Der normale Steuersatz beträgt heute 8,1 Prozent, der reduzierte Satz 2,6 Prozent für Güter des täglichen Bedarfs resp. der Sondersatz für Beherbergungsleistungen von 3,8 Prozent.
Von der MWST ausgenommen sind z. B. Spitäler, Schulen, Versicherungen oder Kulturorganisationen.

Beispiel zur Berechnung der Mehrwertsteuer (MWST)

Ein Textilfabrikant stellt Stoff her. Zum Warenwert von Fr. 1000.- kommen 8,1% Mehrwertsteuer

Warenwert exkl. MWST	Fr.	1000.–	
Rechnungsbetrag inkl. MWST	Fr.	1081.–	
MWST (8,1%)	Fr.	81.–	
MWST Textilfabrikant	**Fr.**	**81.–**	Diesen Betrag muss der Fabrikant der Eidgenössischen Steuerverwaltung abliefern.

Eine Schneiderin kauft den Stoff für Fr. 1081.– und fertigt damit Kleider im Wert von Fr. 2300.– (exkl. MWST).

Warenwert exkl. MWST	Fr.	2300.–	
Rechnungsbetrag inkl. MWST	Fr.	2486.30	
MWST (8,1%)	Fr.	186.30	Von diesem Betrag können die Fr. 81.– vom Fabrikanten abgezogen werden, weil die Steuerverwaltung die Fr. 81.– bereits erhalten hat.
Vorsteuer	Fr.	81.–	
MWST Schneiderin	**Fr.**	**105.30**	Diesen Betrag muss die Schneiderin der Eidgenössischen Steuerverwaltung abliefern.

Die Kleider der Schneiderin werden im Modegeschäft zum Preis von Fr. 4500.– (exkl. MWST) verkauft.

Warenwert exkl. MWST	Fr.	4500.–	
Rechnungsbetrag inkl. MWST	Fr.	4864.50	
MWST (8,1%)	Fr.	364.50	Von diesem Betrag kann das Modegeschäft Fr. 81.– + Fr. 105.30 abziehen, denn der Fabrikant und die Schneiderin haben diese Steuern bereits bezahlt.
Vorsteuer	Fr.	186.30	
MWST Modegeschäft	**Fr.**	**178.20**	Diesen Betrag muss das Modegeschäft der Eidgenössischen Steuerverwaltung abliefern.

Wie der Name ausdrückt, wird die MWST nur auf den Mehrwert der Ware erhoben.
Das scheint auf den ersten Blick kompliziert zu sein und die Steuerverwaltung hat einiges zu tun.
Für uns Konsumenten ist die Sache nicht so kompliziert, aber wir bezahlen am Schluss als Käuferin oder Käufer den gesamten Mehrwertsteuerbetrag.
Bei jedem Kauf fliesst also Geld in die Staatskasse und das nicht wenig (2022 mehr als 24 Mrd. Fr.)!

Deutschland hat einen Mehrwertsteuersatz von 19%, kassiert also mehr als doppelt so viel wie die Schweiz. Kaufen wir in Deutschland ein, wird uns die MWST zurückerstattet, weil die Ware ausgeführt wird. Bezahlen wir an der Grenze unsere Schweizer MWST, bleiben immer noch mehr als 10% Sparpotential. Frankreich und Österreich haben einen maximalen Steuersatz von 20 Prozent, Italien verrechnet 22 Prozent.

Top 5 – Länder mit dem höchsten Mehrwertsteuersatz in Europa

1. Ungarn (27%)
2. Dänemark, Norwegen, Schweden, Kroatien (25%)
3. Finnland, Griechenland (24%)
4. Irland, Polen, Portugal (23%)
5. Slowenien, Italien (22%)

Das weiss ich jetzt!

5.67 Wie funktioniert die Verrechnungssteuer?

5.68 Was soll mit der Verrechnungssteuer verhindert werden?

5.69 Wie funktioniert die Mehrwertsteuer?

Wissen anwenden

Hinweis: Die Antworten zu den Fragen, die mit einem Ja oder Nein beantwortet werden können, müssen Sie begründen.

W1 Welches sind Ihrer Meinung nach wichtige Jahreszahlen in der Geschichte der Schweiz?
Wählen Sie aus und begründen Sie Ihre Wahl.

W2 1848 wurde die Schweiz zu einem liberalen Bundesstaat umgestaltet.
Wer wehrte sich dagegen?
Welche Auswirkungen hatte diese Umgestaltung für die Schweiz?

W3 1918 wurde ein landesweiter Generalstreik ausgerufen.
Welche Forderungen stellten die Streikenden?

W4 Die Regierungsform der Schweiz wird als halbdirekte Demokratie bezeichnet. Sie ist also eine Mischform von direkter und repräsentativer Demokratie.
Beschreiben Sie diese Mischform mithilfe von Beispielen.

W5 Unsere Grundrechte sind in der schweizerischen Bundesverfassung festgehalten.
Suchen Sie in der BV neben den erwähnten noch weitere Grundrechte.

W6 Beschaffen Sie sich die Allgemeine Erklärung der Menschenrechte.
Welche dieser Menschenrechte sind Ihrer Meinung nach absolut notwendig, auf welche könnten Sie verzichten?

W7 Bei der Ausgestaltung der Gesetze im Parlament drohen unzufriedene Kreise vielfach schon vor der Schlussabstimmung mit dem Referendum.
Warum reicht diese Drohung teilweise bereits aus, damit einzelne Gesetzestexte abgeändert werden?

W8 Initiativen auf Bundesebene verlangen eine Änderung der Bundesverfassung. Inhaltlich sind diesen Volksbegehren wenig Grenzen gesetzt.
Welche Problematiken entstehen daraus?

W9 Die Parteien unterscheiden sich in ihren politischen Grundhaltungen. Formulieren Sie zu folgenden Stichworten eine eher rechtskonservative und eine eher linksliberale Meinung:
a) Gesetzlich vorgeschriebene Mindestlöhne gegen Lohndumping
b) Kauf von neuen Kampfflugzeugen
c) Beitritt der Schweiz zur EU

W10 Der Wähleranteil der verschiedenen Parteien im Nationalrat hat sich in den letzten 40 Jahren markant verändert.
Kommentieren Sie den Verlauf für die fünf grössten Parteien.

W11 Besorgen Sie sich via E-Mail Werbematerial einer Partei, eines Verbandes oder einer NGO.
Stellen Sie diese Partei, diesen Verband oder diese NGO mit deren Werthaltungen auf einem Plakat dar.

W12 Arbeitnehmerverbände und Arbeitgeberverbände haben unterschiedliche Interessen.
Wie heisst der Arbeitnehmerverband, wie der Arbeitgeberverband in Ihrer Branche?
Wie vertritt der Arbeitnehmerverband (die Gewerkschaft) Ihre Interessen?

W13 Auch die Kantone sind nach dem Prinzip der Gewaltenteilung organisiert.
Beschreiben Sie die einzelnen Gewalten Ihres Wohnkantons möglichst genau.

W14 Die Massenmedien werden als die vierte Gewalt in einem Staat bezeichnet.
Wie können Massenmedien die politische Meinungsbildung beeinflussen?
Welche Gefahr besteht dabei?

W15 Das Parlament besteht aus zwei Räten.
Welche Bedeutung hat der Ständerat?

W16 Verschiedene Institutionen und Interessengruppen können Einfluss auf den Gesetzgebungsprozess nehmen.

Beschreiben Sie, wie deren Einfluss jeweils aussieht:
a) Bundesrat
b) Parteien
c) Verbände
d) Kantone
e) Volk

W17 Im ganzen Kapitel wird der Begriff «der Staat» verwendet.
Was ist für Sie «der Staat»? Welche Aufgaben sollte ein Staat Ihrer Meinung nach übernehmen, wo sollte er sich raushalten?

W18 Es gibt politische Kreise, welche die direkte Steuer abschaffen und dafür die Mehrwertsteuer erhöhen wollen.
Welche Bevölkerungsgruppen würden dabei verlieren?

W19 Unter den Kantonen herrscht Steuerwettbewerb. Um zahlungskräftige Steuerzahler anzulocken, suchen einzelne Kantone speziell für diese Einkommensklasse günstige Steuersysteme (z. B. nicht mehr progressive, sondern lineare Steuersätze («Einheitssteuersatz»).
Welche Auswirkungen hat diese Art von Steuerwettbewerb für die Schweiz?
Wer kann davon profitieren, wer nicht?

W20 In der heutigen Zeit ist es möglich, die Steuererklärung online auszufüllen. **Füllen Sie unter Anleitung der Lehrperson eine Steuererklärung online aus. Beachten Sie dabei, welche Auswirkungen Veränderungen bei den Abzügen auf den Steuerbetrag haben.**

Korrespondenz

K1 Sie können die Steuererklärung nicht bis zum vorgesehenen Zeitpunkt einreichen. **Schreiben Sie der Steuerbehörde ein Fristerstreckungsgesuch.**

K2 Die Höhe des Steuerbetrages übersteigt Ihre derzeitigen finanziellen Mittel. **Schreiben Sie der Steuerbehörde ein Stundungsgesuch. Erklären Sie, wann und wie Sie die Steuerschuld begleichen werden.**

Lernaufgabe

Staat und Politik: Meine eigene Partei gründen

Ausgangslage

Damit man in einer Demokratie die eigenen Interessen durchsetzen kann, ist es wichtig, sich mit Gleichgesinnten zusammenzuschliessen. Dies ist der Grund, wieso Menschen sich sogenannten Interessengruppen (Parteien und Verbände) anschliessen. Indem Sie sich gemeinsam für Ihre Interessen engagieren, können Sie die Politik beeinflussen.

Lernziele

Sie wissen, welche politischen Parteien Ihre Interessen vertreten.

Auftrag

Gründen Sie zu dritt eine eigene Partei. Vergleichen Sie die Inhalte verschiedener, bereits bestehender Parteien und stellen sie daraus ein eigenes Parteiprogramm gemäss Ihren Interessen auf.

Produkt

Eigenes Parteiprogramm, Kurzpräsentation vor der Klasse

Vorgehen

1. Suchen Sie online Parteiprogramme verschiedener Parteien.
2. Vergleichen Sie die Inhalte mit den Interessen Ihrer Gruppenmitglieder.
3. Stellen Sie auf Grund Ihrer Recherchen ein eigenes Parteiprogramm zusammen.
4. Stellen Sie der Klasse Ihre Partei vor.

Arbeitsaufträge

1. Suchen Sie im Internet zu dritt nach Parteiprogrammen von mindestens zwei verschiedenen Parteien.
2. Nehmen Sie diese Parteiprogramme genauer unter die Lupe. Welche Inhalte entsprechen Ihren Vorstellungen? Welche Interessen teilen Sie im Team nicht?
3. Stellen Sie mithilfe Ihrer gemeinsamen Überlegungen ein eigenes Parteiprogramm zusammen. Begründen Sie Ihre politischen Inhalte.
4. Geben Sie Ihrer Partei einen geeigneten Namen.
5. Stellen Sie der Klasse Ihre Partei kurz vor.

Kapitel 6
Globale Herausforderungen

Smartphones aus Südkorea, Kaffee aus Zentralamerika, Kleider aus China, Filme aus Hollywood, Ferien in Kroatien – die Welt, in der wir leben, rückt immer näher zusammen!
Angesichts des Klimawandels, der global zunehmenden Umweltverschmutzung und der grossen Kluft zwischen Armut und Reichtum ist die internationale Zusammenarbeit in ökologischen, politischen und wirtschaftlichen Fragen dringender denn je!
Die Schweiz hat als Kleinstaat und rohstoffarmes Land ein grosses Interesse an einer internationalen Zusammenarbeit. Allerdings sind die Beziehungen gerade zur EU seit Jahren nicht ganz einfach.
Einige internationale Organisationen haben ihren Sitz hier in der Schweiz. Mit ein Grund ist die Neutralität unseres Landes.

In diesem Kapitel setzen Sie sich mit folgenden Fragen auseinander

- Wie sieht die globalisierte Wirtschaft heute aus?
- Wie hat sich die Europäische Union entwickelt?
- Welche Position hat die Schweiz heute innerhalb von Europa?
- Warum hat sich die Kluft zwischen Arm und Reich so entwickelt?
- Welche Interessengruppen beeinflussen die Politik und was macht eine Demokratie aus?
- Mit welchen Themen befassen sich die wichtigsten internationalen Organisationen?

MIT EINEM FRANKEN SEHEN SIE GANZ EUROLAND !!
1.-
PFUSCHI-CARTOON

6.1 Globalisierung

Zunahme des Warenhandels

Diverse Medien lassen uns jeden Tag die ganze Welt sehen. Mit unterschiedlichsten Transportmitteln ist praktisch jeder Punkt der Erde innerhalb weniger Stunden oder Tage erreichbar. Die Globalisierung ist spürbar. Die Welt wächst zusammen, die weltweite Verflechtung wird immer engmaschiger. Auf verschiedensten Gebieten (z.B. Politik, Kultur, Umwelt) wird global (= weltweit) zusammengearbeitet. Besonders weit fortgeschritten ist die Zusammenarbeit in der Wirtschaft.

Wirtschaftliche Globalisierung

Die Globalisierung der Wirtschaft hat sich in den letzten Jahrzehnten beschleunigt. Besonders eindrücklich ist dies an der Zunahme des grenzüberschreitenden Warenhandels zu sehen:

Entwicklung des grenzüberschreitenden Warenhandels

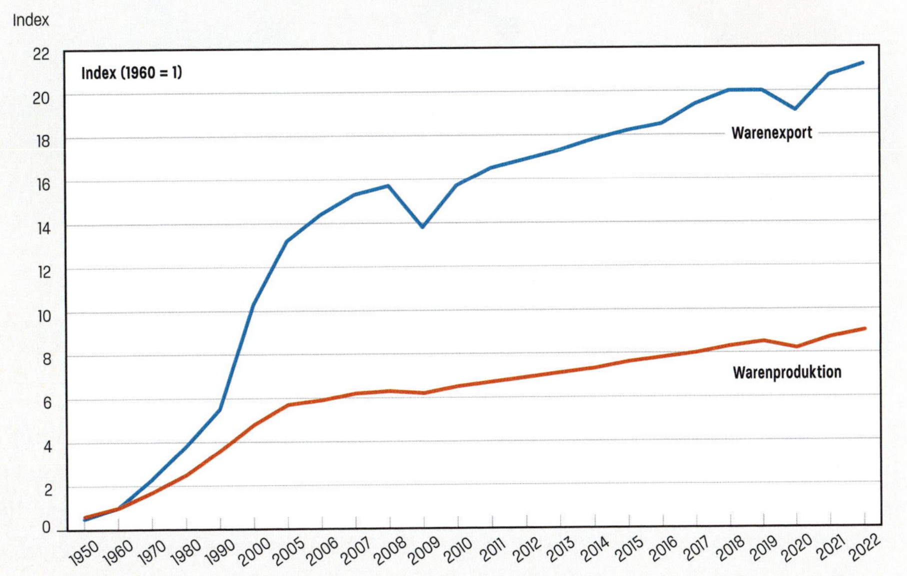

Quelle: World Trade Organization (WTO)

Abbau von Handelsschranken

Diese Entwicklung ist auf den weltweiten Abbau von Handelsschranken zurückzuführen. So wurden in den letzten Jahrzehnten die Zölle gesenkt sowie der freie Güter-, Personen- und Kapitalverkehr gefördert. Zudem wurden die Transportmöglichkeiten schneller und günstiger. Erst die globale Finanz- und Wirtschaftskrise 2008/2009 durchbrach diese Entwicklung und verursachte den stärksten Rückgang des Warenhandels seit 1960.

Der globalisierte Gütermarkt hat zu einer weltweiten Spezialisierung geführt. Waren werden dort produziert, wo die Produktionsfaktoren günstig sind, gute Infrastruktur oder viel Know-how vorhanden ist. Jedes Land spezialisiert sich somit auf bestimmte Wirtschaftszweige.

Globalisierung der Finanzmärkte

Neben dem Gütermarkt hat sich auch ein weltumspannender Finanzmarkt entwickelt. Rund um die Uhr werden weltweit Kredite vergeben oder Devisen und Aktien gehandelt. Diese weltweite Vernetzung wird uns durch die Finanzmarktkrise seit 2007 schmerzlich vor Augen geführt: Eine Hypothekenkrise in den USA brachte die globale Finanzwelt und mit ihr die gesamte Wirtschaft in arge Schwierigkeiten. Renommierten Finanzinstituten und ganzen Industriezweigen musste mit Staatsgeldern unter die Arme gegriffen werden.

Globale Handelsblöcke

Im Zuge der wirtschaftlichen Globalisierung entstanden grosse Handelsblöcke. Ein solcher Handelsblock ist auch die EU, mit welcher die Schweiz wirtschaftlich eng verbunden ist.
Ziel eines jeden Wirtschaftsraumes ist es, die Wirtschaft der teilnehmenden Länder zu stärken. Zudem soll auch die Konkurrenzfähigkeit gegenüber den anderen Blöcken aufrechterhalten werden.

Handelsblöcke mit Anzahl Einwohnerinnen und Einwohner, 2023

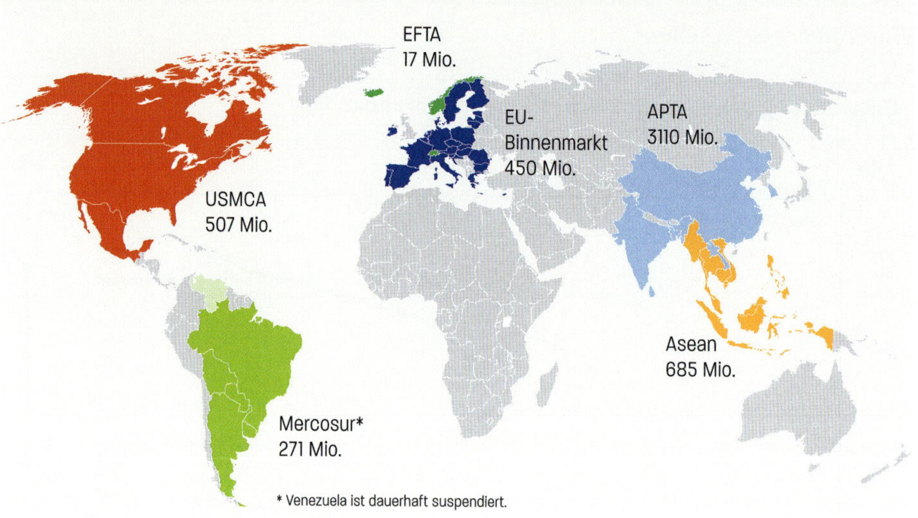

Quellen: ASEAN/Eurostat/EFTA/IMF

Folgen der wirtschaftlichen Globalisierung

Die wirtschaftliche Globalisierung hat in vielen Ländern zu steigendem Wohlstand geführt. Allerdings zeigen sich auch negative Folgen. So geraten beispielsweise die Löhne schlecht ausgebildeter Arbeitskräfte unter Druck, und auch die Umweltbelastung hat aufgrund der steigenden Warentransporte stark zugenommen. Zudem konnten Entwicklungsländer bisher kaum von der Globalisierung profitieren.
In diesem Zusammenhang lässt sich insbesondere auch auf die Kapitel 4.5, 6.5 und 7.2 verweisen.

▸ **Aufgaben:** A1–A3 S. 144 AH
▸ **Wissen anwenden:** W1 S. 151 AH, S. 278 LM

Das weiss ich jetzt!

6.1 Was heisst «global»?

6.2 Wie ist die Zunahme des grenzüberschreitenden Warenhandels zu erklären?

6.3 a) Welche Bevölkerungszahl deckt jeder der vier weltweit grössten Handelsblöcke ab?
b) Welche Bevölkerungszahl deckt die EFTA ab?

Die Schweiz in der globalisierten Wirtschaft

Bedeutung des internationalen Handels

Die Schweiz ist eines der am stärksten globalisierten Länder der Welt. Weil das kleine Land kaum über Rohstoffe verfügt, ist der internationale Handel von zentraler Bedeutung. Ohne Importe und Exporte hätte die Schweiz nie das heutige Wohlstandsniveau erreicht.
Die Erträge aus dem grenzüberschreitenden Wirtschaftsverkehr machen rund die Hälfte des BIP aus. Jeder zweite Franken wird also im internationalen Handel verdient.

Die Schweiz im internationalen Vergleich

Aufgrund ihrer wirtschaftlichen Stärke und der Ausrichtung auf den internationalen Handel ist die Schweiz gemessen an der Bevölkerungszahl eine grosse Handelsnation:

Länder mit dem grössten Handelsbilanzüberschuss in Mrd. Dollar, 2022

1.	Volksrepublik China	877,60	6.	Australien	103,00
2.	Russland	291,5*	7.	Katar	96,61
3.	Saudi-Arabien	222,12	8.	Deutschland	84,03
4.	Vereinigte Arab. Emirate	173,98	9.	Kuwait	69,47
5.	Norwegen	144,26	10.	Irland	68,14

* Die Daten zu Russland sind nicht unabhängig überprüfbar.

Quelle: World Bank

Importe und Exporte

Insgesamt führte die Schweiz 2022 Waren im Gesamtwert von 278 Milliarden Franken aus. Im Gegenzug wurden Waren im Wert von 235 Milliarden Franken importiert. Dies vor allem in Warengruppen Chemikalien, Maschinen und Elektronik sowie Instrumente und Uhren.

Importe und Exporte der Schweiz 2022

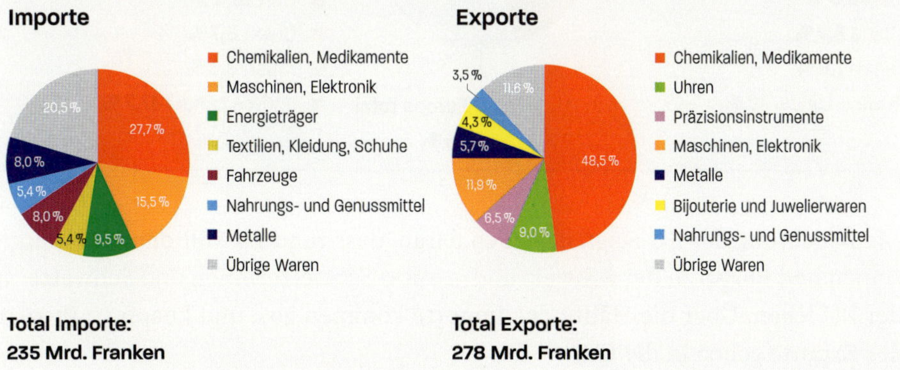

Quelle: Bundesamt für Zoll und Grenzsicherheit (BAZG)

Positive Handelsbilanz

Von einer positiven beziehungsweise aktiven Handelsbilanz spricht man, wenn der Wert der Exporte grösser ist als der Wert der Importe.

Entwicklung des Aussenhandels der Schweiz seit 2008

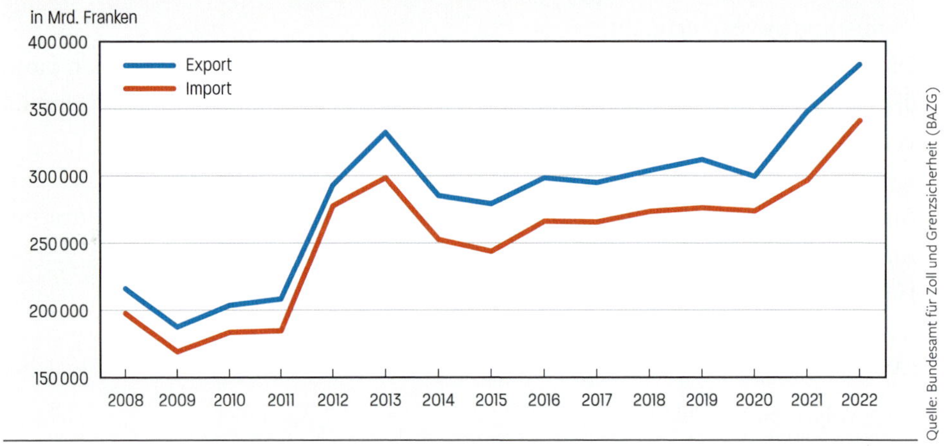

Die wichtigsten Handelspartner

Die Schweiz treibt Handel mit fast allen Staaten der Erde. Aufgrund der geografischen Lage mitten in Europa ist es naheliegend, dass der wichtigste Handelspartner die Europäische Union ist.

Die wichtigsten Handelspartner der Schweiz 2022

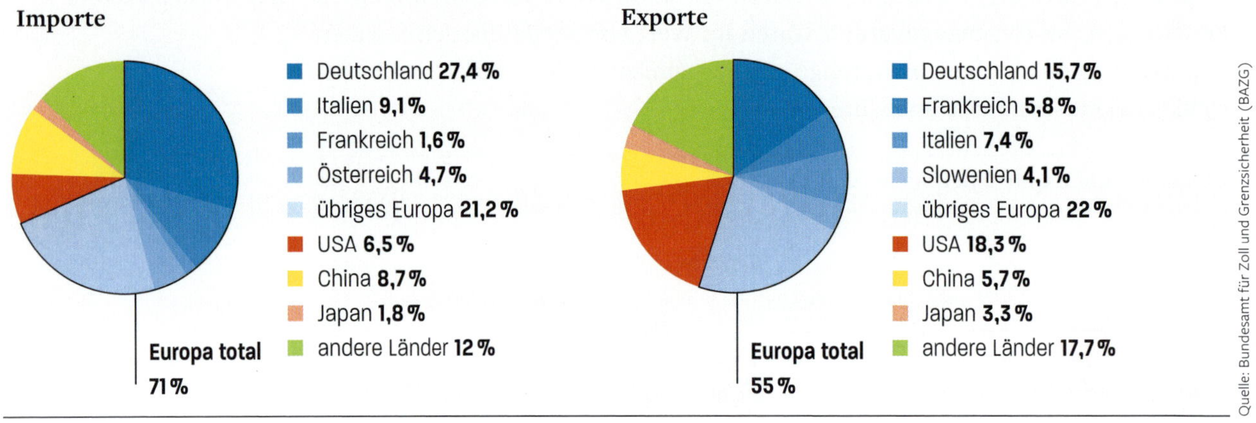

EU

Die Bedeutung der EU zeigt sich auch daran, dass rund 1,4 Millionen EU-Bürgerinnen und Bürger in der Schweiz und 510 900 Schweizerinnen und Schweizer in der EU leben. Über die Hälfte der Importe kommen aus, und knapp 50 Prozent der Exporte gehen in die EU.

Täglich werden für eine Milliarde Franken Güter und Dienstleistungen zwischen der EU und der Schweiz ausgetauscht.

Es liegt auf der Hand, dass die guten Beziehungen zur EU weiterhin gepflegt und ausgebaut werden sollten.

▶ **Aufgaben:** A4–A5 S. 145 AH

▶ **Wissen anwenden:** W2–W5 S. 151 f. AH, S. 278 LM

▶ **Lernaufgabe:** Globale Herausforderung S. 156 AH, S. 279 LM

Das weiss ich jetzt!

6.4 Welche Vorteile hat der Produktionsstandort Schweiz gegenüber anderen Ländern?

6.5 Wie wichtig ist der internationale Handel für die Schweiz?

6.6 Welches sind die wichtigsten Import- und Exportgüter der Schweiz?

6.7 Wie bedeutend ist die EU für die schweizerische Wirtschaft?

6.2 Die Europäische Union (EU)

Geschichte

Vorherrschaft durch Heiratspolitik und Waffengewalt

In der Zeit der König- und Kaiserreiche stritten die europäischen Länder mit Waffengewalt oder Heiratspolitik um die Vorherrschaft in Europa. Vergeblich forderten Philosophen und Dichter den Zusammenschluss von gleichberechtigten Ländern; auch während des Nationalismus im 19. Jahrhundert fanden diese Forderungen kein Gehör.

Die Pan-Europa-Bewegung

Nach dem Elend des Ersten Weltkriegs mit Millionen von Toten und Verwundeten flammte die Idee eines wirtschaftlich vereinten Europas wieder kurz auf. Die Pan-Europa-Bewegung (pan = ganz) scheiterte aber an dem von Franco, Mussolini und Hitler geschürten faschistisch-nationalistischen Gedankengut.

Europa nach dem Zweiten Weltkrieg

Nach den verheerenden Verwüstungen des Zweiten Weltkriegs waren die Menschen kriegsmüde. Der Wunsch nach einem geeinten und friedlichen Europa fand neuen Auftrieb! Die USA unterstützten die europäische Bewegung. Sie hofften, dem von der Sowjetunion (UdSSR) beeinflussten kommunistischen Osteuropa ein geeintes demokratisches Westeuropa entgegensetzen zu können.

Im Zweiten Weltkrieg werden in Europa unzählige Städte und weite Landstriche total verwüstet. Im Bild das fast vollständig zerstörte Dresden, Ende 1945.

Die Europäische Gemeinschaft für Kohle und Stahl (EGKS)

Schuman-Plan 9. Mai 1950

Der 9. Mai 1950 gilt als Geburtsstunde der heutigen Europäischen Union. Der französische Aussenminister Robert Schuman verkündet einen Plan zur Zusammenarbeit mit der Bundesrepublik Deutschland. Ziel des Schuman-Plans ist eine dauerhafte Aussöhnung zwischen Frankreich und Deutschland.
Die damals wichtigsten Energieträger Kohle und Stahl – gefragte Materialien in der Rüstungsindustrie – sollen einer gemeinsamen Behörde unterstellt werden. Die Länder verzichten in diesen wichtigen Bereichen auf ihre nationale Selbstbestimmung.

Europäische Gemeinschaft für Kohle und Stahl 1952

1952 tritt die Montanunion (Europäische Gemeinschaft für Kohle und Stahl) in Kraft, welche ein Jahr zuvor von den sechs Ländern Frankreich, Deutschland, Italien, Belgien, Niederlande und Luxemburg unterzeichnet worden ist.

Die Entwicklung der Europäischen Union

In den folgenden Jahren entwickelt sich die Montanunion weiter. Nicht nur im Bereich Kohle und Stahl soll zusammengearbeitet werden, sondern in möglichst vielen wirtschaftlichen Bereichen.
Wichtige Stationen sind nachfolgend aufgeführt:

1957 Römische Verträge

In Rom unterzeichnen die sechs Länder den EWG-Vertrag (Europäische Wirtschaftsgemeinschaft) und den EAG-Vertrag (Europäische Atom-Gemeinschaft). Mit der EAG möchte man die zivile Nutzung der Kernenergie fördern und den Nuklearbereich zwecks Friedenssicherung kontrollieren.
Im EWG-Vertrag definierte man vier Grundfreiheiten: Waren, Dienstleistungen, Kapital und Personen sollen sich künftig ohne Hindernisse (Landesgrenzen, Zoll) frei bewegen können.

Römische Verträge	1957	EWG mit 4 Grundfreiheiten EAG als Friedenssicherung
Fusion von Montanunion, EWG & EAG	1967	Ein gemeinsamer Rat und eine gemeinsame Kommission werden eingesetzt.
EG-Zuwachs	1973	Grossbritannien, Irland und Dänemark treten der EG bei
EG-Krise	*70er Jahre*	*Probleme werden vermehrt im Alleingang gelöst.*
EG-Zuwachs	1981	Griechenland wird aufgenommen
EG-Zuwachs	1986	Spanien und Portugal treten der EG bei
Eine Europäische Union als Binnenmarkt wird erstmals als Ziel formuliert.	1987	
Ende des Kalten Krieges	*1989–1991*	*Mit der Auflösung der DDR und der Sowjetunion verändern sich die wirtschaftlichen Perspektiven vieler osteuropäischer Staaten.*

Vertrag von Maastricht	1992/93	Aus der rein wirtschaftlichen Gemeinschaft wird eine politische Union. EU-Pass und Euro werden eingeführt.
EG-Zuwachs	1995	Schweden, Finnland und Österreich treten der EU bei
Währungsunion	2002	12 von 15 Staaten ersetzen ihre Währung durch den Euro. Grossbritannien, Dänemark und Schweden behalten ihre Währung.
Osterweiterung der EU; die Länder erhoffen sich eine Angleichung ihres Wohlstandes an die europäischen Verhältnisse.	2004–2013	Estland, Lettland, Litauen, Polen, Tschechien, Slowakei, Slowenien, Ungarn, Rumänien, Bulgarien Kroatien, sowie Malta und Zypern treten der EU bei.
Eine EU-Verfassung scheitert bei der Abstimmung.	2005	Frankreich und die Niederlande lehnen Strukturanpassungen und eine gemeinsame Verfassung ab.
Vertrag von Lissabon	2009	Die EU soll transparenter und demokratischer werden. Die Institutionen werden schlanker und handlungsfähiger gemacht.
Euro-Krise – Belastungsprobe der EU	2009–2013	Griechenland, Zypern, Irland, Portugal und Spanien werden mit milliardenschweren Krediten vor einem Staatsbankrott gerettet.
Brexit	2016–2020	Grossbritannien ist nach knapp 4 Jahren politischer Turbulenzen per 31.1.2020 aus der EU ausgetreten. Ein neues Handelsabkommen mit der EU muss ausgearbeitet werden.

▶ **Aufgaben:** A6 S. 145 AH
▶ **Wissen anwenden:** W6 S. 153 AH, S. 278 LM

Das weiss ich jetzt!

6.8 Weshalb tauchte die Idee eines gemeinsamen Europas nach den Weltkriegen wieder auf?

6.9 Warum scheiterte die Pan-Europa-Bewegung nach dem Ersten Weltkrieg?

6.10 Warum unterstützten die USA nach dem Zweiten Weltkrieg die europäische Bewegung?

6.11 Was war das Ziel des Schuman-Plans?

6.12 Welches sind die Gründungsländer der EWG?

6.13 Welche Neuerungen sind mit dem Vertrag von Maastricht dazu gekommen?

Die Europäische Union im Überblick

Anzahl Länder	27
Fläche	4,2 Mio. Quadratkilometer. Dies entspricht $^2/_5$ der Fläche der USA.
Bevölkerungszahl	2024 zählte die EU 448,4 Mio. Einwohnerinnen und Einwohner. Dies entspricht rund 7 Prozent der Weltbevölkerung.
Wirtschaftliche Leistung	Das BIP der EU betrug 2021 14,5 Billionen Euro. Die EU ist somit einer der grössten Handelsblöcke der Welt (14,5 Prozent des globalen BIP).
Staatsstruktur	Die EU ist ein aus 27 Staaten bestehender Staatenverbund.

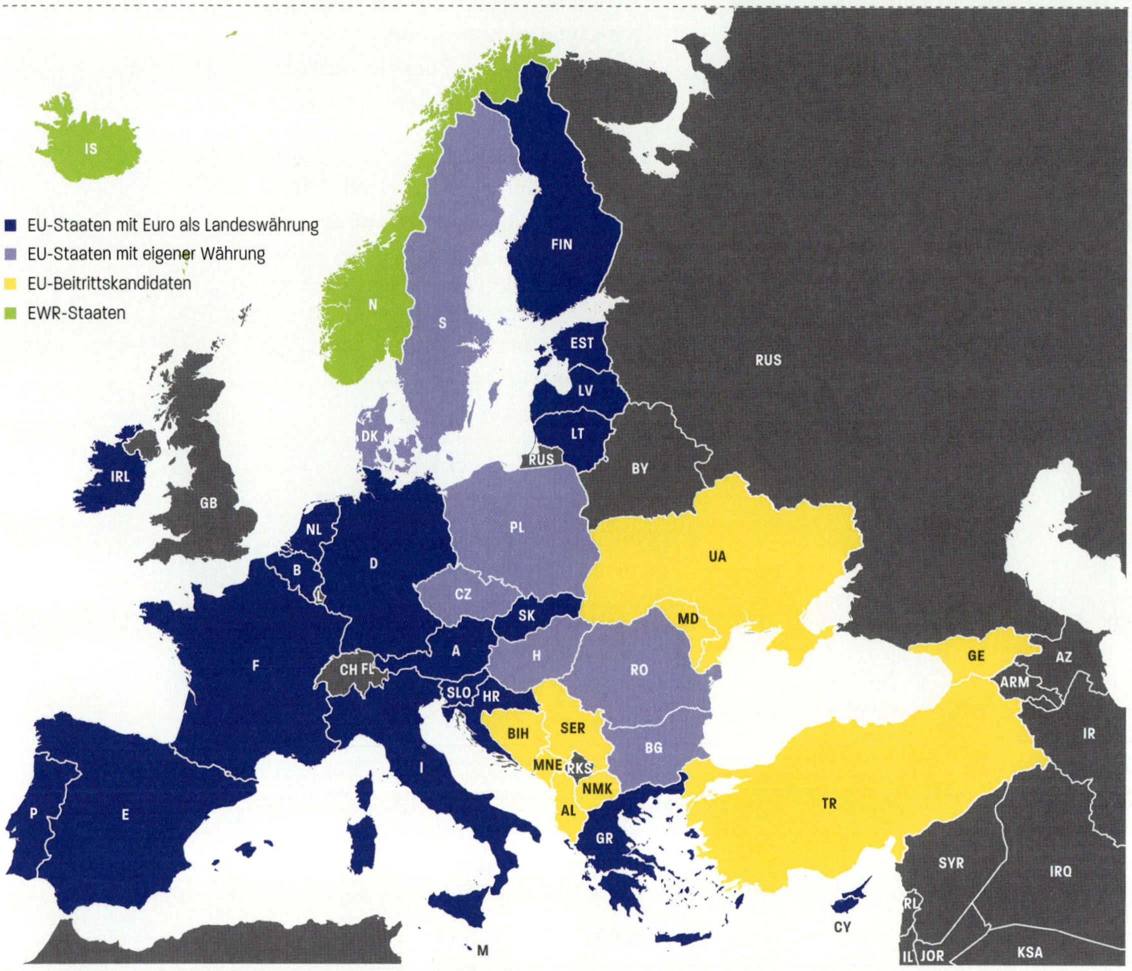

EU-Beitrittsjahr und Einführung des Euros

		EU	€			EU	€			EU	€
D	Deutschland	1952	1999	E	Spanien	1986	1999	LT	Litauen	2004	2015
F	Frankreich	1952	1999	P	Portugal	1986	1999	LV	Lettland	2004	2014
I	Italien	1952	1999	FIN	Finnland	1995	1999	M	Malta	2004	2008
B	Belgien	1952	1999	A	Österreich	1995	1999	PL	Polen	2004	–
NL	Niederlande	1952	1999	S	Schweden	1995	–	SK	Slowakei	2004	2009
L	Luxemburg	1952	1999	CY	Zypern	2004	2008	SLO	Slowenien	2004	2007
DK	Dänemark	1973	–	CZ	Tschechien	2004	–	BG	Bulgarien	2007	–
IRL	Irland	1973	1999	EST	Estland	2004	2011	RO	Rumänien	2007	–
GR	Griechenland	1981	2001	H	Ungarn	2004	–	HR	Kroatien	2013	2023

EU-Beitrittskandidaten

AL	Albanien	GE	Georgien	SER	Serbien
BIH	Bosnien-Herzegowina	MD	Moldau	TR	Türkei
MNE	Montenegro	NMK	Nordmazedonien	UA	Ukraine

Funktionsweise der Europäischen Union

Supranationale Organisation

Die EU-Staaten treten den EU-Organen jene Bereiche ab, welche von gesamteuropäischem Interesse sind. Die einzelnen Nationalstaaten bleiben weiterhin bestehen. Die EU ist somit eine sogenannte supranationale Organisation.
Supranationale Beschlüsse sind z. B. die Einführung der gemeinsamen Währung, das Schengen-Abkommen und der Binnenmarkt mit seinen unzähligen EU-Gesetzen.

Die Organe der Europäischen Union

Der Europäische Rat (Rat der Staatschefs)

Alle Staats- und Regierungschefs der EU-Länder bilden als oberstes Entscheidungsgremium den Europäischen Rat. Sie beraten sich regelmässig bei sogenannten Gipfeltreffen und legen die Leitlinien der politischen Entwicklung fest. Der Präsident der Europäischen Kommission gehört auch zu diesem Rat.

Der Rat der EU (Ministerrat)

Der Rat der EU setzt sich aus den verschiedenen Fachministern der EU-Staaten zusammen. Sind Verkehrsfragen zu besprechen, tagen alle Verkehrsminister, geht es um Finanzen, treffen sich alle Finanzminister der EU usw.
Das Stimmrecht jedes Ministers, jeder Ministerin richtet sich nach der Bevölkerungsgrösse seines beziehungsweise ihres Landes. Deutschland hat deshalb 29 Stimmen, während Österreich nur 10 Stimmen hat.
Der Rat der EU ist das wichtigste gesetzgebende Organ. Zusammen mit dem Europäischen Parlament erlässt er Gesetze, Verordnungen und Richtlinien, welche für alle Mitgliedstaaten verbindlich sind, und entscheidet zusammen mit dem Parlament über das jährliche EU-Budget.

Das Europäische Parlament

Europäisches Parlament

Das Parlament setzt sich aus 705 Abgeordneten zusammen, welche von den Bürgerinnen und Bürgern der jeweiligen EU-Staaten für 5 Jahre gewählt werden. Jedes Land stellt im Verhältnis zu seiner Bevölkerungsgrösse eine Anzahl Abgeordnete. 96 Politikerinnen und Politiker vertreten z. B. Deutschland – Österreich wiederum kann 19 Abgeordnete stellen.
Zusammen mit dem Rat der EU bildet das Europäische Parlament die gesetzgebende Gewalt (Legislative).

Parlamentsgebäude in Strassburg

Plenarsaal in Strassburg

Die Europäische Kommission

Die Europäische Kommission – geleitet vom EU-Kommissionspräsidenten – vertritt und wahrt die Interessen der gesamten EU. Jedes EU-Land entsendet einen Kommissar, welcher vom Europäischen Parlament bestätigt und für fünf Jahre gewählt wird.

Die Kommission ist dafür zuständig, die Beschlüsse des Rates der EU und des Europäischen Parlaments umzusetzen. Sie übernimmt damit die Aufgaben der Exekutive. Sie kann auch Länder mit Strafen belegen, wenn diese gegen Verträge verstossen.

Grundstruktur der Europäischen Union

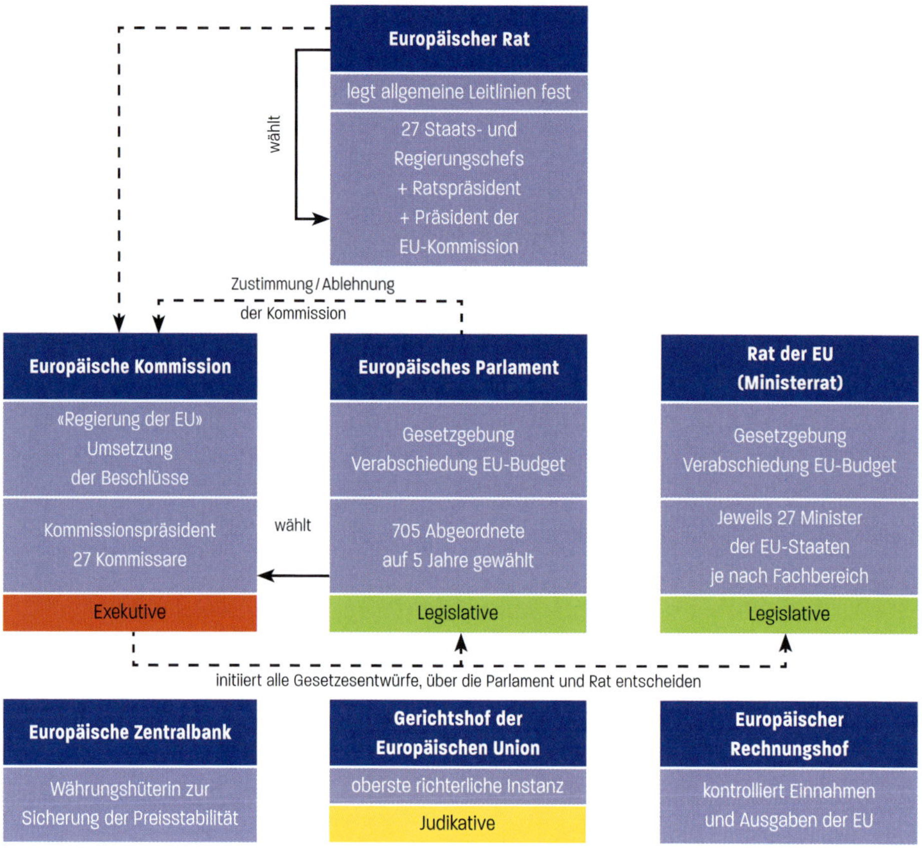

▸ **Aufgaben:** A7–A9 S. 146 f. AH

Das weiss ich jetzt!

6.14 Warum wird die EU als supranationale Organisation bezeichnet?

6.15 a) Wie heisst das oberste Gremium der EU und wer sind die Mitglieder?
b) Was wird in diesem Gremium beschlossen?

6.16 Wer kümmert sich um Verkehrsfragen?

6.17 a) Wie setzt sich das Parlament zusammen?
b) Wie lange dauert eine Amtszeit?
c) Worin unterscheidet sich das Europäische Parlament vom Schweizer Parlament?

6.18 Welche Funktion (Gewalt) haben die Kommissare der Europäischen Kommission?

6.3 Die Schweiz innerhalb Europas

Geschichte

Unterschiedliche Haltung der Schweiz

Steht die Schweizer Bevölkerung in den 1950er-Jahren einer europäischen Integration relativ positiv gegenüber, lehnt der damalige Bundesrat aus Gründen der Neutralität und der politischen Verpflichtungen einen Beitritt ab.
Später ändert sich auch die Stimmung in der Schweizer Bevölkerung.

Europäische Freihandelsassoziation EFTA

1960 gründen die Schweiz, Grossbritannien, Österreich, Dänemark, Norwegen, Schweden und Portugal die EFTA. Das Ziel dieser Organisation ist – ähnlich der EG – wirtschaftlicher Natur. Allerdings sind die Landwirtschaft und die Fischerei vom Abkommen ausgeschlossen, und auch die politische Handlungsfreiheit der Mitgliedstaaten wird nicht tangiert.
Mit dem Wechsel von Grossbritannien, Dänemark, Irland und Portugal zur EG gehören heute nur noch Norwegen, Island, Liechtenstein und die Schweiz zur EFTA.

EG-Freihandelsabkommen 1972

Die Schweiz vertieft die wirtschaftlichen Beziehungen zur EG mit einem Freihandelsabkommen.

EWR-Abstimmung 1992

Zu Beginn der 1990er-Jahre legt der Bundesrat den Beitritt der Schweiz zur EG als strategisches Ziel fest. Er stellt in Brüssel ein Gesuch um Beitrittsverhandlungen.
Als erster Schritt zur Integration soll die Schweiz dem Europäischen Wirtschaftsraum (EU-Binnenmarkt) beitreten.
Am 6. Dezember 1992 lehnt das Schweizer Volk bei einer Stimmbeteiligung von knapp 79 Prozent und einer hauchdünnen Mehrheit von 50,3 Prozent die Vorlage ab. Das Ständemehr mit 18-mal «Nein» war weitaus deutlicher.
Der Bundesrat «friert» darauf das EU-Beitrittsgesuch «ein» und zieht es auf Drängen von National- und Ständerat im Juni 2016 offiziell zurück.

Das weiss ich jetzt!

6.19 Warum lehnte der Bundesrat in den 1950er-Jahren eine europäische Integration ab?

6.20 Welche Gründe führten dazu, dass die Schweiz 1960 der EFTA beigetreten war?

6.21 a) Warum kam es 1992 zur EWR-Abstimmung?
b) Wie ging die Abstimmung aus?

Die bilateralen Verträge

Bilateraler Weg

Nach der Ablehnung des EWR-Beitritts 1992 beschliesst der Bundesrat, die Beziehungen zur EU durch bilaterale Abkommen zu regeln (bilateral = zweiseitig; auf der einen Seite die EU, auf der anderen Seite die Schweiz).

Bilaterale I

1999 ist eine erste, langwierige Verhandlungsrunde abgeschlossen. Das Ergebnis sind sieben thematisch abgegrenzte Verträge, welche in einer Abstimmung im Jahr 2000 vom Schweizer Volk mit einer klaren Zweidrittelmehrheit angenommen werden. Diese sieben Vertragswerke werden Bilaterale I genannt. Vier der sieben Dossiers sind hier näher beschrieben:

Personenfreizügigkeit

Zwischen der Schweiz und der EU wird der freie Personenverkehr eingeführt. Dies bedeutet, dass Schweizer Bürgerinnen und Bürger sich in jedem EU-Land niederlassen und dort arbeiten können. Dies gilt umgekehrt auch für Personen aus der EU, die in die Schweiz kommen möchten.
Um den Zugang zum Arbeitsmarkt zu erleichtern, werden Berufsdiplome gegenseitig anerkannt. Dumpinglöhne (extrem tiefe Löhne) durch Arbeitnehmende aus der EU sollen durch flankierende Massnahmen verhindert werden. So gelten beispielsweise die Mindestlöhne einer Branche für alle Arbeitnehmenden.

Technische Handelshemmnisse

Güter, die in der Schweiz eine Zulassungsprüfung bestanden haben (z. B. Pharmaprodukte oder Elektroapparate), benötigen keine zusätzliche, zweite Prüfung in der EU mehr – und umgekehrt. Dies erleichtert den Marktzugang für Schweizer Produkte im EU-Binnenmarkt erheblich.

Öffentliches Beschaffungswesen

Investiert die öffentliche Hand (Bund, Kantone, Gemeinden oder staatliche Firmen wie Post, SBB), so müssen diese Aufträge ab einem bestimmten Betrag EU-weit ausgeschrieben werden. Die öffentliche Hand kann durch die ausländischen Konkurrenzfirmen teilweise Geld sparen, Schweizer Firmen haben im Gegenzug die Chance, öffentliche Aufträge im EU-Binnenmarkt zu erhalten.

Landverkehr

Die Schweiz ist für Europa als Gütertransitland sehr wichtig. Mit dem Landverkehrsabkommen gesteht die EU der Schweiz zu, den alpenquerenden Verkehr so weit wie möglich auf die Schiene zu verlagern. Zudem ist sie mit der Einführung einer Transitabgabe (LSVA) einverstanden.
Im Gegenzug baut die Schweiz die NEAT (Neue Eisenbahn-Alpentransversale) und erhöht die Gewichtslimite für Lastwagen von 28 auf 40 Tonnen.

Bundesrätin Eveline Widmer-Schlumpf unterzeichnet im Mai 2008 das Zusatzprotokoll über die Erweiterung der Personenfreizügigkeit auf Rumänien und Bulgarien.

Bilaterale II

Bei den Bilateralen I wurden vor allem wirtschaftliche Aspekte geregelt. In einer zweiten Verhandlungsrunde liegt das Schwergewicht nun auf politischen Fragen. Im Jahr 2004 werden die Verhandlungen abgeschlossen, 2005 heisst das Schweizer Stimmvolk die Vorlage gut.
Die beiden wichtigsten Dossiers sind die folgenden:

Schengen / Dublin

Das Schengener Abkommen schafft die Grenzkontrolle zwischen den beteiligten Staaten ab. Dafür gibt es vermehrt mobile Kontrollen im Landesinnern, die EU-Aussengrenze wird verstärkt überwacht, und mit dem Schengener Informationssystem (SIS) kommt ein europaweites Fahndungssystem zum Einsatz, welches allen teilnehmenden Ländern zur Verfügung steht. Die polizeiliche und gerichtliche Zusammenarbeit wird zudem vereinfacht und intensiviert. Ende 2008 hat die Schweiz das Schengener Abkommen umgesetzt und ist damit Teil des Schengenraums.
Das Dubliner Abkommen regelt die Behandlung von Asylgesuchen. Wird ein Asylgesuch in einem EU-Land abgelehnt, gilt der Entscheid auch für die Schweiz und umgekehrt. Dank der zentralen Fingerabdruckdatenbank EURODAC ist ein erneutes Asylgesuch in einem anderen «Dublin-Staat» nicht möglich. Eine Anpassung des Abkommens an die gegenwärtigen Verhältnisse im Asylwesen wäre dringend nötig. Noch gibt es keinen gemeinsamen Nenner, wie man die zahlreichen Asylsuchenden auf die EU-Länder verteilen könnte, um die «Erst-Staaten» im Süden Europas zu entlasten.

Zinsbesteuerung

Schweizer Banken werden verpflichtet, einen Teil der Zinserträge, die EU-Bürgerinnen und -Bürger auf Schweizer Bankkonten erwirtschaften, den entsprechenden EU-Ländern abzuliefern. Damit bekämpft die EU die Steuerhinterziehung ihrer eigenen Bürger. Einen Teil des Ertrags dieses Steuerrückbehalts erstattet die Schweiz den Wohnsitzstaaten der Anleger zurück, einen Teil behält sie als Entschädigung für ihren Aufwand.

Weiterer bilateraler Weg

Mit der Annahme der Masseneinwanderungsinitiative der SVP entschied sich das Schweizer Volk 2014 gegen die Fortführung der Personenfreizügigkeit. Seither arbeitete die Politik an einem Rahmenabkommen EU-Schweiz, welches die Zusammenarbeit der EU und der Schweiz zukünftig regeln sollte. Ende 2018 lag ein Vertragsentwurf vor, welcher auf Schweizer Seite einem Referendum voraussichtlich nicht standgehalten hätte. Nachdem weitere Verhandlungen nicht zu den von der Schweiz geforderten Änderungen führten, wurden die Gespräche vom Schweizer Bundesrat im Mai 2021 einseitig beendet.
Das Verhältnis mit der EU bleibt angespannt und wie der bilaterale Weg weitergeführt werden kann, ist offen.

▶ **Aufgaben:** A10–A12 S. 148 f. AH
▶ **Wissen anwenden:** W7 S. 153 AH, S. 278 LM

Das weiss ich jetzt!

6.22 Welchen Inhalt hat das Dossier «Personenfreizügigkeit»?

6.23 Welche Vor- und Nachteile ergeben sich für Schweizer Firmen aus dem Dossier «Öffentliches Beschaffungswesen»?

6.24 Welchen Vorteil bringt das Dubliner Abkommen der Schweiz?

6.4 Wohlstand und Armut

Kluft zwischen Arm und Reich

Eines der grössten ungelösten Probleme auf dieser Erde ist die Kluft zwischen reichen Industriestaaten und armen Entwicklungsländern. Die Unterschiede beim Wohlstand sind gewaltig; während das BIP pro Kopf der ärmsten Länder ein paar wenige Hundert Franken beträgt, sind es für die Schweiz über 50 000 Franken. Berücksichtigt man auch die Lebenserwartung und den Bildungsgrad als zusätzliche Messgrössen für die Wohlfahrt, ergibt sich folgendes Bild der Welt:

Entwicklungsstand der Menschen in den Ländern der Welt

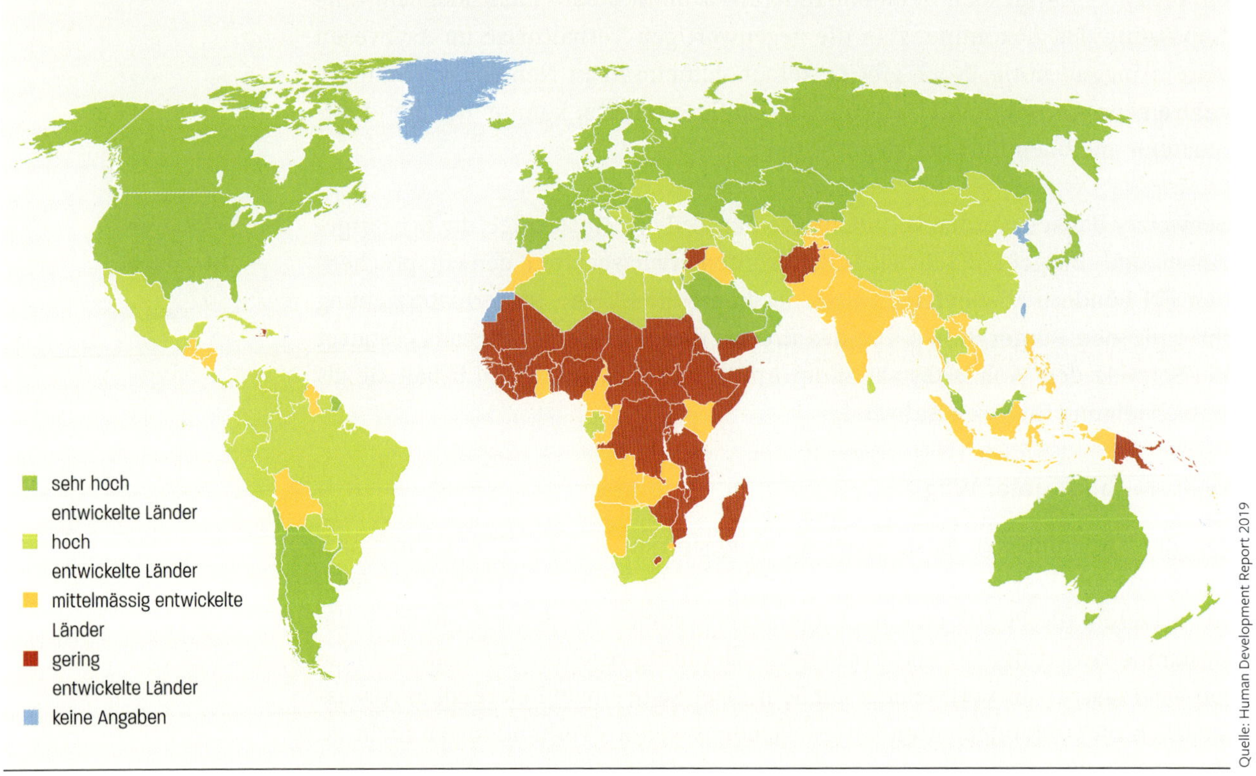

Triebkraft der Migration Die wachsende Kluft zwischen Arm und Reich ist die bedeutendste Triebkraft der globalen Migration (siehe Kapitel 7.2, Menschen in Bewegung). Tourismus, Fernsehen und Internet erhöhen den Anreiz zur Migration. Sie führen den Ärmsten den Wohlstand der Begüterten vor Augen. Tag für Tag versuchen Flüchtlinge aus Afrika in überfüllten Booten nach Europa zu gelangen. Viele kommen bei diesem Versuch um. Sie sind bereit, diese Chance mit ihrem Leben zu bezahlen.

Entwicklungsländer

Charakteristisch für Entwicklungsländer ist, dass sie nicht in der Lage sind, die eigene Bevölkerung mit lebensnotwendigen Gütern und Dienstleistungen zu versorgen, ihr somit ein menschenwürdiges Leben zu ermöglichen. Diese Unterversorgung führt zu Armut, Hunger und geringerer Produktivität. Chronische Unterernährung (v.a. bei Kindern) hemmt darüber hinaus die geistige und körperliche Entwicklung. In den letzten Jahren wurde vermehrt die Diskriminierung der Frauen als wichtige Ursache der Probleme der Entwicklungsländer erkannt.

Politische Merkmale

Die politischen Merkmale der Entwicklungsländer werden seit Ende der 1980er-Jahre wieder verstärkt berücksichtigt. Dabei zeigt sich, dass die politischen Probleme von Entwicklungsländern nicht nur aufgrund des staatspolitischen Unvermögens der politischen Elite entstehen, sondern auch die Folge der mangelnden Effizienz und Stabilität der politischen Institutionen sowie der defizitären Präsenz des Staates in den Provinzen sind.

Das Funktionieren eines politischen Systems hängt weiterhin auch von der politischen Kultur eines Landes ab. Dazu kommt die Korruption, durch welche Staatseinnahmen nicht für Entwicklungsprogramme im eigenen Land, sondern für unsachgemässe Zwecke verwendet werden.

Politische Merkmale von Entwicklungsländern

- autoritärer Staat (undemokratische Strukturen, Militärdiktaturen)
- Verletzungen der Menschenrechte
- gewaltsame Konflikte mit umliegenden Staaten und hohe Rüstungsausgaben
- politische Instabilität
- Bürgerkrieg oder bürgerkriegsähnlicher Zustand bis hin zum Verfall der Staatlichkeit überhaupt
- geringe Akzeptanz der politischen Institutionen in der Bevölkerung
- geringe Besteuerung der Spitzeneinkommen

«Absolut Arme»

Die Zahl der «absolut Armen» wird von der UNO mit etwa einer Milliarde Menschen weltweit beziffert. Diese Menschen können wesentliche Grundbedürfnisse wie Nahrung, Wohnung, Kleidung, Gesundheit nicht befriedigen.

Verantwortung der Industrieländer

Eine bedeutende Verantwortung für die extreme Armut in der «Dritten Welt» tragen die wohlhabenden Industrieländer. Die Mauern gegen Agrarimporte aus den Entwicklungsländern und die gängigen Subventionen für die eigene Landwirtschaft schädigen die Länder im Süden. Umgekehrt verhindert auch der fehlende Zollschutz in Entwicklungsländern den Aufbau einer eigenen Industrie, z.B. Geflügel-Importe, Alt-Kleider aus Europa. Zudem fliessen Fluchtgelder auch aus Entwicklungsländern auf Schweizer Bankkonten und sind dort durch das Bankgeheimnis geschützt.

Globale Hungersnot

Das altbekannte Muster der Hungersnot ist dabei, sich zu wandeln. Es ist nicht mehr nur die ländliche Bevölkerung, die davon betroffen ist, sondern auch die Menschen in den Städten. Obwohl Lebensmittel im Überfluss in den Supermärkten erhältlich sind, können es sich viele nicht mehr leisten, sie zu kaufen. Das ist die neue Gestalt des Hungers.

Entwicklungspolitik

Heute lebt rund ein Fünftel der Weltbevölkerung in extremer Armut – d. h., eine Milliarde Menschen müssen mit weniger als einem Euro täglich auskommen. Rund 800 Millionen Menschen sind unterernährt, die meisten von ihnen leben in Entwicklungsländern. Entwicklungspolitik hat zum Ziel, Lösungen für solche Missstände zu finden.

Verfassungsauftrag

Die Bundesverfassung sieht vor, dass die Schweiz «zur Linderung von Not und Armut in der Welt, zur Achtung der Menschenrechte und zur Förderung der Demokratie, zu einem friedlichen Zusammenleben der Völker sowie zur Erhaltung der natürlichen Lebensgrundlagen» (BV 54) beiträgt. In der schweizerischen Entwicklungspolitik hat die Armutsbekämpfung heute absolute Priorität, in Einklang mit den Millenniumszielen der Vereinten Nationen.

Millenniumsziele der UNO

Im September 2000 haben die Vereinten Nationen in New York acht Millenniumsziele verabschiedet, die bis spätestens 2015 hätten erreicht werden sollen:

Millenniumsziele der UNO

- Bekämpfung von extremer Armut und Hunger
- Primarschulbildung für alle
- Gleichstellung der Geschlechter und Stärkung der Rolle der Frauen
- Senkung der Kindersterblichkeit
- Verbesserung der Gesundheitsversorgung der Mütter
- Bekämpfung von HIV/Aids, Malaria und anderen schweren Krankheiten
- Ökologische Nachhaltigkeit
- Aufbau einer globalen Partnerschaft für Entwicklung

2016 wurden als Nachfolge für die Millenniumsziele die 17 Ziele für nachhaltige Entwicklung (Sustainable Development Goals, SDG) von der UN verabschiedet.

Die 17 Ziele für nachhaltige Entwicklung der Vereinten Nationen umfassen:

Ziele der UNO für nachhaltige Entwicklung

- Keine Armut
- Kein Hunger
- Gesundheit und Wohlergehen
- Hochwertige Bildung
- Geschlechtergleichstellung
- Sauberes Wasser und Sanitäreinrichtungen
- Bezahlbare und saubere Energie
- Menschenwürdige Arbeit und Wirtschaftswachstum
- Industrie, Innovation und Infrastruktur
- Weniger Ungleichheiten
- Nachhaltige Städte und Gemeinden
- Nachhaltige Konsum- und Produktionsweisen
- Massnahmen zum Klimaschutz
- Leben unter Wasser
- Leben an Land
- Frieden, Gerechtigkeit und starke Institutionen
- Partnerschaften zur Erreichung der Ziele

Entwicklungszusammenarbeit

Auftrag der Entwicklungszusammenarbeit

Die Entwicklungszusammenarbeit ist ein Bereich der schweizerischen Aussenpolitik. Zuständig ist die Direktion für Entwicklung und Zusammenarbeit (DEZA). Die Entwicklungszusammenarbeit gilt als nachhaltige Investition in eine sichere Zukunft der zunehmend globalisierten Welt. Ihr Ziel ist es, menschenwürdige Verhältnisse für alle in den Partnerländern im Süden und Osten zu schaffen.

Durch die Förderung von Menschenrechten, Demokratie und Rechtsstaatlichkeit sowie nachhaltiger wirtschaftlicher Entwicklung trägt Entwicklungszusammenarbeit zu Frieden und Stabilität bei und damit zur Erhöhung der weltweiten Sicherheit. So gesehen, ist sie nicht nur eine Investition in eine lebenswerte Zukunft für alle, sondern erfolgt auch im Eigeninteresse der Schweiz.

Bilaterale und multilaterale Entwicklungszusammenarbeit

Umgesetzt wird die Entwicklungszusammenarbeit einerseits in Form von bilateraler Hilfe (Projekte und Programme vor Ort), anderseits durch die Unterstützung multilateraler Organisationen (UNO, Hilfswerke), die sich im Bereich der Armutsbekämpfung engagieren.

Hilfe zur Selbsthilfe als Ziel: Rotkreuzfreiwillige gehen in die Dörfer und klären über Aids auf.

Hilfe zur Selbsthilfe

Oberstes Ziel der Entwicklungszusammenarbeit ist die Hilfe zur Selbsthilfe. Durch Vermittlung von Fachwissen, durch Investition in die Ausbildung vor Ort, durch den Aufbau von Institutionen, durch das Bereitstellen von Krediten und Dienstleistungen will man die Partnerländer unterstützen, ihre Probleme kreativ anzugehen und selbst zu lösen.

▶ **Aufgaben:** A13–A15 S. 149 f. AH
▶ **Wissen anwenden:** W8 S. 154 AH, S. 278 LM

Das weiss ich jetzt!

6.25 Warum setzen Menschen ihr Leben aufs Spiel, um von Afrika nach Europa zu gelangen?

6.26 Wo liegt das Problem der Entwicklungsländer?

6.27 Was könnten die Industrieländer ändern, um die Kluft zwischen Arm und Reich zu verringern?

6.28 Welches sind die Ihrer Meinung nach wichtigsten Millenniumsziele?

6.29 Mit welchen Mitteln hilft die Schweiz den hilfebedürftigen Ländern?

6.5 Internationale Organisationen

Für die Lösung globaler Probleme braucht es internationale Organisationen und Konferenzen. Die wichtigsten werden nachfolgend kurz beschrieben.

Regierungsorganisationen

UNO

Die Absicht, Kriege zu verhindern, stand als zentraler Punkt hinter der Gründung der UNO. Kurz nach dem Zweiten Weltkrieg trat am 24. Oktober 1945 die Charta (die «Verfassung») der Vereinten Nationen in Kraft. Die Charta soll mit Normen und Verhaltensregeln das friedliche Miteinander der Staaten der Welt regeln und dadurch «künftige Geschlechter vor der Geissel des Krieges bewahren».

United Nations Organization (Vereinte Nationen, UNO)	
Ziel	- Sicherung des Weltfriedens - Einhaltung des Völkerrechts - Schutz der Menschenrechte - Förderung der internationalen Zusammenarbeit
Bedeutung	- Die UNO ist die einzige weltumspannende Organisation (193 Mitgliedsländer). Jedes Land kann sich Gehör verschaffen. - Die UNO kann über den Sicherheitsrat mit friedenssichernden und friedenserzwingenden Massnahmen sowie mit Handelsembargos zu einer gewaltloseren Welt beitragen. - Durch die verschiedensten Spezialorganisationen (z. B. UNICEF, UNHCR, WHO) macht die UNO die Welt ein bisschen menschlicher. - Die UNO ist das «Gewissen» der Welt.
Hauptsitz	New York, Amtssitze in Genf, Nairobi und Wien
Beitritt	Mitgliedschaft der Schweiz seit 2002

Die UNO ist nur so gut wie ihre Mitgliedsländer: Der Weltfrieden ist noch nicht erreicht, die Menschenrechte werden nicht überall eingehalten, und es gibt noch viele Menschen in Not.

Rolle der UNO?

Organe der UNO

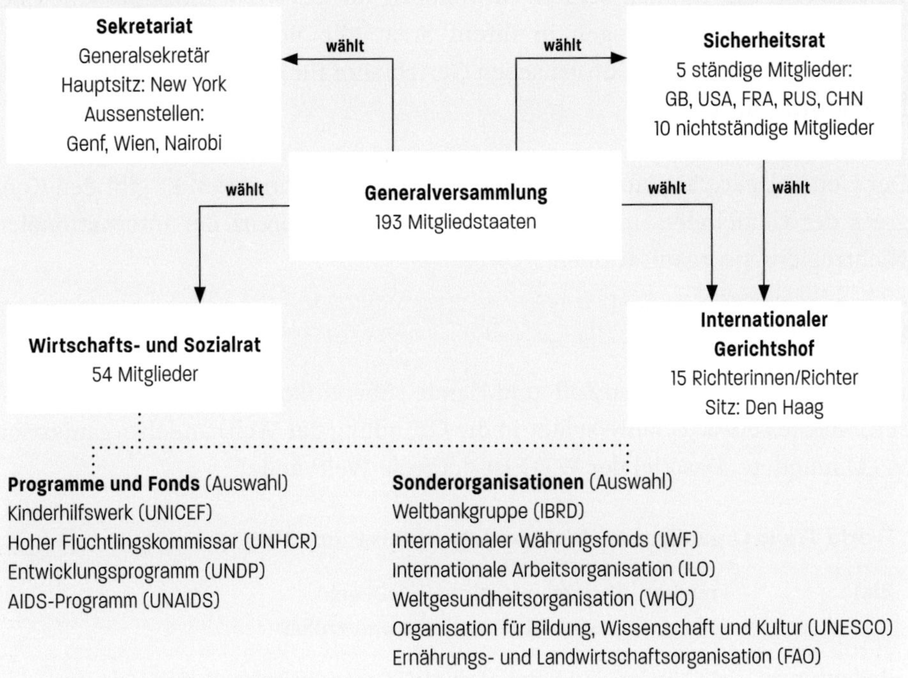

Der Europarat

Geschichte

Gründung des Europarates 1949

Nach den Schrecken des Zweiten Weltkriegs gründeten 1949 in London 10 Staaten den Europarat. Er hat die Aufgabe, die gemeinsamen europäischen Ideale und Grundsätze zu schützen und die Menschenrechte, die Demokratie und die Rechtstaatlichkeit zu fördern. Der Europarat ist die führende Menschenrechtsorganisation auf dem europäischen Kontinent.
Die Schweiz trat der Organisation 1963 bei. Heute vertritt der Europarat 46 europäische Staaten mit insgesamt 676 Millionen Einwohnern. Mit der Ausnahme von Belarus, Kosovo und Russland gehören dem Europarat somit alle europäischen Staaten an. Russland wurde im März 2022 infolge seiner Invasion der Ukraine vom Europarat ausgeschlossen.
Die Organisation hat zwar die gleiche blaue Sternenflagge und dieselbe Hymne wie die Europäische Union, aber der Europarat ist eine eigenständige, internationale Organisation mit Sitz in Strassburg, im französischen Elsass.

Organe des Europarates

Das Ministerkomitee

Es setzt sich aus den 46 Aussenministern zusammen und ist das Entscheidungsgremium des Europarates.

Die Parlamentarische Versammlung

Jeder Mitgliedstaat delegiert aus seinem Parlament entsprechend der Bevölkerungszahl Parlamentarierinnen und Parlamentarier. Die Schweiz ist mit 6 Delegierten und 6 Stellvertretern im 636 Mitglieder und Stellvertretende umfassenden Europarat vertreten.

Der Europäische Gerichtshof für Menschenrechte EGMR

Dieser Gerichtshof stellt sicher, dass die Europäische Menschenrechtskonvention (EMRK) in allen Staaten Anwendung findet. Wenn Einzelpersonen bei Menschenrechtsverletzungen in ihrem Staat alle Rechtsmittel ausgeschöpft haben, können sie beim Europäischen Gerichtshof für Menschenrechte (EGMR) Beschwerde einreichen.

Weitere Organe

Der Generalsekretär plant die Tagesgeschäfte des Europarates. Es gibt den Kongress der Gemeinden und Regionen sowie die Konferenz der internationalen Nichtregierungsorganisationen.

WTO

WTO OMC

1947 wurde das Allgemeine Zoll- und Handelsübereinkommen GATT abgeschlossen, welches etwa 50 Jahre später in die Gründung der Welthandelsorganisation WTO mündete. Das Ziel der WTO ist der freie Welthandel.

World Trade Organization (Welthandelsorganisation, WTO)	
Ziel	– Freier Welthandel mit fairen Spielregeln – Abbau von Handelshemmnissen und Zöllen
Bedeutung	– 164 Länder sind Mitglied der WTO; sie erwirtschaften gemeinsam mehr als 90 Prozent des Welthandelsvolumens – Zuständig für die Streitschlichtung bei Handelskonflikten
Hauptsitz	Genf
Beitritt	Mitgliedschaft der Schweiz seit 1995

NATO

Der Nordatlantikpakt, ein militärisches Bündnis europäischer und nordamerikanischer Staaten, wurde 1949 unterzeichnet. Durch den Fall des «Eisernen Vorhanges» hat sich die sicherheitspolitische Lage in Europa grundlegend verändert. Die Schweiz beteiligt sich seit 1996 am Programm «Partnership for Peace» (PfP) und engagiert sich in Krisengebieten für die Einhaltung des Friedens (z. B. «Swisscoy» im Kosovo).
Aus Gründen der Neutralität ist die Schweiz aber kein Vollmitglied der NATO.

North Atlantic Treaty Organization (Nordatlantikpakt, NATO)	
Ziel	– Militärisches Verteidigungsbündnis zur Konfliktverhütung und Krisenbewältigung
Bedeutung	– 32 Länder sind Mitglied der NATO – Seit 1994 «Partnerschaft für den Frieden (PfP)»: militärische Zusammenarbeit mit weiteren 21 Staaten (darunter die Schweiz) – Unterstützung der europäischen Sicherheits- und Verteidigungspolitik – Rüstungskontrolle, so viel Abrüstung wie möglich
Hauptsitz	Brüssel

Das weiss ich jetzt!

6.30 Worin unterscheidet sich der Europarat von der Europäischen Union?

6.31 Welche Länder sind im Europarat vertreten?

6.32 Welche Aufgabe hat der Europäische Gerichtshof für Menschenrechte?

Nichtregierungsorganisationen (NGOs)

Amnesty International

Amnesty International wurde 1961 in London gegründet. Die Organisation setzt sich weltweit für Menschenrechte ein. Sie recherchiert Menschenrechtsverletzungen, betreibt Öffentlichkeits- und Lobbyarbeit und organisiert beispielsweise Brief- und Unterschriftenaktionen in Fällen von Folter oder drohender Todesstrafe.

Amnesty International (AI)	
Ziel	- Hilfe für politische Gefangene - Bekämpfung der Menschenrechtsverletzungen
Bedeutung	- Weltweit über 10 Mio. Mitglieder und Unterstützerinnen - Jährlicher Bericht über Verstösse von einzelnen Ländern gegen die Menschenrechte - Die Arbeit von AI verhindert, dass politische Gefangene in Vergessenheit geraten. - Symbol gegen Folter auf dieser Welt
Hauptsitz	London

IKRK

1863 gründete Henri Dunant das IKRK, nachdem er vier Jahre vorher die Gräuel des Krieges bei der Schlacht von Solferino erlebt hatte (an einem Tag wurden 6000 Soldaten getötet und 25 000 verwundet). Grundlage bietet die Genfer Konvention, welche Regeln für den Schutz von Personen, die nicht an den Kampfhandlungen teilnehmen, aufstellt.

Internationales Komitee vom Roten Kreuz (IKRK)	
Ziel	- Menschliches Leiden verhüten und lindern
Bedeutung	- Regeln für den Schutz von Personen, die nicht an den Kampfhandlungen teilnehmen (Verwundete, Kranke, Schiffbrüchige, Zivilpersonen) - Betreuung von Gefangenen - Suchdienst für Menschen, welche während eines Konfliktes von ihren Familienangehörigen getrennt wurden - Unterstützung der Zivilbevölkerung mit Soforthilfe (Nahrungsmittel, Kleider, Medikamente, Unterkünfte) - Schutzsymbol
Hauptsitz	Genf

WWF

Der WWF wurde 1961 in der Schweiz gegründet. Er will der weltweiten Naturzerstörung Einhalt gebieten und eine Zukunft gestalten, in der Mensch und Natur in Harmonie leben.

World Wide Fund For Nature (WWF)	
Ziel	– Natur- und Umweltschutz
Bedeutung	– Weltweit über 5 Mio. Mitglieder (CH 270 000) – Der WWF setzt sich in über 100 Ländern ein für: ‣ die Erhaltung der biologischen Vielfalt der Erde, ‣ die nachhaltige Nutzung natürlicher Ressourcen, ‣ die Eindämmung von Umweltverschmutzung und schädlichem Konsumverhalten.
Hauptsitz	Gland (VD)

Greenpeace

Das Hauptanliegen von Greenpeace (1971 gegründet) ist der Umweltschutz. Greenpeace wurde vor allem durch Kampagnen gegen Kernwaffentests und Aktionen gegen den Walfang bekannt. Später konzentrierte sich die Organisation darüber hinaus auf weitere ökologische Probleme wie Überfischung, die globale Erwärmung, die Zerstörung von Urwäldern und die Gentechnik.

Greenpeace	
Ziel	– Schutz der Natur, der Umwelt und der Tiere
Bedeutung	– Weltweit 3 Mio. Mitglieder (CH 137 000) – Umweltaktivismus mit viel medialem Echo z. B.: ‣ gegen Walfang ‣ gegen Atomkraft und Atommülltransporte ‣ gegen Gentechnikversuche
Hauptsitz	Amsterdam

Internationale Konferenzen

Neben den internationalen Organisationen versuchen auch internationale Konferenzen, sich mit den globalen Problemen auseinanderzusetzen und Lösungen zu finden.

UNO-Sonderkonferenzen

Die UNO-Sonderkonferenzen erörtern bestimmte Sachfragen und Themen, die jeweils auf das aktuelle Weltgeschehen Bezug nehmen; z. B. gab es im Jahr 2023 zwei Notstandsondertagungen zum Schutz von Zivilpersonen und Wahrung rechtlicher und humanitärer Verpflichtungen. Anlass hierzu ist der neu entfachte Nahostkonflikt zwischen Israel und Palästina.

G7-Gipfel

Jedes Jahr treffen sich die Regierungschefs der sieben bedeutendsten Industriestaaten (USA, Kanada, Japan, Grossbritannien, Deutschland, Frankreich, Italien). Ziel des jährlichen Treffens ist es, die aktuelle Lage der Weltwirtschaft zu erörtern, mögliche Strategien zu diskutieren und nötigenfalls beschlossene Massnahmen zu koordinieren. Nicht dabei ist Russland, das 2014 ausgeschlossen wurde. Je nach Thema werden auch noch zusätzliche Regierungschefs eingeladen. Im Zusammenhang mit der Finanzmarktkrise fand z. B. ein G20-Gipfel statt (die Schweiz wurde dazu nicht eingeladen).

World Economic Forum (WEF)

In Davos treffen sich jedes Jahr über tausend Unternehmensführerinnen, rund 250 Staatsvertreter, etwa 300 Wissenschaftlerinnen und hochrangige Kulturträger zum World Economic Forum (WEF). Angestrebt wird eine weltweite Vernetzung zwischen den Entscheidungsträgern aus Wirtschaft, Politik und Wissenschaft.

Weltsozialforum (WSF)

Als Gegenveranstaltung zum Davoser Weltwirtschaftsforum findet jeweils das Weltsozialforum (WSF) statt. Ziel dieses Alternativ-Gipfels ist es, Strategien für eine andere, eine bessere Welt zu entwerfen.

▶ **Aufgaben:** A16–A17 S. 150 AH
▶ **Kreuzworträtsel:** X1 S. 155 AH

Das weiss ich jetzt!

6.33 Was ist das Besondere an der UNO?
6.34 Was will die WTO erreichen?
6.35 Wie ist die Schweiz mit der NATO verbunden?
6.36 Was sind die Haupttätigkeitsfelder von Amnesty International?
6.37 Wie hilft das IKRK?
6.38 Was ist dem WWF und Greenpeace wichtig?
6.39 Was ist das Ziel der jährlichen G7-Gipfel?

Wissen anwenden

Hinweis: Die Antworten zu den Fragen, die mit einem Ja oder Nein beantwortet werden können, müssen Sie begründen.

W1 Der Abbau von Handelsschranken – insbesondere die Senkung der Zölle – ist eine wichtige Voraussetzung für einen florierenden Welthandel.
Erklären Sie, warum das so ist.

W2 Dank globalem Welthandel ist der Wohlstand vielerorts gestiegen. Die Globalisierung birgt aber auch Risiken, wie uns die Immobilienkrise in den USA und die daraus entstandene Wirtschaftskrise deutlich vor Augen geführt haben.
Beschreiben Sie zwei mögliche Gefahren der Globalisierung für die Schweiz.

W3 Die Globalisierung kennt nicht nur Gewinner, es gibt auch Verlierer und etliche Schattenseiten dieses weltweiten Handels.
Wer gehört zu den Gewinnern, wer zu den Verlierern?
Welche Schattenseiten gibt es?
Beantworten Sie die Fragen anhand von konkreten Beispielen.

W4 Obwohl die Schweiz klein ist und kaum über eigene Rohstoffe verfügt, belegt sie mit ihren 8,93 Millionen Einwohnern (Stand: 2023) bezüglich Welthandel Rang 17, knapp hinter Indien, das über 1,4 Milliarden Menschen zählt.
Nennen Sie wichtige Handelsprodukte, welche die Schweiz exportiert.

W5 Der wichtigste Handelspartner der Schweiz ist die Europäische Union.
Begründen Sie, warum das so ist.

W6 Die Europäische Wirtschaftsgemeinschaft EWG, welche 1957 in Rom gegründet wurde, sollte den Wohlstand aller beteiligten Länder fördern.
a) **Welche Massnahmen sah der Vertrag vor?**
b) **Beschreiben Sie die wirtschaftlichen Vorteile für die Beteiligten.**

W7 Der bilaterale Vertrag zur Personenfreizügigkeit regelt, dass Schweizer Bürgerinnen und Bürger in allen EU-Staaten wohnen und arbeiten können. Umgekehrt gilt dies auch für Menschen aus der EU.
Beschreiben Sie, welche beruflichen Möglichkeiten sich aufgrund der Personenfreizügigkeit zukünftig für Sie ergeben könnten.

W8 Unsere Handelspolitik mit Agrarprodukten behindert die Entwicklung der Drittweltländer.
Was müsste die Schweiz auf diesem Gebiet verändern, um die Entwicklung dieser Länder voranzutreiben? Welche Auswirkungen hätte das für unsere Landwirtschaft?

Lernaufgabe

Globale Herausforderung: Auswirkung der Globalisierung

Ausgangslage

Die Welt, in der wir leben rückt immer näher zusammen. Was bedeutet dies genau? Und vor allem, was hat dies für Auswirkungen auf unser Leben?

Lernziele

Sie können aufzeigen, welche ökologischen, ökonomischen oder sozialen Auswirkungen die Globalisierung auf unser Leben hat.

Auftrag

Zeigen Sie in einem Dreier- oder Viererteam exemplarisch auf, welche Auswirkungen die Globalisierung in einem der folgenden Bereiche (Gesellschaft, Ökologie, Ökonomie) hat. Präsentieren Sie Ihr Ergebnis der Klasse.

Produkt

Kurzpräsentation vor der Klasse

Vorgehen

1. Bilden Sie Dreier- oder Vierergruppen.
2. Erarbeiten der Inhalte.
3. Kurzpräsentation vorbereiten.

Arbeitsaufträge

1. Überlegen Sie sich in Ihrem Team ein gutes Beispiel, an welchem Sie die ökologischen, ökonomischen und oder sozialen Auswirkungen der Globalisierung gut aufzeigen können.
2. Versuchen Sie Ihr Beispiel möglichst gut und originell zu präsentieren. Überlegen Sie sich, welche Form der Präsentation (PPP, Prezi, Video, Rollenspiel ...) sich am besten eignet.
3. Bereiten Sie Ihre Präsentation vor.

Kapitel 7
Partnerschaft und Gesellschaft

Der rasche Wandel in der Wirtschaft und in der Gesellschaft hat die Formen des Zusammenlebens in den letzten Jahrzehnten von Generation zu Generation verändert. Dazu beigetragen haben auch die kulturelle Vielfalt und die gestiegene Lebenserwartung von Männern und Frauen.
Egal welche Lebensform Sie wählen; Das Zusammenleben verlangt viel Engagement und den Willen, an Beziehungen zu arbeiten. Sie tragen nicht nur gegenüber sich selbst Verantwortung, sondern auch gegenüber Ihrer Partnerin oder Ihrem Partner und der Gesellschaft.

In diesem Kapitel setzen Sie sich mit folgenden Fragen auseinander

- Welche Formen des Zusammenlebens gibt es heute und welche Normen regeln sie?
- Welche Faktoren beeinflussen die Ein- und Auswanderung von Menschen?
- Warum war die Schweiz ein Auswanderungsland und gilt heute als Einwanderungsland?

PFUSCHI-CARTOON

7.1 Zusammenleben

Partnerschaft und Rollenverständnis

Gleichberechtigung

Die Schweiz hat länger als alle westlichen Demokratien gebraucht, bis sie die Frauen als gleichberechtigt anerkannt hat. Erst 1971 erhielten die Schweizerinnen das Stimm- und Wahlrecht auf eidgenössischer Ebene. Auf Gemeinde- und Kantonsebene wurde die politische Mitbestimmung sogar erst 1990 vollständig durchgesetzt, indem das Bundesgericht den Kanton Appenzell Innerrhoden zur sofortigen Einführung des Frauenstimm- und -wahlrechts zwang.
Das in der Folge revidierte Familienrecht geht von einem partnerschaftlichen Grundgedanken aus; Mann und Frau sorgen gemeinsam für das Wohl der Familie. Auch die Rollenverteilung im Zusammenleben hat sich stark verändert. In nur noch etwa der Hälfte der Familien besorgt die Ehefrau den Haushalt allein, während der Ehemann die einzige erwerbstätige Person ist.

Abstimmungsplakate zum Frauenstimmrecht (links von 1946, rechts von 1953).

Das weiss ich jetzt!

7.1 Wann hat die Schweiz den Frauen das Stimm- und Wahlrecht zugestanden?

7.2 Warum hat der Kanton Appenzell Innerrhoden 1990 das Frauenstimm- und -wahlrecht eingeführt?

7.3 Was ist der Grundgedanke im heutigen Familienrecht?

Konkubinat

Ehe ohne Trauschein

Das Zusammenleben zweier Menschen in einer eheähnlichen Gemeinschaft wird Konkubinat (Ehe ohne Trauschein) genannt.
Das Konkubinat hat sich seit der zweiten Hälfte des 20. Jahrhunderts stark verbreitet, obschon es anfänglich in einigen Kantonen gesetzlich noch verboten war. Heute wird das Zusammenleben ohne Trauschein auch als «Ehe auf Probe» betrachtet, wobei nicht nur junge Menschen im Konkubinat leben, sondern auch viele ältere Menschen diese Lebensform wählen.

Vor- und Nachteile des Konkubinats

Vorteile:
- Die Gründung und Auflösung des Konkubinats erfolgt ohne Formalitäten.
- Im Konkubinat sind meistens beide Partner erwerbstätig. Da sie nicht verheiratet sind, werden die Einkommen getrennt besteuert, was zu Einsparungen bei der Steuerrechnung führen kann.
- Rentnerinnen und Rentner erhalten zwei ganze Altersrenten (200 Prozent) statt eine auf 150 Prozent gekürzte Altersrente, wie dies bei einem Ehepaar der Fall ist.
- Im Konkubinat lässt sich ausprobieren, ob das Zusammenleben klappt. Sollte es nicht klappen, ist die Auflösung eines Konkubinats einfacher als bei der Ehe.

Nachteile:
- Während der Dauer und vor allem bei der Auflösung des Konkubinats sind beide Partner rechtlich nicht geschützt. Das Gesetz enthält keine Bestimmungen zum Konkubinat.
- Beim Tod eines Konkubinatspartners hat der Lebensgefährte keinen Erbanspruch und kann keine Ansprüche auf eine Witwen- oder Witwerrente geltend machen.

Konkubinatsvertrag

Um sich rechtlich gegenseitig besser abzusichern, sollten die Konkubinatspartner mit einer schriftlichen Vereinbarung (Konkubinatsvertrag) für den Fall einer Trennung oder eines Todesfalles vorsorgen.

Wichtige Elemente des Konkubinatsvertrags
- Wohnen (Unterzeichnung des Mietvertrages, Aufteilung der Miete)
- Eigentumsverhältnisse (Gegenstände, Mobiliar, Neuanschaffungen)
- Aufteilung der Haushaltskosten, Lebensunterhaltskosten, Schulden
- Gegenseitige Absicherung, Unterstützung und Begünstigung (z. B. Testament, Lebensversicherung)
- Regelung zur Auflösung des Konkubinats

▶ **Aufgaben:** A1 S. 163 AH
▶ **Wissen anwenden:** W1 S. 168 AH, S. 307 LM

Das weiss ich jetzt!

7.4 Was bedeutet der Begriff «Konkubinat»?

7.5 Welche gesetzlichen Vorschriften gelten beim Konkubinat?

7.6 Zählen Sie je zwei Vor- und Nachteile des Konkubinats auf.

7.7 Welche Inhaltspunkte sollten in einem Konkubinatsvertrag geregelt werden?

Ehe

Der Weg zur Ehe

Das gegenseitige Heiratsversprechen wird als Verlobung resp. als Verlöbnis bezeichnet. Dieses Versprechen ist an keine Formvorschrift gebunden. Es kommt ohne die Mitwirkung des Staates zustande, stellt aber einen Vertrag dar.
Worte, Briefe, gezielte Geschenke, Ringwechsel, ein Fest usw. genügen als Verlobungsbeweis. Ob letztlich geheiratet wird, steht den Verlobten frei.

Verlobung/Verlöbnis
ZGB 90

Wird ein Verlöbnis aufgelöst, können gegenseitige Geschenke zurückgefordert werden (keine gewöhnlichen Gelegenheitsgeschenke, sondern z. B. teure Perlencolliers oder ähnlich kostspielige Geschenke). Hat einer der Verlobten Aufwendungen im Hinblick auf die Eheschliessung getätigt (z. B. Buchung der Hochzeitsreise), so kann er bei der Auflösung des Verlöbnisses vom anderen einen angemessenen Beitrag verlangen.

Auflösung der Verlobung
ZGB 91–93

Die Ehefähigkeit deckt sich mit der Volljährigkeit, d. h., die Brautleute müssen mindestens 18 Jahre alt und urteilsfähig sein, damit sie heiraten dürfen.

Ehefähigkeit
ZGB 94

Ehehindernisse
ZGB 95, 96

Ehehindernisse

- *Verwandtschaft (sowohl Bluts- wie auch Adoptivverwandtschaft)*
  Blutsverwandte Personen in gerader Linie (Vater und Tochter / Geschwister und Halbgeschwister) dürfen einander nicht heiraten.
- *Frühere Ehe*
  Bigamie (Doppelehe) ist verboten. Bevor erneut geheiratet werden kann, muss der Nachweis erbracht werden, dass die frühere Ehe aufgelöst worden ist (Totenschein, Scheidungsurteil oder Familienregisterauszug).

Nur vor einem Zivilstandsbeamten bzw. einer Zivilstandsbeamtin kann in der Schweiz eine zivilrechtlich wirksame Ehe geschlossen werden. Die religiöse Trauung darf erst nach der zivilen stattfinden. Die zivile Trauung findet in einem amtlichen Trauungslokal des vom Brautpaar gewählten Zivilstandsamtes statt, und zwar in Anwesenheit zweier volljähriger und urteilsfähiger Zeugen.

Die Trauung
ZGB 101, 102

Wirkungen der Ehe

Durch die Trauung verbinden sich die Eheleute zu einer ehelichen Gemeinschaft. Diese bringt Rechte und Pflichten mit sich. Die Eheleute schulden einander Treue und Beistand. Sie verpflichten sich beispielsweise, das Wohl der Gemeinschaft zu wahren und für ihre Kinder gemeinsam zu sorgen (Unterhalt und Erziehung). Eigene Interessen müssen zurückgestellt werden.

Rechte und Pflichten der Ehegatten
ZGB 159

Das weiss ich jetzt!

7.8 Welche Bedeutung hat eine Verlobung?

7.9 Können sich nicht volljährige Personen verloben?

7.10 Welche Folgen kann die Auflösung eines Verlöbnisses haben?

7.11 Zählen Sie zwei Ehehindernisse auf.

Familienname
ZGB 160

Mit den neuen, seit 1.1.2013 geltenden Regelungen zum Namens- und Bürgerrecht wird die Gleichstellung der Ehegatten gewährleistet. Grundsätzlich kann jeder Ehegatte seinen Ledignamen behalten. Die Brautleute können jedoch erklären, dass sie einen gemeinsamen Familiennamen tragen wollen. Doppelnamen sind nicht mehr zulässig. Weiterhin erlaubt sind Allianznamen mit Bindestrich (Müller-Meier).
Diese werden im Pass und in der ID aufgeführt, nicht aber in den Zivilstandsdokumenten.

Eheliche Wohnung
ZGB 162, 169

Die Ehepartner bestimmen gemeinsam die eheliche Wohnung. Für die Kündigung oder den Verkauf der Familienwohnung ist die ausdrückliche Zustimmung beider Ehegatten erforderlich.

Unterhalt der Familie
ZGB 163

Die beiden Ehegatten übernehmen gemeinsam die Verantwortung für die Familie und sorgen, ihren Möglichkeiten entsprechend, für deren Unterhalt. Es gibt keine gesetzlich vorgeschriebene Rollenverteilung. Die Ehepartner bestimmen, wer erwerbstätig ist und wer den Haushalt besorgt.

Betrag zur freien Verfügung
ZGB 164

Der Ehepartner, der den Haushalt führt und die Kinder betreut, hat Anspruch auf einen angemessenen Betrag zur freien Verfügung. Durch diese Regelung soll verhindert werden, dass der haushaltführende Ehepartner finanziell benachteiligt wird, weil er zugunsten der Hausarbeit ganz oder weitgehend auf ein eigenes Einkommen verzichtet. Über den Verwendungszweck besteht keine Auskunftspflicht.

Durch die Heirat verpflichten sich die Ehepartner, das Wohl der Gemeinschaft zu wahren und allenfalls eigene Interessen zurückzustellen.

Für die laufenden Bedürfnisse (z.B. Wohnungskosten, Nahrung, Kleider, Arzt und Medikamente) kann jeder Ehegatte die eheliche Gemeinschaft alleine rechtsgültig vertreten. Bei solchen Schulden haften beide Ehegatten gemeinsam (solidarisch). Für grössere Geschäfte (z.B. Kauf teurer Möbel, Aufnahme eines Bankkredites) haftet der unbeteiligte Ehepartner hingegen ohne seine Zustimmung in der Regel nicht.

Vertretung der ehelichen Gemeinschaft ZGB 166

Beide Ehepartner können erwerbstätig sein. Jeder hat aber auf die Interessen des andern und das Wohl der Gemeinschaft Rücksicht zu nehmen.

Beruf und Gewerbe der Ehegatten ZGB 167

Die Ehepartner müssen sich gegenseitig über ihr Einkommen, Vermögen und ihre Schulden Auskunft geben. Gegenseitiges Vertrauen und Offenheit nicht nur in finanziellen Belangen ist eine unabdingbare Voraussetzung für eine funktionierende Partnerschaft.

Auskunftspflicht ZGB 170

Eingetragene Partnerschaft

Das Partnerschaftsgesetz – gültig seit dem 1. Januar 2007 – regelt die eingetragene Partnerschaft zwischen gleichgeschlechtlichen Paaren auf Bundesebene.

Partnerschaftsgesetz PartG

Ehe für Alle

Nach der Annahme der Volksabstimmung vom 26. September 2021 ist die Eheschliessung für gleichgeschlechtliche Paare ab 1. Juli 2022 möglich. Ab diesem Datum werden keine neuen eingetragenen Partnerschaften durch gleichgeschlechtliche Paare mehr begründet werden können.

Bestehende eingetragene Partnerschaften können entweder weitergeführt oder durch entsprechende Erklärung gegenüber dem Zivilstandsamt in eine Ehe umgewandelt werden.

Was ändert sich für eingetragene Partnerinnen und Partner, wenn sie heiraten? Was sind die Unterschiede zwischen einer eingetragenen Partnerschaft und einer Ehe?

- Ehepaare, bei denen eine Person Kinder gebären kann, können eine professionelle Samenspende in der Schweiz in Anspruch nehmen. Bei so gezeugten Kindern sind beide Elternteile ab Geburt rechtlich die Eltern.
- Ehepaare können gemeinsam ein fremdes Kind adoptieren.
- Wer mit einer Person mit Schweizer Staatsangehörigkeit verheiratet ist, kann sich sogenannt erleichtert einbürgern lassen.

▶ **Lernaufgabe:** Partnerschaft und Gesellschaft S. 175 AH, S. 310

Das weiss ich jetzt!

7.12 Welches sind die Wirkungen der Ehe in Bezug auf den Familiennamen?

7.13 Wer ist zuständig für den Unterhalt der Familie?

7.14 Weshalb hat der Ehepartner, der den Haushalt führt, Anrecht auf einen Betrag zur freien Verfügung?

7.15 Wie beurteilen Sie die Auskunftspflicht (ZGB 170)?

Kindesverhältnis

Entstehung des Kindesverhältnisses

ZGB 252 ff. Das Kindesverhältnis klärt die Frage, wer der Vater und wer die Mutter eines Kindes ist. Das Kindesverhältnis zwischen dem Kind und der Mutter entsteht durch Geburt oder durch Adoption.

Entstehung des Kindesverhältnis zwischen Kind und Vater

- Durch die Ehe mit der Mutter des Kindes (bei einem ehelichen Kind)
- Durch freiwillige Anerkennung (bei einem ausserehelichen Kind)
- Durch ein Vaterschaftsurteil (bei einem ausserehelichen Kind)
- Durch Adoption (wenn Ehefrau und Ehemann gemeinsam ein fremdes Kind annehmen)

Adoption Im Juni 2016 wurde das Adoptionsrecht den heutigen gesellschaftlichen Gegebenheiten angepasst. Das Mindestalter adoptionswilliger Personen wurde von 35 auf 28 Jahre gesenkt. Dabei müssen die Partner mindestens drei Jahre einen gemeinsamen Haushalt geführt haben. Adoptieren darf heute, wer während mindestens eines Jahres ein minderjähriges Kind gepflegt und für die Erziehung gesorgt hat und dies voraussichtlich bis zu dessen Volljährigkeit weiter tun kann. Der Altersunterschied zwischen dem Kind und den adoptionswilligen Personen darf nicht weniger als 16 Jahre und nicht mehr als 45 Jahre betragen.

Wirkung des Kindesverhältnisses

Familienname und Bürgerrecht ZGB 270, 271 Das Kind verheirateter Eltern erhält den von den Eltern gewählten, gemeinsamen Familiennamen. Tragen die Eltern jedoch verschiedene Namen, so erhält das Kind denjenigen ihrer Ledignamen, welchen sie bei der Eheschliessung zum Namen ihrer gemeinsamen Kinder bestimmen mussten. Das Bürgerrecht übernimmt das Kind von dem Elternteil, dessen Namen es trägt.

Die Unterhaltspflicht der Eltern umfasst die Kosten für Pflege, Erziehung und Ausbildung der Kinder.

Unterhaltspflicht der Eltern ZGB 276, 277

Die Unterhaltspflicht der Eltern umfasst die Kosten für Pflege, Erziehung und Ausbildung des Kindes. Die Eltern haben für den Unterhalt des Kindes zu sorgen, bis es volljährig ist. Dauert die Ausbildung über die Volljährigkeit hinaus, besteht die Unterhaltspflicht der Eltern, soweit zumutbar, bis zum ordentlichen Abschluss.

Elterliche Sorge ZGB 296–298a

Solange ein Kind minderjährig ist, steht es unter der elterlichen Sorge. In der Ehe üben die Eltern diese gemeinsam aus. Im Fall der Auflösung des gemeinsamen Haushalts oder bei Trennung gilt bei geschiedenen und unverheirateten Paaren seit Juli 2014 das gemeinsame Sorgerecht. Sollte es sich als nötig erweisen, kann der Richter die elterliche Sorge einem Ehegatten allein zuteilen.

Rechte und Pflichten der Eltern in der Erziehung ZGB 301–303

Die Eltern haben die Kompetenz, in der Erziehung die notwendigen Entscheidungen zu treffen. Dabei steht das Wohl des Kindes im Vordergrund. Das Kind schuldet den Eltern allerdings auch Gehorsam. Je älter und reifer ein Kind ist, desto mehr Freiheiten sollten ihm in der Lebensgestaltung gewährt werden und desto mehr sollte bei wichtigen Angelegenheiten auf seine Meinung Rücksicht genommen werden. Grundsätzlich darf das Kind ohne die Einwilligung der Eltern die häusliche Gemeinschaft nicht verlassen.

Recht auf Ausbildung

Die Eltern haben die Pflicht, dem Kind eine schulische und berufliche Ausbildung zu verschaffen, die seinen Neigungen, Fähigkeiten und Begabungen entspricht. Bei Meinungsverschiedenheiten sollte der Wille des Kindes berücksichtigt werden.

Vertretung ZGB 304

Die Eltern vertreten im Rahmen der elterlichen Sorge das Kind gegenüber Drittpersonen.

Verwaltung und Verwendung des Kindesvermögens ZGB 318 ff.

Kinder können eigenes Vermögen besitzen (Erbschaft, Schenkungen). Die Eltern haben das Recht und die Pflicht, das Kindesvermögen zu verwalten, solange ihnen die elterliche Sorge zusteht. Die Erträge des Kindesvermögens dürfen für den Unterhalt, die Erziehung und die Ausbildung des Kindes verwendet werden. Wollen die Eltern das Kindesvermögen verwenden, so müssen sie die Bewilligung der Kinderschutzbehörde einholen.

Arbeitserwerb und Taschengeld ZGB 323

Das Kind kann über seinen Lohn (Arbeitserwerb), sein Erspartes und sein Taschengeld selbst verfügen. Übersteigt eine Ausgabe die finanziellen Möglichkeiten des Kindes, darf diese Ausgabe nur mit Zustimmung der Eltern getätigt werden.
Wohnt das Kind bei seinen Eltern, können diese verlangen, dass es einen angemessenen Beitrag an die Haushaltskosten leistet.

▸ **Aufgaben:** A3–A4 S. 164 AH
▸ **Wissen anwenden:** W5 S. 169 AH, S. 307 LM

Das weiss ich jetzt!

7.16 Wie entsteht das Kindesverhältnis zwischen Mutter/Vater und Kind?

7.17 Wie lange haben die Eltern für die Ausbildungskosten eines Kindes aufzukommen?

7.18 Wer hat in der Ehe das elterliche Sorgerecht?

7.19 Wie ist das elterliche Sorgerecht geregelt, wenn die Eltern nicht miteinander verheiratet sind?

7.20 Kann ein 17-Jähriger von zu Hause ausziehen?

7.21 Worauf sollten die Eltern bei der Berufswahl ihres Kindes achten?

7.22 Wer verfügt über Ihren Lernendenlohn?

7.23 Wie beurteilen Sie den Sachverhalt, dass Ihre Eltern, sofern Sie bei ihnen wohnen, von Ihnen einen angemessenen Beitrag an die Haushaltskosten verlangen können?

Scheidung

Eine Ehe kann nicht wie andere Verträge in gegenseitigem Einverständnis aufgelöst werden – sie muss gerichtlich geschieden werden. Auf diese Weise soll verhindert werden, dass sich bei der Auflösung der Ehe eine Seite übermässige Vorteile verschafft.

Scheidung auf gemeinsames Begehren ZGB 111

Seit dem Jahr 2000 gibt es im Schweizer Recht die Scheidung auf gemeinsames Begehren. Wie der Name bereits andeutet, sind beide Ehegatten bereit, in die Scheidung einzuwilligen. In einer Konvention werden umfassende Einigungen über die Scheidungsfolgen festgehalten. Das Gericht prüft diese und genehmigt sie, falls sie in Ordnung ist. In der Schweiz werden fast 90 Prozent aller Scheidungen auf gemeinsames Begehren vollzogen.

Scheidung auf Klage ZGB 114, 115

Sind sich die Ehegatten über die Scheidung als solche nicht einig, bleibt dem scheidungswilligen Ehegatten die Möglichkeit, eine einseitige Scheidungsklage gegen den anderen Gatten zu erheben.
Nach einer zweijährigen Trennungszeit oder aufgrund schwerwiegender Gründe, die eine Fortsetzung der Ehe unzumutbar machen, wird die Scheidung gerichtlich durchgesetzt.

Folgende Punkte müssen geklärt werden:

- Nachehelicher Unterhalt
- Elterliche Sorge
- Unterhaltsbeiträge an Kinder
- Güterrecht (Errungenschaftsbeteiligung)
- Erbrecht

An Stelle einer Scheidung kann auch eine gerichtliche Trennung verlangt werden.

Trennung statt Scheidung

Trennung in gegenseitigem Einvernehmen ZGB 117, 118

Solange sich die Ehegatten über die Bedingungen des Getrenntlebens einig sind, müssen Sie nicht zwingend an ein Gericht gelangen. Es steht Ihnen frei, eine schriftliche Trennungsvereinbarung aufzusetzen und gemeinsam zu unterzeichnen oder mündliche Absprachen zu treffen.

Gerichtlich genehmigte Trennungsvereinbarung

Unter Umständen kann es sinnvoll oder gar notwendig sein, eine Trennungsvereinbarung gerichtlich genehmigen zu lassen. So können beispielsweise in Trennung lebende Personen nur Sozialhilfe oder Alimentenbevorschussung beantragen, wenn sie eine gerichtlich genehmigte Trennungsvereinbarung vorweisen können.

Rechtliche Auswirkungen einer Trennung

- Getrennt lebende Ehepaare gelten rechtlich weiterhin als verheiratet.
- Für gemeinsame Kinder haben getrennt lebende Eltern weiterhin gemeinsam das Sorgerecht, die Trennungsvereinbarung regelt die elterliche Obhut.
- Eine gerichtliche Trennung hat die Gütertrennung zur Folge.
- Getrennt lebende Ehepaare werden in der Regel separat besteuert.
- Eine Trennung ist in der Regel unbefristet und kann jederzeit aufgehoben werden.

Das weiss ich jetzt!

7.24 Welche möglichen Scheidungsformen gibt es?

7.25 Welche möglichen Folgen kann eine Scheidung haben?

7.26 Was sind Vor- bzw. Nachteile einer Trennung?

Errungenschaftsbeteiligung

Die Errungenschaftsbeteiligung ist der ordentliche oder «gesetzliche» Güterstand der Ehe. Darin werden die Vermögensverhältnisse der Eheleute während der Ehe und bei deren Auflösung geregelt.
Die Errungenschaftsbeteiligung tritt beim Abschluss der Ehe automatisch in Kraft, wenn die Ehepartner nichts anderes vereinbart haben. Rund 95 Prozent aller Ehen in der Schweiz leben unter diesem Güterstand.

Durch die Errungenschaftsbeteiligung geregelte Fragen

- Wem gehört was?
- Wer verfügt über welches Vermögen?
- Wer haftet für welche Schulden?
- Wer verwaltet das Vermögen?
- Wer nutzt bzw. behält die Erträge?
- Wie sieht die Aufteilung bei der Auflösung der Ehe aus?

Eigengut
ZGB 198

Das Vermögen von Frau und Mann vor der Ehe wird als Eigengut bezeichnet. Auch Erbschaften und Schenkungen während der Ehe werden zum Eigengut gerechnet.

Errungenschaft
ZGB 197

Während der Ehe gebildete Vermögen (z. B. aus Arbeitserwerb oder Bankzinsen) gehören zur Errungenschaft.

In der Schweiz wird heute jede zweite Ehe geschieden. Durch die güterrechtliche Auseinandersetzung wird dabei geregelt, wer welchen Anteil des Vermögens erhält.

Güterrechtliche Auseinandersetzung

Bei Auflösung der Ehe kommt es zur güterrechtlichen Auseinandersetzung, die wie folgt geregelt ist:

Güterrechtliche Auseinandersetzung bei Errungenschaftsbeteiligung

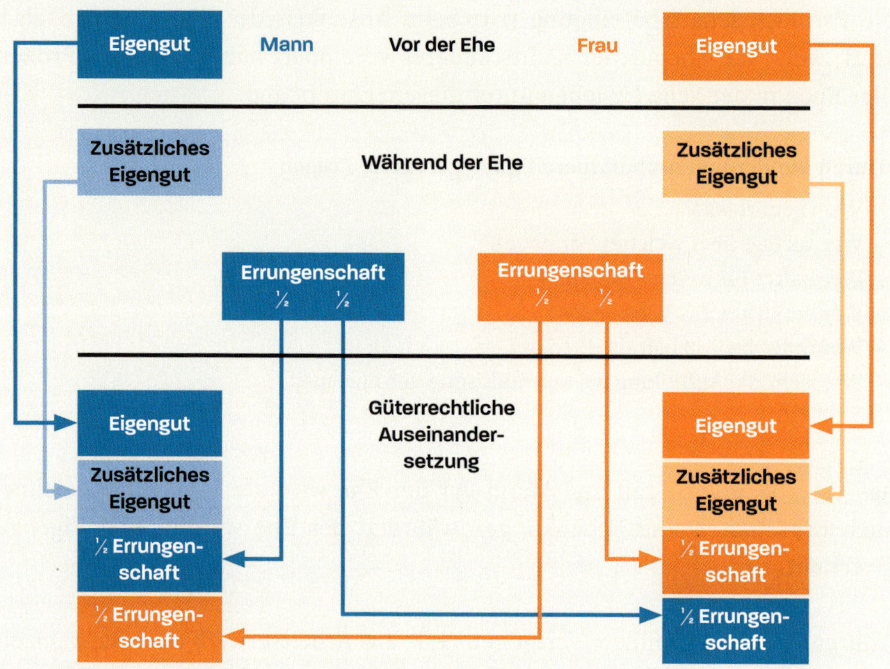

ZGB 215

- Jeder Ehegatte behält sein Eigengut (= Eigengut vor der Ehe plus zusätzliches Eigengut während der Ehe).
- Von der Errungenschaft werden allfällige Schulden abgezogen. Was übrig bleibt, bildet den Errungenschaftsvorschlag.
- Jeder Ehegatte behält die Hälfte seines Vorschlages und hat Anspruch auf die Hälfte des Vorschlages des anderen Ehegatten. (ZGB 215)
- Sind die Schulden grösser als das Vermögen, ist die Rede von einem Rückschlag. Diesen hat jeder Ehegatte alleine zu tragen.

Weitere Güterstände ZGB 221 ff., 247 ff.

Neben der Errungenschaftsbeteiligung gibt es die Gütergemeinschaft und die Gütertrennung. Beide Güterstände benötigen einen Ehevertrag.
Während in der Gütergemeinschaft der grösste Teil des Familienvermögens gemeinsam verwaltet wird, existiert bei der Gütertrennung kein gemeinsames Vermögen.

Beziehungskonflikte

In einer Partnerschaft gibt es im Verlaufe der Zeit immer wieder Konflikte. Ein Beziehungskonflikt ist noch kein Grund für eine Scheidung und kann beispielsweise in einem klärenden Gespräch gelöst werden.
Hilfreiche Tipps finden Sie mit dem Suchbegriff «Mediation» im Internet.

▶ **Aufgaben:** A5–A8 S. 165f. AH
▶ **Wissen anwenden:** W6–W7 S. 169f. AH, S. 308 LM

Das weiss ich jetzt!

7.27 Was regelt die Errungenschaftsbeteiligung?

7.28 Was ist der Unterschied zwischen Eigengut und Errungenschaft?

7.29 Wie wird das Familienvermögen bei einer Auflösung der Ehe geteilt?

7.30 Was passiert mit den Schulden?

Erbrecht

Das Erbrecht bestimmt, wer beim Tod einer Person (Erblasser) erbberechtigt ist und wie die Erbschaft zwischen dem überlebenden Ehegatten (sofern der Erblasser verheiratet war) und den übrigen Erben geteilt wird.

Erbschaft ausschlagen

Wenn die Schulden grösser sind als das Vermögen, kann man die Erbschaft ausschlagen.

Testament

Mit Hilfe eines Testaments kann der Erblasser (handlungsfähige Person) über einen bestimmten Teil seines Erbes frei verfügen. Folgende Formen des Testaments sieht das Gesetz vor:

Formen des Testaments	
Handgeschriebenes Testament	Von Anfang bis Schluss von Hand geschrieben inkl. Ort, Datum und Unterschrift
Öffentlich beurkundetes Testament	Unter Mitwirkung von zwei Zeugen vor einem Notar oder einer Urkundsperson unterschrieben
Nottestament	In einer Notlage in Anwesenheit von zwei Zeugen mitgeteilt, wird später zu Protokoll gegeben

Gesetzliche Erben nach Stämmen ZGB 457 ff.

Die gesetzlichen Erben werden in Stämme eingeteilt. Zuerst erbt der 1. Stamm, die Nachkommen. Nur wenn keine Nachkommen vorhanden sind, erbt der elterliche und allenfalls der grosselterliche Stamm.

Gesetzliche Erben

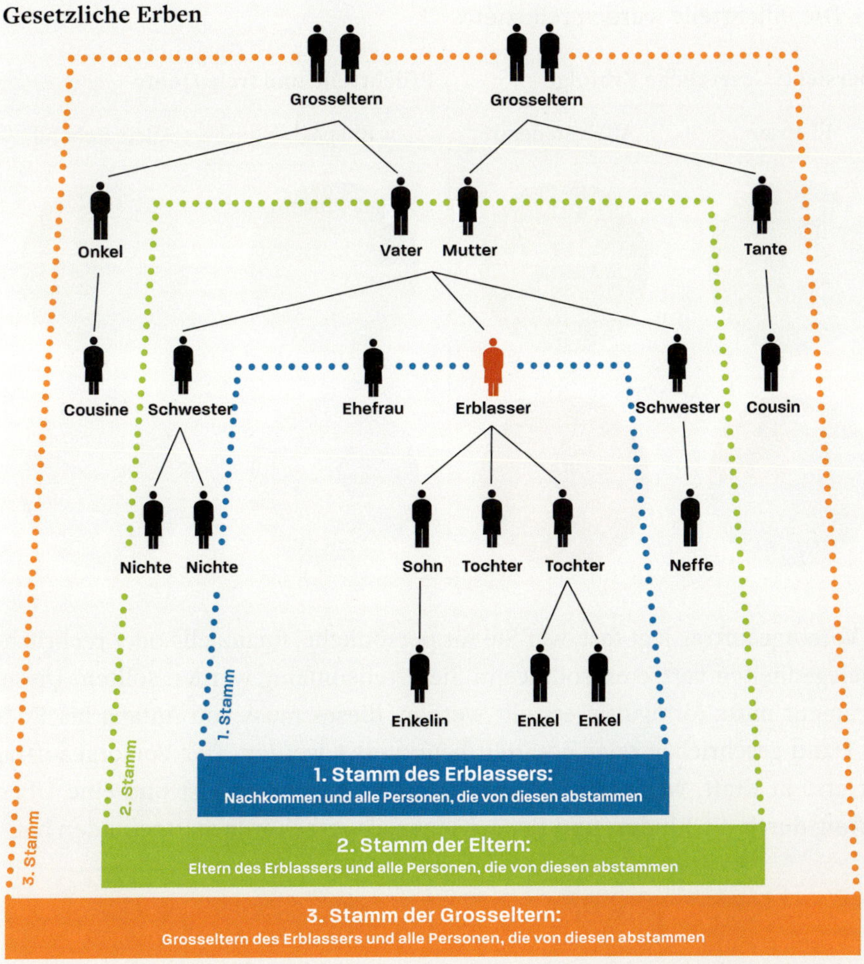

Grundsätze zur gesetzlichen Erbfolge ZGB 457–459, 462

Wenn beim Tod einer Person kein Testament und kein Erbvertrag vorliegt, tritt die gesetzliche Erbfolge ein.

Gesetzliche Erbfolge

- Zuerst sind die Kinder erbberechtigt. Ist ein Kind bereits verstorben, treten dessen Nachkommen an seine Stelle.
- Auch der überlebende Ehegatte erbt immer. Er hat Anspruch auf die Hälfte der Erbschaft, wenn Nachkommen vorhanden sind.
- Sobald mindestens ein Erbe im ersten Stamm vorhanden ist, gehen alle anderen Stämme leer aus.
- Sind keine Erben im ersten Stamm vorhanden, fällt die Erbschaft je zur Hälfte an die Mutter- und die Vaterseite. Falls ein Elternteil bereits verstorben ist, geht die Erbschaft zu gleichen Teilen an die Nachkommen der Eltern, also an die Geschwister des Erblassers.
- Sind keine Nachkommen und keine Erben im elterlichen Stamm vorhanden, gelangt die Erbschaft an den Stamm der Grosseltern und deren Nachkommen. Mit diesem Stamm hört die Erbberechtigung der Verwandten auf.

Pflichtteilsrecht ZGB 471

Der Erblasser kann durch Testament oder Erbvertrag die gesetzlichen Erbansprüche der Kinder, des überlebenden Ehegatten, sowie seiner Eltern verändern, indem er sie auf den Pflichtteil (minimaler, gesetzlich vorgeschriebener Anteil) setzt. Der Pflichtteil ist ein Bruchteil des gesetzlichen Erbanspruches.

Frei verfügbare Quote

Der Teil des Nachlasses, über den der Erblasser frei bestimmen kann, heisst «frei verfügbare Quote». Dieser Anteil wurde mit dem revidierten Erbrecht Anfang 2023 vergrössert. Der Erblasser kann damit freier über seinen Nachlass bestimmen. Die Pflichtteile wurden reduziert.

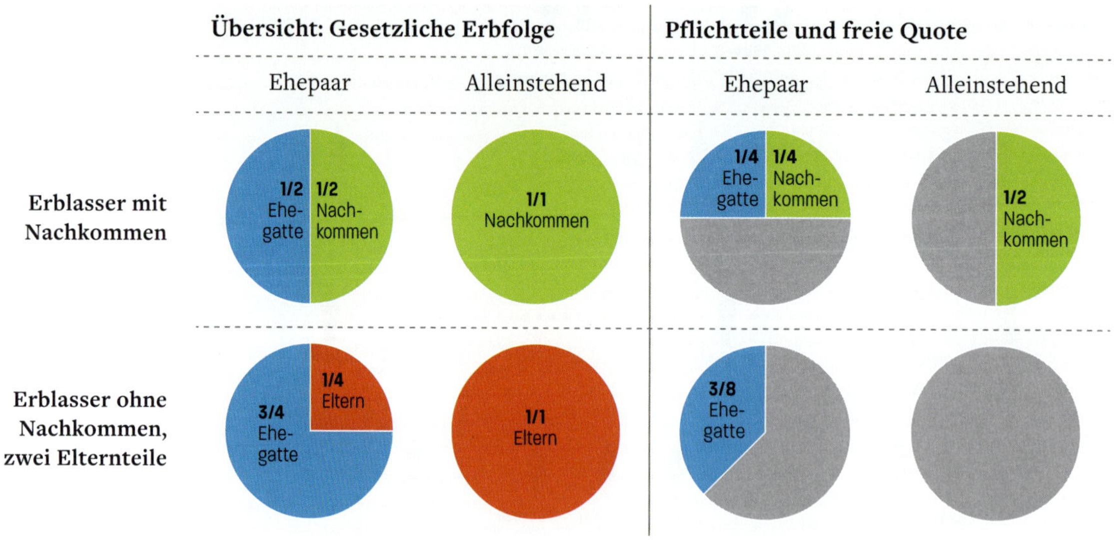

Vorsorgeauftrag ZGB 360 ff.

Ein Vorsorgeauftrag legt fest, wer Sie für persönliche, finanzielle oder rechtliche Angelegenheiten vertreten soll, wenn Sie urteilsunfähig werden sollten. Dieses Dokument muss formgültig erstellt werden, dieses muss von Anfang bis Ende von Hand geschrieben oder notariell beurkundet werden. Der Vorsorgeauftrag tritt erst in Kraft, wenn die Urteilsunfähigkeit eingetreten ist und eine Überprüfung durch die Kindes- und Erwachsenenschutzbehörde stattgefunden hat.

Mit einer Patientenverfügung regeln Sie ihre medizinische Behandlung in einer solchen Situation. In der Patientenverfügung kann eine urteilsfähige Person schriftlich festhalten, welche medizinischen Behandlungen und Massnahmen sie wünscht und welche nicht, falls man nicht mehr selbst entscheiden kann.

Patientenverfügung
ZGB 370 ff.

▶ **Aufgaben:** A9 S. 167 AH
▶ **Wissen anwenden:** W8 S. 170 AH, S. 307 LM

Das weiss ich jetzt!

7.31 Wer kann ein Testament hinterlassen?

7.32 Was bezweckt man mit einem Testament?

7.33 Welches ist die sicherste Art, den letzten Willen zu bekunden?

7.34 Wer sind die gesetzlichen Erben?

7.35 Wie kann der Erblasser gesetzliche Erben auf den Pflichtteil setzen?

7.36 Was kann der Erblasser mit der frei verfügbaren Quote machen?

7.37 Wann kann ich eine Erbschaft ausschlagen?

7.2 Menschen in Bewegung

Bevölkerungsentwicklung

Im letzten Jahrhundert hat sich die Zahl der Menschen weltweit mehr als verdreifacht. Heute leben rund 7,8 Milliarden Menschen auf dieser Erde.

Bevölkerungsentwicklung seit 1000 v. Chr.

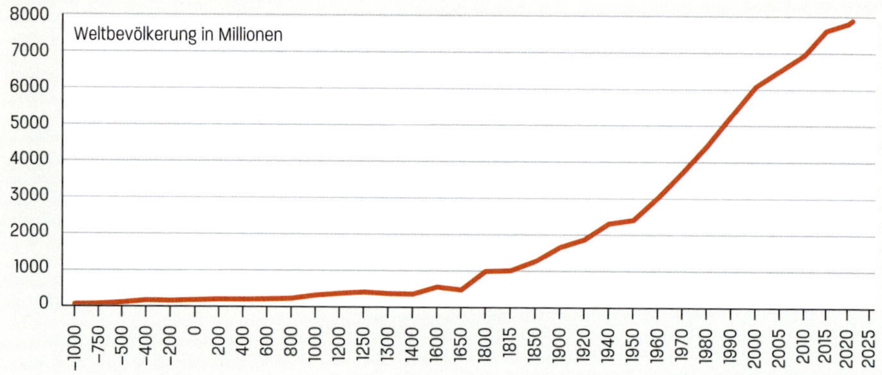

Quelle: United Nations World Population Prospects: The 2017 Revision

Bevölkerungsprognose bis 2100

Alle zwei Jahre gibt die UNO ihre neuesten Berechnungen zur zukünftigen Entwicklung der Weltbevölkerung bis zum Jahr 2100 bekannt.
Bei der mittleren Variante geht die UNO davon aus, dass die durchschnittliche Kinderzahl von heute 2,52 Kindern weltweit bis zum Jahr 2050 knapp unter das sogenannte Ersatzniveau von 2,1 Kindern pro Frau sinken wird (bei dieser Rate ersetzt sich jede Generation selbst – die Bevölkerungszahl bleibt stabil). Die Weltbevölkerung würde dann bis zum Jahre 2100 auf 11,2 Milliarden Menschen anwachsen.

Bevölkerungsprognose bis 2100

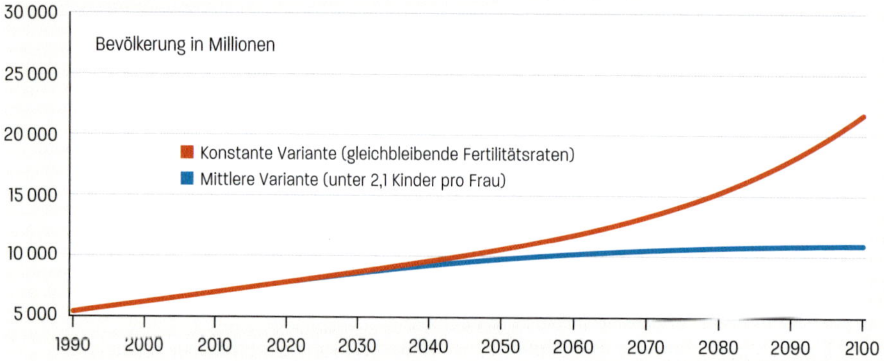

Quelle: United Nations World Population Prospects: The 2017 Revision

Entwicklungsländer wachsen

Das Wachstum der Bevölkerung findet heute fast ausschliesslich in den Entwicklungsländern statt. Dort wird die Zahl der Menschen bis zum Jahre 2100 von 6,1 auf 9,9 Milliarden zunehmen. Europa hingegen wird infolge des Trends zu immer weniger Kindern fast 90 Millionen Bewohnerinnen und Bewohner weniger haben als heute. Selbst für China, das menschenreichste Land der Welt, stehen die Zeichen infolge der bis im Jahr 2013 geführten «Ein-Kind-Politik» langfristig auf Rückgang.

Wachstumsrate der Bevölkerung 2015–2020

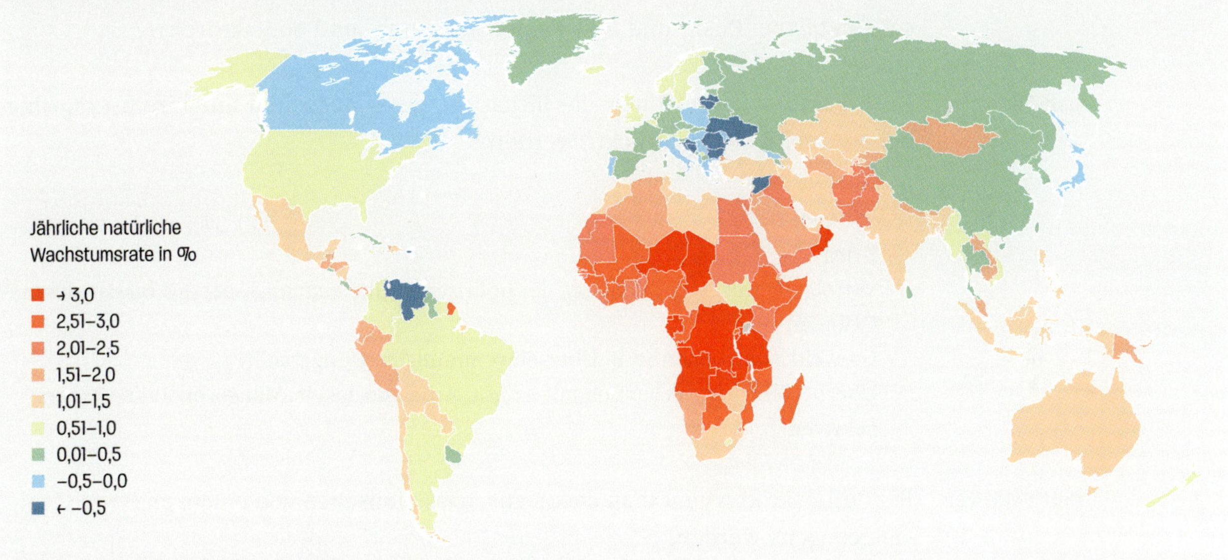

Quelle: World Population Prospects: The 2019 Revision

Herausforderungen

Auf die Menschheit warten gewaltige Herausforderungen. Die rasant steigende Weltbevölkerung verstärkt den Druck auf die Lösung folgender Problembereiche:

Herausforderungen	
Umwelt und Energie	Der Energie- und der Ressourcenverbrauch nehmen stetig zu. Die Umwelt muss weiterhin mit steigenden Belastungen fertig werden.
Ernährung	Jeder neunte Mensch hungert. Weltweit sind es insgesamt 815 Millionen. Alle zehn Sekunden stirbt ein Kind an den Folgen von Mangel- und Unterernährung.
Beschäftigung	Schon heute sind rund 200 Millionen Menschen arbeitslos. Am schlimmsten trifft es Jugendliche, die rund ein Viertel der Weltbevölkerung im erwerbsfähigen Alter ausmachen. Rund die Hälfte der Arbeitslosen weltweit gehört zur Altersgruppe zwischen 15 und 24 Jahren.
Epidemien	Allein im südlichen Afrika sind 25 Millionen Menschen an Aids erkrankt.
Migration	Mehr als 280 Millionen Menschen halten sich aus verschiedenen Gründen fern ihrer Heimat auf.

Nachfolgend wird auf die meisten dieser Problembereiche näher eingegangen.

Das weiss ich jetzt!

7.38 Wie sieht die Bevölkerungsentwicklung weltweit bis ins Jahr 2050 aus?

7.39 Was bedeutet «Ersatzniveau von 2,1 Kindern pro Frau»?

7.40 Welche gegenwärtigen globalen Herausforderungen und Probleme müssen angegangen werden?

Migration

Migration bedeutet Ein- und Auswanderung von Menschen. In der Vergangenheit sind immer wieder Menschen – teilweise sogar ganze Bevölkerungsgruppen – in andere Regionen der Welt gezogen. Sie hofften, dort bessere Existenzgrundlagen zu finden. Kriege haben in den letzten Jahrhunderten mehrfach riesige Flüchtlingsströme ausgelöst.

Migrationsgründe

Viele Gründe bewegen Menschen dazu, ihr Heimatland zu verlassen. Man unterscheidet dabei Push- und Pull-Faktoren (Schub- und Sogfaktoren).

Push-Faktoren

Push-Faktoren bezeichnen die Situation, dass Menschen aus ihrem ursprünglichen Gebiet «weggedrückt» werden.

Push-Faktoren

- Krieg
- Verfolgung wegen der Religion, der politischen Überzeugung oder aus rassistischen Gründen
- Umweltkatastrophen (z. B. Überschwemmungen, Hungersnöte)
- Überbevölkerung verbunden mit Armut, Arbeitslosigkeit, Mangel an Zukunftsperspektiven

Pull-Faktoren

Bei Pull-Faktoren geht man davon aus, dass Menschen von einem anderen Gebiet «angezogen» werden.

Pull-Faktoren

- Gute Verdienstmöglichkeiten, hoher Lebensstandard und Wohlstand
- Sicherheit vor Verfolgung, Gewährleistung grundlegender Menschenrechte
- Toleranz gegenüber Religionen und Menschen aus unterschiedlichen Kulturkreisen
- Gute Bildungsmöglichkeiten

▶ **Aufgaben:** A10 S. 167 AH

Krieg ist ein bedeutender Push-Faktor für die Migration. Im Bild Menschen auf der Flucht.

Globale Migrationsströme

In den letzten Jahrzehnten hat die globale Migration ein bisher nie gekanntes Ausmass angenommen. Erhebungen internationaler Organisationen kommen zum Schluss, dass sich gegenwärtig über 281 Millionen Menschen fern ihrer Heimat aufhalten. Ein grosser Teil davon hat die Heimat aus wirtschaftlichen Gründen verlassen. 20,7 Millionen Menschen gelten als Flüchtlinge. Sie haben das eigene Land verlassen, weil sie dort verfolgt, oft auch misshandelt und gefoltert wurden.

Weltweite Migrationsströme

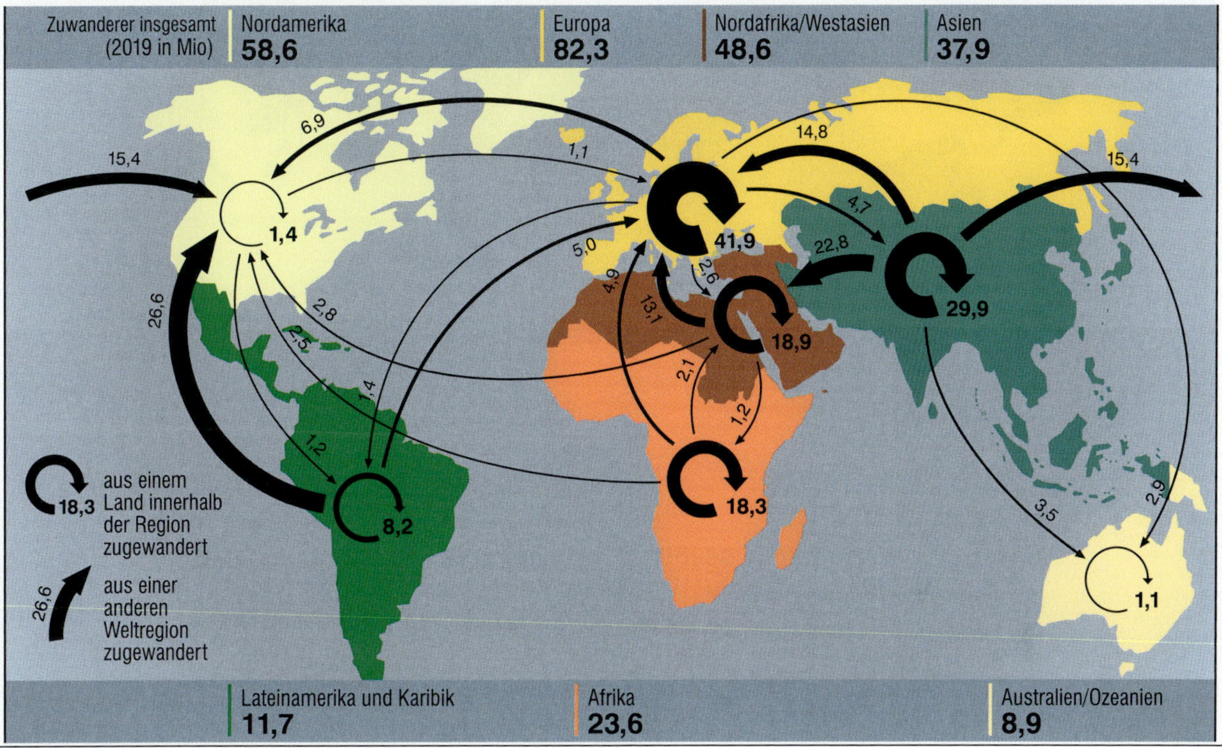

Quelle: Zahlenbilder, Bergmoser + Höller Verlag AG, Aachen

Migrantinnen und Migranten bevorzugen Staaten, in denen sich bereits viele ihrer Landsleute aufhalten. Vereinfacht ausgedrückt, bedeutet dies: Migration erzeugt weitere Migration.

Die italienische Küstenwache greift vor Lampedusa Migrantinnen und Migranten auf.

Ausländische Bevölkerung weltweit

Nicht überall auf der Welt ist der Ausländeranteil gleich hoch. Während z. B. in China und Brasilien weniger als 2 Prozent Ausländer leben, sind es in Australien und Neuseeland 20–40 Prozent.

Ausländische Bevölkerung 2019

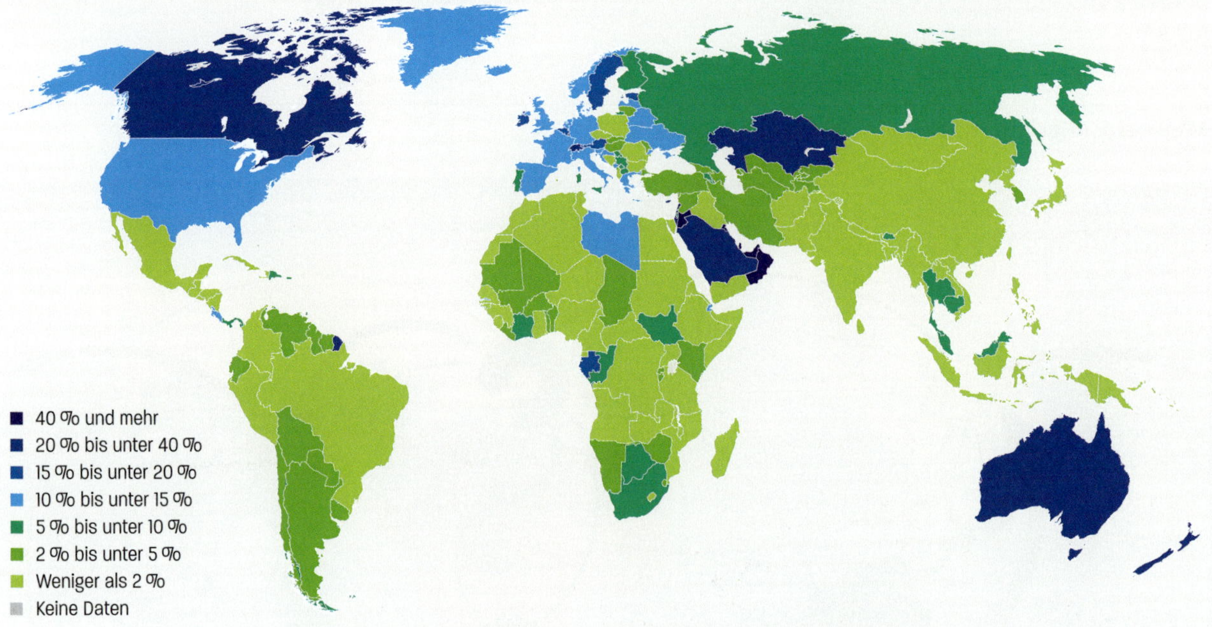

Quelle: International Migration Wallchart 2019, UNO

Ausländische Bevölkerung in der Schweiz

Die Schweiz zählt zu den Staaten mit einem hohen Anteil an Ausländerinnen und Ausländern. Dies ist in erster Linie eine Folge der stetigen Zuwanderung. Zudem sind die Einbürgerungshürden in der Schweiz tendenziell höher als in anderen Staaten. Gemessen am Anteil der Ausländerinnen und Ausländern ist die Einbürgerungsquote unter dem Durchschnitt der EU-Länder.

▶ **Wissen anwenden:** W9–W10 S. 171 AH, S. 308 LM

Das weiss ich jetzt!

7.41 Was ist der Unterschied zwischen Push- und Pull-Faktoren im Zusammenhang mit der Migration?

7.42 Wie heissen die grossen Zielgebiete der weltweiten Migration?

7.43 Was bedeutet «Migration erzeugt weitere Migration»?

7.44 Warum gehört die Schweiz zu den Staaten mit dem höchsten Anteil an Ausländerinnen und Ausländern?

Bevölkerungsentwicklung in der Schweiz

2022 hatten 2951000 Personen bzw. 40% der ständigen Wohnbevölkerung ab 15 Jahren einen Migrationshintergrund. Etwas mehr als ein Drittel dieser Bevölkerungsgruppe (1115000 Personen) besass die Schweizer Staatsangehörigkeit.

Bevölkerungsentwicklung der Schweiz seit 1860

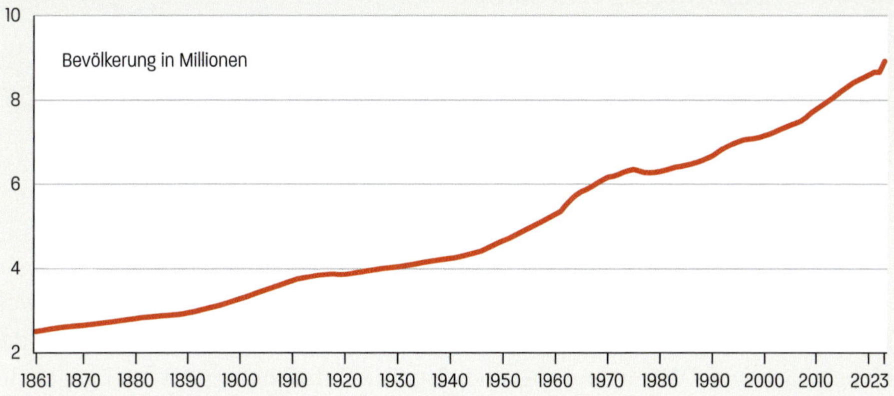

Quelle: Bundesamt für Statistik (BFS)

Bevölkerungswachstum

Seit Beginn des 20. Jahrhunderts hat sich die Bevölkerung der Schweiz mehr als verdoppelt. Zu Bevölkerungsrückgängen kam es einzig 1918 als Folge der Spanischen Grippe und in den Jahren der wirtschaftlichen Rezession 1975–1977.

«Überalterung»

Das Verhältnis zwischen den Generationen ist von der demografischen Alterung geprägt. Konkret bedeutet dies, dass die Zahl der älteren Menschen wächst und die Zahl der jüngeren Personen stetig sinkt. Die Ursachen dafür sind die abnehmenden Geburtenzahlen und die kontinuierliche Zunahme der Lebenserwartung.

Alterspyramide der Schweiz 2022

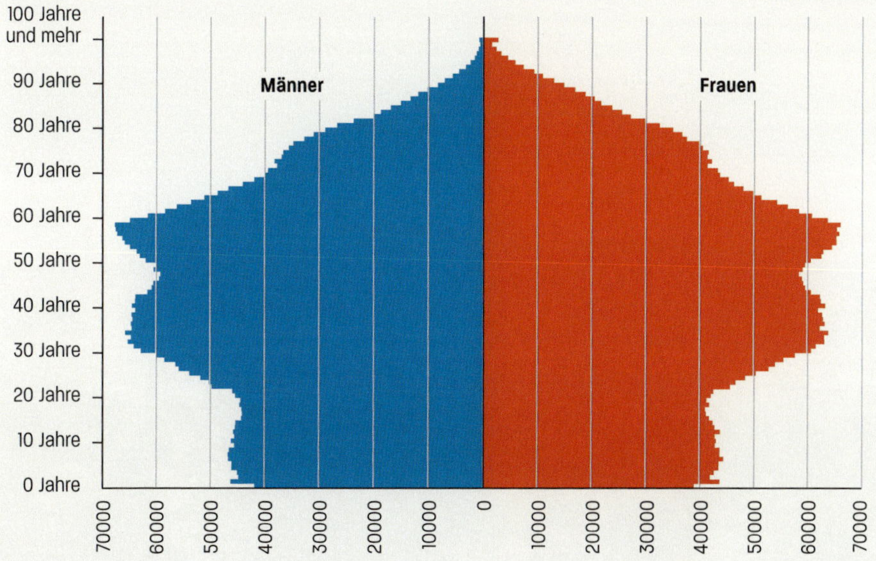

Quelle: Bundesamt für Statistik (BFS)

▸ **Wissen anwenden:** W11 S. 171 AH, S. 308 LM

Das weiss ich jetzt!

7.45 Wie hat sich die Schweizer Bevölkerung im letzten Jahrhundert entwickelt?

7.46 Warum «überaltert» unsere Gesellschaft?

Die Schweiz als Auswanderungsland

Not

Das Bevölkerungswachstum und Hungersnöte zwangen im 19. Jahrhundert viele Schweizerinnen und Schweizer zur Emigration. Die Auswanderer liessen sich in allen Kontinenten nieder, die meisten wählten jedoch Nordamerika zu ihrer neuen Heimat.

Auswanderungsbewegung nach Übersee	
1850 - 1860	rund 50 000 Personen
1860 - 1880	rund 70 000 Personen
1881 - 1890	rund 90 000 Personen
1891 - 1930	rund 180 000 Personen

Streben nach Wohlstand

Nicht alle ausgewanderten Personen verliessen ihre Heimat aus Not: In der zweiten Hälfte des 19. Jahrhunderts entstand eine neue Wanderungsform, welcher das Streben nach mehr Wohlstand zugrunde lag. Die Entscheidung für oder gegen die Auswanderung war nicht mehr gleichbedeutend mit der Wahl zwischen Arbeit und Arbeitslosigkeit. Nun wurde auch die Art der Arbeit massgebend, und Menschen entschlossen sich zur Auswanderung, um ihre Berufschancen und ihren Wohlstand zu verbessern.

Auslandschweizer

Die Zahl der im Ausland lebenden Schweizerinnen und Schweizer nimmt ständig zu. Gegenwärtig leben rund 776 300 Schweizerinnen und Schweizer im Ausland. Die meisten Auslandschweizer haben sich in Frankreich, Deutschland und Italien niedergelassen. Ausserhalb Europas leben die meisten Schweizerinnen und Schweizer in den USA und in Kanada.
120 000 Auslandschweizerinnen und -schweizer haben sich im Stimmregister einer Schweizer Gemeinde eingetragen, können also in der Schweiz stimmen und wählen.

Im 19. Jahrhundert wanderten auch viele Schweizerinnen und Schweizer in die USA aus. Im Bild die Ankunft eines Auswandererschiffes auf Ellis Island, New York (1902).

Das weiss ich jetzt!

7.47 Welches waren die Gründe für die Auswanderung von Schweizerinnen und Schweizern im 19. Jahrhundert?

7.48 Wie viele Schweizerinnen und Schweizer leben im Ausland?

Die Schweiz als Einwanderungsland

Immigration

Ein Drittel der Schweizer Bevölkerung hat einen Migrationshintergrund, ist also aus dem Ausland in die Schweiz eingewandert oder hat einen eingewanderten Elternteil. Ein Viertel der Einwohnerinnen und Einwohner ist im Ausland geboren. Die Schweiz zählt damit in Europa zu den bedeutendsten Einwanderungsländern.

Einwanderungsgründe 2022

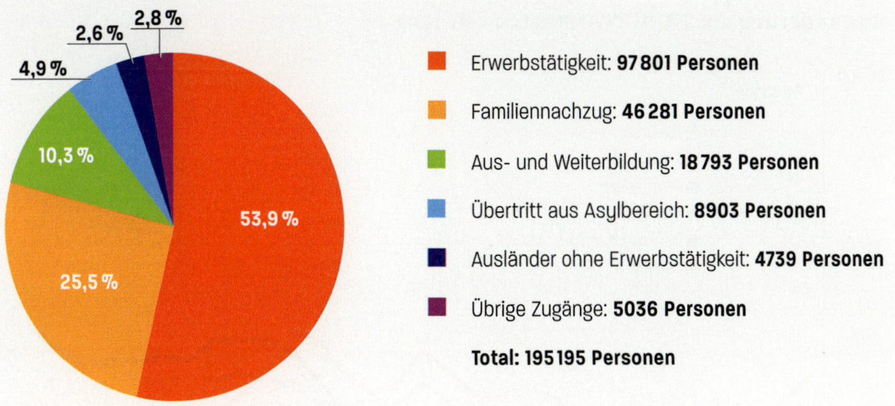

Quelle: Staatssekretariat für Migration (SEM)

Arbeitsintensive Bereiche

Ausländische Arbeitskräfte sind vor allem im Gastgewerbe und in der Baubranche anzutreffen. Rund die Hälfte der Arbeit in diesem Bereich wird heute von Ausländerinnen und Ausländern erbracht. Auch in der Industrie, Energiewirtschaft und Wasserversorgung macht der Ausländeranteil rund 40 Prozent aus. Im Gesundheits- und Sozialwesen ist ein Drittel der Angestellten ausländischer Herkunft.

Spezialisten

Viele ausländische Arbeitskräfte sind aber auch Spezialisten, deren Stellen man mit Schweizerinnen und Schweizern gar nicht besetzen könnte. Sie tragen wesentlich zum Wirtschaftswachstum und damit zum Wohlstand der gesamten Bevölkerung bei.

Export der Arbeitslosigkeit

Obwohl die Arbeitslosenquote bei Ausländerinnen und Ausländern höher ist als diejenige bei den Schweizerinnen und Schweizern, tragen die ausländischen Personen dazu bei, die Arbeitslosigkeit zu senken. Denn in den wirtschaftlich schwierigen Jahren von 1990 bis 1999 mussten mehr ausländische Arbeitskräfte auswandern, als neue einreisten. So konnte ein Teil der Schweizer Arbeitslosigkeit «exportiert» werden. Dasselbe geschah auch während der Wirtschaftskrise in den 1970er-Jahren.

Personenfreizügigkeit Mit dem Freizügigkeitsabkommen erhalten die Staatsangehörigen der Europäischen Union das Recht, in die Schweiz einzureisen und sich hier aufzuhalten, sofern sie eine Arbeitsstelle haben oder ihren Lebensunterhalt selber bestreiten können.
Umgekehrt können auch Schweizerinnen und Schweizer in der EU wohnen und arbeiten. Die Personenfreizügigkeit sowie die gute Wirtschaftslage hat in den letzten Jahren zu einem Anstieg der Einwanderung aus EU-Ländern geführt. Das Abkommen ist seit 2002 in Kraft.

Zuwanderung aus EU/EFTA-Staaten seit 1993

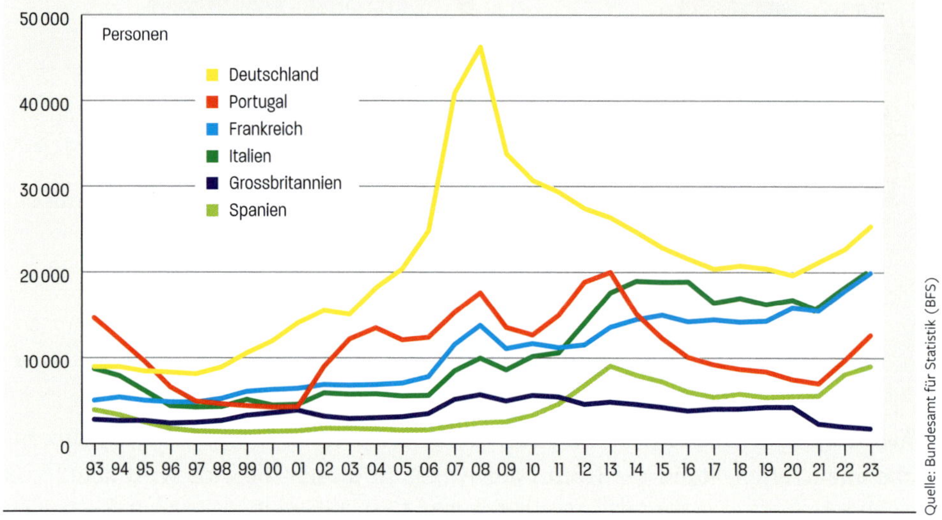

Die Einwanderung von Staatsangehörigen aus Serbien, Bosnien-Herzegowina, Kroatien, Sri Lanka und der Türkei war im Jahr 2011 hingegen rückläufig. Dies entspricht dem Trend der letzten Jahre.

Vernachlässigte Integration Die schweizerische Ausländerpolitik folgte lange Zeit dem Prinzip, dass ausländische Arbeitskräfte nach ihrem Engagement in der Schweiz in ihre Herkunftsländer zurückkehren sollten (z. B. Saisonarbeiterinnen und -arbeiter). Ihre Integration in die hiesige Gesellschaft war kein formuliertes Ziel. Bis in die 1980er-Jahre hat es die Schweiz versäumt, eine gezielte Integrationspolitik zu formulieren und umzusetzen. Beispielsweise war es zweitrangig, ob Ausländerinnen und Ausländer eine der Landessprachen erlernten. Brisant wurde die Integrationsthematik, als man erkannte, dass die Gastarbeiterpolitik nur in Ansätzen funktionierte und die Mehrheit der ausländischen Arbeitskräfte schliesslich in der Schweiz blieb.

Arbeitsmarkt

Arbeitsmarktpolitik Mit der Arbeitsmarktpolitik versucht die Schweiz, die einheimische Wirtschaft mit genügend Arbeitnehmerinnen und Arbeitnehmern zu versorgen. Die meisten ausländischen Einwohnerinnen und Einwohner sind über die Arbeitsmarktpolitik als Arbeitskräfte (mit Familie) in die Schweiz gelangt.

Das weiss ich jetzt!

7.49 Welches sind die beiden Hauptgründe, wieso ausländische Personen in die Schweiz einwandern?

7.50 Welches sind die wichtigsten Herkunftsländer der ausländischen Bevölkerung?

7.51 Warum hat sich die Schweiz lange Zeit nicht um die Integration der Ausländer gekümmert?

Duales System

Die Schweiz wendet bei der Zulassung ausländischer Arbeitskräfte ein duales System an.

Duales System der Zulassung ausländischer Arbeitskräfte

- Erwerbstätige aus EU-Staaten können vom Personenfreizügigkeitsabkommen profitieren. Sie sind den Schweizer Arbeitnehmerinnen und Arbeitnehmern gleichgestellt.
- Aus allen anderen Staaten werden in beschränktem Ausmass lediglich Führungskräfte, Spezialistinnen und Spezialisten sowie qualifizierte Arbeitskräfte zugelassen.

Aufenthalts- und Niederlassungsbewilligung

Folgende Bewilligungen über den Aufenthalt oder die Niederlassung können unterschieden werden:

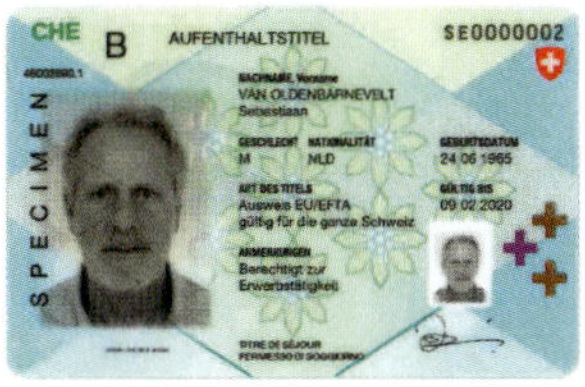

Die wichtigsten Aufenthalts- und Niederlassungsbewilligungen	
Kurzaufenthaltsbewilligung L	Wird auf Vorlage eines Arbeitsvertrages von weniger als einem Jahr erteilt. Die Gültigkeit der Bewilligung entspricht der Dauer des Arbeitsvertrags. Für Inhaber besteht die Möglichkeit der Verlängerung und der Erneuerung der Bewilligung, ohne das Land verlassen zu müssen.
Aufenthaltsbewilligung B	Fünf Jahre gültig; wird nach Vorlage eines Arbeitsvertrages mit einer Dauer von mindestens einem Jahr oder unbefristet erteilt.
Niederlassungsbewilligung C	Wird in der Regel nach einem ordnungsgemässen und ununterbrochenen Aufenthalt von fünf bis zehn Jahren in der Schweiz erteilt. Das Aufenthaltsrecht ist unbeschränkt und darf nicht an Bedingungen geknüpft werden.
Schutzstatus S	Das Asylgesetz (Art. 4 und Art. 66 ff.) sieht den Status S für Personen vor, die vom Bundesrat aufgrund bestimmter Kriterien zu «Schutzbedürftigen» erklärt worden sind. Ihre Aufnahme erfolgt ohne Asylverfahren rasch und bis der Schutzbedarf entfällt. Erstmalig aktiviert wurde der Schutzstatus S im März 2022 mittels einer bundesrätlichen Allgemeinverfügung für ukrainische Geflüchtete im Zuge des Einmarsches der russischen Truppen in die Ukraine.

Asyl

Mit der Asylpolitik will die Schweiz verfolgten Menschen Schutz bieten und ihnen ein sicheres Leben in der Schweiz ermöglichen. Der kleinste Teil der ausländischen Einwohnerinnen und Einwohner kommt über das Asylverfahren in die Schweiz (etwa 2,4 % der ausländischen Wohnbevölkerung).

Genfer Flüchtlingskonvention

Betroffenheit über die Schrecken des Zweiten Weltkrieges veranlasste die internationale Staatengemeinschaft 1951 in der Schweiz eine Schutzvereinbarung zu schliessen: Einzelpersonen und Gruppen sollten durch die Genfer Flüchtlingskonvention besser vor politischer Unterdrückung, Verfolgung, Gewalt und Rassismus geschützt werden.

Flüchtlingsbegriff

Flüchtlinge sind Personen, die in ihrem Heimatstaat oder im Land, in dem sie zuletzt wohnten, wegen ihrer Religion, Nationalität, Zugehörigkeit zu einer bestimmten sozialen Gruppe, wegen ihrer politischen Anschauungen oder aus rassistischen Gründen ernsthaften Nachteilen ausgesetzt sind. Konkret bedeutet das, dass ihre persönliche Freiheit oder sogar ihr Leben gefährdet ist. Die Schweiz akzeptiert einerseits diese Umstände als Asylgrund. Krieg und Hunger berechtigen andererseits nicht zu einem dauerhaften Aufenthalt in unserem Land. Man wird vorläufig aufgenommen.

Asylverfahren Das Staatssekretariat für Migration (SEM) unterzieht jedes Asylgesuch einer sorgfältigen und individuellen Prüfung. Auf offensichtlich missbräuchliche Gesuche wird nicht eingetreten. Bei den übrigen Gesuchen gilt es zu prüfen, ob die Asylgründe glaubhaft sind und die Flüchtlingseigenschaft gemäss Asylgesetz gegeben ist. Asylsuchende, deren Gesuch abgelehnt worden ist, die jedoch nicht in ihr Heimatland zurückkehren können, erhalten eine vorläufige Aufnahme.

Voraussetzung für eine vorläufige Aufnahme

- Der Vollzug der Wegweisung erweist sich als unzulässig (konkrete Gefährdung der Person).
- Eine Rückschaffung ist unzumutbar (z. B. wegen Krieg oder schwerwiegender persönlicher Notlage).
- Die Wegweisung ist unmöglich (z. B. Herkunftsland weigert sich, eigene Staatsangehörige aufzunehmen).

Einbürgerung

Einbürgerungen werden, im Rahmen der Vorgaben von Bund und Kanton, durch die Gemeinden vollzogen (Erwerb des Gemeindebürgerrechts). Danach ist man automatisch Schweizer Bürger. Geprüft werden die Gesuche entweder durch den Gemeinderat, eine Einbürgerungskommission oder die Gemeindeversammlung. Die Ablehnung einer Einbürgerung muss begründet werden und darf weder diskriminierend noch willkürlich sein.

Voraussetzungen für die ordentliche Einbürgerung (Bund)

- Besitz einer Niederlassungsbewilligung (C)
- Zehn Jahre Aufenthalt in der Schweiz, davon drei während der letzten fünf Jahre vor Einreichung des Gesuchs.
- Erfolgreiche Integration in der Schweiz, das heisst insbesondere Kenntnisse einer Landessprache, beachten der öffentlichen Sicherheit und Ordnung, Respektieren der Bundesverfassung, Teilnahme am Wirtschaftsleben oder Erwerb von Bildung
- Vertrautheit mit den schweizerischen Lebensverhältnissen
- Keine Gefährdung der inneren oder äusseren Sicherheit der Schweiz

▶ **Wissen anwenden:** W12–W13 S. 172 AH, S. 308 LM
▶ **Kreuzworträtsel:** X1 S. 174 AH

Das weiss ich jetzt!

7.52 Was ist das Ziel der Arbeitsmarktpolitik?

7.53 Was bedeutet «duales System» in der Arbeitsmarktpolitik?

7.54 Welche Aufenthaltsbewilligung bekommt eine Ausländerin, die eine Arbeitsstelle in der Schweiz gefunden hat?

7.55 Wann kann ein Ausländer eine Niederlassungsbewilligung beantragen?

7.56 Aus welchem Grund bekommt man in der Schweiz Asyl?

7.57 Was sind «vorläufig Aufgenommene»? Warum schickt man sie nicht zurück in ihr Heimatland?

7.58 Wie lange muss man in der Schweiz wohnhaft sein, um einen Antrag auf Einbürgerung stellen zu können?

Wissen anwenden

Hinweis: Die Antworten zu den Fragen, die mit einem Ja oder Nein beantwortet werden können, müssen Sie begründen.

W1 Barbara und Armin leben seit Jahren zusammen, ohne je ans Heiraten oder an Kinder gedacht zu haben. Nun machen sie sich Gedanken über ihre Zukunft und wollen ihre Beziehung rechtlich regeln.
Welche gesetzlichen Grundlagen können sie zur Regelung heranziehen?
Welche Bereiche sollten sie regeln?
Wie sollte dies geschehen?

W2 Esther und Rolf sind seit zwei Jahren verlobt. Nun beschliessen sie zu heiraten. Die beiden beginnen umgehend mit den Vorbereitungen zu den Hochzeitsfeierlichkeiten.
Während Esther sich mit der Gästeliste, der Wahl der Hochzeitskleider und der Eheringe beschäftigt, sucht Rolf einen geeigneten Saal für die Feier und organisiert eine Hochzeitsreise. Drei Wochen vor dem Hochzeitstermin sagt Rolf die Hochzeit ab, weil er sich in eine andere Frau verliebt hat.
Kann Esther ihrem untreuen Rolf für den Kauf der Eheringe Rechnung stellen?

W3 Nadja und Markus sind verheiratet. Nadja hat kürzlich an ihrem Wohnort einen Traumjob in einem Reisebüro gefunden. Nun eröffnet ihr Markus, dass er im 100 km entfernten Basel eine Stelle antreten könnte, bei welcher er fast das Doppelte seines bisherigen Gehaltes verdienen würde.
Kann Markus darauf beharren, dass sie nach Basel ziehen? Muss Nadja auf ihren Traumjob verzichten?

W4 Walter gibt seiner Frau Angela im Monat Fr. 1200.– Haushaltsgeld. Für die vierköpfige Familie reicht dieser Betrag jedoch selten. Schon mehrmals hat Angela von Walter vergeblich verlangt, dass er das Haushaltsgeld erhöhen soll. Walter ist der Meinung, das liege bei seinem bescheidenen Lohn nicht drin. Wie viel er genau verdient, verschweigt er Angela aber hartnäckig.
Handelt Walter korrekt?

W5 Die 17-jährige Lernende Jasmin lernt für einen Vortrag in der Berufsfachschule die Lehre Buddhas kennen. Sie ist davon begeistert. Eines Tages eröffnet sie ihren erstaunten Eltern, dass sie aus der katholischen Kirche austreten und zum Buddhismus wechseln werde. Die Eltern drohen ihr mit dem Rauswurf aus dem Elternhaus.
Darf Jasmin aus der Kirche austreten?
Können Eltern ihre Kinder aus dem Elternhaus ausschliessen?

W6 Sebastian und Graziella sind seit acht Jahren verheiratet. Beide sind erwerbstätig und haben sich im Verlaufe ihrer gemeinsamen Ehejahre auseinandergelebt. Im gegenseitigen Einvernehmen beantragen sie die Scheidung. Sebastian hat Bargeld im Wert von Fr. 400 000.– und Graziella Gegenstände im Wert von Fr. 80 000.– in die Ehe eingebracht. Von seinen Eltern hat Sebastian Fr. 300 000.– geerbt. Seinen Ersparnissen kann er aus geleisteter Arbeit Fr. 60 000.– hinzufügen. Graziella hat Fr. 150 000.– aus geleisteter Arbeit gespart.
Wie sieht die güterrechtliche Auseinandersetzung aus?

W7 Niklaus und Elisabeth heiraten. Zu diesem Zeitpunkt verfügt Niklaus über persönliche Gegenstände im Wert von Fr. 60 000.– und Elisabeth über solche von Fr. 70 000.–. Das Vermögen von Niklaus beträgt Fr. 80 000.–, dasjenige von Elisabeth Fr. 90 000.– Nach vier Jahren wird die Ehe geschieden. In der Zwischenzeit ist das Vermögen von Elisabeth aus Kapitalerträgen um Fr. 30 000.– angewachsen. Das Vermögen von Niklaus hat um Fr. 25 000.– zugenommen.
Wie sieht die güterrechtliche Auseinandersetzung aus?

W8 Das Eigengut von Thomas betrug bei der Eheschliessung Fr. 15 000.–. Seine Frau Edith wies zum gleichen Zeitpunkt Eigengut in der Höhe von Fr. 12 000.– aus. Die Errungenschaft von Thomas beläuft sich auf Fr. 35 000.– und die von Edith auf Fr. 40 000.–. Thomas stirbt.
Wie viel erbt ihre Tochter Isabel?

W9 Die Weltbevölkerung wird voraussichtlich bis ins Jahr 2050 auf über 10 Milliarden anwachsen. Dieses Wachstum findet fast ausschliesslich in den Entwicklungsländern statt.
Beschreiben Sie mögliche globale Auswirkungen dieses Bevölkerungswachstums.

W10 Mehr als 280 Millionen Menschen halten sich gegenwärtig fern ihrer Heimat auf. Eines der Zielgebiete der weltweiten Migration ist Europa.
Beschreiben Sie, was die Schweiz (Europa) tun könnte, damit es weltweit weniger Migrantinnen und Migranten gibt.

W11 Die Alterspyramide der Schweiz (siehe Seite 301, Alterspyramide der Schweiz 2022) ist durch Überalterung geprägt.
Wie sieht die Alterspyramide eines Entwicklungslandes aus? Welche Unterschiede bestehen zur Schweiz?

W12 Es gibt zwei völlig unterschiedliche Wege, in der Schweiz eine Aufenthaltsbewilligung zu erhalten. Der eine Weg hat mit der Arbeitsmarktpolitik zu tun, der andere mit der Asylpolitik.
Erstellen Sie eine Tabelle mit den Spalten «Arbeitsmarktpolitik» und «Asylpolitik» und beantworten Sie folgende Fragen für beide Bereiche:
a) Welche internationalen Abkommen sind betroffen?
b) Was wird bei der Einreise geprüft?
c) Wie viele Ausländerinnen und Ausländer sind betroffen?

W13 Die Schweiz tut sich schwer mit einbürgerungswilligen Menschen.

a) **Zeigen Sie auf, was es braucht, um als Ausländerinnen oder Ausländer ein Einbürgerungsgesuch stellen zu können.**

b) **Kommentieren Sie diese Kriterien aus Ihrer Sicht.**

Korrespondenz

K1 Für Ihre Trauung haben Sie einen Wunschtermin gefunden und sich Ihren Lieblingsort ausgesucht.

Fragen Sie beim zuständigen Zivilstandesamt schriftlich nach, ob der Termin noch frei ist.

Lernaufgabe

Partnerschaft und Gesellschaft: Interview

Ausgangslage

In unserer Gesellschaft gibt es viele verschiedene Lebensformen. Manche Menschen wohnen mit ihrem Partner zusammen, ohne verheiratet zu sein.

Lernziele

Sie können ein aussagekräftiges Interview führen.

Auftrag

Führen Sie ein Interview zum Thema Konkubinat/Ehe. Befragen Sie dazu eine Kollegin oder einen Kollegen zu ihren oder seinen Meinungen zu den verschiedenen Lebensformen.

Produkt

Schriftliches Interview

Vorgehen

1. Sie arbeiten zu zweit.
2. Lesen Sie die Arbeitsaufträge genau durch und klären Sie Fragen mit der Lehrperson.
3. Halten Sie Ihr Interview schriftlich fest.

Arbeitsaufträge

1. Überlegen Sich gute Interviewfragen zu Konkubinat und Ehe, ordnen Sie die Fragen sinnvoll.
2. Führen Sie das Interview durch, und nehmen Sie das Interview mit Ihrem Smartphone auf.
3. Halten Sie die Fragen und Antworten schriftlich fest.

Kapitel 8
Berufliche Zukunft planen

Vor Ihnen liegen voraussichtlich mehrere Jahrzehnte, die hauptsächlich vom Arbeiten geprägt sein werden. Arbeit hat in unserer Gesellschaft einen hohen Stellenwert, nicht nur wegen des Geldverdienens! Unser Beruf soll auch ein Ausdruck unserer Interessen sein. Aber keine Arbeit kann immer nur Spass machen, dafür kann sie einen Beitrag zur Persönlichkeitsentwicklung leisten und uns helfen uns und die Welt besser zu verstehen.
Sie sollten deshalb der Suche nach einer geeigneten Arbeitsstelle – wo Sie Ihre Fähigkeiten und Neigungen einbringen können – grosse Aufmerksamkeit schenken! Setzen Sie sich Ziele, aber bleiben Sie offen für Neues. Denn wie Ihr Beruf in zehn Jahren aussehen wird, weiss heute niemand genau.

In diesem Kapitel setzen Sie sich mit folgenden Fragen auseinander

- Welche Weiterbildungsmöglichkeiten gibt es nach der beruflichen Grundbildung?
- Was sind die gesetzlichen Grundlagen eines Arbeitsvertrages?
- Was unterscheidet einen Einzelarbeitsvertrag von einem Gesamtarbeitsvertrag?
- Welche Bedeutung haben die Sozialversicherungen?
- Worin unterscheiden sich die verschiedenen Unternehmensformen?

KARRIERE LEITER
PFUSCHI-CARTOON

8.1 Berufliche Zukunft

Grund- und Weiterbildung

Schon vor, aber auch während der beruflichen Grundbildung können Grundsteine für künftige Weiterbildungsmöglichkeiten gelegt werden.

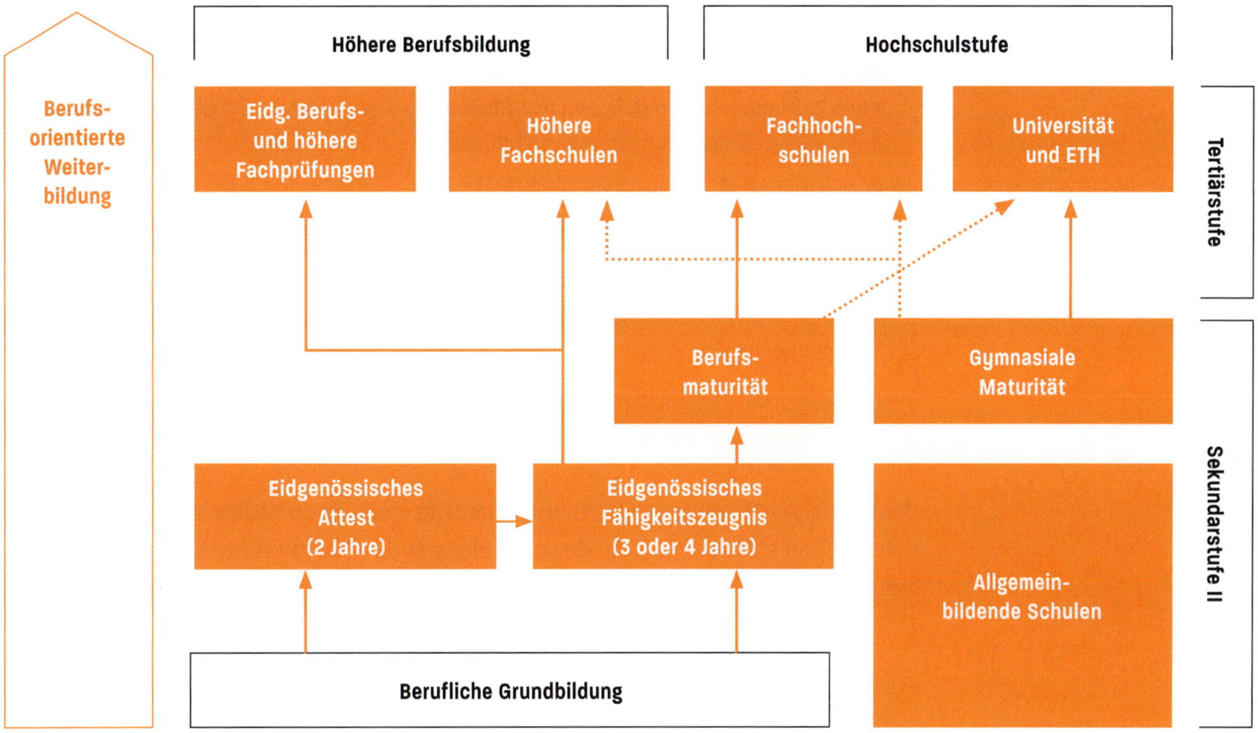

Weiterbildungsmöglichkeiten nach der beruflichen Grundbildung.

Aus einer 2010 vom Bundesamt für Statistik (BFS) publizierten Studie geht hervor, dass eine Mehrheit der Schweizer Bevölkerung an Weiterbildungsaktivitäten teilnimmt. Drei von fünf Personen bilden sich weiter.
Am beliebtesten sind Lernformen, bei denen man sich das Wissen selbstständig aneignet. Lernaktivitäten im Rahmen einer Schüler-Lehrer-Beziehung wie Kurse, Seminare oder Konferenzen verbuchen ebenfalls einen grossen Erfolg: Nahezu jede zweite Person entscheidet sich für diese Form der Weiterbildung. Obwohl die Teilnahmequote in der gesamten Bevölkerung hoch ist, gibt es je nach beruflicher Ausrichtung und Bildungsniveau beträchtliche Unterschiede.

Stellensuche

Die Wirtschaft wandelt sich in immer kürzeren Abständen. Das Konzept der «Stelle auf Lebenszeit» ist definitiv überholt. Die Wahrscheinlichkeit, dass Sie in Ihrem Leben sogar den Beruf wechseln, ist gross. Um eine geeignete Stelle zu suchen, haben Sie verschiedene Möglichkeiten.

Möglichkeiten zur Stellensuche

- *Privates Umfeld nutzen («Vitamin B»)*
  Sagen Sie Ihren Freunden und Bekannten, dass Sie eine Stelle suchen. Umfragen zeigen, dass die Mehrzahl aller Stellenbesetzungen nicht über Inserate, sondern durch direkte Kontakte zustande kommt.
- *Das Internet durchforsten*
  Viele Stellen werden auch im Internet angeboten. Einen Überblick über das Online-Angebot in der Schweiz erhalten Sie unter *www.stellenlinks.ch*.
- *Stelleninserate lesen*
  Viele Zeitungen haben Beilagen mit Stelleninseraten. Suchen Sie gezielt Angebote, die auf Ihre Fähigkeiten zugeschnitten sind.
- *Stellenvermittlungen kontaktieren*
  Stellenvermittlungsbüros sind für Stellensuchende gratis.
- *Spontanbewerbung/Blindbewerbung*
  Sie können Firmen, bei denen Sie gerne arbeiten möchten, auch ohne ausgeschriebene Stelle anschreiben – vielleicht öffnet sich eine Türe.
- *Regionale Arbeitsvermittlungszentren (RAV) kontaktieren*
  Das RAV berät Sie bei der Stellensuche und informiert Sie über offene Stellen.

Bewerben Sie sich nur auf Stellen, deren Anforderungen Sie zumindest mehrheitlich erfüllen können. Zeigen Sie, auf welche Weise Sie allfällige Lücken schliessen wollen.

Die Stellenbewerbung

Personalverantwortliche befassen sich durchschnittlich zwei bis drei Minuten mit einem Bewerbungsdossier. In dieser kurzen Zeitspanne entscheidet sich, ob Sie weiter im Rennen bleiben oder nicht. Ein optisch ansprechendes, übersichtlich gegliedertes Dossier ohne Rechtschreibefehler ist also Pflicht, damit Sie Chancen haben, zumindest zum Bewerbungsgespräch eingeladen zu werden.

Sagen Sie Ihren Freundinnen und Freunden, dass Sie eine Stelle suchen.

Das Bewerbungsschreiben

Im Bewerbungsschreiben nehmen Sie auf einer Seite Bezug auf das Stellenangebot und teilen mit, warum Sie an der Stelle interessiert sind (Motivation) und warum gerade Sie speziell für diese Tätigkeit geeignet sind (Eignung). Mit Ihrem Schreiben dokumentieren Sie, dass Sie die Stellenanforderungen gründlich gelesen und sich gut überlegt haben, warum Sie sich bewerben.

Der Lebenslauf

Im Lebenslauf wird eine lückenlose Aufzählung der bisherigen schulischen und beruflichen Aktivitäten erwartet. Er sollte über die folgenden Punkte informieren:

Elemente des Lebenslaufs / des Personalblattes

- Personalien
- Besuchte Schulen
- Ausbildung
- Berufliche Erfahrung
- Weiterbildung
- Besondere Kenntnisse
- Referenzen

Der Lebenslauf wird heute immer tabellarisch und am Computer verfasst. Wie das Bewerbungsschreiben ist auch der Lebenslauf Ihre Visitenkarte. Achten Sie auf eine ansprechende Präsentation und eine fehlerfreie und saubere Gestaltung mit einem aktuellen Passfoto (keine Privatfotos).

Arbeitszeugnisse und weitere Beilagen

Achten Sie darauf, dass Sie Ihre beruflichen Tätigkeiten lückenlos mit Zeugnissen dokumentieren können. Grundsätzlich sollten Sie sich bei jedem Stellenwechsel ein Zeugnis oder mindestens eine Arbeitsbestätigung ausstellen lassen. Legen Sie der Bewerbung weitere Dokumente bei, wenn dies sinnvoll und gewünscht ist, beispielsweise gestalterische Entwürfe bei künstlerischen Berufen oder Kopien von Sprachdiplomen bei kaufmännischen Stellen.

Referenzen

In einer Bewerbung haben Sie die Möglichkeit, Firmen oder Personen anzugeben, die über Sie, Ihr Know-how und Ihre Arbeitsweise Auskunft geben können. Nennen Sie dabei nur Personen, die auch dazu bereit sind und deren Aussagen Gewicht haben. Es ist auch möglich, die Referenzen erst beim Vorstellungsgespräch bekannt zu geben.

▸ **Aufgaben:**	A1 – A2	S. 183 AH
▸ **Korrespondenz:**	K1 – K2	S. 343 LM
▸ **Lernaufgabe:**	Berufliche Zukunft	S. 197 AH, S. 344 LM

Das weiss ich jetzt!

8.1 Wie finden Sie freie Stellen?

8.2 Was gehört zu einem vollständigen Bewerbungsdossier?

8.3 Was ist normalerweise Inhalt eines Lebenslaufs?

8.2 Rechtliche Grundlagen des Arbeitsvertrags

Ein Arbeitsverhältnis zwischen einem Arbeitgeber und einer arbeitnehmenden Person wird durch gesetzliche Bestimmungen, vertragliche Vereinbarungen und betriebsinterne Reglemente geregelt.

Gesetzliche Bestimmungen

Obligationenrecht (OR)

Das Obligationenrecht (OR) enthält Vorschriften über den Einzelarbeitsvertrag (EAV). Geregelt sind z. B. Begriff und Entstehung des Einzelarbeitsvertrages, die Pflichten von Arbeitnehmenden und Arbeitgebenden, die Beendigung des Arbeitsverhältnisses und deren Folgen.

Arbeitsgesetz (ArG)

Das Arbeitsgesetz (ArG) enthält z. B. Vorschriften über Unfall- und Gesundheitsvorsorge, Arbeits- und Ruhezeiten, Abend-, Nacht- und Sonntagsarbeit, Bestimmungen zum Schutz der schwangeren Frauen und der jugendlichen Arbeitnehmenden.

Vertragliche Vereinbarungen

Einzelarbeitsvertrag (EAV)

Im Einzelarbeitsvertrag (individueller Arbeitsvertrag) werden z. B. die Funktion und Stellung im Betrieb, der Lohn und die Kündigungsfristen für den einzelnen Arbeitnehmer im Detail geregelt.

Gesamtarbeitsvertrag (GAV)

Ein Gesamtarbeitsvertrag (GAV) wird zwischen einem Arbeitgeberverband und einer Arbeitnehmerorganisation (Gewerkschaft) abgeschlossen. Gegenstand der Vereinbarungen sind z. B. Mindestlöhne, Teuerungsausgleich, Lohnfortzahlungspflicht bei Krankheit, Höchstarbeitszeit, Ferien, Freizeit und Kündigungsfristen.

Betriebsinterne Reglemente

Betriebsreglement

Betriebsreglemente (z. B. Betriebsordnung) beinhalten Regelungen, die für alle Arbeitnehmenden im Betrieb von Bedeutung sind, wie z. B. Freitage, Verhalten bei Unfall oder Krankheit und gleitende Arbeitszeit.

▸ **Aufgaben:** A3 S. 183 AH

Das weiss ich jetzt!

8.4 Wo finden Sie gesetzliche Bestimmungen zum Einzelarbeitsvertrag?

8.5 In welchem Gesetz finden Sie die Pflichten der Arbeitnehmenden?

8.3 Einzelarbeitsvertrag (EAV)

Der Vertrag

Hauptpflichten im Einzelarbeitsvertrag
- Arbeitnehmende verpflichten sich zur Leistung von Arbeit auf eine bestimmte oder unbestimmte Zeit.
- Arbeitgebende verpflichten sich zur Zahlung eines Lohnes.

Hauptpflichten im EAV

Der Einzelarbeitsvertrag bedarf keiner besonderen Form. Er ist formlos gültig. Allerdings besteht für den Arbeitgeber eine schriftliche Informationspflicht über wesentliche Bestandteile des Arbeitsvertrags (OR 330b).

Form
OR 320

Das unbefristete Arbeitsverhältnis beginnt mit einer Probezeit. Diese dauert einen Monat und ist im Arbeitsvertrag auf maximal drei Monate verlängerbar.

Probezeit
OR 335b

Pflichten der Arbeitnehmenden

Eine angestellte Person muss die vertraglich vereinbarte Arbeit selbst leisten. Man darf also nicht während einer Woche jemanden zur Arbeit schicken, um länger Ferien zu machen.

Persönliche Arbeitsleistung
OR 321

Arbeitnehmende müssen die ihnen zugewiesenen Arbeiten sorgfältig und mit vollem Einsatz ausführen. Insbesondere Werkzeuge, Geräte, Material usw. müssen fachgerecht und schonend behandelt werden.

Sorgfaltspflicht
OR 321a

Für Schäden, die sie dem Arbeitergeber absichtlich oder fahrlässig zufügen, sind Arbeitnehmende haftbar (Einschränkung, OR 321e Abs. 2). Die Privathaftpflichtversicherung zahlt keine Schäden am Arbeitsplatz!

Haftung
OR 321e

Von den Mitarbeitenden wird verantwortungsbewusstes, loyales und faires Verhalten erwartet. Sie haben alles zu unterlassen, was dem Arbeitgeber Schaden zufügen kann. Fabrikations- und Geschäftsgeheimnisse sind während der Dauer des Arbeitsverhältnisses, je nach Interesse des Arbeitgebers sogar darüber hinaus, zu wahren.
Nebentätigkeiten, welche die Leistungsfähigkeit der Arbeitnehmenden am Arbeitsplatz beeinträchtigen oder den Arbeitgeber konkurrenzieren, sind verboten.

Treuepflicht
OR 321a

Das weiss ich jetzt!

8.6 Welche Vertragsform gilt für den Einzelarbeitsvertrag?

8.7 Zählen Sie vier Pflichten der Arbeitnehmenden auf.

8.8 Erklären Sie die Treuepflicht.

8.9 Wann dürfen Sie keinen bezahlten Nebentätigkeiten nachgehen?

Arbeitnehmerinnen und Arbeitnehmer haben die ihnen zugewiesenen Arbeiten sorgfältig und mit vollem Einsatz auszuführen.

Überstunden
OR 321c

Überstunden liegen vor, wenn über die vertraglich vereinbarte Arbeitszeit hinaus gearbeitet werden muss.

Arbeitnehmende können vom Arbeitgeber verpflichtet werden, Überstunden zu leisten, wenn sie aus betrieblichen Gründen notwendig und für die Arbeitnehmenden zumutbar sind (z. B. persönliche Leistungsfähigkeit und Gesundheit, familiäre Pflichten).

Die geleisteten Überstunden können durch Freizeit von gleicher Dauer abgegolten werden. Diese Kompensation kann vom Arbeitgeber nicht einseitig angeordnet werden; er braucht das Einverständnis der Arbeitnehmenden.

Die Überstunden sollten in der Regel innerhalb von 14 Wochen kompensiert werden. Wird die Überstundenarbeit nicht durch Freizeit ausgeglichen, schuldet der Arbeitgeber der angestellten Person einen Lohnzuschlag von mindestens 25 Prozent.

Es ist Sache der Arbeitnehmenden, nachzuweisen, dass sie Überstunden geleistet haben. Der Anspruch auf Entschädigung verjährt nach fünf Jahren.

Befolgung von Anordnungen und Weisungen
OR 321d

Arbeitnehmende haben die Weisungen des Arbeitgebers zu befolgen. Sie erledigen ihre Arbeit also nicht nach eigenem Gutdünken, sondern gemäss Anordnungen des Arbeitgebers.

Weisungen, welche die Leistungsfähigkeit der angestellten Person überfordern oder schikanös sind, ihre Gesundheit gefährden oder sie in Gewissenskonflikte stürzen, muss sie nicht befolgen.

Allgemeine Anordnungen sind häufig in einer Betriebsordnung, in einem Pflichtenheft oder einer Stellenbeschreibung enthalten.

Das weiss ich jetzt!

8.10 Was sind Überstunden?

8.11 Wann ist eine Arbeitnehmende verpflichtet, Überstunden zu leisten?

8.12 Mit wie viel Prozent Lohnzuschlag müssen Überstunden mindestens entschädigt werden?

Pflichten der Arbeitgebenden

Der Arbeitgeber hat den Mitarbeitenden den vereinbarten Lohn jeweils am Ende jedes Monats zu bezahlen, sofern nichts anderes vereinbart wurde.
Normalerweise müssen die Arbeitnehmenden zuerst arbeiten, bevor sie ihren Lohn erhalten. Gerät eine angestellte Person in eine Notlage, so muss ihr der Arbeitgeber auf Verlangen einen Vorschuss in der Höhe der geleisteten Arbeit bezahlen.
Die Mitarbeitenden haben Anspruch auf eine schriftliche Lohnabrechnung.

Lohnzahlungspflicht
OR 322, 323

Die Gratifikation ist eine Sondervergütung, welche der Arbeitgeber bei gutem Geschäftsgang, guter Leistung oder als Ansporn für die Zukunft der angestellten Person freiwillig zahlt. Manchmal ist die Gratifikation im Arbeitsvertrag geregelt. Dann muss sie auch bei vorzeitigem Austritt anteilsmässig ausbezahlt werden.

Gratifikation
OR 322d

Der 13. Monatslohn, falls im Arbeitsvertrag aufgeführt, gilt als fester Jahreslohnbestandteil. Das heisst, dass bei einem Stellenwechsel während des Jahres die angestellte Person ebenfalls Anrecht auf eine anteilsmässige Zahlung des 13. Monatslohnes hat.

13. Monatslohn

Kann eine angestellte Person die Arbeit wegen begründeter Verhinderung nicht ausführen, muss der Arbeitgeber für eine beschränkte Zeit den Lohn weiter bezahlen, wenn das Arbeitsverhältnis mehr als drei Monate gedauert hat.
Als begründete Verhinderung gelten folgende Ereignisse:

Lohnzahlung bei Verhinderung des Arbeitnehmers
OR 324a ff.

Gründe für Lohnfortzahlung

- Krankheit
- Unfall
- Schwangerschaft
- Obligatorischer Militärdienst
- Ausübung eines öffentlichen Amtes (z. B. Grossrat)

Im ersten Dienstjahr beträgt die Lohnfortzahlungspflicht drei Wochen.

Dauer der Lohnfortzahlungspflicht

Um endlose Diskussionen zu vermeiden, haben Arbeitsgerichte Tabellen entwickelt (Berner, Basler und Zürcher Skala), die als Richtlinien für die Dauer der Lohnfortzahlungspflicht herangezogen werden können.

Lohnfortzahlungspflicht

Dienstjahr	Berner Skala	Basler Skala	Zürcher Skala
1.	3 Wochen	3 Wochen	3 Wochen
2.	1 Monat	2 Monate	8 Wochen
3.	2 Monate	2 Monate	9 Wochen
4.	2 Monate	3 Monate	10 Wochen
5.	3 Monate	3 Monate	11 Wochen
6.	3 Monate	3 Monate	12 Wochen
7.	3 Monate	3 Monate	13 Wochen
8.	3 Monate	3 Monate	14 Wochen
9.	3 Monate	3 Monate	15 Wochen
10.	4 Monate	3 Monate	16 Wochen

Diese Regelung gilt, wenn keine Versicherung – weder die kollektive Krankentaggeldversicherung im Betrieb noch die Unfallversicherung oder die Erwerbsersatzordnung – den Lohnausfall deckt.

Arbeitsgeräte, Material und Auslagen OR 327–327a

Sofern nichts anderes vereinbart oder üblich ist, muss der Arbeitgeber den Arbeitnehmenden die notwendigen Arbeitsgeräte und Materialien bereitstellen. Stellen Arbeitnehmende mit Einverständnis der Arbeitgebenden Geräte oder Materialien selbst zur Verfügung, haben sie dafür eine angemessene Entschädigung zugute.
Der Arbeitgeber hat der angestellten Person die Spesen zu ersetzen, die ihr durch die Ausführung der Arbeit entstehen, zum Beispiel wenn es sich um auswärtige Arbeiten handelt.

Schutz der Persönlichkeit des Arbeitnehmers OR 328, 328b

Der Arbeitgeber hat die Persönlichkeit der Arbeitnehmenden zu schützen. Insbesondere muss er sexuelle Belästigung und Mobbing verhindern.
Der Arbeitgeber hat auf die Gesundheit der Arbeitnehmenden Rücksicht zu nehmen und alle zumutbaren und notwendigen Vorkehrungen zu treffen, um Unfälle und andere Gesundheitsgefährdungen zu verhindern.
Der Datenschutz muss gewährleistet werden.

Ferien OR 329a–d

Der Mindestferienanspruch beträgt nach dem vollendeten 20. Altersjahr vier bezahlte Wochen (20 Arbeitstage) pro Jahr.
Der Arbeitgeber bestimmt den Zeitpunkt der Ferien und nimmt dabei auf die Wünsche der Arbeitnehmenden Rücksicht. Mindestens zwei Ferienwochen müssen der Arbeitnehmerin «am Stück» gewährt werden.
Für ein unvollständiges Dienstjahr werden die Ferien anteilsmässig berechnet.
Ferien dürfen nicht durch Geldleistungen abgegolten werden, da sie der Erholung dienen (Ausnahme: Beendigung des Arbeitsverhältnisses).

Krankheit und Unfall während der Ferien

Erkrankt oder verunfallt eine angestellte Person während der Ferien ernsthaft oder ohne eigenes Verschulden, ist der Erholungszweck nicht mehr gewährleistet. Das bewirkt einen Unterbruch der Ferien. Die Person kann die entsprechenden Ferientage nachbeziehen. Sie muss jedoch beweisen, dass sie krank war oder einen Unfall hatte. Deshalb sollte sie ihren Arbeitgeber sofort informieren und sich ein Arztzeugnis beschaffen.

Auch im Urlaub kann es zu Unfällen kommen.

Arztzeugnis

In vielen Arbeitsverträgen wird von den Angestellten verlangt, dass sie ab dem dritten Tag, den sie im Betrieb fehlen, ein Arztzeugnis vorlegen müssen. Der Arbeitgeber darf im Arbeitsvertrag sogar festlegen, dass ein Zeugnis bereits ab dem ersten Tag nötig ist.

Kürzung der Ferien
OR 329b

Kann eine angestellte Person während einer länger dauernden Frist nicht arbeiten, kann ihr der Arbeitgeber die Ferienansprüche kürzen.

Kürzung der Ferien

- *Bei eigenem Verschulden («freiwillige Abwesenheit»)*
  Die Kürzung der Ferien beträgt pro vollen Monat $1/12$. Beispiel: Ein unbezahlter Urlaub von $3\frac{1}{2}$ Monaten kann eine Kürzung der Ferien von $3/12$ zur Folge haben.
- *Ohne eigenes Verschulden*
  Die Kürzung der Ferien beträgt vom zweiten Monat der Verhinderung an pro vollen Monat $1/12$. Beispiel: Eine krankheitsbedingte Verhinderung von $3\frac{1}{2}$ Monaten kann eine Kürzung der Ferien von $2/12$ zur Folge haben.
- *Infolge Schwangerschaft und Geburt*
  Die Kürzung der Ferien beträgt vom dritten Monat der Verhinderung an pro vollen Monat $1/12$. Beispiel: Eine Verhinderung nach der Geburt von $3\frac{1}{2}$ Monaten kann eine Kürzung der Ferien von $1/12$ zur Folge haben.

Verjährung

Ferienansprüche verjähren nach fünf Jahren.

Übliche freie Stunden und Tage OR 329

Arbeitnehmende haben Anspruch auf freie Stunden und Tage. Es gelten in der Praxis recht einheitliche Richtlinien:

Richtlinien für freie Tage (häufig im GAV geregelt)	
Eigene Heirat	2 bis 3 Tage
Heirat eines engen Verwandten	1 Tag
Geburt eines Kindes*	1 Tag
Tod eines Familienmitgliedes	1 bis 3 Tage
Umzug	1 Tag
Behördengang und Arztbesuch	nach Bedarf

* Viele Betriebe gewähren heute mehr als den gesetzlich vorgeschriebenen Vaterschaftsurlaub.

Feiertage

Pro Jahr können die Kantone acht Feiertage den Sonntagen gleichstellen. Der 1. August (Bundesfeiertag) gilt überall als Feiertag.

Ausserschulische Jugendarbeit OR 329e

Jugendliche Arbeitnehmende haben für ehrenamtliche leitende oder betreuende Tätigkeiten (z.B. J+S-Kurse) bis zum 30. Altersjahr Anspruch auf maximal fünf Arbeitstage unbezahlten Urlaub.

Arbeitszeugnis OR 330a

Arbeitnehmende können jederzeit vom Arbeitgeber ein Zeugnis verlangen, das über die Art und Dauer des Arbeitsverhältnisses, die Stellung und Funktion im Betrieb sowie über ihre Leistung und ihr Verhalten Auskunft gibt. Das Arbeitszeugnis muss inhaltlich klar, eindeutig und wahrheitsgetreu verfasst werden. Es darf keine falschen Angaben enthalten und sollte auf verschlüsselte Formulierungen verzichten (keine Codierungen).

Arbeitsbestätigung

Bei Unstimmigkeiten zwischen den Vertragsparteien hat die angestellte Person das Recht auf eine Arbeitsbestätigung. Diese beinhaltet nur die Art und Dauer der Beschäftigung, äussert sich aber nicht über die Leistung und das Verhalten des Arbeitnehmenden.

▶ **Aufgaben:** A4–A7 S. 183f. AH
▶ **Wissen anwenden:** W1–W13 S. 190f. AH, S. 339f. LM
▶ **Korrespondenz:** K3 S. 343 LM

Das weiss ich jetzt!

8.13 Zählen Sie vier Pflichten der Arbeitgebenden auf.
8.14 Was sind Spesen?
8.15 Auf wie viele Ferienwochen hat eine 22-Jährige Anrecht?
8.16 Wer bestimmt den Zeitpunkt der Ferien?
8.17 Weshalb dürfen Ferien nicht durch Geldleistungen abgegolten werden?
8.18 Nennen Sie die Unterschiede zwischen einem Arbeitszeugnis und einer Arbeitsbestätigung.

Beendigung

Ein befristeter Arbeitsvertrag endigt ohne Kündigung mit Ablauf der Vertragszeit.
Ein unbefristeter Arbeitsvertrag läuft so lange, bis er von einer Vertragspartei beendet wird.

Befristete und unbefristete Arbeitsverhältnisse
OR 334, 335

Wenn schriftlich nichts anderes vereinbart, gelten folgende Kündigungsfristen:

Kündigungsfristen
OR 335a–c

Kündigungsfristen
- Während der Probezeit kann das Arbeitsverhältnis jederzeit mit sieben Tagen Kündigungsfrist gekündigt werden.
- Nach der Probezeit kann das Arbeitsverhältnis im 1. Dienstjahr mit einer Frist von einem Monat auf jedes Monatsende gekündigt werden.
- Im 2. bis 9. Dienstjahr kann das Arbeitsverhältnis mit einer Frist von zwei Monaten auf jedes Monatsende gekündigt werden.
- Ab dem 10. Dienstjahr kann das Arbeitsverhältnis mit einer Frist von drei Monaten auf jedes Monatsende gekündigt werden.

Diese Kündigungsfristen dürfen abgeändert werden. Grundsätzlich gilt aber eine Mindestkündigungsfrist von einem Monat.

Die Kündigung kann mündlich mitgeteilt werden; sie ist also formlos gültig. Eine schriftliche, eingeschriebene Kündigung erleichtert jedoch den Beweis. Die Kündigung muss schriftlich begründet werden, falls dies von einer Vertragspartei gewünscht wird.

Form der Kündigung
OR 335

Das Kündigungsschreiben muss spätestens am letzten Tag vor Beginn der Kündigungsfrist im Besitze des Empfängers sein. Der Poststempel ist nicht massgebend. Es empfiehlt sich, die Kündigung rechtzeitig aufzugeben und sich allenfalls zu erkundigen, ob sie eingetroffen ist.

Rechtzeitige Kündigung

Verspätete Kündigungen gelten auf den nächstmöglichen Kündigungstermin. Wird irrtümlicherweise mit einer zu kurzen Kündigungsfrist gekündigt, ist die Kündigung nicht ungültig. Reklamiert der Empfänger nicht, gilt sie als angenommen. Reklamiert der Empfänger, wird die Kündigung automatisch auf den richtigen Zeitpunkt verschoben.

Verspätete Kündigungen

Missbräuchliche Kündigung

Kündigungen können missbräuchlich sein. In solchen Fällen kann ein Arbeitnehmer zwar nicht verlangen, dass er wieder eingestellt wird, aber er kann vom Arbeitgeber eine Entschädigung verlangen, welche eine Richterin oder ein Richter festlegt und maximal sechs Monatslöhne betragen kann. Dazu muss der Arbeitnehmer bis zum Ablauf der Kündigungsfrist beim Arbeitgeber schriftlich Einsprache erheben.

Missbräuchliche Kündigung
OR 336 ff.

Beispiele missbräuchlicher Kündigungsgründe
- Die Chefin erfährt, dass ein Angestellter homosexuell ist.
- Eine Arbeitnehmerin trägt aus religiöser Überzeugung ein Kopftuch.
- Ein Arbeitnehmer reklamiert, weil die gesetzlichen Sicherheitsvorschriften nicht eingehalten werden.
- Eine Arbeitnehmerin ist Mitglied einer Gewerkschaft.

Kündigung zur Unzeit/Sperrfristen

Sperrfristen
OR 336c–d

Kündigungen können ungültig sein, wenn sie in eine Zeitspanne fallen, in welcher der Arbeitgeber oder die Arbeitgeberin nicht kündigen darf. Diese sogenannten Sperrfristen gelten aber erst nach der Probezeit.

Sperrfristen

- *Militär-/Zivilschutzdienst/Zivildienst*
  während der Dienstleistung inklusive vier Wochen vorher und nachher
- *Krankheit/Unfall*
  im ersten Dienstjahr während 30 Tagen
  ab dem zweiten bis fünften Dienstjahr während 90 Tagen
  ab dem sechsten Dienstjahr während 180 Tagen
- *Schwangerschaft*
  während der Schwangerschaft und bis 16 Wochen nach der Geburt
- *Hilfsaktion im Ausland*
  während einer Hilfsaktion (Voraussetzung Zustimmung Arbeitgeber)

Eine Kündigung, die während einer solchen Sperrfrist durch den Arbeitgeber ausgesprochen wird, hat keine Wirkung und muss nach Ablauf der Sperrfrist wiederholt werden.
Ist die Kündigung vor Beginn einer Sperrfrist erfolgt, ist sie gültig. Die Kündigungsfrist wird aber während der Dauer der Sperrfrist unterbrochen und läuft nachher weiter.

Fristlose Auflösung

Fristlose Auflösung
OR 337–337c

Aus wichtigen Gründen kann das Arbeitsverhältnis ohne Einhaltung der Kündigungsfristen aufgelöst werden. Zum Beispiel wenn man jemandem die Fortsetzung des Arbeitsverhältnisses nicht mehr zumuten kann. Eine fristlose Auflösung ist nur in krassen Fällen möglich; damit endet der Arbeitsvertrag und die Lohnzahlungspflicht sofort.

Während der Schwangerschaft und bis 16 Wochen nach der Geburt darf einer Arbeitnehmerin nicht gekündigt werden.

Wichtige Gründe der Arbeitgebenden für eine fristlose Auflösung

- Ein Arbeitnehmer begeht Straftaten gegenüber dem Arbeitgeber oder seinen Arbeitskollegen (z.B. Diebstahl, Tätlichkeiten, falsche Spesenangaben).
- Eine Arbeitnehmerin konkurrenziert ihren Arbeitgeber (z.B. Schwarzarbeit, Geschäfte auf eigene Rechnung).
- Ein Arbeitnehmer verweigert mehrmals und beharrlich seine zu leistende Arbeit, erscheint wiederholt unentschuldigt zu spät oder gar nicht zur Arbeit, verlässt unbegründet den Arbeitsplatz, bezieht eigenmächtig Ferien oder verweigert die Leistung von Überstunden.

Wichtige Gründe der Arbeitnehmenden für eine fristlose Auflösung

- Ein Arbeitgeber wird gegenüber einer Arbeitnehmerin tätlich, belästigt sie unsittlich, beleidigt sie oder überwacht ihr Privatleben.
- Eine Arbeitgeberin fordert einen Arbeitnehmer zu strafbaren Handlungen auf (z.B. Steuerhinterziehung).
- Ein Arbeitgeber ist zahlungsunfähig, d.h., er kann z.B. den Lohn der angestellten Personen nicht zahlen (OR 337a).

Wird eine angestellte Person ungerechtfertigterweise fristlos entlassen, steht ihr der Lohn bis zum Ablauf der ordentlichen Kündigungsfrist zu. Zusätzlich kann die Person gerichtlich eine Entschädigung geltend machen. Diese Entschädigung kann maximal sechs Monatslöhne betragen.

Nichtantreten oder fristloses Verlassen der Stelle OR 337d

Treten Arbeitnehmende ohne wichtigen Grund die Stelle nicht an oder verlassen sie fristlos, werden sie schadenersatzpflichtig. In einem solchen Fall schulden die Arbeitnehmenden dem Arbeitgeber einen Viertel ihres Monatslohnes. Ausserdem hat der Arbeitgeber Anspruch auf Ersatz weiteren Schadens (z.B. Einstellung einer Temporärarbeitskraft).

- **Aufgaben:** A8 S. 185f. AH
- **Wissen anwenden:** W14–W20 S. 193f. AH, S. 341 LM
- **Korrespondenz:** K4 S. 343 LM

Das weiss ich jetzt!

8.19 Welche ordentlichen Kündigungsfristen gelten?

8.20 Dürfen Kündigungsfristen im Einzelarbeitsvertrag abgeändert werden?

8.21 Welche Formvorschrift gilt für Kündigungen?

8.22 Wann muss das Kündigungsschreiben spätestens im Besitz des Empfängers sein?

8.23 Was passiert mit einer Kündigung, die eine zu kurze Kündigungsfrist aufweist?

8.24 Zählen Sie zwei Beispiele für missbräuchliche Kündigungen auf.

8.25 Welche Folgen hat eine missbräuchliche Kündigung für eine Arbeitnehmerin?

8.26 Was ist eine Sperrfrist?

8.27 Nennen Sie die Sperrfristen bei Militärdienst und bei Krankheit oder Unfall.

8.28 Welches sind die Folgen einer Kündigung, bei der die Kündigungsfrist in die Sperrfrist fällt?

8.29 Nennen Sie zwei wichtige Gründe des Arbeitgebers für eine fristlose Auflösung des Arbeitsverhältnisses.

8.30 Welche Folgen hat das Nichtantreten einer Stelle für den Arbeitnehmer?

Arbeitszeit

Begriff der Arbeitszeit
ArGV 1 13

Die Zeit am Arbeitsplatz gilt als Arbeitszeit; nicht aber der Weg zur Arbeit. Muss sich eine angestellte Person auf Anordnung des Arbeitgebers oder von Gesetzes wegen beruflich weiter- oder fortbilden, dann gilt die dafür aufgewendete Ausbildungszeit als Arbeitszeit.

Wöchentliche Höchstarbeitszeit
ArG 9

Höchstarbeitszeiten

- 45 Stunden für Arbeitnehmende in industriellen Betrieben sowie für Büropersonal, technische und andere Angestellte, mit Einschluss des Verkaufspersonals in Grossbetrieben des Detailhandels.
- 50 Stunden für alle übrigen Arbeitnehmenden.

Der Einzelarbeitsvertrag und ein Gesamtarbeitsvertrag können die festgelegten Arbeitszeiten senken.

Überstunden
OR 321c

Wird mehr als die vertragliche Arbeitszeit gearbeitet, so sind das Überstunden.

Überzeit
ArG 12, 13

Wird die wöchentliche Höchstarbeitszeit ausnahmsweise wegen dringender Arbeiten überschritten, liegt Überzeit vor.

Bedingungen für Überzeit

- Dringlichkeit der Arbeit oder ausserordentlicher Arbeitsandrang
- Inventaraufnahmen, Rechnungsabschlüsse und Liquidationen
- Vermeidung oder Beseitigung von Betriebsstörungen

Überstunden und Überzeit werden mit Freizeit von gleicher Dauer oder einem Lohnzuschlag von 25 Prozent abgegolten.

Arbeitszeitverteilung
ArGV 1 16

Die Arbeitswoche darf für die einzelne angestellte Person höchstens 5½ Arbeitstage umfassen.

Nacht- und Sonntagsarbeit
ArG 16–18 ff.

Die Nachtarbeit und die Sonntagsarbeit sind bewilligungspflichtig und erfordern das Einverständnis der Arbeitnehmenden.
Die Nachtarbeit ist mit einem Lohnzuschlag von 25 Prozent, die Sonntagsarbeit mit einem Zuschlag von 50 Prozent zu entschädigen.

Pausen
ArG 15

Die Arbeit ist je nach Dauer der Arbeitszeit mit Pausen zu unterbrechen. Pausen gelten als Arbeitszeit, wenn die Arbeitnehmenden den Arbeitsplatz nicht verlassen dürfen.

Arbeitszeitmodelle

Im Einzelarbeitsvertrag können sich der Arbeitgeber und die Arbeitnehmerin auch auf ein alternatives Arbeitszeitmodell mit flexiblen Arbeitszeiten einigen.

Die gebräuchlichsten Arbeitszeitmodelle

- *Gleitende Arbeitszeit (GLAZ):* Die Gleitzeit dauert in der Regel montags bis freitags von 6 Uhr bis 20 Uhr. Innerhalb der Gleitzeit werden die Arbeits- und Ansprechzeiten (z.B. Blockzeiten von 9 bis 11 Uhr und von 14 bis 16 Uhr) festgelegt.
- *Teilzeit:* Unter dem Begriff Teilzeit werden sämtliche Arbeitsformen verstanden, welche zu weniger Arbeitsstunden pro Jahr führen als die Vollzeit. Die entsprechende Verkürzung kann pro Tag, pro Woche, pro Monat oder pro Jahr erfolgen. Die Arbeit wird kontinuierlich oder in Intervallen geleistet.
- *Job-Sharing:* Das Job-Sharing ist ein arbeitsorganisatorisches Modell, bei dem die zeitliche Regelung nur einen Aspekt unter anderen darstellt. Eine Stelle wird auf zwei oder mehr Personen aufgeteilt.
- *Jahresarbeitszeit:* Bei der Jahresarbeitszeit wird der Zeitraum für die Abrechnung der Arbeitszeit auf ein ganzes Jahr festgelegt. Dadurch soll eine möglichst hohe Flexibilität bei der Gestaltung der Arbeitszeit erreicht werden. Die Arbeitszeit soll allfällige Schwankungen der Arbeitsbelastung während des Jahres sowie die unterschiedlichen Bedürfnisse der Mitarbeiterinnen und Mitarbeiter berücksichtigen.
- *Flexible Vier-Tage-Woche:* Die flexible Vier-Tage-Woche gilt in diesem Fall mit einem 80%-Pensum als Normalarbeitszeit. Je nach betrieblicher Auslastung und den Bedürfnissen der Mitarbeitenden wird jedoch zwischen 0 und 6 Tagen gearbeitet.
- *Homeoffice:* Homeoffice umfasst die Arbeitstätigkeiten, die Mitarbeitende ausserhalb von Verwaltungsgebäuden, Aussendienststellen, Werkstätten und Bauplätzen unter Nutzung von öffentlichen Kommunikationsmitteln und entsprechenden technischen Geräten zur Erfüllung ihres Arbeitsauftrags verrichten. Homeoffice kann sowohl bei Teil- wie auch bei Vollzeiterwerbstätigkeit eingesetzt werden.

Quelle: Fachstell UND, www.und-online.ch

▸ **Aufgaben:** A9–A11 S. 186f. AH

Das weiss ich jetzt!

8.31 Was ist Überzeit?

8.32 Aus welchen Gründen darf Überzeit angeordnet werden?

8.33 Wie hoch ist der prozentuale Lohnzuschlag für Nacht- bzw. Sonntagsarbeit?

Probleme und Lösungen

Gütliche Einigung

Tagtäglich wird Arbeitnehmenden zu Unrecht gekündigt, werden Löhne nicht bezahlt, Freitage nicht gewährt oder Arbeitszeugnisse nicht ausgestellt. Bei diesen arbeitsrechtlichen Streitigkeiten ist der Streitwert meistens gering. Deshalb ist eine gütliche Einigung zwischen den Vertragsparteien in solchen Situationen fast immer besser als ein teures Gerichtsverfahren.
Recht haben und Recht bekommen sind aber zweierlei Paar Stiefel. Während des Arbeitsverhältnisses sind arbeitsrechtliche Streitigkeiten problematisch. Einerseits befinden sich die Arbeitnehmenden in einem Abhängigkeitsverhältnis gegenüber dem Arbeitgeber und sind somit am kürzeren Hebel. Andererseits dürfen die Arbeitnehmenden mit ihren Forderungen nicht zu lange warten, da sie sonst verjähren.

Rechtsauskünfte

Oft genügt es, dass sich die Parteien genau über ihre Rechte und Pflichten ins Bild setzen, um Streitigkeiten beizulegen. Am besten erkundigen sich Arbeitnehmende bei Rechtsberatungen von Gewerkschaften, beim örtlichen Arbeitsgericht, bei paritätischen Kommissionen (GAV) oder bei Rechtsdiensten von Zeitungen und Zeitschriften.

Zuständiges Gericht

Können sich die Parteien nicht einigen, bleibt nur der Gang an die Schlichtungsbehörde, die dann versucht, die Parteien zu versöhnen und eine gütliche Einigung zu finden. Können sie sich nicht einigen, kann der Kläger beim zuständigen Gericht Klage einreichen. Für Streitigkeiten bis zu einem Streitwert von Fr. 30 000.– fallen keine Gerichtskosten an. Für Klagen bis zu diesem Betrag riskiert ein Arbeitnehmer nur seine eigenen Anwaltskosten (sofern eine Anwältin engagiert wird) und eine allfällige Entschädigung an die Gegenpartei.

Gewerkschaften

Mitglieder einer Gewerkschaft erhalten bei rechtlichen Fragen im Zusammenhang mit dem Arbeitsverhältnis Hilfe und Unterstützung. Gewerkschaften vertreten die Interessen aller Arbeitnehmenden und bieten ihren Mitgliedern Beratung und Rechtsschutz.

Beispiele von Arbeitnehmerverbänden (Gewerkschaften) finden Sie in Kapitel 5.6 (siehe Seite 231, Verbände).

Das weiss ich jetzt!

8.34 Wer hilft Ihnen bei Streitigkeiten am Arbeitsplatz?

8.35 Was gilt bei Arbeitsstreitigkeiten in Bezug auf die Gerichtskosten?

8.4 Gesamtarbeitsvertrag (GAV)

Der Gesamtarbeitsvertrag (GAV) wird zwischen Arbeitgeberverbänden und Arbeitnehmerorganisationen (Gewerkschaften) abgeschlossen, im Autogewerbe z. B. zwischen dem Autogewerbeverband und der UNIA.

Inhalt
OR 356

Die Bestimmungen eines Gesamtarbeitsvertrages enthalten häufig günstigere Regelungen für die Arbeitnehmenden als das OR.

Häufige Inhaltspunkte eines GAV

- Mindestlohn
- Teuerungsausgleich
- Gratifikation
- Überzeitentschädigung
- Personalvorsorge
- Bezahlung des Lohnes bei Militärdienst, Krankheit und Unfall
- Arbeits- und Ruhezeit
- Ferien und Feiertage
- Kündigungsfristen

Ein Einzelarbeitsvertrag darf abweichende Bestimmungen zu einem Gesamtarbeitsvertrag aufweisen, aber nur zum Vorteil der Arbeitnehmenden. Bestimmungen eines Einzelarbeitsvertrages, die dem Gesamtarbeitsvertrag widersprechen, sind nichtig (ungültig).

Geltungsbereich, Allgemeinverbindlicherklärung AVE

Grundsätzlich gelten die Bestimmungen eines Gesamtarbeitsvertrages nur für die Mitglieder des jeweiligen Arbeitgeberverbandes und der jeweiligen Arbeitnehmerorganisation, welche den Vertrag ausgehandelt haben. Der Bundesrat oder der Regierungsrat eines Kantones kann jedoch unter bestimmten Umständen einen Gesamtarbeitsvertrag für die ganze Schweiz beziehungsweise für den betreffenden Kanton allgemeinverbindlich erklären. Dann ist dieser Vertrag für alle Arbeitgebenden und Arbeitnehmenden einer bestimmten Berufsgruppe obligatorisch.

Bedeutung des GAV
OR 357–357a

Die Vertragsparteien (Sozialpartner) müssen alle Bestimmungen einhalten und sind verpflichtet, den Arbeitsfrieden in Bezug auf alle Regelungen im GAV zu wahren (Friedenspflicht). Auf Kampfmassnahmen wie Streiks oder Aussperrungen wird während der Gültigkeit des GAV verzichtet.

▶ **Aufgaben:** A12–A14 S. 187 AH

Das weiss ich jetzt!

8.36 Wie heissen die Vertragspartner bei einem Gesamtarbeitsvertrag?

8.37 Nennen Sie Unterschiede zwischen einem Einzelarbeitsvertrag und einem Gesamtarbeitsvertrag.

8.38 Wann darf ein Einzelarbeitsvertrag abweichende Bestimmungen zu einem Gesamtarbeitsvertrag aufweisen?

8.39 Wann gilt ein Gesamtarbeitsvertrag obligatorisch für alle Arbeitnehmenden und Arbeitgebenden einer bestimmten Berufsgruppe?

8.40 Welche Bedeutung hat der Gesamtarbeitsvertrag für die Sozialpartner?

8.5 Sozialversicherungen

Krankheit oder Unfall, aber auch Arbeitslosigkeit, Militärdienst, Zivildienst oder Mutterfreuden können das Erwerbsleben empfindlich stören.
Die nachfolgend aufgeführten Versicherungen ermöglichen eine Wiedereingliederung in die Arbeitswelt (IV, ALV) und/oder ersetzen (teilweise) den Lohnausfall (EO). Zudem regeln sie unsere Altersvorsorge (AHV, Pensionskasse und 3. Säule) für die Zeit nach dem Erwerbsleben.

Die Invalidenversicherung (IV)

Ziel
IVG 1a ff.

Das angestrebte Ziel der IV ist es, den Menschen wieder zur Erwerbstätigkeit zu bringen. Es gilt das Prinzip «Eingliederung in die Arbeitswelt vor Rente».
Deshalb hilft die IV zuerst mit Massnahmen (z. B. Umschulungen) und Hilfsmitteln (z. B. Rollstuhl) und bietet erst nachher eine Rente an.

Rentenhöhe

Eine Invalidenrente entspricht, falls es sich um eine hundertprozentige Invalidität handelt, genau der AHV-Rente.

Die Arbeitslosenversicherung (ALV)

Leistungen
AVIG 1a ff.

Die Arbeitslosenversicherung erbringt Leistungen bei Arbeitslosigkeit, Kurzarbeit, wetterbedingten Arbeitsausfällen und bei Zahlungsunfähigkeit des Arbeitgebers (Insolvenz).

Voraussetzungen

Nicht jeder, der seine Arbeit verliert, ist auch berechtigt, Arbeitslosengelder (sogenannte Taggelder) zu beziehen. Mit Ausnahme von Studienabgängern müssen alle nachweisen, dass sie vor dem Beginn der Arbeitslosigkeit erwerbstätig waren.

Taggelder

Für den Bezug von Taggeldern ist entscheidend, wie lange man erwerbstätig war und wie alt man ist. Bei einer Beitragszeit von mindestens 22 Monaten und einem Alter unter 55 Jahren erhält man maximal 520 Taggelder.

Taggelder			
Beitragszeit	**Alter / Unterhaltspflicht**	**Bedingungen**	**Taggelder**
12 bis 24 Monate	bis 25 ohne Unterhaltspflicht		200
12 bis < 18 Monate	ab 25 oder mit Unterhaltspflicht		260
18 bis 24 Monate	ab 25 oder mit Unterhaltspflicht		400
22 bis 24 Monate	ab 55		520
22 bis 24 Monate	ab 25 oder mit Unterhaltspflicht	Bezug einer IV-Rente, die einem IV-Grad von mindestens 40 % entspricht	520
Beitragsbefreit			90

Arbeitsamt

Nebst dem Auszahlen von Arbeitslosengeldern kommt die Arbeitslosenversicherung aber auch für aktivierende Massnahmen auf. Beispielsweise helfen die Arbeitsämter und die regionalen Arbeitsvermittlungszentren (RAV) durch Vermittlung mit, neue Stellen zu finden.
Die Betroffenen müssen aber auch bereit sein, eine zumutbare Arbeitsstelle anzutreten. Ausserdem müssen die vom RAV geforderten Arbeitsbemühungen (Vorweisen von Stellenbewerbungen und Absageschreiben) befolgt werden. Sonst drohen Einstelltage, also die Kürzung von Taggeldern.

Die Erwerbsersatzordnung (EO)

Militärdienst / Zivildienst
EOG 1a ff.

Wer Militärdienst, Zivildienst oder Ähnliches leistet, soll dafür nicht finanziell büssen. Über die EO, die ebenfalls aus Lohnprozenten finanziert wird, erhalten alle Dienstleistenden einen Lohnersatz. In der Armee gilt dies sowohl für die Rekruten, die einen festen Ansatz haben, als auch für diejenigen, die einen Wiederholungskurs leisten und bis zu 80 Prozent ihres versicherten Lohnes erhalten können.

Mutterschaftsversicherung
EOG 16b

Die Schweiz verfügt seit 2005 über eine Mutterschaftsversicherung. Der Staat bezahlt erwerbstätigen Frauen durch die Erwerbsersatzordnung (EO) während 14 Wochen 80 Prozent ihres regulären Einkommens. Werdende Mütter, die keiner Erwerbstätigkeit nachgehen, müssen auf die Mutterschaftsversicherung verzichten.

Vaterschaftsurlaub
EOG 16i ff.

Seit 2021 haben auch Väter Anspruch auf einen zweiwöchigen Vaterschaftsurlaub.

▶ **Aufgaben:** A15 S. 188 AH
▶ **Wissen anwenden:** W21 S. 195 AH, S. 341 LM

Das weiss ich jetzt!

8.41 Das Ziel der Invalidenversicherung ist die «Wiedereingliederung in die Arbeitswelt vor Rente». Beschreiben Sie zwei mögliche Massnahmen, bevor die Versicherung eine Rente ausbezahlt.

8.42 Die Arbeitslosenversicherung zahlt nicht nur bei Arbeitslosigkeit. Nennen Sie zwei zusätzliche Situationen.

8.43 In welchen Situationen zahlt die Erwerbsersatzordnung?

Die Altersvorsorge

Drei-Säulen-Konzept Die schweizerische Altersvorsorge basiert auf drei Versicherungssäulen, weshalb man vom Drei-Säulen-Konzept spricht. Die erste Säule ist die staatliche Vorsorge (AHV), die zweite Säule die berufliche Vorsorge (Pensionskasse) und die dritte Säule die private, individuelle Vorsorge.

Die Vorsorge in der Schweiz

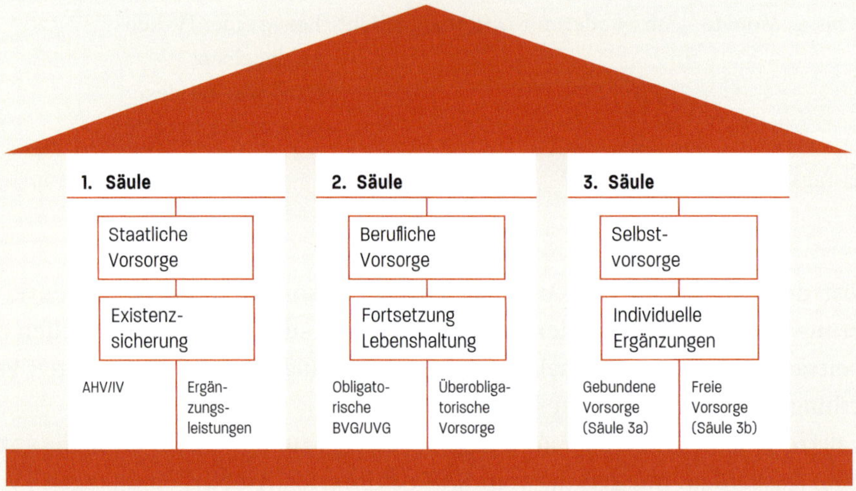

Die Alters- und Hinterlassenenversicherung (AHV)

Ziel Das Ziel der AHV ist einerseits, dafür zu sorgen, dass die Versicherten sich im Alter ihre Existenz sichern können. Andererseits stellt die AHV sicher, dass beim Tod eines Elternteils oder Ehegatten die Hinterbliebenen nicht Not leiden müssen. Männer erreichen das AHV-Alter mit 65 Jahren, Frauen gegenwärtig noch mit 64 Jahren.

Beitragsjahre AHVG 3 Anspruch auf eine volle AHV-Rente haben nur Erwerbstätige, die keine Beitragslücken aufweisen, also Menschen, die vom 18. Altersjahr bis zu ihrer Pensionierung ohne Unterbrechung AHV-Beiträge einbezahlt haben. Für die Berechnung der AHV-Rente werden die 44 Beitragsjahre zwischen dem 21. und 64. Altersjahr herangezogen. Um Familien nicht zu benachteiligen, wird den Personen, welche aus Gründen der Kindererziehung nicht erwerbstätig waren, für diese Zeit eine Erziehungsgutschrift angerechnet.
Der Mindestbeitrag für Nichterwerbstätige beträgt 2024 Fr. 514.– pro Jahr.

Umlageverfahren Die AHV-Renten werden von denjenigen finanziert, die das AHV-Alter noch nicht erreicht haben – also von allen Erwerbstätigen ab dem 18. Altersjahr. Die Finanzierung erfolgt über Lohnprozente. Dieses Finanzierungssystem nennt man «Umlageverfahren»: Die Abgaben der Erwerbstätigen werden auf die Renten der Pensionierten «umgelegt» und nicht individuell angespart.

Das Problem der AHV besteht darin, dass bei der gegenwärtigen Entwicklung der Schweizer Bevölkerung immer weniger Erwerbstätige für immer mehr Rentnerinnen und Rentner aufkommen müssen. Bei der Einführung der AHV 1948 zahlten auf eine rentenbeziehende Person etwa acht erwerbstätige Personen AHV-Beiträge ein. Heute sind es etwas mehr als drei Erwerbstätige. Der Bund und die Kantone übernehmen daher einen Teil der Finanzierung der AHV.

Zuschüsse

Personen im erwerbsfähigen Alter pro Rentner mit Prognose ab 2022

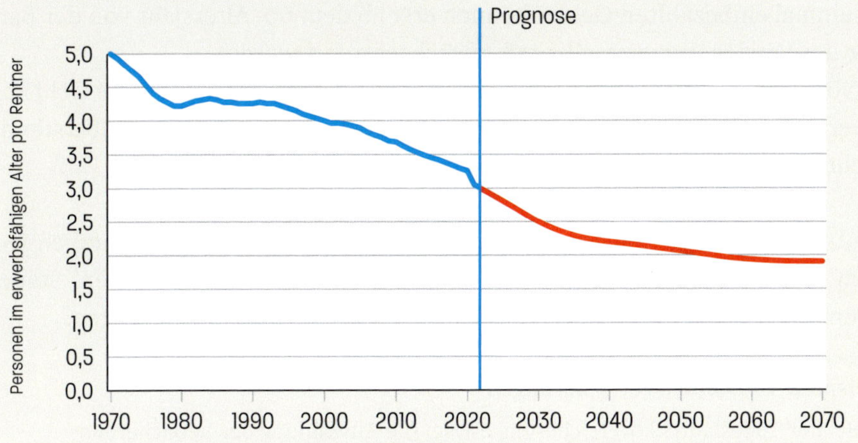

Quelle: Bundesamt für Statistik (BFS)

Neben der normalen Altersrente gibt es die Witwen- bzw. Witwerrente, die Waisenrente, Hiflosenentschädigungen und Ergänzungsleistungen.

Leistungen

Die Pensionskasse

Gemäss dem Drei-Säulen-Konzept sollen die erste und zweite Säule pensionierten Personen den bisherigen Lebensstandard garantieren. Die Pensionskassenbeiträge werden wie bei der AHV direkt vom Lohn abgezogen.

Beitragspflicht

Im Gegensatz zur AHV werden die Pensionskassen durch das sogenannte Kapitaldeckungsverfahren finanziert. Das heisst, dass die Beiträge, welche die Arbeitgeber und Arbeitnehmer paritätisch (zu gleichen Teilen) bei der Pensionskasse einzahlen, jeder Person individuell auf ein Konto gutgeschrieben werden. Dieses Konto wird von einer privaten Pensionskasse möglichst zinsbringend verwaltet.

Kapitaldeckungsverfahren

Erreicht eine Arbeitnehmerin das Pensionsalter oder wird sie durch einen Unfall invalid, so wird ihr das individuell in die Pensionskasse einbezahlte Geld in Rentenform ausbezahlt. Wer mehr einzahlt, erhält also auch mehr ausbezahlt. Es findet keine Umverteilung statt.

Leistungen

Das Problem der Pensionskasse ist, dass das Geld gewinnbringend angelegt werden muss. In der jüngeren Vergangenheit hat sich mehrmals gezeigt, dass dies zu riskanten Börsengeschäften führen kann, die letzten Endes die versicherten Personen schädigen.

Die private Vorsorge – 3. Säule

Neben der staatlichen und beruflichen Vorsorge kann man auch privat für das Alter vorsorgen. Der Staat unterstützt dieses freiwillige Sparen, indem er die sogenannte dritte Säule (private Vorsorge) mit Steuervorteilen versehen hat.

Säule 3a (gebundene Vorsorge)

Der Staat erlaubt allen Lohnbezügerinnen und Lohnbezügern, eine bestimmte Summe als persönliche Altersvorsorge anzusparen und diese bei der Steuererklärung vom Einkommen abzuziehen. Man nennt dies die Säule 3a.
Die einmal einbezahlten Gelder können erst ab dem 60. Altersjahr von der Bank oder der Versicherungsgesellschaft zurückgefordert werden.
Ein vorzeitiger Bezug ist nur dann gestattet, wenn man das angesparte Geld zum Erwerb von eigenem Wohnraum verwenden will, wenn man sich selbstständig macht oder die Schweiz für immer verlässt.

Säule 3b (freie Vorsorge)

Der freien Vorsorge – auch als Säule 3b bezeichnet – kann grundsätzlich jede Form der Vermögensbildung zu Vorsorgezwecken zugeordnet werden. Steuerbegünstigt ist zum Beispiel das Abschliessen von Lebensversicherungen.

Beispiele von Lebensversicherungen

- Bei der Todesfallrisikoversicherung erfolgt die Auszahlung der Versicherungssumme, wenn die versicherte Person während der Versicherungsdauer stirbt. Die Todesfallrisikoversicherung ist eine reine Risikoversicherung zum Schutz vor den finanziellen Folgen im Todesfall eines Elternteils oder Ehegatten.
- Bei der gemischten Lebensversicherung erfolgt die Auszahlung der Versicherungssumme im Todesfall oder spätestens bei Ablauf der Versicherung. Die gemischte Lebensversicherung ist eine Spar- und Risikoversicherung; sie ist gleichzeitig Familienschutz und Altersvorsorge.

Vor allem der Abschluss einer kapitalbildenden Lebensversicherung will gut überlegt sein, weil es gerade jungen Familien oft schwerfällt, die dafür notwendigen Mittel aufzubringen.

▶ **Aufgaben:** A16 S. 188 f. AH
▶ **Wissen anwenden:** W22 S. 195 AH, S. 342 LM
▶ **Kreuzworträtsel:** X1 S. 196 AH

Das weiss ich jetzt!

8.44 Erklären Sie das Drei-Säulen-Konzept in eigenen Worten.
8.45 Wie wird die AHV finanziert?
8.46 Welches Ziel wird mit der zweiten Säule angestrebt?
8.47 Was verstehen Sie unter «Kapitaldeckungsverfahren» bei der Pensionskasse?
8.48 Was ist die Säule 3a?
8.49 Was ist der Unterschied zwischen einer Todesfallrisikoversicherung und einer gemischten Lebensversicherung?

8.6 Unternehmensformen und Betriebsorganisation

Unternehmensformen

Die schweizerische Wirtschaft verfügt über Tausende von Gewerbebetrieben und Unternehmungen, in deren Umfeld Sie Ihre berufliche Zukunft verbringen werden. Diese Betriebe haben eine bestimmte Rechtsform.

Dazu eine Übersicht der verschiedenen Rechtsformen für Unternehmen in der Schweiz:

Rechtsformen von Unternehmen

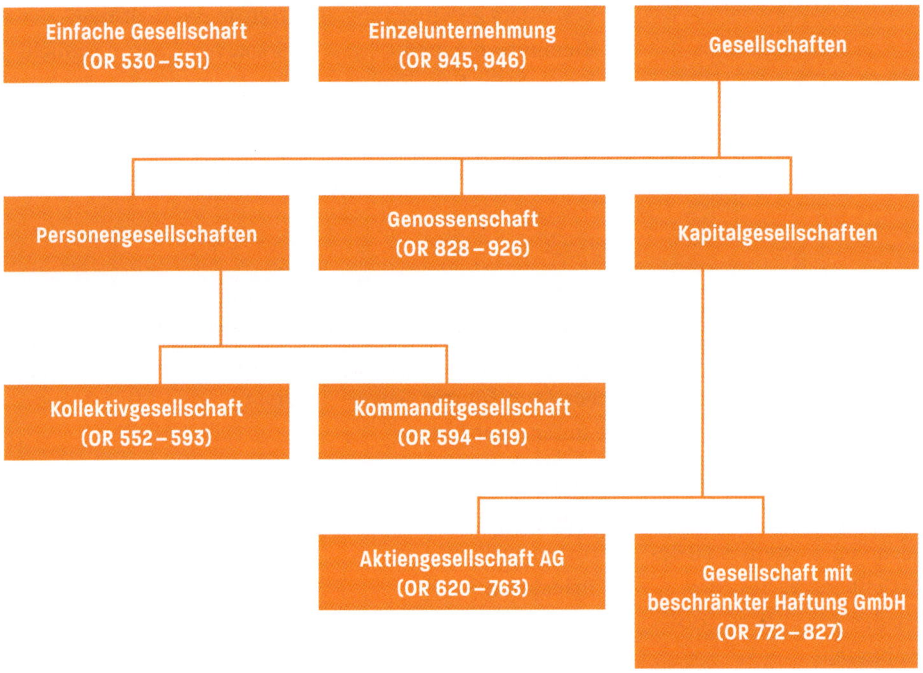

Die vier in der Schweiz wichtigsten und am meisten gewählten Rechtsformen sind nachfolgend im Vergleich aufgeführt.

Einzelunternehmung

Errichtung/Entstehung Kein spezieller Gründungsakt; mit Beginn des Geschäftsbetriebes unter einer Firma ist die Einzelfirma gegründet. Eintrag im Handelsregister ab einem Jahresumsatz von 100 000 CHF erforderlich.		**Zweck** Betreiben eines kaufmännischen Gewerbes als alleinige Inhaberin oder alleiniger Inhaber.	**Gründer** In- oder Ausländer
Haftung Unternehmer haftet unbeschränkt (inkl. Privatvermögen).	**Mindestkapital**	**Vorteile** - Einfachheit	**Nachteile** - Haftungsverhältnisse - Sozialversicherungspflicht

Kollektivgesellschaft

Errichtung/Entstehung Kein spezieller Gründungsakt; keine bestimmte Form vorgeschrieben (Schriftform üblich und empfohlen). Eintrag im Handelsregister erforderlich.		**Zweck** Handels-, Fabrikations- oder anderes nach kaufmännischer Art geführtes Gewerbe unter einer Firma.	**Gründer** Nur natürliche Personen. Nur ein Geschäftsführer muss Wohnsitz in der Schweiz haben.
Haftung Subsidiär zum Gesellschaftsvermögen haften die Inhaber persönlich, unbeschränkt und solidarisch (inkl. Privatvermögen).	**Mindestkapital**	**Vorteile** - Besonders geeignet für Kleinunternehmen - Keine Anforderungen an die Nationalität der Gesellschafter	**Nachteile** - Haftungsverhältnisse - Sozialversicherungspflicht

Aktiengesellschaft AG

Errichtung/Entstehung Formelles notarielles Gründungsverfahren. Eintrag im Handelsregister erforderlich.		**Zweck** Handels-, Fabrikations- oder anderes nach kaufmännischer Art geführtes Gewerbe unter einer Firma.	**Gründer** Mindestens 1 Aktionär (natürliche oder juristische Person).
Haftung Gesellschaftsvermögen	**Mindestkapital** CHF 100 000, davon mindestens 20% des Aktiennennwertes, bzw. mindestens CHF 50 000 einbezahlt.	**Vorteile** - Entspricht den Bedürfnissen ausländischer Investoren - Weitgehende Anonymität der Investoren - Keine Publizitätspflicht - Beschränkte Haftung	**Nachteile** - Kosten - Doppelbesteuerung

Gesellschaft mit beschränkter Haftung GmbH

Errichtung/Entstehung Formelles notarielles Gründungsverfahren Eintrag im Handelsregister erforderlich.		**Zweck** Handels-, Fabrikations- oder anderes nach kaufmännischer Art geführtes Gewerbe unter einer Firma.	**Gründer** Mindestens 1 Gesellschafter (natürliche oder juristische Person).
Haftung Gesellschaftsvermögen	**Mindestkapital** CHF 20 000, komplett einzuzahlen.	**Vorteile** - Geringes Mindestkapital - Beschränkte Haftung	**Nachteile** - Übertragbarkeit der Anteile aufwändiger - Doppelbesteuerung

Betriebsorganisation

Damit Betriebe ihre Kräfte und Mittel zweckmässig und zielbewusst einsetzen können, benötigen sie eine ihren Verhältnissen angepasste Betriebsorganisation.

Organigramm

Das Organigramm gibt Auskunft über die Tätigkeits- oder Funktionsbereiche eines Betriebes und die Unterstellungsverhältnisse.

Betriebsorganisation als Liniensystem

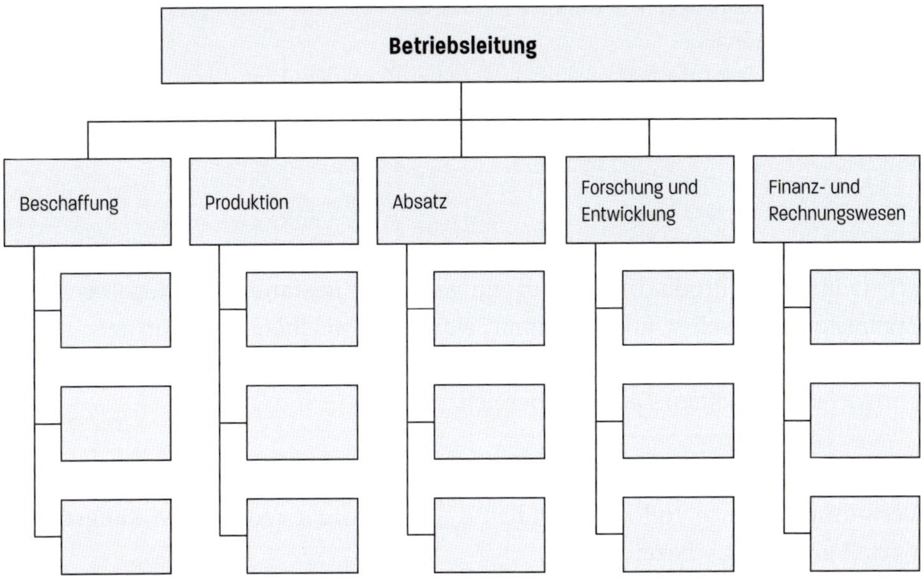

Bei der Betriebsorganisation in Form eines Liniensystems hat jede Abteilung nur eine vorgesetzte Instanz, deren Weisungen befolgt werden müssen und der gegenüber man verantwortlich ist.

Betriebsorganisation als Matrix

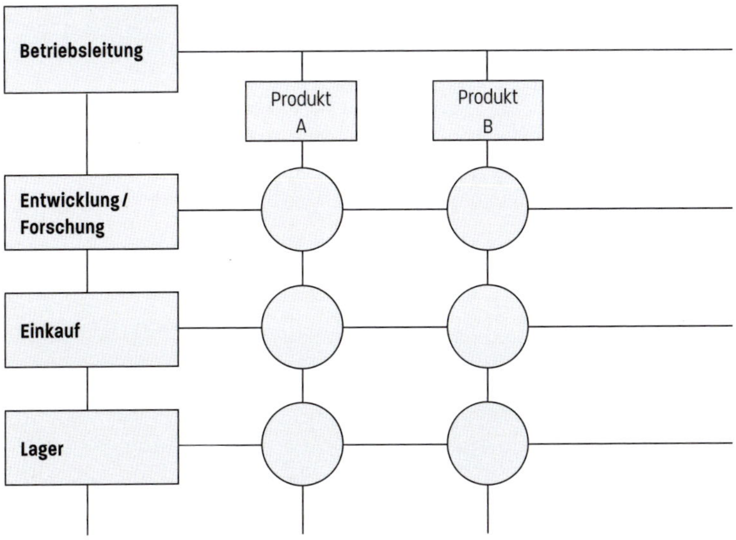

Wird die Betriebsorganisation als Matrix abgebildet, können Zuständigkeiten und Verantwortlichkeiten aufgebaut werden, um die Abläufe in einem Unternehmen zu leiten.

Organisatorische Grundsätze

Damit ein Betrieb gut funktionieren kann, müssen einige wichtige organisatorische Grundsätze geklärt sein:

Organisatorische Grundsätze

- *Kompetenz:* Recht und Befugnis, alle notwendigen Anordnungen treffen zu können. Aufgabe, Verantwortung und Kompetenz müssen aufeinander abgestimmt sein.
- *Stellvertretung:* Um den reibungslosen Betrieb zu gewähren, muss für jeden Mitarbeitenden eine Stellvertretung bestimmt sein.
- *Koordination:* Entscheide, Anordnungen, Massnahmen usw. dürfen sich nicht widersprechen.
- *Delegation:* Übertragen von Kompetenz, um eine ebenfalls übertragene Aufgabe erfüllen zu können.
- *Information:* Der Informationsfluss folgt in der Regel dem Dienstweg.
- *Kontrolle:* Anweisung erteilen beinhaltet auch das Recht bzw. die Pflicht zur Kontrolle.

Lean Production

Lean Production ist eine moderne Organisationsform, bei der die Gruppenarbeit in einem Produktionsablauf ein wichtiger Bestandteil bildet. Das Team organisiert sich selbst und bestimmt, wer wann welchen Handgriff macht und wann abgewechselt wird. Das Team übernimmt, so wie jedes Teammitglied, Verantwortung für seinen Tätigkeitsbereich.

New Public Management

New Public Management ist eine ähnliche Organisationsform im öffentlichen Verwaltungsbereich und wird dort häufig auch kurz als «WOV» – wirkungsorientierte Verwaltung – bezeichnet.

▶ **Aufgaben:** A17–A18 S. 189 AH
▶ **Wissen anwenden:** W23 S. 195 AH; S. 342 LM

Das weiss ich jetzt!

8.50 Welches sind die vier gebräuchlichsten Rechtsformen für Unternehmen?

8.51 Beschreiben Sie die Haftung eines Einzelunternehmers.

8.52 Worüber gibt ein Betriebsorganigramm Auskunft?

8.53 Nennen und erklären Sie drei wichtige organisatorische Grundsätze.

Wissen anwenden

Hinweis: Die Antworten zu den Fragen, die mit einem Ja oder Nein beantwortet werden können, müssen Sie begründen.

W1 Daniela Frutiger erhält nach einem erfolgreichen Vorstellungsgespräch ihre erste Stelle als Anlagenführerin. Voller Stolz zeigt sie Ihnen den soeben erhaltenen Arbeitsvertrag. Der Arbeitsvertrag enthält folgende Abmachungen:

- **Arbeitszeit: 48 Stunden pro Woche**
- **Probezeit: 8 Monate**
- **Ferien: 2 Wochen pro Jahr**
- **Kündigungsfrist: 3 Wochen**

Welche Abmachungen im vorliegenden Vertrag sind gesetzeswidrig? Korrigieren Sie.

W2 Sandra ist glücklich. Herr Meister, der Personalchef der Firma Keller AG, hat ihr soeben zugesichert, dass sie die neu zu besetzende Stelle im Betrieb erhält. Die beiden haben sich über alle wichtigen Vertragspunkte geeinigt. In vier Wochen tritt Sandra ihre neue Stelle an. Herr Meister wird ihr in den nächsten Tagen noch einen schriftlichen Vertrag zustellen.
Einige Tage später begegnet Sandra zufälligerweise einem ehemaligen Schulkollegen, der mittlerweile eine leitende Funktion innehat. Dieser unterbreitet ihr ein viel besseres Arbeitsangebot.
Kann sie sich die Sache noch anders überlegen?

W3 Der Maler Heinz Borter renoviert im Auftrag seiner Chefin in einem Wohnblock das Treppenhaus. Dabei wird er von drei Mietern gebeten, doch gleich auch ihre Korridore neu zu streichen. Heinz verspricht den drei Mietern, diese Arbeiten nach Feierabend gegen ein Entgelt zu machen. Er benötige dafür die folgenden drei Abende.
Darf Heinz diese Malerarbeiten auf eigene Rechnung ausführen?

W4 In den vergangenen Monaten musste Kevin wegen eines dringenden Auftrages 40 Überstunden leisten. Seine Vorgesetzte verlangt nun, dass er diese Stunden kompensiert. Kevin möchte sich die Überstunden lieber auszahlen lassen.
Kann er das verlangen?

W5 Silvio Amstutz ist Vater von drei Kindern im schulpflichtigen Alter. Er bewohnt mit seiner Gattin Lara eine Viereinhalb-Zimmer-Wohnung. Als Silvio Amstutz neben der Steuerrechnung eine sehr hohe Zahnarztrechnung erhält, hat die Familie ein finanzielles Problem. Zudem benötigen die drei Kinder unbedingt neue Schuhe. Silvio verlangt von seinem Arbeitgeber einen Lohnvorschuss.
Hat Silvio Anrecht auf einen Vorschuss?

W6 Antonio Manca hat am 30. April seinen letzten Arbeitstag. Bei der Verabschiedung überreicht ihm der Chef die Lohnabrechnung. Als Antonio die Lohnabrechnung kontrolliert, stellt er mit grossem Erstaunen fest, dass der Chef ihm keinen Anteil am 13. Monatslohn verrechnet hat.
Hat Antonio Anrecht darauf?

W7 Selina hat wegen einer hartnäckigen Mittelohrentzündung im letzten Monat drei Wochen am Arbeitsplatz gefehlt. Als sie ihre Lohnabrechnung erhält, stellt sie fest, dass ihr der Arbeitgeber für die erste Woche der Krankheit keinen Lohn und für die restliche Zeit der Erkrankung nur 80 Prozent des üblichen Lohnes als Krankentaggeld bezahlt.
Ist diese Abrechnung korrekt?

W8 Cornelia Dähler kündigt auf Ende September ihre Stelle. Im März hat sie eine Woche Skiferien in Zermatt verbracht, und für den Monat Juni hat sie bereits drei Wochen Ferien auf Sardinien geplant. Nun weiss sie aber nicht, auf wie viele Wochen Ferien sie tatsächlich noch Anrecht hat.
Helfen Sie ihr.

W9 Fabian Kieser hat einen neuen Job gefunden. Er kündigt deshalb unter Einhaltung der zweimonatigen Kündigungsfrist auf Ende September. Weil er sich in einem finanziellen Engpass befindet, will er bis zum Ablauf der Kündigungsfrist arbeiten und sich die zwei Wochen Ferien, die er noch zugute hat, auszahlen lassen.
Kann das Fabian vom Chef verlangen?

W10 Yves Feller absolviert die Unteroffiziersschule. Insgesamt ist er etwas länger als vier Monate im Militär. Als er seine berufliche Tätigkeit wieder aufnimmt, behauptet der Chef, er dürfe ihm wegen dieser langen Abwesenheit den Ferienanspruch von vier Wochen um eine ganze Woche kürzen.
Darf der Arbeitgeber Yves die Ferien kürzen?

W11 Ihre Ferien verbringen Carlo und Claudia auf den Kanarischen Inseln. Am vierten Ferientag liegt Claudia mit Fieber und Schüttelfrösten im Bett. Da es in der näheren Umgebung keinen deutsch sprechenden Arzt gibt und sie sich zu schwach fühlt, das Hotelzimmer zu verlassen, pflegt Carlo sie mit Medikamenten aus der Reiseapotheke. Nach den Ferien verlangt Claudia vom Arbeitgeber, dass er ihr die drei verpassten Ferientage gutschreibt. Dieser verlangt von Claudia Beweise und weigert sich, auf ihre Forderung einzutreten.
Muss Claudia beweisen, dass sie in den Ferien krank war?

W12 Die Restaurationsfachfrau Fabienne teilt ihrem Chef mit, dass sie drei Wochen Ferien gerne im Juni beziehen möchte, damit sie nicht in der Hochsaison in die Ferien gehen müsse. Ausserdem könne sie in der Vorsaison günstiger reisen. Ihr Chef ist mit ihrem Vorschlag nicht einverstanden und teilt ihr mit, sie könne die drei Wochen im August beziehen, da im Juni Hochbetrieb herrsche.
Muss sich Fabienne mit dieser Antwort zufriedengeben?

W13 Adriana Zeller arbeitet seit sechs Jahren in einer Gärtnerei. Nun schaut sie sich nach einem neuen Job um und verlangt von ihrem Chef ein Zwischenzeugnis. Ihr Arbeitgeber stellt sich auf den Standpunkt, dass er ihr in den Mitarbeitergesprächen mündlich ihre Leistungen mitgeteilt habe und sie erst bei einem allfälligen Austritt ein Arbeitszeugnis erhalten werde. Nachdem Adriana endlich das Arbeitszeugnis erhalten hat, stellt sie fest, dass die Formulierungen nicht aussagekräftig sind. Sie weiss nicht, ob das Zeugnis verschlüsselt ist.
Wie begründen Sie die Forderung nach dem Zwischenzeugnis? Welchen Rat erteilen Sie Adriana Zeller?

W14 Vanessa Burri heiratet und macht kein Geheimnis daraus, dass sie sich bald Kinder wünsche. Der Arbeitgeber kündigt ihr, weil er Arbeitsausfälle und einen reduzierten Einsatz der Arbeitnehmerin befürchtet.
Ist dies erlaubt?

W15 Sandra Graber arbeitet seit sieben Jahren beim gleichen Arbeitgeber. Am 15. August erleidet Sandra einen schweren Motorradunfall. Am 24. Dezember desselben Jahres erhält Sandra das eingeschriebene Kündigungsschreiben. Als Kündigungstermin wird der 28. Februar des folgenden Jahres angegeben.
Wie beurteilen Sie das Vorgehen des Arbeitgebers?

W16 Urs Kraft arbeitet als Maurer. Er ist bekannt als ein Mensch, der schnell jähzornig und gewalttätig wird. Als ihn der Polier zum wiederholten Male auffordert, etwas schneller und exakter zu arbeiten, kann sich Urs nicht mehr unter Kontrolle halten.
Ohne Vorwarnung prügelt er auf den Polier ein, sodass dieser ins Spital eingeliefert werden muss. Der Chef fackelt nicht lange und kündigt Urs fristlos.
Muss Urs die fristlose Auflösung akzeptieren?

W17 Herr Keller arbeitet seit fünf Jahren in der gleichen Firma. Er kündigt seine Stelle Mitte April.
Welche Kündigungsfrist muss Herr Keller einhalten, und wie lautet der Kündigungstermin?

W18 Hans tritt am Montag, 1. Mai, seine neue Stelle an. Bereits am Freitag gefällt es ihm nicht mehr und er kündigt.
Wann endet das Arbeitsverhältnis?

W19 Ursulas Arbeitgeber kündigt nach vier Jahren das Arbeitsverhältnis auf Ende Juli. Am 22. Juli erleidet sie einen Unfall und ist während 90 Tagen arbeitsunfähig.
Welches ist der neue Kündigungstermin?

W20 Peter muss am 5. Juli für drei Wochen ins Militär einrücken. Am 28. Mai erhält er die Kündigung seines Arbeitgebers mit einer Frist von zwei Monaten auf Ende Juli.
Wann endet das Arbeitsverhältnis?

W21 Ein 50-jähriger Bekannter verdient Fr. 80 000.– im Jahr. Er will von Ihnen wissen, wie hoch denn allenfalls seine Vollinvalidenrente sein könnte.
Erläutern Sie ihm die Sachlage.

W22 Aufgrund der Überalterung unserer Gesellschaft spricht man von einem zukünftigen Finanzierungsproblem bei der AHV.
Zeigen Sie drei mögliche Wege auf, wie man dieses Problem in Zukunft lösen könnte.
Beurteilen Sie die gefundenen Lösungen aus Ihrer Sicht.

W23 **Fragen Sie in Ihrem Betrieb nach der Betriebsorganisation resp. der Unternehmensführung und vergleichen Sie Ihre Unterlagen in der Klasse.**

Korrespondenz

K1 Sie bewerben sich auf eine ausgeschriebene Stelle bei einer Tageszeitung. **Erstellen Sie ein Bewerbungsdossier.**

K2 Für das Bewerbungsschreiben brauchen Sie eine Referenzperson. **Fragen Sie Ihren ehemaligen Berufsbildner oder Ihre ehemalige Vorgesetzte schriftlich an.**

K3 Nachdem Sie Ihren alten Job aufgegeben haben, erhalten Sie Ihr Arbeitszeugnis. Nach Rückfrage beim ehemaligen Arbeitgeber wird Ihnen bestätigt, dass das Arbeitszeugnis nach einer bestimmten Zeugnissprache verschlüsselt abgefasst worden ist. Ihre Leistung wird wie folgt beurteilt: «Er hat die ihm übertragenen Arbeiten zu unserer Zufriedenheit ausgeführt.» Im Klartext heisst das: «Genügende Leistungen». Sie sind mit dieser Qualifikation nicht einverstanden. **Verlangen Sie von Ihrem ehemaligen Arbeitgeber ein neues Zeugnis, und legen Sie ihm gleichzeitig einen Vorschlag bei.**

K4 Seit vier Jahren arbeiten Sie im gleichen Betrieb. Obschon Ihnen die Arbeit nach wie vor gefällt, wollen Sie sich verändern und suchen eine neue Stelle. **Schreiben Sie die begründete Kündigung mit dem heutigen Datum auf den nächstmöglichen Kündigungstermin.**

Lernaufgabe

Berufliche Zukunft: Bewerbungsdossier

Ausgangslage

In wenigen Monaten beenden Sie Ihre Lehre und es beginnt ein neuer Lebensabschnitt. Einige Ihrer Kolleginnen und Kollegen können im Lehrbetrieb bleiben, andere müssen sich auf dem Arbeitsmarkt eine neue Stelle suchen. Wie sieht Ihre berufliche Zukunft aus?

Lernziele

Sie können ein vollständiges und fehlerfreies Bewerbungsdossier erstellen.

Auftrag

Erstellen Sie ein vollständiges Bewerbungsdossier.

Produkt

Bewerbungsdossier (in Word und PDF)

Vorgehen

1. Sie arbeiten allein.
2. Lesen Sie die Arbeitsaufträge genau durch und klären Sie Fragen mit der Lehrperson.
3. Erstellen Sie ein vollständiges Bewerbungsdossier.

Arbeitsaufträge

1. Suchen Sie eine geeignete Arbeitsstelle (im Internet oder in einer Zeitung).
2. Erstellen Sie am PC Ihr persönliches Bewerbungsdossier für die von Ihnen ausgewählte Arbeitsstelle.
3. Das Dossier soll ein grammatikalisch korrektes Bewerbungsschreiben und einen Lebenslauf beinhalten.

Kapitel 9
Selbstständig leben

Wenn Sie volljährig sind, können Sie grundsätzlich so leben, wie es Ihnen gefällt. Das bedeutet unter anderem, dass Sie sich für eine bestimmte Wohnform entscheiden werden.
Rund 60 % der Schweizerinnen und Schweizer mieten ihre Wohnungen. Damit liegt die Schweiz europaweit als «Land von Mieterinnen und Mieter» an der Spitze. Ihre Selbstständigkeit erfordert jedoch einige Kenntnisse in Wohn- und/oder Versicherungsfragen, wollen Sie auf dem Weg zu Ihrer Traumwohnung nicht plötzlich böse Überraschungen erleben.

In diesem Kapitel setzen Sie sich mit folgenden Fragen auseinander

- Was sollte man bei der Wohnungssuche und bei einem Umzug zu beachten?
- Wie beinhaltet ein Mietvertrag und welche Rechte haben Mieterinnen und Mieter?
- Welche Punkte sind beim Thema Kündigung von Bedeutung?
- Welche Versicherungen sind für Mieterinnen und Mieter sinnvoll?

ZUERST LEISTEN WIR UNS DIE MIETE DANN DIE MÖBEL!
PFUSCHI-CARTOON

9.1 Wohnen

Grundsätzliche Überlegungen

Eine eigene Wohnung zu haben, ist ein wichtiger Schritt in ein selbst gestaltetes Leben. Zu Beginn der Erwerbstätigkeit ist der Lohn in der Regel nicht allzu hoch. Bevor Sie eine Wohnung suchen, sollten Sie sich deshalb die Frage stellen, welchen Mietzins Sie sich leisten können.
Eine Faustregel besagt, dass die Obergrenze für den Mietzins inklusive Nebenkosten nicht mehr als 30 Prozent des Einkommens betragen sollte. Es kann sich deshalb lohnen, zu Beginn des selbstständigen Wohnens mit anderen Personen eine Wohnung zu beziehen. Schon das Zusammenziehen mit der Partnerin bzw. dem Partner halbiert die Miete und vergrössert die Möglichkeiten bei der Wohnungssuche.

Wohnungssuche und Umzug

Wohnungssuche

Wichtig bei der Wohnungssuche ist, dass Sie verschiedene «Kanäle» nutzen.

Vorgehensweise bei der Wohnungssuche
- Suche im Internet (z. B. *www.immoscout24.ch*; *www.homegate.ch*)
- Mund-zu-Mund-Propaganda; verschiedensten Leuten mitteilen, dass Sie eine Wohnung suchen
- Soziale Medien (Gruppen, Nachrichtenkanäle)
- Zeitungsinserate beachten (Rubrik «Wohnungsmarkt»)
- Selber inserieren (analog/digital)

Chiffre-Inserat

Viele Vermieterinnen inserieren ihre Wohnung unter einer Chiffre, damit sie nicht über längere Zeit mit Telefonanrufen überhäuft werden, sondern in Ruhe aus den eingegangenen Bewerbungen auswählen können.

Mietbewerbung

Auf Wohnungsinserate muss eine schriftliche Mietbewerbung geschrieben werden. Die Chance, die Wohnung zu erhalten, wird grösser, wenn sich die eigene Bewerbung von den anderen abhebt. Sie müssen also der Vermieterin oder dem Vermieter zeigen, dass gerade Sie der perfekte Mieter, die perfekte Mieterin für diese Wohnung sind.

Auszug Betreibungsregister

Viele der Vermieterinnen oder Vermieter verlangen von den Bewerberinnen und Bewerbern einen aktuellen Auszug aus dem Betreibungsregister.

Umzug

Gut geplant ist halb gezügelt. Wer sich sorgfältig und vor allem frühzeitig vorbereitet, spart viel Zeit, Geld, Stress und Ärger.

Zügeltipps

- Bei der Arbeitgeberin bzw. dem Arbeitgeber den rechtlich zustehenden, freien Tag für den Umzug einfordern
- Bei verschiedenen Zügelfirmen Offerten einholen oder Helfende und geeignetes Fahrzeug organisieren
- Kisten genau anschreiben und Möbel so weit wie möglich demontieren
- Ämtern, Unternehmen, Versicherungen, Verwandten und Bekannten Adressänderung bekannt geben
- Zählerstände (Strom, Gas, Wasser und Heizung) in der alten und neuen Wohnung notieren

Eine eigene Wohnung: ein wichtiger Schritt in ein selbst gestaltetes Leben.

▸ **Aufgaben:** A1 S. 203 AH
▸ **Lernaufgabe:** Selbstständig leben S. 214 AH, S. 359 LM

Das weiss ich jetzt!

9.1 Welche Wohnmöglichkeiten haben Sie als Lehrabgänger bzw. Lehrabgängerin?

9.2 Wie und wo können Sie eine Wohnung suchen?

9.3 Was sollte man bei einer Mietbewerbung beachten?

9.4 Zählen Sie vier Tipps auf, die beim Vorbereiten eines Umzuges beachtet werden sollten.

Mietvertrag und Mietantritt

Form des Mietvertrages

Das Gesetz sieht für den Mietvertrag keine besondere Form vor. Dieser kann also schriftlich oder mündlich abgeschlossen werden. Üblicherweise kommen Mietverhältnisse durch das Unterzeichnen eines Formular- resp. Mustermietvertrages zustande.

Üblicherweise wird der Mietvertrag schriftlich abgeschlossen.

Solidarhaftung

Unterzeichnen mehrere Mieter den Mietvertrag (z. B. WG), so haften sie solidarisch für alle Verbindlichkeiten (z. B. Bezahlung des Mietzinses, Schäden beim Auszug).

Übergabe der Wohnung
OR 256–256a

Die Vermieterin ist verpflichtet, die Wohnung in geeigneten Zustand zu übergeben und während der Mietzeit in diesem Zustand zu erhalten.
Dazu ein Beispiel: Peter mietet eine Neubauwohnung im Parterre mit Gartensitzplatz. Beim Einzug in die Wohnung kann der Gartensitzplatz noch nicht benutzt werden, da die Umgebungsarbeiten nicht beendet sind.
Weil der Gartensitzplatz einen Teil der gemieteten Wohnung darstellt, ist «der zum vertragsgemässen Gebrauch geeignete Zustand» nicht gegeben. Peter kann für die Übergangszeit eine angemessene Mietzinsreduktion verlangen.

Mängelliste

Beim Mietantritt sollte die Vermieterin mit dem Mieter die Räume gemeinsam besichtigen und die vorhandenen Mängel in einer Mängelliste (Antritts-/Übergabeprotokoll) festhalten. Dies ist keine gesetzliche Pflicht. Der Mieter hat aber so die Gewissheit, dass er bei Beendigung des Mietverhältnisses nicht für Mängel aufkommen muss, die bereits bei seinem Einzug vorhanden waren.

Kaution
OR 257e

Bei der Miete von Wohnräumen darf die Vermieterin höchstens drei Monatsmieten als Sicherheit verlangen. Diese Kaution (Sicherheit) dient zur Deckung von ausstehenden Mietzinsen und Nebenkosten sowie zur Deckung von Schadenersatzforderungen.

Das weiss ich jetzt!

9.5 Welche Formvorschrift gilt für den Mietvertrag?

9.6 Weshalb haben Mieter und Vermieterin ein Interesse an der gemeinsamen Aufnahme eines Antrittsprotokolls?

9.7 Wie hoch darf eine Kaution sein, und welchen Zweck erfüllt sie?

Mietzeit

Pflichten des Mieters

Mietzins und Nebenkosten OR 257a

Der Mieter muss den Mietzins und meistens die Nebenkosten (z. B. für Heizung, Warmwasser, Garten- und Umgebungspflege, Strom) an jedem Monatsende bezahlen (in der Praxis häufig im Voraus). Die Vermieterin muss dem Mieter auf Verlangen Einsicht in die Nebenkosten gewähren.

Sorgfalt und Rücksichtnahme OR 257f

Die Mietpartei ist beim Gebrauch der gemieteten Räume zur Sorgfalt verpflichtet. Beispiel: Auch bei sorgfältigem Gebrauch kann es zu Verfärbungen der Wände kommen (z. B. hinter aufgehängten Bildern). Dies gilt aber als normale Abnützung. Anders sieht es aus, wenn vom starken Rauchen die Tapeten übermässig verfärbt sind.
Auf die Nachbarinnen und Nachbarn haben die Mieterinnen und Mieter Rücksicht zu nehmen.

Hausordnung

Wird beim Abschluss eines Mietvertrages eine Hausordnung als verbindlich erklärt, muss sich der Mieter an diese Bestimmungen halten.

Duldungspflicht OR 257h

Der Mieter muss der Vermieterin gestatten – sofern sie sich rechtzeitig angemeldet hat – die Räume für den Unterhalt, die Wiedervermietung oder den Verkauf zu besichtigen.

Kleine Mängel OR 259

Kleine Mängel muss die Mietpartei selbst beseitigen oder bezahlen. Dies unabhängig davon, ob ihn ein direktes Verschulden trifft oder ob der Mangel beim normalen Gebrauch entstanden ist. Als kleine Mängel gelten z. B. schadhafte WC-Brillen, Duschschläuche und Dichtungen an Wasserhahnen, Sicherungen, Glühlampen. Weit verbreitet ist eine Kostengrenze von Fr. 150–250 pro Einzelfall.
Manche Formularmietverträge enthalten die Regelung, dass alle Reparaturen bis zu einem bestimmten Betrag von der Mietpartei zu übernehmen sind.

Eine defekte Waschmaschine muss durch die Vermieterin repariert oder ersetzt werden.

Das weiss ich jetzt!

9.8 Zählen Sie vier Beispiele von Nebenkosten auf.

9.9 Welche drei Gründe berechtigen die Vermieterin, die Wohnung zu besichtigen?

9.10 Nennen Sie drei Mängel, welche der Mieter bezahlen muss.

Rechte des Mieters

Mängel, die der Mieter nicht selbst zu beseitigen hat, müssen der Vermieterin schriftlich (Beweisgrund) mitgeteilt werden, weil bei Folgeschäden der Mieter schadenersatzpflichtig werden könnte.

Mittlere und grössere Mängel OR 259–259i

Rechte des Mieters bei Nichtbeseitigung von Mängeln

- Der Mieter hat, solange der Mangel nicht behoben ist, Anspruch auf eine verhältnismässige Herabsetzung des Mietzinses (Mietzinsreduktion).
- Hat der Mangel Schäden zur Folge, kann der Mieter Schadenersatzforderungen an die Vermieterin stellen.
- Der Mieter kann den Mietzins bei einer vom Kanton bezeichneten Stelle hinterlegen (Voraussetzungen OR 259g).
- Der Mieter kann mittelschwere Mängel durch eine Fachperson beheben lassen, die anfallenden Reparaturkosten bezahlen und mit dem nächsten Mietzins verrechnen. Er muss gegebenenfalls belegen, dass die Reparatur nicht zu teuer war. Bei diesem Vorgehen ist Vorsicht geboten!
- Bei schwerwiegenden Mängeln kann der Mieter das Mietverhältnis fristlos kündigen.

Erneuerungen (z. B. alte Fenster ersetzen) oder Änderungen (z. B. Einbau eines Lifts) durch die Vermieterin müssen für den Mieter zumutbar sein.

Erneuerungen und Änderungen OR 260

Wenn der Mieter Erneuerungen/Änderungen vornehmen will, vereinbart er dies mit der Vermieterin schriftlich und hält auch fest, ob die Änderungen beim Auszug wiederhergestellt werden müssen.

Erneuerungen und Änderungen durch Mieter OR 260a

Weist das Mietobjekt nach den Investitionen des Mieters einen erheblichen Mehrwert auf, hat er beim Auszug Anspruch auf eine Entschädigung, wenn die Vermieterin schriftlich zugestimmt hat.

Mehrwert

Der Mieter darf die Mietsache mit Zustimmung der Vermieterin untervermieten (keine Formvorschrift).

Untermiete OR 262

Verweigerungsgründe für die Untermiete

- Der Mieter gibt die Bedingungen der Untermiete nicht bekannt (z. B. Dauer der Untermiete oder Identität des Untermieters).
- Die Bedingungen der Untermiete sind missbräuchlich (z. B. Untervermieterin erzielt einen unangemessenen Gewinn aus der Vermietung).
- Der Vermieterin entstehen aus der Untermiete wesentliche Nachteile (z. B. Lärmimmission).

▶ **Aufgaben:**	A2–A7, A10	S. 204f. AH
▶ **Wissen anwenden:**	W1–W2, W4	S. 210 AH, S. 357 LM
▶ **Korrespondenz:**	K2–K3	S. 358 LM

Das weiss ich jetzt!

9.11 Welche Rechte haben Sie, falls die Vermieterin einen Mangel nicht beseitigt?

9.12 Woran ist zu denken, wenn Sie in der Wohnung einen Umbau tätigen wollen?

9.13 In welchem Fall kann die Vermieterin Ihnen den Abschluss eines Untermietvertrages verbieten?

Mietende

Vorzeitiger Auszug
OR 264

Bei einem vorzeitigen (ausserterminlichen) Auszug ist der Mieter von seinen vertraglichen Verpflichtungen befreit, wenn er der Vermieterin einen zahlungsfähigen und zumutbaren Ersatzmieter vorschlägt. Dieser muss bereit sein, den Mietvertrag zu den gleichen Bedingungen zu übernehmen. Gelingt es dem Mieter nicht, einen Ersatzmieter zu finden, schuldet er den Mietzins bis zum vertraglich festgelegten Mietende.

Mieterkündigung
OR 266l–266m

Mieter müssen Wohnungen schriftlich kündigen. Für die Mieterkündigung genügt ein eingeschriebener Brief: bei Ehepaaren mit der Unterschrift beider Eheleute.

Vermieterkündigung
OR 266l, 266n, 266o

Die Vermieterkündigung einer Wohnung muss auf einem vom Kanton genehmigten Formular zugestellt werden. Dort wird der Mieter darüber informiert, wie er vorzugehen hat, wenn er die Kündigung anfechten oder eine Erstreckung des Mietverhältnisses verlangen will. Bei Ehepaaren wird die Kündigung beiden Ehegatten separat zugestellt. Erfüllt die Vermieterkündigung diese gesetzlichen Bestimmungen nicht, ist sie ungültig.

Kündigungsfristen und Kündigungstermine
OR 266 ff.

Wenn im Mietvertrag nichts anderes bestimmt ist, gelten folgende Fristen und Termine:

Kündigungsfristen und -termine

- Für unmöblierte und möblierte Wohnungen sowie unmöblierte Einzelzimmer gilt eine Kündigungsfrist von drei Monaten auf einen ortsüblichen Termin (z. B. Kanton Solothurn: 31. März, 30. Juni und 30. September).
- Für möblierte Einzelzimmer und Einstellhallenplätze gilt eine Kündigungsfrist von zwei Wochen auf Ende einer einmonatigen Mietdauer (z. B. Mietbeginn ist der 20. Dezember, d. h., die Kündigung erfolgt auf den 20. Januar, 20. Februar usw.).
- Für bewegliche Sachen gilt eine Kündigungsfrist von drei Tagen auf einen beliebigen Zeitpunkt.

OR 266a

Diese Fristen dürfen durch vertragliche Abmachungen verlängert, jedoch nicht verkürzt werden.
Die Kündigung muss am letzten Tag vor Beginn der Kündigungsfrist beim Empfänger eintreffen, sonst gilt sie als verspätet. Verspätete Kündigungen sind nicht ungültig, sondern gelten auf den nächstmöglichen Termin.

Wechsel des Eigentümers
OR 261

Bei einem Eigentümerwechsel gilt der Grundsatz, dass ein Kauf die Miete nicht bricht. In der Regel läuft das Mietverhältnis also normal weiter, wenn eine Mietwohnung verkauft wird. Kann jedoch die neue Eigentümerin dringenden Eigenbedarf geltend machen, ist es ihr Recht, die Wohnung unter Einhaltung der dreimonatigen Kündigungsfrist auf den ortsüblichen Termin zu kündigen.

Rückgabe der Wohnung

Am Ende der Mietzeit muss der Mieter die Wohnung in dem Zustand zurückgeben, der sich aus dem vertragsgemässen Gebrauch ergibt. Der Mieter haftet somit nicht für die übliche Abnützung der Mietsache (z. B. Spannteppich ist nach 15 Jahren unbrauchbar). Dafür zahlt er schliesslich Miete. Er haftet ausschliesslich für Schäden, die fahrlässig oder absichtlich verursacht worden sind.

Bei der Berechnung eines Schadens muss die Lebensdauer der beschädigten Sache mit berücksichtigt werden (z. B. ein Kind bemalt die Tapete im Kinderzimmer. Tapeten haben eine Lebensdauer von zirka 10 Jahren. Wenn die Tapete beim Auszug 8 Jahre alt war, müssen die Eltern $\frac{2}{10}$ resp. $\frac{1}{5}$ der Erneuerungskosten bezahlen).

Lebensdauertabelle

www.mieterverband.ch → Lebensdauertabelle Tools

Am Ende der Mietzeit haftet der Mieter nur für Schäden, die er fahrlässig oder absichtlich verursacht hat.

- **Aufgaben:** A8–A9, A11 S. 206f. AH
- **Wissen anwenden:** W3, W5–W6 S. 210f. AH, S. 357 LM
- **Korrespondenz:** K1 S. 358 LM

Das weiss ich jetzt!

9.14 Was müssen Sie bei einem vorzeitigen Auszug tun, damit Sie sich von Ihren mietvertraglichen Verpflichtungen befreien können?

9.15 Welche Formvorschriften gelten bei einer Vermieterkündigung?

9.16 Wann muss die Kündigung spätestens bei der Vermieterin eintreffen?

9.17 Was bewirkt eine Kündigung, welche nicht fristgerecht (zu spät) eingereicht wurde?

9.18 Welche Kündigungsfristen gelten für Wohnungen und möblierte Einzelzimmer?

9.19 Für welche Schäden haften Sie bei der Wohnungsrückgabe?

Mieterschutz

Allgemeines

Der Bund hat Vorschriften gegen Missbräuche im Mietwesen erlassen.

Der Mieterschutz regelt

- den Schutz des Mieters vor missbräuchlichen Mietzinsen und anderen missbräuchlichen Forderungen der Vermieterin,
- die Anfechtung missbräuchlicher Kündigungen,
- die befristete Erstreckung von Mietverhältnissen.

Schutz vor missbräuchlichen Mietzinsen

Missbräuchliche Mietzinsen OR 269–269a

Mietzinse sind grundsätzlich missbräuchlich, wenn damit ein übersetzter Ertrag erzielt wird oder wenn sie auf einem offensichtlich übersetzten Kaufpreis beruhen.

Herabsetzungsbegehren OR 270–270a

Auch während der Mietdauer kann der Mieter mit einem schriftlichen Herabsetzungsbegehren verlangen, dass der Mietzins auf den nächstmöglichen Kündigungstermin herabgesetzt wird. Dies ist dann der Fall, wenn Grund zur Annahme besteht, der Vermieter erziele einen übersetzten Ertrag aus der Mietsache (z. B. keine Anpassung nach Hypothekarzinssenkung).

Mietzinse gelten nicht als missbräuchlich, wenn sie im Rahmen der orts- oder quartierüblichen Mietzinse liegen oder durch Kostensteigerungen oder Mehrleistungen des Vermieters begründet sind (z. B. Hypothekarzinserhöhungen, wertvermehrende Investitionen).

Mietzinserhöhungen OR 269d

Die Vermieterin muss die Mietzinserhöhung auf einem vom Kanton bewilligten Formular rechtzeitig mitteilen (spätestens zehn Tage vor Beginn der Kündigungsfrist) und begründen. Erfüllt die Ankündigung der Mietzinserhöhung diese gesetzlichen Vorgaben nicht, ist sie ungültig.

Anfechtung von Mietzinserhöhungen OR 270b

Nach der Ankündigung einer Mietzinserhöhung kann der Mieter den Entschied innert 30 Tagen bei der Schlichtungsbehörde anfechten. Erhält der Mieter Recht, darf ihm in den nächsten drei Jahren nicht gekündigt werden.

Anfechtung missbräuchlicher Kündigungen

Anfechtung der Kündigung OR 271–271a

Bei einer Kündigung hat der Mieter das Recht, eine schriftliche Begründung zu verlangen. Unter gewissen Voraussetzungen ist die Kündigung anfechtbar.

Anfechtbare Kündigungen

- Kündigung aufgrund von Ansprüchen, die der Mieter nach Treu und Glauben einfordert (z. B. Rachekündigung, weil der Mieter wegen zu hoher Heizkosten reklamiert)
- Kündigung während eines Schlichtungs- oder Gerichtsverfahrens im Zusammenhang mit dem Mietverhältnis
- Kündigung vor Ablauf von drei Jahren nach Abschluss eines Schlichtungs- oder Gerichtsverfahrens (Sperrfrist)

Das Anfechtungsbegehren ist innert 30 Tagen nach Erhalt der Kündigung bei der Schlichtungsbehörde einzureichen. Wird diese Frist versäumt, ist die Kündigung gültig.

Erstreckung des Mietverhältnisses

Erstreckung des Mietverhältnisses OR 272–272b

Der Mieter hat das Recht, die Erstreckung eines befristeten oder unbefristeten Mietverhältnisses zu verlangen, wenn die Beendigung der Miete für ihn eine Härte zur Folge hätte, die schwerer wiegt als das Interesse der Vermieterin an der Vertragsbeendigung (z.B. kinderreiche Familie; alleinerziehende Mütter oder Väter). Sinn und Zweck dieser Regelung ist, dem Mieter mehr Zeit für die Suche nach einer neuen Wohnung zu geben.
Die Erstreckung ist aber von vornherein ausgeschlossen, wenn der Mieter z.B. in Zahlungsverzug ist oder er seine Pflicht zur Sorgfalt und zur Rücksichtnahme schwer verletzt hat.
Das Mietverhältnis kann erstreckt werden, wenn der Mieter innert 30 Tagen ab Empfang der Kündigung bei der Schlichtungsbehörde am Ort, wo sich die Liegenschaft befindet, einen entsprechenden Antrag stellt. Das Mietverhältnis kann für Wohnräume um höchstens vier Jahre erstreckt werden.

▶ **Aufgaben:** A12–A13 S. 208f. AH

Versicherung

Hausratversicherung

Die Hausratversicherung deckt Schäden, die durch Feuer, Wasser, Glasbruch und Diebstahl entstehen. Im Brandfall werden alle zerstörten Gegenstände zum Neuwert ersetzt.

Unterversicherung

Bei allen Hausratversicherungen ist es wichtig, dass man der Versicherungsgesellschaft den exakten Neuwert der versicherten Gegenstände mitteilt. Ist die versicherte Summe kleiner als der Gesamtwert der Güter, entsteht eine sogenannte Unterversicherung. Jegliche Leistungen der Versicherung werden dann im Schadensfall im Verhältnis zur Unterversicherung gekürzt.

Bei einem Brand zerstörte Gegenstände werden durch die Hausratversicherung zum Neuwert ersetzt.

Das weiss ich jetzt!

9.20 Was regelt der Mieterschutz?

9.21 Unter welchen Voraussetzungen ist die Ankündigung einer Mietzinserhöhung rechtswirksam?

9.22 Innert welcher Frist müssen Sie eine Mietzinserhöhung anfechten?

9.23 Nennen Sie zwei Gründe, die zur Anfechtung einer Kündigung berechtigen.

9.24 Welche Umstände verunmöglichen eine Mieterstreckung?

9.25 Wie lange kann ein Mietverhältnis für Wohnungen maximal erstreckt werden?

Ein Beispiel soll dies verdeutlichen:

Beispiel zur Unterversicherung (Schadensrechnung)	
Wert im Versicherungsvertrag	Fr. 30 000.–
Tatsächlicher Wert	Fr. 50 000.–
Schaden durch Zimmerbrand	Fr. 15 000.–
Versicherung bezahlt $^3/_5$ des Schadens	Fr. 9000.–
Nicht gedeckter Schaden	**Fr. 6000.–**

Es lohnt sich also nicht, über den Versicherungswert Prämien zu sparen, zumal diese ohnehin sehr niedrig sind. Eine periodische Überprüfung des Versicherungswertes kann hilfreich sein, um nicht plötzlich unterversichert zu sein.

Privathaftpflichtversicherungen

Das Prinzip der Privathaftpflichtversicherung ist das gleiche wie dasjenige der Motorfahrzeughaftpflichtversicherung (siehe Kapitel 3.3, Versicherungen): Wenn einem Dritten (jemand anderem) Schaden zugefügt wird, übernimmt die Versicherung des Schuldigen die Kosten, sofern nicht Absicht oder grobe Fahrlässigkeit vorliegt (siehe Seite 28, Grundsätze des Strafrechts in Kapitel 1.8).
Dazu ein Beispiel: Beim Besuch einer Freundin stossen Sie unglücklicherweise deren wertvolle Vase um, sodass diese in tausend Stücke zerbricht. Dieser Schaden wird von Ihrer Privathaftpflichtversicherung übernommen.

Durch die Haftpflichtversicherung nicht gedeckt sind Schäden,
- welche die versicherte Person sich selbst oder jemand anderem im gleichen Haushalt zufügt;
- welche durch Abnützung entstanden sind.

Für die Wohnungsmiete muss oft ein Haftpflichtversicherungsnachweis vorgelegt werden. Der Vermieter schützt sich so vor allfälligen Kosten bei einem Schadenfall in seiner Wohnung.

Eine Privathaftpflichtversicherung ist zwar nicht obligatorisch, aber trotzdem sehr empfehlenswert, denn ein Schaden kann sehr teuer werden!

Die Prämienhöhe der Haftpflichtversicherung ist abhängig von den persönlichen Lebensumständen (Familiengrösse, Einrichtung, usw.) und den eigenen Leistungsansprüchen an die Versicherung.
Viele Versicherer verlangen einen Selbstbehalt von 200.– Franken pro Schadenfall. Dieser Selbstbehalt kann reduziert, erhöht oder auch ausgeschlossen werden.

Eine Übersicht zu allen Versicherungsarten inkl. Erläuterungen finden Sie im Kapitel 3.3, Versicherungen.

▶ **Aufgaben:** A14 S. 209 AH
▶ **Wissen anwenden:** W7–W9 S. 211 f. AH, S. 358 LM
▶ **Kreuzworträtsel:** X1 S. 213 AH
▶ **Korrespondenz:** K4 S. 358 LM

Das weiss ich jetzt!

9.26 Welche Auswirkung hat eine Unterversicherung bei der Hausratversicherung?

Wissen anwenden

Hinweis: Die Antworten zu den Fragen, die mit einem Ja oder Nein beantwortet werden können, müssen Sie begründen.

W1 Beat und Regine Fischer haben die Wohnung ihrer Träume gefunden. Obschon der Mietzins monatlich Fr. 2000.– beträgt, wollen sie die Wohnung mieten. Beim Unterzeichnen des Mietvertrages verlangt die Vermieterin von ihnen eine Sicherheit in der Höhe von Fr. 8000.–.
Muss Familie Fischer auf diese Forderung eintreten?

W2 Die 20-jährige Martina Tschanz bewohnt eine Zweizimmerwohnung in einem Mehrfamilienhaus. Abends hört sie oft lautstark die Musik ihrer Lieblingsband. Vergeblich versuchen die Nachbarn, an die Vernunft von Martina zu appellieren. Sie nehmen deshalb Kontakt mit dem Vermieter auf und bitten ihn um Hilfe.
Was kann der Vermieter unternehmen?

W3 Familie Graber lebt seit 14 Jahren in der gleichen Wohnung. Nun schickt die Vermieterin Herrn Graber die Kündigung auf einem amtlich bewilligten Formular unter Einhaltung der gesetzlichen Frist.
Hat die Vermieterin alle gesetzlichen Bestimmungen eingehalten?

W4 Bei Frau Moser funktioniert der Rollladen im Wohnzimmer nicht mehr richtig. Pflichtbewusst meldet sie den Schaden ihrem Vermieter. Dieser reagiert jedoch nicht auf ihre Schadenmeldung. Frau Moser lässt deshalb die Reparatur von einem Handwerker ausführen. Die Rechnung schickt sie dem Vermieter. Der Vermieter ist alles andere als erfreut über den Rechnungsbetrag von Fr. 480.– und weigert sich, die Rechnung zu bezahlen.
Wer muss die Rechnung begleichen?

W5 Da Franz Müller eine neue Arbeitsstelle angeboten wird, muss er seine Dreizimmerwohnung kündigen. Seit Mai 2023 bewohnt er diese Wohnung. Es gelten keine ortsüblichen Kündigungstermine. Mit dem neuen Arbeitgeber vereinbart Franz, dass er die Stelle am 1. September 2024 antreten werde. Er kündigt deshalb seine Wohnung auf den 31. August.
Hält sich Franz Müller an die gesetzlichen Kündigungstermine?

W6 Familie Grünig hat auf eigene Rechnung und ohne das Wissen des Vermieters in ihrer Mietwohnung Wandschränke eingebaut. Bei ihrem Auszug verlangt der Vermieter von der Familie Grünig, dass sie die Wandschränke wieder entfernt.
Muss Familie Grünig die Aufforderung befolgen?

W7 Sie wollen nach der Lehre eine eigene Wohnung mieten. Dazu müssen Versicherungen abgeschlossen werden.
Listen Sie die nötigen Versicherungen auf und ermitteln Sie die Monatsprämien.

W8 Sie veranstalten mit Freunden ein gemütliches Fondue-Essen. Nach einem langen Abend gehen Sie müde ins Bett und vergessen, die Kerze auf dem Wohnzimmertisch zu löschen. In der Nacht brennt das Wohnzimmer aus.
Welche Versicherung übernimmt den Schaden?

W9 Liegt die vereinbarte Versicherungssumme bei einer Hausratversicherung unter dem effektiven Wiederbeschaffungswert, spricht man von Unterversicherung.
a) **Beschreiben Sie zwei mögliche Gründe, wie eine Unterversicherung entstehen kann.**
b) **Wie viel bezahlt die Versicherung in diesem Fall?**

Wert des Mobiliars	Fr. 100 000.–
Versicherungswert	Fr. 80 000.–
Schaden	Fr. 60 000.–

Korrespondenz

K1 Seit zwei Jahren wohnen Sie in einer Zweizimmerwohnung. Nun wollen Sie in den USA Ihre Englischkenntnisse verbessern. Unter Einhaltung der gesetzlichen Frist schicken Sie Ihrem Vermieter ein Kündigungsschreiben auf Ende Juni zu.
Formulieren Sie die Kündigung.

K2 Im Badezimmer Ihrer Mietwohnung bildet sich an der Zimmerdecke Schimmelpilz, beim Lavabo haben sich mehrere Fliesen gelöst.
Informieren Sie Ihre Vermieterin schriftlich über die Mängel.

K3 Im Wohnzimmer Ihrer gemieteten Dreizimmerwohnung möchten Sie gerne die Decke mit Holz täfern.
Bitten Sie Ihre Vermieterin schriftlich um die entsprechende Erlaubnis. Ist sie bereit, Ihnen bei einem Auszug einen Teil der Auslagen zu ersetzen?

K4 Durch eine Windböe wird ein nicht richtig geschlossenes Fenster Ihrer Wohnung aufgeschlagen und verursacht Schaden an der Wohnungseinrichtung.
Beschreiben Sie kurz zuhanden Ihrer Versicherungsgesellschaft die entstandenen Schäden und geben Sie mögliche Termine zum Empfang eines Schadenexperten an.

Lernaufgabe

Selbstständig leben: Wohnformen im Vergleich, meine Wohnform

Ausgangslage

Die Frage, wie und wo man wohnen soll, ist nicht einfach zu beantworten. Bei der Wohnungswahl ist es deshalb sinnvoll, das breite Angebot auf dem Wohnungsmarkt, die verschiedenen möglichen Wohnformen und die eigenen Bedürfnisse und Möglichkeiten zu berücksichtigen.

Lernziele

Sie können Ihre Bedürfnisse in Bezug aufs Wohnen formulieren und eine geeignete Wohnung finden.

Auftrag

Erarbeiten Sie zu zweit eine Kriterienliste, nach welcher Sie eine Wohnung suchen. Halten Sie Ihre Gedanken und Resultate schriftlich fest. Präsentieren Sie Ihre Ergebnisse der Klasse.

Produkt

Präsentation vor der Klasse

Vorgehen

1. Arbeiten Sie zu zweit.
2. Lesen Sie die Arbeitsaufträge genau durch und klären Sie Fragen.
3. Halten Sie Ihre Antworten schriftlich fest.
4. Präsentieren Sie Ihr Resultat der Klasse.

Arbeitsaufträge

1. Welche Wohnform passt zu Ihnen? Diskutieren Sie im Zweierteam Ihre Vorstellungen. Welche Vor- und Nachteile haben die verschiedenen Wohnformen?
2. Einigen Sie sich auf eine Wohnform.
3. Überlegen Sie sich, welche Anforderungen Sie an Ihre Traumwohnung stellen. Stellen Sie eine Liste mit den wichtigsten Punkten zusammen. Vergleichen Sie diese im Zweierteam, einigen Sie sich auf die fünf wichtigsten Kriterien. Achtung: Machen Sie sich auch Gedanken, wie hoch die finanzielle Belastung sein darf!
4. Suchen Sie nun eine Wohnung im Internet, welche Ihren Kriterien entspricht.
5. Stellen Sie der Klasse Ihre Kriterien und die Wohnung vor.

Kapitel 10

Politische Karten

Schweiz

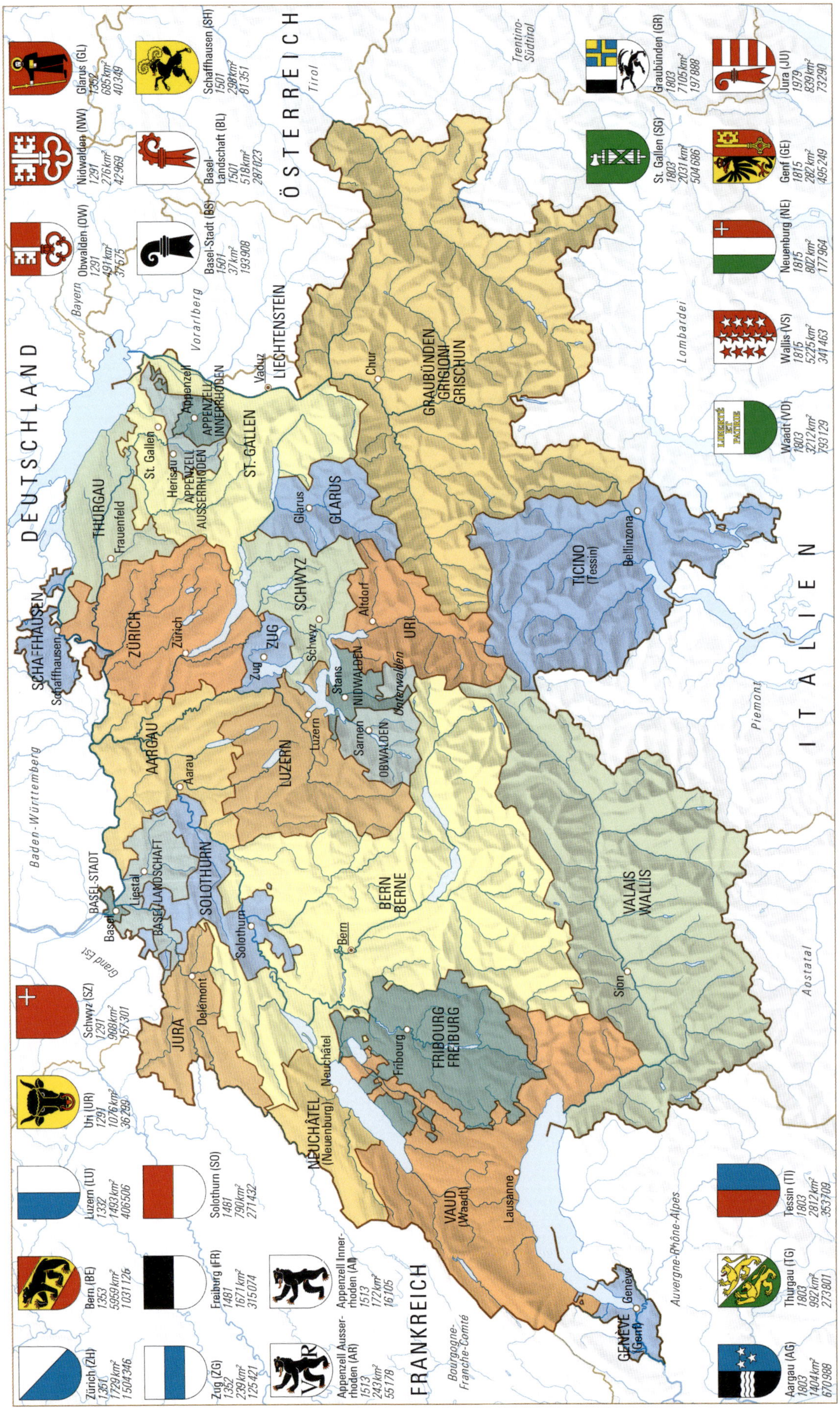

Politische Gliederung

1:1800000

Uri (UR) Deutscher Kantonsname (offizielle Abkürzung, Kontrollschild)
1291 *Jahr des Eintrittes in den Bund*
1076 km² *Fläche*
36299 *Einwohner (2017)*

(Waadt) Deutsches Exonym, alle übrigen Namen in der Schweiz in amtlicher Schreibweise

◉ Bundesstadt/Hauptstadt
○ Kantonshauptort

Europa

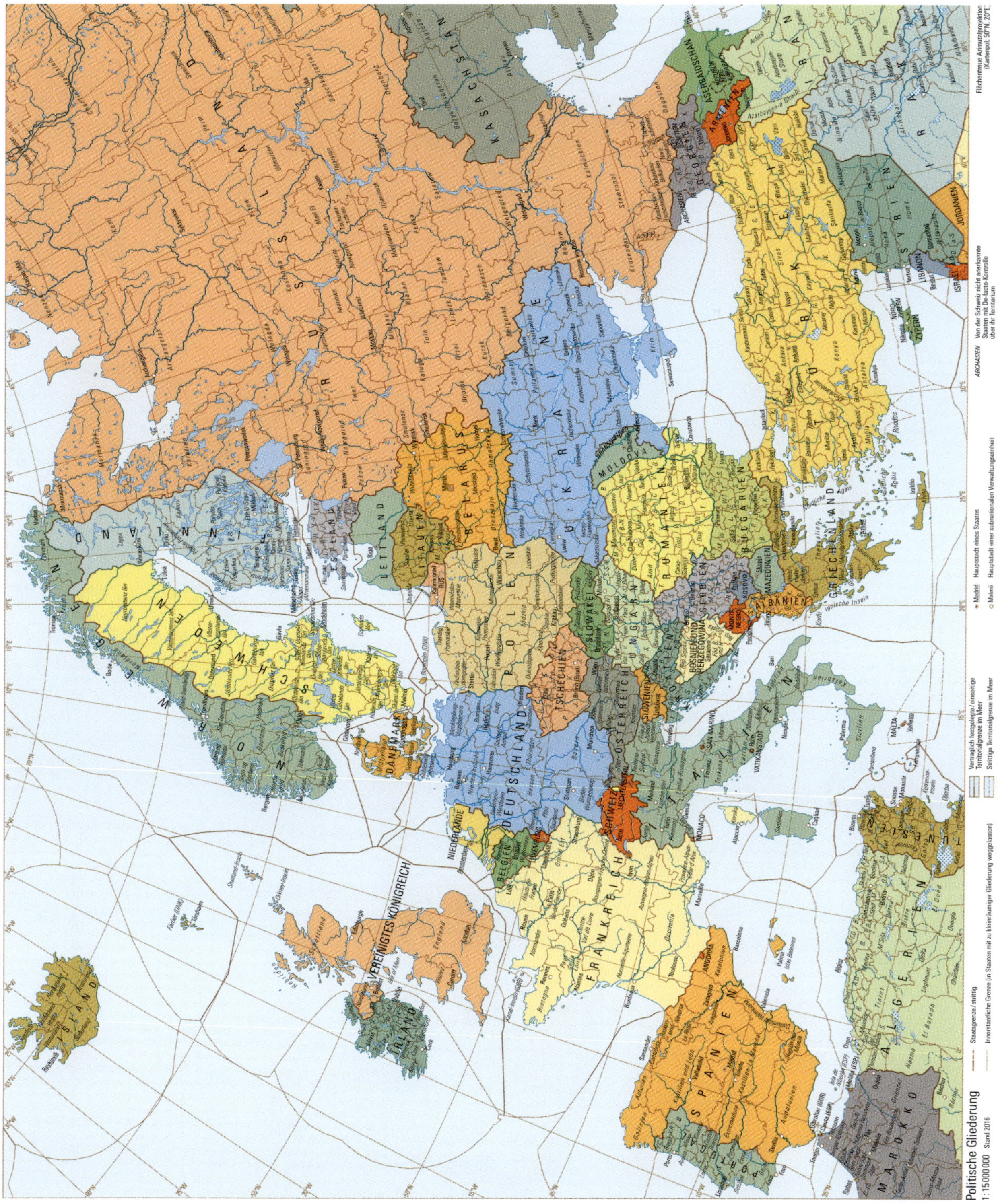
Politische Gliederung
1:15 000 000 Stand 2016
Staatsgrenze / strittig
Innerstaatliche Grenzen (in Staaten mit zu kleinräumiger Gliederung weggelassen)
Vertraglich festgelegte / einseitige Territorialgrenze im Meer
Strittige Territorialgrenze im Meer
Madrid Hauptstadt eines Staates
Malmö Hauptstadt einer subnationalen Verwaltungseinheit
ABCHASIEN Von der Schweiz nicht anerkannte Staaten mit De-facto-Kontrolle über ihr Territorium
Flächentreue Azimutalprojektion (Kartenpol: 50°N, 20°E)
RUSSLAND
KASACHSTAN
ASERBAIDSCHAN
ARMENIEN
GEORGIEN
TÜRKEI
SYRIEN
IRAK
IRAN
JORDANIEN
LIBANON
ISRAEL
ZYPERN
UKRAINE
MOLDOVA
RUMÄNIEN
BULGARIEN
GRIECHENLAND
MAZEDONIEN
ALBANIEN
KOSOVO
SERBIEN
BOSNIEN UND HERZEGOWINA
KROATIEN
SLOWENIEN
UNGARN
SLOWAKEI
TSCHECHIEN
ÖSTERREICH
POLEN
BELARUS
LITAUEN
LETTLAND
ESTLAND
FINNLAND
SCHWEDEN
NORWEGEN
DÄNEMARK
DEUTSCHLAND
NIEDERLANDE
BELGIEN
LUXEMBURG
SCHWEIZ
LIECHTENSTEIN
ITALIEN
SAN MARINO
VATIKANSTADT
MONACO
MALTA
FRANKREICH
ANDORRA
SPANIEN
PORTUGAL
VEREINIGTES KÖNIGREICH
IRLAND
ISLAND
MAROKKO
ALGERIEN
TUNESIEN

Welt

Politische Gliederung
1:60 000 000

Staatsgrenze
Strittige Staatsgrenze
Vertraglich festgelegte / einseitige Territorialgrenze im Meer
Strittige Territorialgrenze im Meer

⊛ Hauptstadt

○ Sitz der Regierung / des Parlaments / des obersten Gerichts

SOMALILAND Von der Schweiz nicht anerkannte Staaten mit De-facto-Kontrolle über ihr Territorium

Robinson-Projektion (Kartenpol: Äquator, 25°E)

Kapitel 11
Stichwortverzeichnis

Stichwortverzeichnis

Bildnachweis

Die Fotos im Buch stammen von iStock / Getty Images, sofern nicht separat aufgeführt:

- Alamy: S. 144
- Bananastock: 85, 88
- BEKB Visa: 55
- Beratungsstelle für Unfallverhütung (bfu): 91
- Brenzoni Maurizio, Archives of Fondazione Arena di Verona: 149
- Bridgeman Images: S. 145 (unten)
- Burkhard Balthasar, Bern: 147
- Comstock Images: 22
- Europäische Kommission: 263
- European Communities: 266
- Goodshot: 61, 66
- Keith Haring Foundation: 147
- Keystone: 140, 144, 146, 150, 168, 212, 218, 253, 299 (unten), 355
- Mansu Ali: 122
- Max-Havelaar-Stiftung (Schweiz): 73
- Parlamentsdienste: 209
- PayPal: 57 (oben)
- Photocase: 53
- Picq Yves: 138
- Postfinance: 56 (oben)
- Schwander Philippe, Bern: 9, 349
- Schweizer Nationalbank: 50
- Schweizerische Bundeskanzlei: 236
- Schweizerische Nationalbibliothek/Grafische Sammlung: 283
- Schweizerisches Rotes Kreuz: 271
- Steuerverwaltung Kanton Bern: 245
- Swiss Bankers: 56 (unten)
- Treat Jason/National Geographic Creative: 201
- Twint: 57 (unten)
- Ullstein Bild: 139, 141, 148 (oben), 151, 152, 153, 160, 161, 259, 281, 291, 301, 311, 318
- Verlag Hier und Jetzt/HLS: 211
- Waverbreak Media: 345
- Wikimedia Commons: 110, 113, 117, 119, 120, 124, 126, 128, 132, 133, 137, 144, 162

Christine Stadler

Lernjobs
für digitale Kompetenzen

Tipps, Tricks und Übungen zur Vertiefung der digitalen Kompetenzen

Wir befinden uns inmitten eines spannenden und innovativen technologischen Wandels! Wir können uns weltweit mit anderen Menschen vernetzen und können uns über Geschehnisse rund um den Globus informieren.
Doch welche Skills brauchen wir in dieser aufregenden Welt der technologischen Innovationen? Selbstverantwortung, Reflexion, kritisches Denken sowie soziale Kompetenzen sind im Umgang mit der digitalen Transformation wichtige Voraussetzungen. Selbstverantwortung ist nur möglich, wenn wir das nötige Wissen rund um Online-Themen haben.

Trainieren Sie Ihre Online-Kompetenzen mit 11 Lernjobs zu verschiedenen Fragestellungen rund um Online-Themen wie Cybersicherheit, Fake News, das Recht am eigenen Bild und vieles mehr. Das Lehrmittel bieten Ihnen einen umfassenden Überblick über die unterschiedlichsten digitalen Herausforderungen und hilft mit zahlreichen Übungen, Tipps und Tricks sowie Hilfestellungen zu komplexen Themen wie Sexting und Cybermobbing.

hep

Christine Stadler

Schritt für Schritt

In Etappen fit für die schriftliche Abschlussprüfung

Schreiben Sie in ein paar Monaten eine grosse Prüfung?
Sie möchten wissen,

- wie Sie sich effizient organisieren können?
- welches Thema Sie als erstes bearbeiten sollen?
- wie Sie sich während der gesamten Dauer der Prüfungsvorbereitung motivieren können?
- ob Sie das Richtige lernen?

Dieser Leitfaden gibt Ihnen Antworten auf diese und viele weitere Fragen. Schritt für Schritt führt Sie das Heft in 25 Wochen durch drei Etappen, um Sie optimal auf die Abschlussprüfung vorzubereiten. Aufgrund diverser mentaler und lerntechnischer Tipps werden Sie Ihre Prüfung mit Bravour meistern.